农业走出去"扬帆出海"培训工程系列教材

对外农业投资政策法规教程

（亚洲和美洲篇）

武拉平　于爱芝　主编

中国农业出版社

北　京

图书在版编目（CIP）数据

对外农业投资政策法规教程．亚洲和美洲篇/武拉平，于爱芝主编．—北京：中国农业出版社，2019.3
农业走出去"扬帆出海"培训工程系列教材
ISBN 978-7-109-25236-3

Ⅰ.①对… Ⅱ.①武… ②于… Ⅲ.①农业投资—对外投资—涉外经济法—汇编—中国②农业投资—对外投资—涉外经济法—汇编—中国—教材 Ⅳ.①F323.9 ②D922.295.9

中国版本图书馆 CIP 数据核字（2019）第 024977 号

中国农业出版社出版
（北京市朝阳区麦子店街 18 号楼）
（邮政编码 100125）
责任编辑　姚　红

中国农业出版社印刷厂印刷　　新华书店北京发行所发行
2019 年 3 月第 1 版　　2019 年 3 月北京第 1 次印刷

开本：720mm×960mm　1/16　印张：21.75
字数：335 千字
定价：55.00 元
（凡本版图书出现印刷、装订错误，请向出版社发行部调换）

前　言

目前中国改革开放走过了近 40 个年头，回顾改革开放以来中国经济所取得的成绩，主要得益于两个方面，一是国内的市场化改革，二是对外经贸和投资合作。通过国内市场化改革，大大调动了广大人民群众的积极性，激活了广大群众的创造力；通过不断对外开放，吸引了大量外资、引进了先进技术，为我国经济增长和现代化建设注入了新的动力。

在我国经济社会进入新时代背景下，我国的对外开放也开始了转型升级，由传统的以商品贸易为主，逐步转向了现代的贸易和投资并重，由过去注重吸引外资转向了目前对外投资和吸引外资并重。在这一过程中人民币也日益国际化，中国正在更加深入地融入到全球化过程中。

为了更好地适应全球化的需要，更好地为走出去投资的企业提供指导和服务，农业部组织有关专家编写了对外农业投资人才队伍体系建设培训系列教材，本书《对外农业投资政策法规教程》是系列教材之一，主要目的是帮助相关企业全面地了解世界主要国家和地区农业投资的相关法律、法规和政策，全面认识我国为鼓励对外投资而制定的相关政策法规。

全书由中国农业大学经济管理学院武拉平教授总体设计并担任主编，编写人员分别来自中国农业大学、中央财经大学、中北大学以及农业部对外经济合作中心。本书导言和第十二章由武拉平和中北大学郭俊芳撰写，第二章由中国农业大学的王燕青和张静撰写，第三章和第四章由农业部对外经济合作中心王琦撰写，第五至八章分别由中国农业大学罗屹、张静、韩嫣和姚灵撰写，第九章由日本东京国际大学贾曦、中央财经大学宫丽颖撰写，第十章由于爱芝、杨敏和陈华撰写，第十一章由农业部对外经济合作中心白睿撰写。作为主编对各位编写人员的辛勤付出表示衷心的感谢！

这里还要特别感谢农业部对外经济合作中心投资政策处原处长马志刚研究员，他对本书的提纲提出了宝贵的意见和建议，中央财经大学的于爱芝教授也从一开始就为本书倾注了大量心血，在书稿编写框架的研讨会中，她作为专家提出了很多宝贵的意见，同时在书稿撰写中，本人极力邀请其参加编写，于老师在百忙之中承担了相关章节的写作工作。还要特别感谢对外经济合作中心投资政策处王琦副处长和白睿博士，两位应邀在工作之余参与了撰写工作。中北大学的郭俊芳博士，多年从事国际贸易研究，也积极参与了本书的撰写工作和相关基础资料的搜集工作。

在编写过程中，我们参考了大量的文献资料，包括书籍、期刊和网络文献资料，在此要特别说明的是商务部"走出去"公共服务平台、农业部对外经济合作中心、农业部对外贸易促进中心等政府部门以及一些对外投资的相关社会服务机构公开提供了大量的相关信息，对于本书的写作提供了重要的支持。

武拉平

2018 年 3 月于北京

目　　录

第一章 导　言

第一节　全球经济"新常态"：经济一体化、现代地球村

随着科技进步和生产力发展，特别是互联网的快速普及和跨国电子商务的日益拓展，各国间的贸易、投资和经济文化等合作逐步加深，全球经济进入全新的阶段。在全球经济"新常态"背景下，各国间的依存度不断加大，全球经济一体化不断加快，各国逐步连接成为"地球村"。

一、经贸互联将成为未来全球经济的基本格局

近年来，科技快速发展、经济逐步恢复、国际关系较快调整，全球经济也呈现出一些不同以往的将会持续下去的"新常态"，全球经济"新常态"主要表现在以下几个方面：第一，各国贸易依存度提高，相互投资增加，经济和社会文化联系加强，你中有我、我中有你。主要表现在几乎每个国家都有越来越多的跨国公司、跨国投资。第二，各国难以出现一国独大或几国主导全球的局面。过去由老牌的英国、后起的美国、德国等控制全球的格局将逐渐退去，取而代之的是区域合作、直至全球合作，各国共治。在实践中则表现为互惠互利、共存共荣，过去愚昧无知和殖民统治的时代已成为历史。第三，各国之间在经济、社会文化等领域的差异缩小。随着各国间的经贸交往，各国相互发挥比较优势，要素和产品流动加快，必然推动要素报酬和产品价格的全球均等化，各国的收入差距将缩小，各国的地位逐步平等。在实践中体现为，不论国家大小，在相互交往中一视同仁，非歧视性原则在各个领域得到加强。第四，经济增长面临的不确定性增加。由于一国更大程度上对外开放，面临的新情况、新问题必然会增加，因而不确定性增加，经济增

长的风险提高，需要各国领导者有更高的智慧应对国内外出现的新情况和新问题。第五，各国间联系将逐步由经贸领域向文化、社会等领域扩展。互联网发展大大加快了信息传播，各国信息化程度不断提高，信息共享、国家间各方面的交流以及相互间的学习和模仿，必然使各国在文化和社会等方面日益融合，从而实现从经济区域一体化、经济全球化，向文化融合、社会趋同、政治互信等方面发展，最终实现共同发展。

二、科技和信息将成为未来各国经济增长的根本动力

科技是推动全球经济"新常态"的根本推动力。回顾历次科技革命和经济发展的关系可以看出，18世纪中叶到19世纪初以蒸汽机为标志的第一次科技革命，大大推动了工业生产和经济增长，19世纪末以电力为标志的第二次科技革命推动着诞生了一批新的工业部门，发电机、内燃机、蒸汽涡轮的应用极大地推动了新式炼钢法、新型化工业和现代汽车工业等的产生。而以核能、电子计算机和自动化技术为主要标志的第三次科技革命促成了一批高分子合成工业、核工业、电子工业、半导体工业、航天工业和激光工业等的产生。目前以互联网、多媒体、信息技术和生物技术等为标志的科技革命，几乎使各个行业的生产和老百姓的生活实现根本性的变化，智能化逐步渗透到各个领域。智能工厂、智能家电、专家医生、人机交互、移动互联、大数据、云计算、资源整合、个性定制等这些都深刻地推动着生产和生活方式的变革。可以看到科技革命推动着工业从机械化、电子化、自动化和智能化方向不断升级转变，推动着经济增长方式不断转变，推动着全球经济日益一体化。

大数据（信息）将成为经济"新常态"下的宝贵资源。经济增长、生产发展需要有相应的要素和资源。过去，土地、劳动力和资本传统三要素在各国经济增长中发挥了重要作用，未来将继续推动经济增长。但在现代经济增长中，这些要素的边际贡献在不断降低，然而新涌现的科技、信息和管理这三大新型要素的作用则必将持续强劲。科技的作用已不言而喻，管理（即企业家的才能、服务）的贡献也日益重要。在未来的经济增长和社会发展中，信息将成为一个重要的要素推动生产的发展和经济的增长。现代社会已成为

一个典型的信息社会,大数据和互联网正在发挥其巨大的作用力,推动生产和流通方式的变革,推动着生活方式的转变。

三、新经济将成为未来全球经济增长的核心

在经济全球化、企业国际化、消费个性化的前提下,以互联网、知识经济、高新技术为代表,以满足个性化需求为核心的新经济迅速发展。关于新经济的概念争议较多,但有两点大家基本认同,一是新经济本质上就是知识经济,是以高技术产业为支柱、以智力资源为依托的,它区别于以自然资源为主要依托的传统工业。二是新经济是以信息知识、网络技术为基础,以创新为核心的,依托经济全球化和信息技术革命而形成的高效可持续发展的经济。

新经济发源于美国,是在美国近几十年来经济发展基础上引申出来的一个全新的概念,新经济中存在的是无数的多样化的消费需求和高效率低能耗绿色的生产,产需之间通过大数据和各方面的信息,经过快速信息处理和智能计算,使生产和需求快速对接。透明的信息、现代化的计算和处理技术,通过预测和预警能够大大降低风险的发生,能够减少各种资源的浪费和效率的损失,通过跨国公司全球的分支体系,在全球范围内实现资源的合理配置和充分利用。在传统经济中,由于信息不完善、不对称导致的各种问题(包括假冒伪劣、以次充好等质量问题)带来的损失将得到极大的控制,由于市场失灵而带来的低效可以得到很好的解决,在新经济中由于信息的完善和透明,各行各业积累的大数据也为政府的计划调控,提供了更多便利的条件。

新经济,也意味着新机遇,特别是像中国这样人多地少、资源相对稀缺的国家,抓住新经济发展的机遇,依靠先进的技术、丰富的信息和科学的管理,实现经济增长的跨越,将是中国未来经济增长的必然之路,如果还是仅仅依靠土地、劳动力和资本,那么中国的经济增长将困难重重。当然,新经济、新常态必须特别关注全球化,特别加强全球合作。

四、合作共赢将成为全球经济"新常态"的主旋律

与欧洲资本原始积累时期的殖民扩张不一样,目前的全球经贸合作是双

向的，是合作共赢、互惠互利的，不可能再出现对发展中国家的资源掠夺或殖民。主要原因，第一，随着互联网等信息技术的发展，即使再封闭的国家，对全球其他国家的情况也容易了然于心，"知己知彼"成为一件比较容易的事。第二，各国都在一定程度上参与了区域性或全球新的经济一体化活动，特别是在 WTO 的推动下，参与的成员越来越多，各国（地区）在国际经贸活动中积累了较多的经验，不再可能任人摆布。第三，与四五百年前开始的欧洲殖民不同，经过这么多年的发展，各国的权力意识不断加强，国家主权和利益成为各国人民对外合作的基本出发点，各国自强自立、合作共赢成为根本的基调。

五、个性化将成为全球经济"新常态"下消费需求的根本特点

需求是拉动一个国家经济增长的直接动力，资源是决定一个国家经济增长的根本基础，生产则是连接资源和需求之间的根本经济活动。在目前全球经济、科技和社会发展背景下，消费者的需求日益得到升级，由传统的吃饱到吃好，目前逐步过渡到消费结构更加合理、消费多样化更加明显、服务消费快速增加的时期。为此，满足个性化需求、实现需求的定制，将成为未来全球经济的基本旋律，因而需要在生产环节进行改革或重新定位，很好地解决规模化生产和差异化需求之间的矛盾。对于走出去的企业而言，需要寻求"差异化、个性化需求和规模化生产之间的均衡"以及"规模化生产和当地资源禀赋的匹配"，从而保证企业尽快站稳脚跟，并实现持续发展。

第二节　中国农业新趋势：立足 国内、面向国际

中国农业的基础功能是为 13 亿人口解决基本的食品需求，为 6 亿农民解决重要的收入来源。而随着全国人口的不断增加、城乡居民收入的不断提高以及城镇化的不断推进，我国食品的需求量在较快增长，而受土地和水等资源的限制，我国的农产品和食品供给面临巨大挑战。简单来看，我

国要以全球不足 10％ 的耕地和 5％ 的内陆水资源养活全球近 20％ 的人口（图 1-1），这一方面说明了中国农业必须进行国际合作，必须走出去，同时另一方面也说明了中国农业必须依靠科技等新型要素，传统的土地、劳动力等都难以支撑未来不断升级的需求。

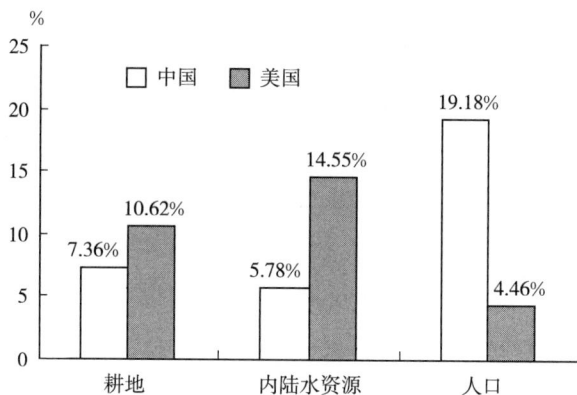

图 1-1 中美两国主要资源和人口对比（2015 年）

资料来源：世界银行和联合国粮农组织。

因而，农业走出去是必然趋势，中国必须充分利用国外资源和市场，但有些领域还必须主要依靠国内，特别是粮食供给，必须主要依靠国内，这也是我国制定"口粮绝对安全、谷物基本自给"方针的根本原因。为此，需要广大企业十分明确国内农业形势和特点，很好地选择经营领域，做到既能很好地保证企业发展，又能为解决国内农产品和食品供给做出相应的贡献。

综合各类农产品及其特点来看，未来我国农产品的基本格局将是：口粮绝对安全、谷物基本自给、棉油糖逐步放开、生鲜产品地产地销。从种植业来看，我国的粮食种植面积占到 66％（图 1-2），考虑到一些蔬菜等生鲜产品不适合长距离运输，因而蔬菜等一些生鲜产品在一定程度上也需要依靠自给。光粮食和蔬菜两项的种植面积就达到近 80％，留给棉油糖等其他作物的耕地面积就很有限了。因此，在保证口粮绝对安全、谷物基本自给和生鲜产品地产地销外，其他农产品应更大程度上依靠国际市场，比如棉花、糖料、油料作物，同时玉米也将逐步在更大程度上利用国际市场。

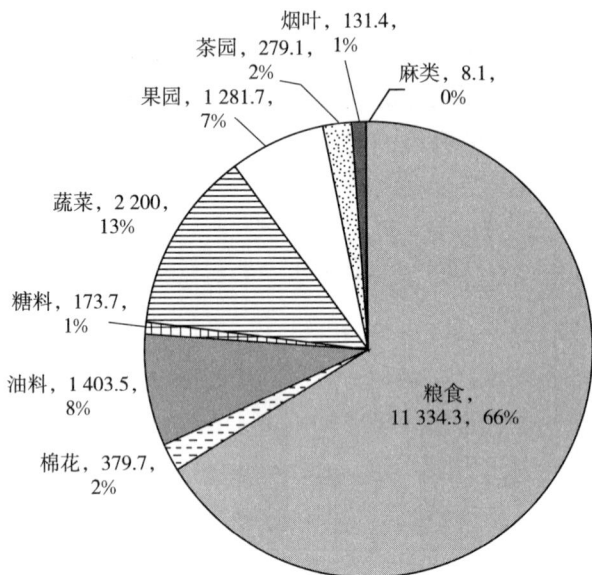

图1-2　2015年中国农作物播种面积与结构（万公顷,%）

第三节　中国农业走出去："一带一路"
指方向、互惠互利共发展

　　中国农业走出去是未来的必然趋势，但问题是走向哪里？2013年以来中央明确提出了"一带一路"倡议，"一带一路"即"新丝绸之路经济带"和"21世纪海上丝绸之路"，"一带一路"将东亚、东南亚、南亚、中亚、欧洲南部以及非洲东部的广大地区联系在一起，从覆盖的国家来看，它是一个开放的、动态的过程，不断有新的国家加入到这一倡议中。截至2015年我国企业共对"一带一路"相关的49个国家进行了直接投资。这些"一带一路"沿线国家与中国有着较大的互补性，同时多数国家与中国有着优良的经贸合作传统。政府与多数"一带一路"沿线国家签署了合作备忘录或其他相关协议，与这些国家建立了良好的政府间关系，同时在科技、教育、社会等方面推动了全面的发展，为农业走出去指明了方向。

　　当然，除了"一带一路"国家以外，与我国签署自由贸易协定（FTA）

的国家（地区）也是农业走出去的重要区域（表1-1）。这些国家（地区）在投资的国民待遇、贸易的优惠安排以及其他相关的经贸领域也都有了扎实的基础和明文的规定，为广大走出去对外投资的企业提供了强有力的支持。

表1-1 中国自由贸易区建设情况

已签协议的自贸区	正在谈判的自贸区	正在研究的自贸区
中国—格鲁吉亚	《区域全面经济合作伙伴关系协定》（RCEP）	中国—哥伦比亚
中国—澳大利亚	中国—海合会	中国—摩尔多瓦
中国—韩国	中日韩	中国—斐济
中国—瑞士	中国—斯里兰卡	中国—尼泊尔
中国—冰岛	中国—马尔代夫	中国—巴新
中国—哥斯达黎加	中国—以色列	中国—加拿大
中国—秘鲁	中国—挪威	中国—孟加拉
中国—新加坡	中国—巴基斯坦FTA第2阶段谈判	中国—毛里求斯
中国—新西兰	中国—新加坡自贸协定升级谈判	中国—蒙古
中国—智利	中国—新西兰自贸协定升级谈判	中国—秘鲁自贸协定升级联合研究
中国—巴基斯坦	中国—智利自贸协定升级谈判	中国—瑞士FTA升级联合研究
中国—东盟		
内地与港澳更紧密经贸关系安排	优惠贸易安排	
中国—东盟（"10+1"）升级	亚太贸易协定	

资料来源：http://fta.mofcom.gov.cn，截至2016年年底。

另外，农业对外投资的具有潜力的区域为资源丰富的国家，虽然一些国家还没有和中国签署FTA协议，但其丰富的资源和需求的潜力也是重要的选择之一。在此前提下，将我国的资本和技术与该地的土地、劳动力等结合起来，无疑将是理性的选择。

据商务部统计，为了给走出去的企业提供更多的全范围的保障，政府不断地在境外建立经济合作区。截至2015年，中国已在50个国家建设了118个合作区，有77个处在"一带一路"沿线的23个国家，这77个合作区中，35个在"丝绸之路经济带"沿线国家，42个在"21世纪海上丝绸之路"的沿线国家。

位于"丝绸之路经济带"上的35个合作区，分别位于哈萨克斯坦、吉尔吉斯斯坦、乌兹别克斯坦、俄罗斯、白俄罗斯、匈牙利、罗马尼亚和塞尔维亚等国。"21世纪海上丝绸之路经济带"沿线国家更多，包括老挝、缅甸、柬埔寨、越南、泰国、马来西亚、印度尼西亚等东南亚国家，巴基斯坦、印度和斯里兰卡等南亚国家，埃及、埃塞俄比亚、赞比亚、尼日利亚、坦桑尼亚、莫桑比克等非洲国家。相对而言，这些合作区无疑是农业走出去的重要区域。

第四节 投资政策与服务：助力农业走出去、发挥政府新功能

企业对外合作，就是到新的环境中寻找商机，因此必然面临很多新的情况和问题。有些问题是企业自己可以解决的，比如一些竞争性和市场性的问题，但有些问题则是企业难以应对的，比如一些公共的外部性的信息等问题。

对于单个企业难以做到的，或者虽然企业自己能做到，但是会出现一个企业单纯重复另一企业的工作，导致无谓的浪费。为此，需要政府提供相应的服务与帮助。从政府角度来看，主要是做好软环境和硬环境建设，具体来讲需要做好的工作包括几个方面：

第一，做好农业对外合作的规划。对于任何一个企业来讲，难以掌握全局的（全球的）经济社会等情况，同时也难以了解分区域的各地的特点，为此需要政府制定长远的、分区域的对外合作的规划。同时在总体规划的指导下，制定更加详细的区域规划。

第二，收集和发布相关公共信息。政府相关部门，对于我国农业合作的重点区域和国家，应特别关注相关经济、社会、科技、法律、政治等各方面的信息，定期进行信息的搜集和发布，为企业做决策提供服务。

第三，制定相应扶持政策。对于一些特殊的行业（比如国内产能过剩的行业）或者赴一些比较特殊的国家（或区域）进行投资的企业（比如为了履行政府对发展中国家的帮扶义务等情况），政府应给予相应的投资扶持，包

括投资利率补贴以及其他的财政优惠等。

第四，建设相应基础设施。对于一些资源比较丰富的国家，往往交通不是很方便，比如南美的巴西、阿根廷以及亚洲、非洲的一些国家等，为此政府与这些地区或国家进行合作建设相应的基础设施（道路、港口和码头等），无疑将对企业走出去具有重要的意义。另外，与有关国家合作建立经济合作区，能够为企业间的合作创造更方便的基础设施条件。

第五，创造安全和睦的外部环境。除了上述各方面外，政府还应为企业生产和国际贸易提供安全的环境保障，引导企业更好地融入到当地的经济和社会之中。近年来，政府推动亚投行、金砖银行和丝路基金的建设，不断推动人民币国际化，同时，不断推进"一带一路"建设，就是在为企业对外合作创造良好的金融环境和更广泛、更全面、更和睦的综合环境。

第二章 中国对外农业投资体制及其改革

第一节 对外投资发展的理论基础

20 世纪 60—80 年代期间，基于发达国家对外投资不断发展的事实，学术界形成了诸多相应的理论研究，如垄断优势理论、产品生命周期理论、内部化理论、国际生产折中理论和边际产业扩张理论等，更多是从发达国家的角度研究对外投资的动因与机理。1981 年，英国经济学家邓宁对全球 67 个发展中国家的经济发展水平与国际投资地位关系进行了研究，形成了著名的 IDP 理论（Investment Development Path），在解释发展中国家投资发展过程上具有一定的参考价值（陈涛涛等，2012）。IDP 理论围绕一国从吸引外资到对外投资的快速增长与经济发展水平的关系展开，指出只有经济发展达到特定阶段，对外投资金额（FDI）才会超过外商直接投资金额，从而达到对外直接投资净输出状态[①]。

2015 年，我国名义人均 GDP 达到 8 280.086 美元[②]，根据邓宁的投资发展路径理论，当前我国对外直接投资已经步入第四个发展阶段，即对外净投资快速增长并已经超过国内利用的外商直接投资金额。从我国使用的外商直接投资和对外直接投资的实际情况来看，截至 2015 年，外商直接投资实际使用金额达到 1 262.67 亿美元，对外直接投资净额达到 1 456.67 亿美元，

---

① IDP 理论认为对外投资发展存在四个阶段：一是人均 GDP 低于 400 美元时，经济发展处于初级阶段，吸引的外商投资和对外投资都很少，对外净投资近乎为零；二是人均 GDP 在 400~2 000 美元之间时，市场规模扩大，外商投资增加，对外投资较少，对外净投资为负值；三是人均 GDP 在 2 000~4 750 美元之间时，外商投资和对外投资均在增长，但外商投资的增长率放缓，对外净投资转入正增长；四是人均 GDP 超过 4 750 美元时，对外投资金额超过外商投资金额，对外净投资转为正值。

② 世界经济信息网：http://www.8pu.com/country/CHN/。

对外直接投资存量达到 10 978.65 亿美元。可见，随着经济不断增长，我国对外直接投资金额已经反超实际使用的外商直接投资金额（图 2-1）。具体到农业投资领域，2014 年起，农业对外直接投资金额已经超过农业实际利用外商直接投资金额，截至 2015 年，我国农业对外直接投资净额达到 25.72 亿美元，而农业利用外商直接投资只有 15.34 亿美元。

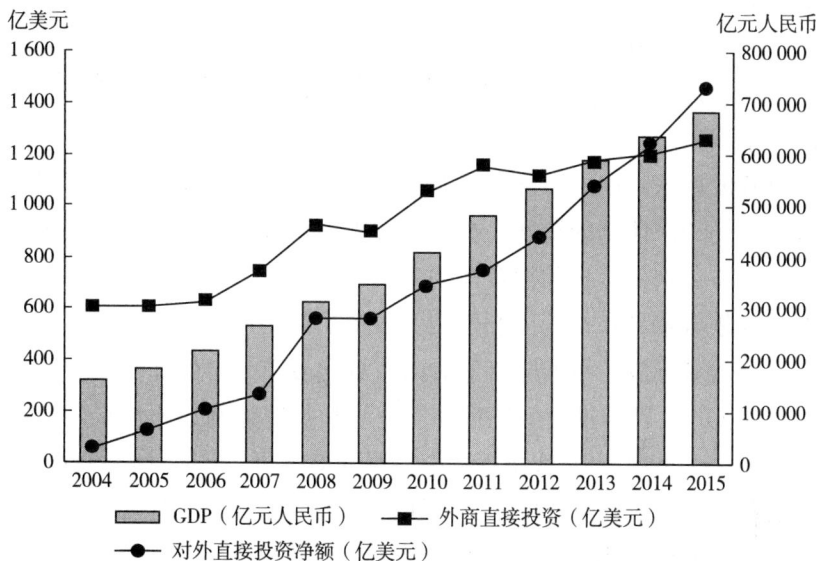

图 2-1　2004 年以来我国对外直接投资与外商直接投资变化

资料来源：《中国统计年鉴》（2016）。

IDP 理论解释了大多数国家经历的对外投资发展路径和过程，但并不是所有的国家都呈现出从吸引外商投资到对外投资的转变过程。一方面，在经济发展过程中，每个国家对外开放的程度各有差异，对外开放程度更高和允许外资进入的国家理论上获得的外商投资更多；另一方面，每个国家的资源禀赋差异较大，在经济发展中政府主导的发展战略在对外投资发展中具有决定作用①。从以上两个方面可知，国家开放程度及政府战略对对外投资的影响较大，因此，除了经济发展水平以外，政府政策及发展战略对一国对外投资的发展路径有重要影响。我国改革开放以来积极与国际市场接轨，坚持

---

①　日本和韩国两国就是在限制外资进入，而通过对外投资等外向型战略发展起来的。

"引进来"和"走出去"战略，取得重要进展，加入 WTO 以后，政府不断探索投资体制改革和政策扶持，积极引导外资进入，并不断加强对外投资，成为我国农业领域投资不断增长的重要原因。随着国内市场、成本和资源等问题日益显现，对外直接投资日益受到重视，充分利用"两个市场"和"两种资源"弥补国内短板成为经济新常态背景下的重要选择，是推动对外直接投资超过对外商投资的利用的直接原因。

第二节　中国对外贸易与投资体制的演变

改革开放以来，中国对外贸易及投资体制经历了不断改革，实现了由计划经济向市场经济体制的转变，在这一过程中，政府权力下放，市场作用日益突显。本节分别从贸易和投资体制两个方面对改革进程进行简要梳理，意在把握农业领域贸易和投资体制及相关政策的演变过程。

1978 年改革开放，中国开启了对内市场化改革、对外加强贸易和投资的步伐。但这时的贸易和投资额还很小，贸易和投资体制还不健全，政府的作用依然很大。20 世纪 80 年代中期，中央明确提出建立"有计划的商品经济"，个体和私营经济得到较快发展，贸易和投资也逐步活跃，但当时的贸易取向仍然是"什么过剩就出口什么产品，什么不足就进口什么"，投资则主要以"引进外资"为主。此后，随着 1992 年中央明确提出建立社会主义市场经济体制，中国的改革开放都加快了步伐，特别是 1994 年中央提出了外贸体制、外汇体制和国有企业等几大改革，对外贸易和投资得到较快发展。2001 年我国加入WTO，对外贸易和投资呈现快速发展，外汇储备快速增加，在 21 世纪的前十年我国 GDP 和外汇储备都达到了较高的水平。2010 年名义 GDP 和外汇储备分别达到 41.30 万亿元人民币和 28.47 万亿美元，分别是 2000 年的 4.11 倍和 17.20倍，可以看到相对于国内经济而言，我国的贸易和投资发展更加快速。

一、贸易体制改革及相关政策演变

（一）贸易体制改革

我国贸易体制改革与经济体制改革相辅相成，都是处理政府与市场关系，通过简政放权和转变政府职能更好地优化资源配置，提高经济效率。在经济体制由计划经济向市场经济逐步过渡的进程中，对外贸易经历了由国家集中管理向市场化发展的过程，贸易政策由最初的鼓励出口、限制进口向减少对出口的过度刺激和降低进口障碍的转变。主要分为以下几个阶段：

第一阶段（1949—1983 年），对外贸易以国家统一管理为主。新中国成立初期，受国家经济实力和复杂的政治环境影响，为保护国家和人民利益，对外贸易由国家统一经营和管理，外贸收购、调拨、进口、出口、外汇收支以及其他各项计划的编制、下达和执行实行全国单一的直接计划管理体制（郭鹏辉，2009），各外贸专业总公司具体负责经营、谈判、签约、履约等相关的贸易活动，致使此阶段的对外贸易管理存在政企不分、产销脱节、集权经营等弊端。

第二阶段（1983—1994 年），简政放权时期。改革开放以来，国家集中管理的外贸体制开始松动，尤其是 1983 年后政策调整方向日益明显。1984 年国家开始改革外贸体制，包括实行政企分开、实行对外贸易经营代理制、改革对外贸易计划体制、简化计划内容等（杨连娜，2007）。1985 年起，取消编制出口收购计划和进口调拨计划，开始注重发挥市场调节作用。1988 年，国务院全面推动外贸承包经营责任制，外贸企业的权限放宽，开始自主经营、自负盈亏。这期间，国家开始放宽外汇管制，并增加企业的外汇留成比例；相应的贸易政策由鼓励出口、限制进口向减少对出口的过度刺激和降低进口障碍转变，1991—1992 年，出口财政补贴和 14 种商品进口调节税相继取消。

第三阶段（1994—2001 年），与国际贸易规范接轨阶段。这段时期，外贸管理体制改革在外汇制度、税收制度、法制完善等方面均有体现，呈现与国际贸易规范逐步接轨的趋势。1994 年，国家对外贸出口企业实行统一结汇制，结束长久以来实行的各种外汇留成、上缴及额度管理制度，实施由银行间外汇市场决定的统一汇率；1996 年经常项目用汇可凭有效凭证兑换，汇率制度的改革促进了国内外市场联通，提高了外贸管理的市场化程度。此外，这一时期，国家逐步完善出口退税，并建立了与国际惯例接轨的现代增值税制度；建立中国进出口银行实施有利的出口信贷政策；出台《中华人民共和国对外贸易法》通过立法规范对外贸易发展；这些政策有力地促进了对外贸易向市场化、规范化和法制化的方向发展，为我国顺利加入WTO奠定了良好基础。

第四阶段（2002年至今），对外贸易的自由发展时期。2001年，我国加入WTO，为了兑现入世承诺，对外贸易体制向以市场为主的自由化方向发展。2003年，国务院成立商务部，并重新修订《中华人民共和国对外贸易法》（1994年实施），全面放开外贸经营权，允许自然人参与对外贸易；实现经营权由行政审批制度向依法登记的转变，增加了进出口经营秩序、扶持、中小企业对外贸易，公共信息服务体系、对外贸易调查、对外贸易救济等内容；同时，该阶段不断扩大市场准入和消减出口补贴，关税税率不断降低，2001—2005年，平均关税税率由15.6%降到9.7%，并进一步完善配额和许可证制度。2005年7月起，以市场供求为基础、参考一篮子货币进行调节、有管理的浮动汇率制度，促进了外贸管理体制和经营体制与国际市场的接轨，成为对外贸易自由发展的重要制度支撑。2013年起贸易政策改革步伐加大，通关一体化从区域推广到全国范围，上海自贸区新型海关监管制度的试点，"一带一路"倡议等贸易便利化措施标志着我国对外贸易步入了一个全新的阶段（王玉燕，2015）。

（二）农产品贸易相关政策调整

随着外贸管理体制的改革，农产品对外贸易经历了由指令性计划向市场化指导的过渡。改革开放前，农产品对外贸易主要目的是出口创汇和调剂余缺，由国营外贸企业垄断经营。随着20世纪80—90年代外贸体制改革，农产品对外贸易逐步放开，但在管理体制上一直延续指令性计划、指导性计划和市场调节相结合的办法。1982年，对64种农产品实行进出口许可证管理，其余商品放开经营，在许可证管理商品中有一半是农产品，其中，农产品制成品10种，占7.8%。1991年以后，农产品对外贸易在管理体制上逐步向市场化方向改革，其中，大米、大豆、玉米、茶叶、棉花、蚕丝类6种农产品和5种农产品制成品属于计划性商品，由国家统一经营。入世后，除了关系国计民生的重要和敏感农产品外（如粮、棉、油、糖等），中国农产品贸易基本全部放开价格和经营。随着对国际市场的开放，我国已成为全球农产品贸易大国，对外贸易依存度显著提高，由2000年的15.2%提高到

2012 年的 21.2％，其中，进口依存度由 6.3％增至 13.6％（程国强，2014）。2013 年，中央经济工作会议提出"以我为主、立足国内、确保产能、适度进口、科技支撑"的国家粮食安全战略，充分利用全球资源保证国内农产品有效供给的开放型农业贸易体系初步形成。

关税、关税配额、进口许可证管理等措施是国外商品进入国内市场的重要门槛。入世以来，随着经济发展程度与开放程度的不断提高，我国的市场准入门槛大幅降低，关税税率不断降低，并取消对农产品进口实施的非关税措施，只对部分重要农产品实行关税配额管理。1992—2005 年，农产品平均关税税率由 45.4％降到 15.3％（杨连娜，2007），由 1992 年、2000 年和 2011 年的农产品进口关税变化可以看出我国按照入世承诺不断调整关税税率的趋势。入世以后，我国实行关税配额的商品由 15 种不断减少，目前涵盖谷物、植物油、棉、糖四大类，配额内税率不断降低，基本达到 1％～15％，配额外关税 65％左右。可见，我国关税配额主要针对关系国家粮食安全的重要农产品实施的，种类比较少，长期以来谷物品种的配额使用率较低。

出口许可证、出口配额及出口税等措施是农产品出口贸易的重要政策，根据《2015 年出口许可证管理货物目录》，目前，我国实施出口许可证管理的农产品有 8 种（活牛、活猪、活鸡、冰鲜牛肉、冻牛肉、冰鲜猪肉、冻猪肉、冰鲜鸡肉），实施出口配额许可管理的农产品有 10 种[①]（小麦、玉米、大米、小麦粉、玉米粉、大米粉、棉花、活牛、活猪、活鸡），实行国营贸易管理的农产品有 3 种（玉米、大米、棉花）。除此之外，加入 WTO 后，取消了农产品出口补贴，并于 2004 年取消资源性农产品出口退税，提高深加工农产品的出口退税；2007 年年底，取消小麦、稻谷、大米、玉米、大豆等原粮及其制粉在内的 84 类农产品出口退税。

总体来看，入世以来，农产品贸易体制实现了市场化改革的重大突破，市场准入门槛逐步降低，开放程度大幅提高，大多数农产品的国际市场贸易不再受关税、配额、许可证制度的限制；但是，仍有一部分关系国家粮食安全和经济命脉的农产品（如谷物、棉花、白糖等）在对外贸易中实行关税配

---

① 活牛、活猪、活鸡对港澳以外市场。

额、许可证制度管理，这是与我国当前的基本国情分不开的。随着国内资源紧缺和成本高涨的压力及市场发展，未来农业对国际市场及资源的利用将会日益增多，而农产品价格形成机制的日益完善和农业补贴政策市场化改革将促进更多的农产品真正融入国际市场，促进农产品贸易的不断发展。

二、投资体制改革及相关政策演变

（一）投资体制改革

我国的投资体制改革经历了从计划管制向市场经济为导向的改革，一方面，在政府放权的前提下简化投资审批手续，激活企业投资潜力；另一方面，积极开展外汇体制、融资体制等适应市场经济发展需要的改革，不断完善国内外投资政策体系框架（表 2-1）。可分为以下阶段：

第一阶段（1949—1979 年），高度集中的投资计划管理时期。从新中国成立到改革开放，我国实行经济管理高度集中的计划经济，投资体制作为计划经济的重要部分实行纳入计划管制的办法，投资与分配由国家统一支配，国家对基本建设投资约占全部投资的 70%～80%，基建物资全部由国家统一管理。这种高度管制的投资管理方式在当时人口多、经济实力弱、政治环境不稳定的情况下，有效保证了投资效益的实现，保证了经济的快速恢复发展。这一时期，高度计划的投资体制在"左"的冒进思想指导下出现过短暂的"简政放权"，由于过度放任和缺乏计划，投资效益并不高，最终还是回到集中管制。

表 2-1　我国对外投资支持政策梳理

年份	文件或措施	目的/意义
1984	关于在国外和港澳地区举办非贸易性合资经营企业审批权限和原则的通知；关于在境外开办非贸易性企业的审批程序和管理办法的试行规定	对外投资管理的规范性审批规定
1989	境外投资外汇管理办法	企业境外收益 6 个月内收回
1991	关于编制、审批境外投资项目的项目建议书和可行性研究报告的规定	境外投资项目须进行可行性研究

（续）

年份	文件或措施	目的/意义
2000	中共中央关于制定国民经济和社会发展第十个五年计划的建议	"走出去"战略上升至国家战略
	中小企业国际市场开拓资金管理办法	为中小企业提供政府性基金支持
2002	境外投资联合年检暂行办法	实行年检管理评级，优惠扶持
2003	关于做好境外投资审批试点工作有关问题通知	下放境外投资审批权、简化手续
	国家外汇管理局取消了 26 项项目审批	确保投资企业用汇自由
	国务院关于投资体制改革决定	对外投资由审批制向核准制转变
2004	关于对国家鼓励的境外投资重点项目给予信贷支持有关问题的通知	为企业对外投资提供信贷支持
2008	签订支持农业"走出去"战略合作协议	融资支持
2009	境内机构境外直接投资外汇管理规定	提高企业用汇的便利性
2010	中央 1 号文件	支持有条件的企业"走出去"
2011	企业申请中国进出口银行支持对外农业合作贷款项目管理工作规程	信贷优惠
2012	共同推进现代农业发展合作协议；开发性金融支持中国农业国际合作协议	融资支持
2014	境外投资管理办法（修订版）	首次建立对外投资负面清单
2015	中央 1 号文件	探索建立海外农业发展基金

　　第二阶段（1979—1991 年），投资体制向市场机制探索阶段。高度集中的投资体制由于投资列入国家计划管理，资金有保障，实际操作中并不注重投资效益，审批时间长、手续繁琐，严重影响地方政府积极性发挥。十一届三中全会以后，为适应改革开放和商品经济发展需要，投资体制改革逐步提上日程。首先，体现在政府放权和简化审批程序上，投资审批权限逐步由中央下放到地方，审批程序由繁变简；其次，推行"拨改贷"改革和投资承包责任制，强化财政资金的使用效益，改变政府作为单一投资主体的格局，在投资管理中成功引入市场机制。这一时期，响应国家改革开放政策，沿海城市涌现出大批民营投资主体，农村的乡镇企业迅速崛起，对外投资开始萌芽，以兴办中外合资、合作及独资企业为主，境内企业到境外投资的情况非常鲜见。

第三阶段（1992—2003 年），投资体制市场化转型的关键时期。1992 年，邓小平视察南方发表重要讲话加快了改革开放的步伐，社会主义市场经济体制基本确立，促进了投资体制的市场化改革进程。2000 年，"走出去"战略上升至国家战略，政府针对对外投资的便利化服务逐步增加，进一步下放境外投资审批权限，简化审批手续，加大对中小企业对外投资的优惠政策扶持，放松外汇管制增加企业的用汇自由等。这一时期，对外投资的形式逐步多元化，投资领域和范围进一步扩大，投资内容以代管经营、租赁经营和合资经营等技术与管理工作为主。

第四阶段（2004 年至今），社会主义市场经济投资体制的形成。2004 年《国务院关于投资体制改革的决定》公布，文件对投资体制改革的指导思想、目标、政府职能转变、企业投资主体地位的确立、政府投资行为规范、投资的宏观调控和监督管理等方面进行了详细规定[①]，明确了投资体制改革的目标：通过深化改革和扩大开放，建立市场引导投资、企业自主决策、银行独立申贷、融资方式多样、中介服务规范和宏观调控有效的新型投资体制。此后，企业的自主权利增加，投资领域放宽，项目审批逐步过渡为核准制和备案制，政府以间接调控方式引导社会投资。该时期增加了对境外投资的支持力度，通过实行外汇资金事后登记、给予企业信贷支持等措施鼓励企业"走出去"，提高境外投资的便利性。对外投资的范围扩大到全球六大洲，涉及种植、加工、仓储、物流、能源开发等多个领域，投资主体包括国有企业、民营企业和个体户等（孙玉琴，2014）。

2010 年以来，国家从战略部署上更加重视对外投资与合作，2015 年 3 月 28 日，国家发展改革委、外交部、商务部联合发布了《推动共建丝绸之路经济带和 21 世纪海上丝绸之路的愿景与行动》（即"一带一路"），"一带一路"沿线国家成为对外投资的重要区域，2015 年，我国对"一带一路"相关的 50 个国家进行了直接投资，投资额同比增长 18.2%，服务外包合同金额同比增长 42.6%。"十三五"开局之年，二十国集团峰会在杭州举行，会议达成"杭州共识"，提出了 G20 全球投资指导原则（图 2-2），为对外

---

① 详见《国务院关于投资体制改革的决定》全文：http://www.gov.cn/zwgk/200508/12/content_21939.htm。

投资合作发展创造了良好的历史机遇。整体来看，我国的对外投资体制经历了由计划向市场转变的渐进性改革过程，期间对外投资政策的指导思想和政策目标不断调整，政府由直接参与者转变成间接调控者和监管者，市场机制成为投资管理的主要引导目标，实现了投资主体的多元化、地域跨越、领域拓宽等转折性变化。

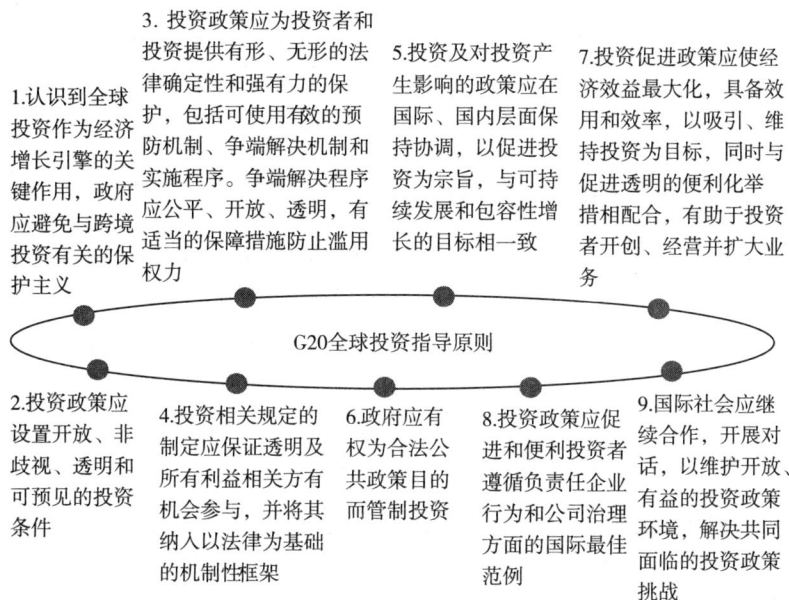

3. 投资政策应为投资者和投资提供有形、无形的法律确定性和强有力的保护，包括可使用有效的预防机制、争端解决机制和实施程序。争端解决程序应公平、开放、透明，有适当的保障措施防止滥用权力

5.投资及对投资产生影响的政策应在国际、国内层面保持协调，以促进投资为宗旨，与可持续发展和包容性增长的目标相一致

7.投资促进政策应使经济效益最大化，具备效用和效率，以吸引、维持投资为目标，同时与促进透明的便利化举措相配合，有助于投资者开创、经营并扩大业务

1.认识到全球投资作为经济增长引擎的关键作用，政府应避免与跨境投资有关的保护主义

G20全球投资指导原则

2.投资政策应设置开放、非歧视、透明和可预见的投资条件

4.投资相关规定的制定应保证透明及所有利益相关方有机会参与，并将其纳入以法律为基础的机制性框架

6.政府应有权为合法公共政策目的而管制投资

8.投资政策应促进和便利投资者遵循负责任企业行为和公司治理方面的国际最佳范例

9.国际社会应继续合作，开展对话，以维护开放、有益的投资政策环境，解决共同面临的投资政策挑战

图 2-2　G20 全球投资指导原则

（二）农业对外投资体制及相关政策演变

对外农业投资体制的改革内含于总体的投资体制改革之中，其改革过程遵循投资体制改革的一般规律，由于国情需要我国在相当长一段时期内实行农业补贴工业的政策，农业领域投资长期发展缓慢，对外投资更是少之又少。入世以后，随着经济全球化和国家对"三农"问题的重视，农业领域的对外开放逐步提上日程，2006 年，政府提出了农业"走出去"的战略目标，并不断完善农业对外投资的政策支持与优惠（表 2-2）。此后，农业对外投资快速发展，截至 2015 年年末，中国农、林、牧、渔业对外直接投资存量达到 114.8 亿美元，占对外直接投资存量的 1.0%，其中，农业占 27%，林业占 21.9%，渔业占 9.9%。整体来看，我国对外农业投资政策的指导思想

和政策目标在大的体制转型过程中不断调整，政策手段也逐步丰富，对外农业投资政策的演变经历了政策指导思想从严格约束向鼓励支持转变，政策体系由单一管理政策向系统政策配套转变，政策目标由规模和速度向可持续发展转变的渐进过程。

表2-2　中国对外农业投资政策的体系结构

政策类型	核心内容	典型政策
投资管理	对投资行为的核准和备案	国务院关于投资体制改革决定（2004）、境外投资项目核准和备案管理办法（2014）
财政支持	对境外直接投资提供财政资金支持	对外经济技术合作专项资金管理办法（2005）中小企业国际市场开拓资金管理办法（2010）
金融支持	对境外直接投资提供信贷支持	关于对国家鼓励的境外投资重点项目给予信贷支持的通知（2004）
外汇管理	跨境投资过程中外汇资金的使用管理	国家外汇管理局关于进一步简化和改进直接投资外汇管理政策的通知（2015）
税收	进出口关税、所得税抵免、税收协定	非居民纳税人享受税收协定待遇管理办法（2015）
保险	对投保企业发生的投资损失给予补偿	海外投资保险（2002）

资料来源：《中国对外农业投资政策演变及体系结构分析》（胡月等，2016）。

从资源禀赋来看，多年来中国劳动力丰富、资源和资本等缺乏，总体对外投资都相对较少，农业领域的对外投资就更少了。随着中国经济不断增长，特别是在投资和出口两驾马车的拉动下，中国外汇储备较快增长，外汇和资本的快速积累为中国企业走出去对外合作创造了重要的条件。

第三节　中国对外农业投资的发展历程

一、起步阶段（20世纪50—70年代）

中国对外农业投资起始于20世纪50年代，此阶段中国主要通过对外援助的形式开始了新中国的对外农业合作。此时，农业对外援助的主要对象为朝鲜和越南，中国对朝鲜无偿捐赠8万亿元人民币，用于恢复朝鲜农业生产；对越南援助 1 万吨大米，帮助战后的越南人民回归正常生活。之后，随着中国对外农业援助步伐的推进，援助的范围不断扩大，从朝鲜和越南逐步扩展到亚非拉等其他发展中国家和地区。

20 世纪 60 年代以后，中国农业对外援助对象扩大到西亚、东亚以及非洲国家，主要通过派遣农耕队的方式对毛里塔尼亚和塞内加尔进行了农业技术援助。70 年代，中国先后向卢旺达、加纳等 12 个非洲国家派出 600 多名农业技术人员接替台湾农耕队及相应项目，帮助其发展农业生产。期间，中国在联合国的合法席位得以恢复，这一标志性事件为中国对外农业投资活动的扩展提供了便利条件，促使中国的对外农业投资范围由亚非拉国家扩展至拉丁美洲和部分发达国家。1972 年，中国向墨西哥提供了多种适宜当地生长的农作物种子，并向当地农业人员传授了水稻种植和淡水养殖技术。本阶段中国对外农业投资主要实行不以盈利为目的的援助方式，投资主体主要是政府和一些大型国有企业。

二、初步探索阶段（20 世纪 80 年代至 2001 年）

1978 年改革开放之初，中国对外农业投资方式发生了转变，由国有企业主导的单一对外援助形式发展为对外援助和对外投资相结合的双重发展形式，真正意义上的对外投资也在此时兴起。本阶段的对外投资以国家间的交流与合作为主，主要表现出以下特点：一是为巩固援助项目成果，中国同部分受援国对一些已建成项目开展代管经营、租赁经营和合资经营等多种形式的技术与管理合作；二是对外援助范围进一步扩大至拉丁美洲及南太平洋区域，如 1986 年之后，中国先后为 42 个非洲国家提供农作物种植、农业机械等方面的培训，1991 年中国林业科学院通过承办多期植物生长剂国际培训班，促使泰国、越南、马来西亚、韩国等 13 个国家掌握此项技术；三是中国在境外兴办中外合资、独资企业。期间，中国与澳大利亚签署了《关于促进农业研究发展合作计划议定书》《中澳两国政府农业合作协定》和《中澳促进发展技术合作计划协定》，其中《关于促进农业研究发展合作计划议定书》包括 108 个农业合作项目，共计投资金额 7 000 万美元，《中澳促进发展技术合作计划协定》涉及 12 个农业科技方面的合作项目，共计投资金额

304 万美元，主要集中于渔业和林业资源合作开发。20 世纪 90 年代后期，基于对外援助经验，国有企业积极拓展对外农业投资领域，开始农作物的跨国种植，并发展养殖业及农副产品加工业。

三、逐步扩大阶段（2001—2008 年）

2001 年加入 WTO 后，中国国内生产总值和外汇储备不断增加，政府在积极"引进来"的同时，提出"走出去"战略，农业由长期以来的"引进来"开始转变为"引进来"与"走出去"相结合，共同发展。

2003 年，中国政府的农村工作会议报告指出，要积极实施"走出去"战略，鼓励并支持有"走出去"条件的农业企业到国外进行农业投资，充分利用海外水土资源，促进中国农业发展。2004 年，党的十六届四中全会通过的《中共中央关于加强党的执政能力建设的决定》中，在此提出了"坚持'引进来'和'走出去'相结合，利用好国际国内两个市场、两种资源，注重发挥中国的比较优势"。2005 年，党的十六届五中全会通过的《中共中央关于制定"十一五"规划的建议》中指出，"支持有条件的企业'走出去'，按照国际通行规则到境外投资，鼓励境外工程承包和劳务输出，扩大互利合作和共同开发"。

2006 年，商务部、农业部、财政部联合下发的《关于加快实施农业"走出去"战略的若干意见》，正式确立了农业"走出去"战略；同年，商务部等发布的《境外投资产业指导政策》及《境外投资产业指导目录》中明确指出鼓励和支持对天然橡胶、油料、棉花、蔬菜的种植，林木采伐、运输及培育，畜牧业，养殖业以及海洋渔业等五个方面开展境外投资。2007 年，党的十七大指出"创新对外投资和合作方式，支持企业在研发、生产、销售等方面开展国际化经营，加快培育中国的跨国公司和国际知名品牌"。2003—2008 年，中国农、林、牧、渔业对外投资从 8 136 万美元增加至 17 183 万美元，年均增长 16.1%；同时，农、林、牧、渔业对外累计投资从 32 300 万美元增加至 146 762 万美元，年均增长 35.4%[①]。

---

① 2015 年度中国对外直接投资统计公报。

四、快速发展阶段（2009 年至今）

金融危机的爆发使各国的对外投资在逆境中缓慢前行，中国经受住了金融危机的挑战和考验，与 2008 年相比，多数国家 2009 年的对外投资数量呈下降趋势，而中国对外累计投资不断增加。2009 年《中共中央　国务院关于促进农业稳定发展、农民持续增收的若干意见》强调要培育农业跨国经营企业，按照世界贸易组织规则，健全外商经营农产品和外资准入制度，明确外资并购境内涉农企业安全审查范围和程序，建立联席会议制度。

2010 年，《中共中央　国务院关于加大统筹城乡发展力度，进一步夯实农业农村发展基础的若干意见》又一次强调"支持农业企业'走出去'"，同时指出"加强国际农业科技和农业资源开发合作，制定鼓励政策，支持有条件的农业企业实施国际化战略"。2011 年，财政部和商务部联合下发的《关于做好 2011 年对外经济技术合作专项资金申报工作的通知》明确指出，涉外农业投资企业是直接补贴和贷款贴息的重点支持对象。2013 年，中央提出建设"新丝绸之路经济带"和"21 世纪海上丝绸之路"的构想。

目前，中国已经与"一带一路"沿线 60 多个国家签署了双边农业合作协定，这些国家拥有丰富的农业资源，与中国有较强的互补性，为中国农业发展提供了良好的机遇与条件。本阶段中国对外农业投资的模式主要包括：新建农场进行独资或合资经营，并购收购，农业海外研发投资，替代种植等。投资主体多种多样，主要以国有企业为主，有限责任公司和股份制的混合所有制企业数量和比重不断扩大，个体农户也积极参与对外农业投资。投资区域分布也更加广泛，遍布亚非拉、欧洲、北美洲和大洋洲。

第四节　中国对外农业投资现状与特点

一、中国对外农业投资现状

2003 年以来，中国对外农业投资增长迅速，2003—2015 年中国农、林、牧、渔业对外投资从 8 136 万美元增加至 257 208 万美元，增长了 31.6 倍，年均增长 33.35％；同期，农、林、牧、渔业累计对外投资从 32 300 万美元增加至 1 147 580 万美元，增长了 35.5 倍，年均增长 34.65％（表 2 - 3）。

从对外农业投资的区域分布来看，截至 2014 年年末，中国企业已在全球 85 个国家（地区）进行农业投资，国别投资覆盖率达 38.3％；中国对外农业投资与全行业总体投资的流向基本保持一致，主要集中于亚洲区域，且以发展中经济体为主，"一带一路"成为投资热点。

表 2 - 3　2003—2015 年中国农、林、牧、渔业对外投资规模

年份	当年流量（万美元）	累计存量（万美元）
2003	8 136	32 300
2004	28 866	83 423
2005	10 536	51 162
2006	18 504	81 670
2007	27 171	120 605
2008	17 183	146 762
2009	34 279	202 844
2010	53 398	261 208
2011	79 775	341 664
2012	146 138	496 443
2013	181 313	717 912
2014	203 543	969 179
2015	257 208	1 147 580

资料来源：2015 年度中国对外直接投资统计公报。

关于中国对外农业投资合作的现状不是本书的重点，在农业部国际合作司和对外经济合作中心编著的年度报告《中国对外农业投资合作分析报告》中，有非常详尽的介绍，这里将不再展开介绍。

二、21 世纪前，农业投资以利用外商直接投资为主

改革开放 40 年来，外商投资在中国经济发展中发挥了举足轻重的作用。随着对外开放程度的加深，农业利用外资的规模不断增加，有力地促进了中

国农业的快速发展。一方面，世界银行、亚洲开发银行、国际农业发展基金会、联合国粮农组织、世界粮食计划署、欧洲共同体、联合国开发计划署等国际组织为我国提供了一系列中长期优惠贷款和无偿援助。世行一直通过提供低息、无息贷款、赠款和技术援助，帮助贫困国家发展经济，提高生活水平，其贷款额度主要根据对借款国人均 GDP、债务信用、贷款用途、项目可行性等各项指标进行评估后决定。随着中国经济发展和农业进步，来自世界银行等机构的贷款和技术援助日益减少，有些软贷款被取消。从贷款金额和项目数量来看，2005—2013 年，世界银行贷款项目集中，最高金额达到321.5 百万美元；2014—2015 年，贷款数额有所减少。亚洲开发银行的贷款与世界银行类似，不同年份之间规模差异很大，2012 年最高达到 620 百万美元，2013—2014 年下降明显，2015 年达到 549 百万美元。亚行的农业技术援助项目则主要集中在生态环境保护和治理、风险防范等方面。

　　另一方面，外商直接投资（FDI）显著提高（图 2 - 3），1997—2015 年，农业外商直接投资实际使用金额由 6.28 亿美元增加到 2015 年的 15.34 亿美元，逐渐超过优惠贷款和无偿援助的比重，成为农业利用外资的主要渠道。

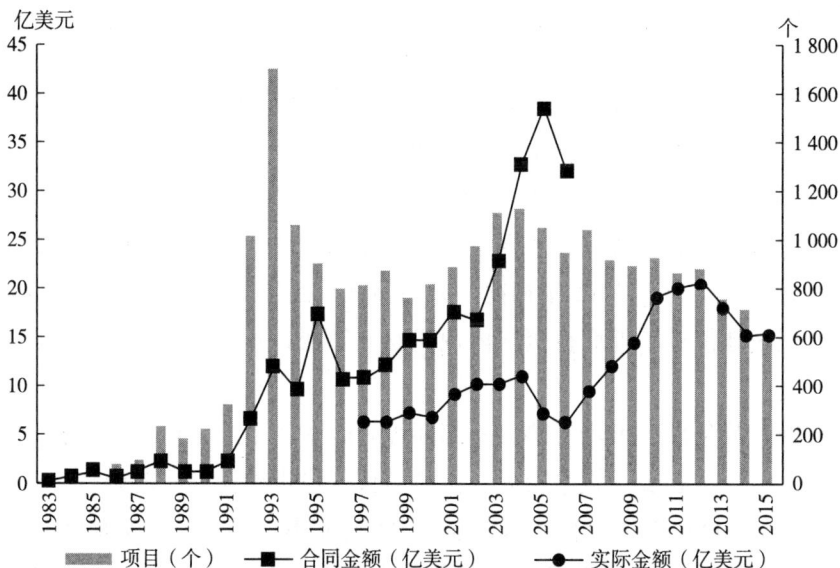

图 2 - 3　1983—2015 年外商直接投资情况

资料来源：《中国统计年鉴》，2000 年及以前，外商投资合同金额和实际使用外资额均含对外借款；从 2007 年起商务部不再对外公布外资合同金额数据。

一方面，中国加入 WTO 后，根据协议要求（表 2－4）农业政策不断调整，贸易和投资环境不断改善，吸引了大量外商直接投资，推动了中国农业对外资的利用和经济的增长。

表 2－4　WTO 协议中涉及外资进入的政策

非歧视	在下列方面给予外国个人、企业和外商投资企业的待遇不得低于给予其他个人和企业的待遇：（a）生产所需投入物、货物和服务的采购，及其货物据以在国内市场或供出口而生产、营销或销售的条件；及（b）国家和地方各级主管机关以及公有或国有企业在包括运输、能源、基础电信、其他生产设施和要素等领域所供应的货物和服务的价格和可用性。
贸易权	在不损害中国以与符合《WTO 协定》的方式管理贸易的权利的情况下，中国应逐步放宽贸易权的获得及其范围，以便加入后 3 年内，使所有中国的企业均有权在中国的全部关税领土内从事所有货物的贸易，但附件 2A 所列依照本议定书继续实行国营贸易的货物除外。 对于所有外国个人和企业，包括未在中国投资或注册的外国个人和企业，在贸易权方面应给予其不低于给予在中国的企业的待遇。
进出口许可	对于外国个人、企业和外商投资企业在进出口许可证和配额分配方面，应给予不低于给予其他个人和企业的待遇。
边境税调整	对于外国个人、企业和外商投资企业，自加入时起应被给予不低于给予其他个人和企业的待遇。

从 2008 年开始的国际金融危机在一定程度上影响了我国外商投资的总量，但之后随着农产品价格上涨和我国农业投资环境改善、投资准入放宽，农业外商直接投资额呈现上升趋势，单个项目的投资金额增加。截至 2015 年，我国对《外商投资产业指导目录》进行了七次修正（详见附录 1），平均三年修订一次，与 2011 年相比，大幅消减限制类条目，由 79 条减少到 38 条，这积极地促进了外商投资国内现代农业发展，并与国内负面清单管理模式相适应。

根据政策条件、市场形势、外部环境等因素的不断变化，我国农业外商直接投资经历了起步、缓慢发展、快速增长、稳步增长、回落调整、发展提升等阶段，2006—2012 年以来外商直接投资稳步提升，然而随后三年（2013—2015）外商直接投资实际使用金额出现连续下滑。此外，从农业利用外商直接投资金额占全部外商直接投资的比重来看，当前农业占比偏小，长期徘徊在 1‰～2‰左右（表 2－5），与当前我国农业大国的地位极不相称。随着我国资本实力的增强，经济发展中对外商资本的需求将慢慢被对先进技术和管理经验的需求所替代，农业领域吸引国外先进技术和成功管理经验的趋势将不断增强。

表 2 - 5　2000—2015 年农业领域外商直接投资比重

年份	项目（个）	占比（%）	金额（万美元）
2000	821	3.67	67 594
2001	887	3.39	89 873
2002	975	2.85	102 764
2003	1 116	2.72	100 084
2004	1 130	2.59	111 434
2005	1 058	2.40	71 826
2006	951	2.29	59 945
2007	1 048	2.77	92 407
2008	917	3.33	119 102
2009	896	3.82	142 873
2010	929	3.39	191 195
2011	865	3.12	200 888
2012	882	3.54	206 220
2013	757	3.32	180 003
2014	719	3.02	152 227
2015	609	2.29	153 386

资料来源：《中国统计年鉴》（2016）。

三、21 世纪以来，农业投资向对外投资转变

我国农业对外投资增长的影响因素很多，从宏观层面来看，主要得益于经济增长，其次是政府战略布局和政策扶持，在以上经济发展和国家战略支持的基础上，企业才有经济实力和积极性"走出去"。前文对投资发展路径理论及政府通过"走出去"战略应对国内资源和市场问题进行了阐述，其实，国家布局农业对外"走出去"战略还有一个不可忽略的金融因素便是我国外汇储备的提高。2002 年以来（加入 WTO），我国外汇储备快速增长，

截至 2014 年，外汇储备达到 3.84 万亿美元，黄金储备达到 3 389 万盎司。根据国际经验，一国外汇储备量保持在相当于该国 3 个月进口额的水平较为适宜，外汇储备量过多会导致本国的经济资源被外国占用，不利于本国经济的发展（宋洪远等，2012）。正是基于这一背景，国家鼓励企业"走出去"，通过增加对外农业投资实现资本的对外输出，缓解外汇储备的压力。

随着农业"走出去"战略的实施，农业对外投资规模日益扩大，2009年以来呈现逐年递增的趋势（图 2 - 4）。根据《中国对外投资合作发展报告（2016）》，2014 年，中国对外农业投资流量 18.0 亿美元，比上年增长38.4%，高于其他行业对外投资增速；2014 年年底，对外农业投资存量57.8 亿美元，与上年同期相比增长 46%。同年，国内共有 415 家境内投资机构在境外设立农业企业，规模达到了 505 家，与上年同期相比增加 14%，投资覆盖六大洲（除南极洲）的 85 个国家（或地区），涵盖了生产、加工、仓储、物流等多项业务，企业日益重视产业链建设，同时经营两种及以上业务的企业占 23%。截至 2015 年，农业对外投资净额达到 25.72 亿美元，是2004 年对外投资净额的 8 倍多，与 2014 年相比增长 26.37%。其中，中国企业实施对外农业投资并购项目 37 起，投资并购金额 2.6 亿美元，占同年中国对外投资并购交易总额 0.5%。年末，中国农、林、牧、渔业对外直接

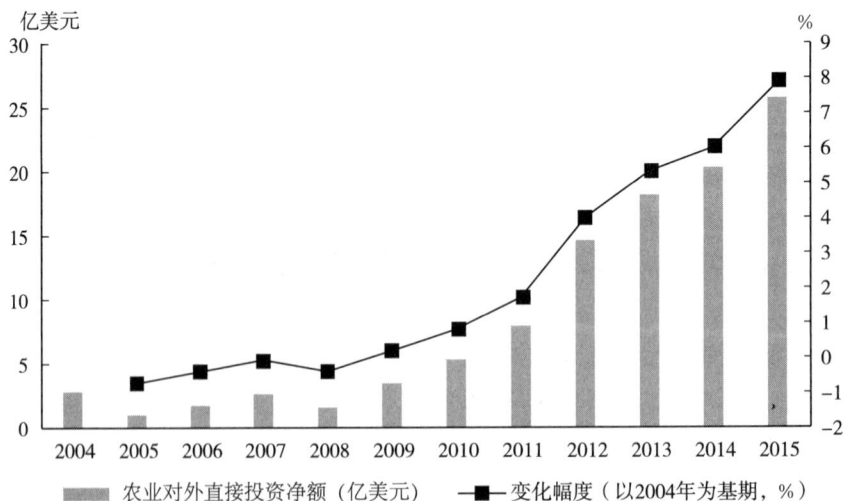

图 2 - 4 2004—2015 年农业对外直接投资净额

资料来源：《中国统计年鉴》(2016)。

投资存量为 114.8 亿美元，占中国对外直接投资存量的 1.0%，其中农业占
27%，林业占 21.9%，渔业占 9.9%。

随着农业对外直接投资的不断增长，我国农业投资的格局发生变化，从
主要依靠外商直接投资转向对外投资的趋势日渐明显，尤其是 2013 年以来，
我国农业对外直接投资不仅超过农业领域外商直接投资，而且两者差距日益
拉开，与之前外商直接投资远超于对外直接投资的格局完全相反。具体来看
（图 2-5），2004 年，我国农业领域实际使用的外商直接投资为 11.14 亿美
元，当时的对外农业直接投资只有 2.89 亿美元，中间差 8.25 美元；2004—
2010 年期间，农业实际使用外商直接投资与农业对外直接投资的差距不断
拉大，2010 年最大差距达到 13.78 亿美元，其中，农业实际使用外商直接
投资增长到 19.12 亿美元，而农业对外直接投资只有 5.34 亿美元；2010—
2013 年期间，两者差距逐渐缩小；2013 年以后，农业外直接投资开始反超农
业实际使用外商直接投资，截至 2015 年，农业对外直接投资 25.72 亿美元，
农业实际使用外商直接投资则只有 15.34 亿美元，两者相差 10.38 亿美元。可
见，随着我国资本实力的增强，农业对外投资的实力已经非常强大，未来农
业对先进技术和管理经验的需求增加，两者差距可能进一步扩大。

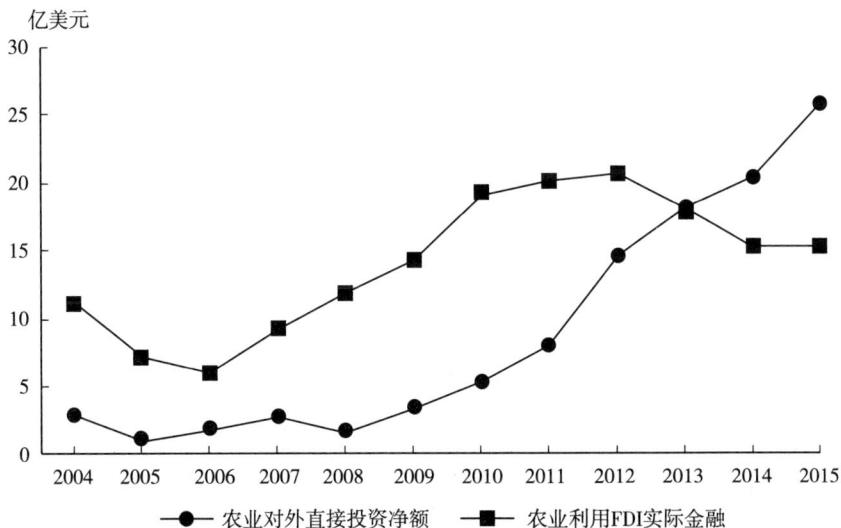

图 2-5　2004—2015 年我国农业利用 FDI 与对外直接投资的比较

资料来源：《中国统计年鉴》(2016)。

四、对外投资向经济技术合作转变

随着经济一体化发展，全球农业发展格局发生很大改变，农业持续增长动力不足和农产品市场供求结构显著变化，已经成为世界各国需要共同面对的新问题、新挑战，只有各国加强农业合作，才能共同促进农业可持续发展。2014 年国务院批复同意农业部牵头成立农业对外合作部际联席会议，2016 年国务院办公厅下发《关于促进农业对外合作的若干意见》，从国家层面为农业对外合作提供了指导。此外，随着"一带一路"倡议的实施中国与沿线国家的多双边合作机制日臻完善，为开展农业合作提供了有利平台。

随着"走出去"战略的加快实施，我国对外投资不断增长的同时，承包工程、劳务合作等各类对外合作也大量增加。对外承包工程方面，2005—2015 年，我国对外承包工程数量逐年增加，其中，合同金额由 296.14 亿美元增加到 2 100.74 亿美元，增长率为 609.37%；完成营业额由 217.63 亿美元增加到 1 540.74 亿美元，增长率为 607.96%（图 2 - 6）。2016 年，我国

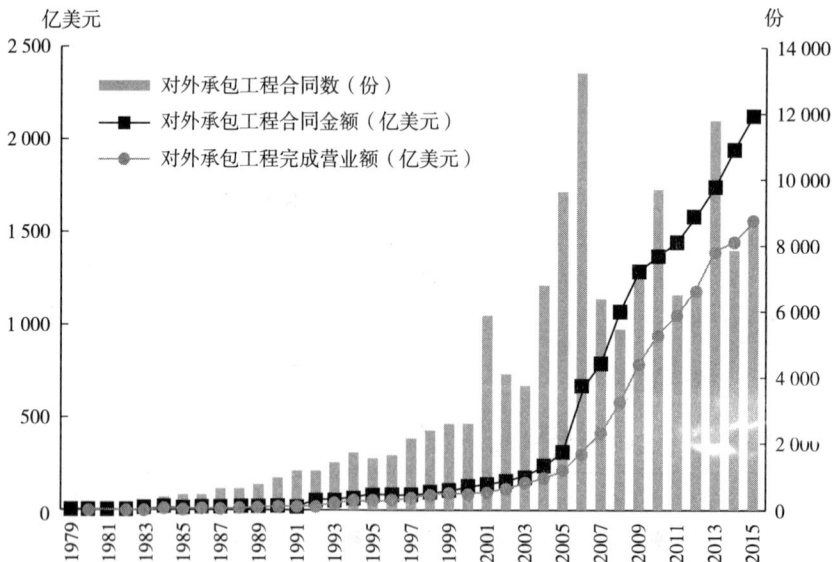

图 2 - 6　改革开放以来对外承包工程的变化情况

资料来源：《中国统计年鉴》(2016)。

企业在"一带一路"沿线 61 个国家新签对外承包工程项目合同 8 158 份，新签合同额 1 260.3 亿美元，占同期我国对外承包工程新签合同额的 51.6%，同比增长 36%；完成营业额 759.7 亿美元，占同期总额的 47.7%，同比增长 9.7%①。对外劳务合作方面，我国对外劳务合作派出劳务人数整体呈现上涨趋势（个别年份存在回调）。2004 年，我国对外劳务合作派出劳务人数为 17.3 万人，到 2015 年，人数增加到 27.68 万人；从对外劳务合作年末在外人数来看，整体上不断增加，2005—2015 年期间，由 41.87 万人增加到 61.83 万人（图 2-7），农业领域暂时缺少详细数据，暂以整体情况代替。

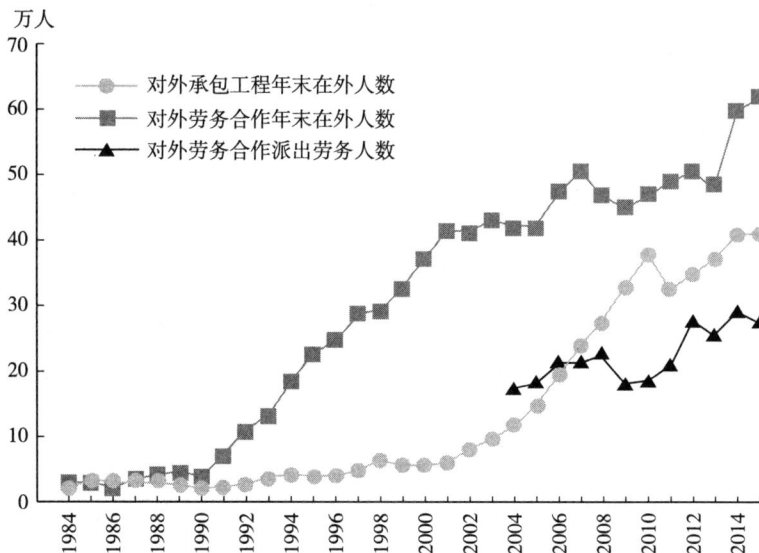

图 2-7 改革开放以来年末在外人数的变化

资料来源：《中国统计年鉴》（2016）。

近几年，农业对外投资增长较快，但从全球农业面临的问题及格局来看，经济技术合作中除资本投资以外其他类型的技术合作与交流也将明显增加。一方面，对外直接投资在程序上比技术合作与交流更加复杂和繁琐，有可能遭遇东道国在制度、文化、法律等方面的抵制和障碍；另一方面，技术

---

① 《中国对外投资合作发展报告（2016）》。

合作与交流更有助于增加当地农业产业附加值，可以在短期内见效，促进经济发展与农业效益提高。

第五节 中国对外农业投资：战略与展望

一、农业对外投资的全球战略与布局

扩大农业开放，实施农业"走出去"是经济发展的必然，是确保国家粮食安全和平衡国内大宗农产品供需的重要战略选择。我国农业"走出去"应牢固树立"大农业、大市场、大开放"的观念，以扩大农产品贸易和有效利用外资为战略重点，坚持政府、行业、企业和农户四位一体，在更大范围、更宽领域和更高层次上积极参与国际合作，要统筹好两个市场、两种资源，平衡进口和国内农业发展需要，促进农产品贸易更好地与国内产业协调发展，在开放中确保国家产业安全，在产业安全的前提下扩大农业开放。同时，必须牢记我国大宗农产品（特别是口粮）的基本供给必须依靠国内产业来保障，农业发展不能单纯考虑比较优势，而是需要根据对大宗农产品的需求结构和特点及其在粮食安全中的地位，优化大宗农产品的生产布局，确保大宗农产品的基本播种面积和供给能力，确保贸易政策和国内产业政策以及进出口调控与国内供需协调一致。

从战略目标来看，一是农业"走出去"要充分利用国外市场、资源、技术及管理经验等，促进本国农业产业竞争力的提高，争取解决国内市场存在的资源、技术、劳动力等发展瓶颈，进而破解制约国内农业发展的难题；二是农业"走出去"要提高农业带动能力，通过对外投资带动农业 GDP 增长，增加劳动力就业机会，进而带动当地经济发展和农业经济状况改善，这是衡量农业对外投资成功与否的关键，只有带动了当地经济发展，赢得当地政府和国民的认可，才能为进一步经济技术合作创造条件，同时，也能为国家增加更多外汇收入。

从投资区域布局来看，当前我国多与周边地区及"一带一路"沿线地区进行投资与合作，这是农业"走出去"初期的必然选择，近邻国家具有优越的地缘和区位优势，能够最大程度地降低投资合作成本。考虑到不同国家的资源状况、国内农产品的供需、各国农产品的结构性差异等，未来农业对外投资合作的区域布局还需要进一步拓展：一方面，进一步强化同周边及"一带一路"沿线地区的农业投资合作，稳步提升农业对外投资数量和质量，形成长期有效和可持续的合作机制与稳定关系。另一方面，增加对非洲、拉美及北美、大洋洲区域的投资与合作，这些区域各自具有不同特点，非洲的土地、劳动力等要素资源丰富，大部分国家正处于经济发展期，急需外来投资带动当地经济发展；拉美地区农业资源更加丰富，是大豆、玉米、棉花、食糖等大宗农产品的重要地区，与该地区的合作对于平衡国内农产品供需结构具有重要的意义；北美和大洋洲经济发达，具有完善的市场和先进的技术管理经验，这些国家自身的对外投资较多，其对外农业投资合作发展经验非常值得我们学习和借鉴。

从投资的具体国家来看，当前农业对外投资主要集中于东盟 10 国、俄罗斯、中亚 5 国等[①]，主要在于这些国家具有地缘优势，考虑我国的进出口贸易结构、国内农产品需求的多样化、农业对外投资成本、各国政策及制度约束差异等因素，农业对外投资合作的国家尽量考虑多远化。根据当前整体对外投资现状和未来农业投资合作的趋势来看，未来我国与下列这些国家有望扩大投资合作，包括：非洲的阿尔及利亚、埃塞俄比亚、刚果（金）、加纳、肯尼亚、南非、毛里求斯、坦桑尼亚、乌干达等国家，拉美的巴西、阿根廷、智利等国家，以及美国、澳大利亚、新西兰、荷兰、以色列等，这些国家中既有发展中国家又有发达国家；既有农业落后的国家又有农业生产和贸易大国，完善与这些国家的投资合作对农业"走出去"意义深远。

二、农业对外投资的主要领域

未来农业投资应在尊重当地文化、风俗和法律规范的前提下，发挥这些国家所具有的自然资源、土地和劳动力资源的比较优势，从生产、加工、流通等领域进入，注重学习这些国家已有的先进技术，弥补我国相关领域的不足，并利用自身的资本和技术等优势，扶持、带动当地产业的发展和农民增

---

① 《中国对外投资合作发展报告（2016）》。

收，以此实现双方经济和贸易的共同发展。重点从以下几方面进行：

（1）大力促进农产品物流基础设施投资建设，包括港口、码头、物流园区、大豆、玉米等收储系统的建设。

（2）积极推动农产品加工和餐饮业投资。发展农产品加工业，既可以安排当地就业、发展当地经济，同时还可以生产更多的加工农产品，更好地满足当地需求以及我国的进口需求，做到合作共赢。另外，具有中国特色并逐渐融入当地风情的餐饮业，也将是重要投资领域。

（3）继续直接投资农业生产。通过租借或购买土地，利用我国出口的技术，发展种养业，扩大生产，促进向中国出口。

（4）努力实现资本与农业技术的集成，促进以技术为核心的投资。通过技术组装、配套包装，向南美一些国家出口农业技术，实现中国技术和资本与南美资源的有机结合，比如超级稻技术、优良品种和机械等技术。

（5）开拓农业信息和电子商务等新兴领域，引导相关互联网和电商企业走出去。

第六节　企业对外农业投资需考虑的外部环境

随着我国资本实力增强和国家对"走出去"的战略积极支持，企业"走出去"的规模不断扩大，但是对于国内很多企业而言，"走出去"仅仅是一种冲动，实际上，农业真正"走出去"远远比在国内投资要复杂得多，对于企业而言，必须充分的考虑各种影响因素，并做好细致的准备。农业对外投资中可能遇到的外部环境包括国际经济格局、国际经济新秩序对对外投资企业的影响，及东道国的政权稳定性、制度建设、对外开放程度等，以下对这些外部因素情况进行简要梳理。

第一，新型国际分工与国际经济新秩序。一方面，以跨国公司为基础的新型国际分工在全球的发展，有助于推动全球产业链的分化与整合，为商业模式创新提供了机遇，有助于推动海外投资活动。另一方面，世界格局多元化、经济全球化和国际区域组织（如自贸区、境外产业园等）的发展，为对外投资的发展，提供了良好的机遇和便利，同时，国际资本市场的发展加速了国际资本流动，提高了资本使用效率以及跨空间调配效率，为企业开展对外直接投资提供了极大的资金支持。

第二，政权稳定性和对外开放程度。一方面，从东道国的政权稳定性考虑。企业对外投资需要考虑东道国政权的稳固程度，尤其是对于一些资源丰富的发展中国家，只有在政权稳固的情况下，投资才能真正取得效益和回报，否则，承担的政治风险就很大。另一方面，东道国的对外开放程度。我国对外投资需要找到相应愿意吸引外资的国家或地区，除了以上分析的很多影响因素之外，一国的开放程度至关重要，与对开放程度高的国家，对外投资合作的阻力较小，而对于相对封闭的国家而言，就需要借助一定的手段和外交关系增加双方的合作与交流，建立良好的对外投资环境。因此，企业对外投资应该尽量选择政权稳定、对外开放程度较高的国家，降低对外投资的政治风险，确保对外投资项目的顺利开展。

第三，法律制度环境。良好的法律等制度能够对企业投资提供参考规范，尤其是对于当地的劳工福利待遇、环境保护、土地租赁等具有完整的法律制度能够帮助企业了解当地经营环境，降低对外投资过程中的额外成本，对于社会合约则具有较强约束力进而提高合同履约率。较差的制度环境会增加企业了解和适用当地环境的时间成本，同时，也使企业需要承担较大的经营风险。不利于企业的长期可持续经营。总的来说，良好的制度环境对投资有促进作用。

第四，农业政策与优惠。当前经济全球化的深入发展和中国综合国力的增强，使得各国与中国开展经贸合作的意愿加强，中国企业需要积极了解各国农业政策及调整方向，以便在对外投资中积极响应当地农业政策的要求，同时，应及时掌握东道国吸引国外投资的财税政策、信贷政策等优惠政策信息，选择对企业对外投资有利的国家。

第五，贸易互补性。选择对外投资合作方时应尽量考虑本国与东道国之间的贸易互补关系，以期通过对外投资合作弥补双方在国际大宗农产品贸易中的不足。因此，企业需要对国外农产品结构和供需状况、农业产业结构及产业化程度等进行深入考察和比较，选择对本国和东道国进口或出口有利的国家开展投资与合作。

第六，文化差异。对外农业"走出去"需要企业充分了解各国的文化差异并真正融入当地的生活，具体而言，详细了解当地的生活习俗、宗教信仰、饮食结构等现实生活中和文化上典型特征，以便在对外投资发展中综合考虑文化差异制定公司规章制度和发展规划等。同时，积极引导当地居民了解本国文化，促进双边文化交流，提高对外农业投资合作的综合效益和本国影响力。

总体而言，一方面，企业对外投资需要有详尽的科学投资规划，应该在充分了解东道国各方面背景的前提下，经过科学论证，确定拟进入的行业或环节。另一方面，企业对自身的生存发展能力、企业的核心竞争力和对新的环境和市场的适应性要有客观的认识，做到知己知彼，不能存在投机心理和冲动。此外，对外投资企业应与东道国企业一样对当地履行企业责任，积极主动了解和融入当地社会，争取得到当地老百姓和政府的认可。

第三章 中国对外农业投资的
管理与服务

伴随着中国改革开放的进程，对外直接投资已逐渐成为国际经济合作的重点领域。在农业发展水平不断提高和农产品供求格局的新背景下，2006年中国政府提出了农业"走出去"战略并取得了积极的效果，此后对外农业投资快速发展，投资规模和经营范围不断增大，实施主体日益多元化。2015年中国农林牧渔业对外投资规模为25.7亿美元，是2006年的13.5倍，同比增长26.4%；累计投资114.8亿美元，尽管增长较快，但仅占中国对外直接投资的1%。中国对外农业投资主体由大型国有农垦企业逐步发展为国有企业、中小民营企业和少数非农企业共同参与的格局；经营范围由单一的农作物种植发展为生产、加工、仓储和物流多个领域。

对外农业投资政策是一般对外投资政策的重要组成部分，管理机构及职能分工等与一般对外投资政策的结构相同。本章对中国对外农业投资领域的行政审批体制、政策支持体系、外汇管理体制及信息咨询等服务体系进行梳理。

第一节 中国对外农业投资的行政审批体制

一般而言，中国企业进行海外投资，主要需要获得三个主管部门的核准、备案或登记，包括国家或地方发展和改革委员会（下称"发改部门"）的核准或备案，商务部或地方商务部门（下称"商务部门"）的核准或备案，以及国家外汇管理局地方分局（下称"外管部门"）的外汇登记程序。根据企业的性质、行业以及交易规模，还可能涉及国资部门、行业主管部门以及证监会等机构的审批、核准或备案程序。

简单而言，在企业计划进行海外投资时，首先要向发改部门报送项目相关信息，同时向外汇部门申请项目的前期费用汇出；然后，由企业签署法律文件（包括意向书、框架协议、增资协议、收购协议和投资协议等），确定交易方向；下一步由国家或地方发改部门进行核准或备案；再由商务部门进行核准或备案；最后由外管部门进行外汇登记。

农业领域的对外投资管理符合一般性的对外投资管理制度的要求，主要涉及投资行为的核准和备案问题。2014年，商务部修订出台《境外投资管理办法》确立了"备案为主、核准为辅"的管理模式，进一步缩小了政府的核准范围，缩短了核准时限。同年，国家发改委下发《境外投资项目核准和备案管理办法》，将核准权限提高到中方投资额10亿美元及以上，10亿美元以下项目一律实行备案管理。

一、发改部门审批权限

根据国家发展和改革委员会2014年4月8日颁布的《境外投资项目核准和备案管理办法》（9号令），境外投资项目采取核准和备案两种形式，但只有两类项目适用核准的管理方式：一是中方投资额在10亿美元以上的项目；二是涉及敏感国家和地区或涉及敏感行业的项目（合称"敏感项目"）。其他境外投资项目一律适用备案管理。就备案项目而言，企业通过"全国境外投资项目备案管理网络系统"进行申报，填报企业类型、注册地和项目中方投资额等信息。根据9号令和《政府核准的投资项目目录（2014年本）》规定，国务院、国家发改委以及地方发改委的具体审批权限如表3-1。

表3-1 国务院、国家发改委以及地方发改委审批权限

项目类型 申请企业	投资额 <3亿美元	3亿美元 ≤投资额 <10亿美元	投资额 ≥10亿美元	敏感项目
中央企业	报国家发改委备案		国家发改委核准	不分限额，报国家发改委核准；其中：投资额20亿美元及以上的，由国家发展委提出审核意见报国务院核准；地方企业报省级发改部门，提出审核意见后报国家发改委；中央企业直接报国家发改委
地方企业	省级发改委备案	由省级发改委转报国家发改委备案	由省级发改委转报国家发改委核准	

资料来源：作者根据相关资料整理。

2016 年 12 月 5 日，国家发改委下发《关于调整境外收购或竞标项目信息报告报送格式的通知》（发改办外资〔2016〕2613 号），通知规定，自 12 月 5 日起境内企业境外收购的信息报告需按照新的报告格式进行上报。新的报告格式的内容摘要如表 3-2。

表 3-2 境内企业境外收购的信息报告格式

事　项	主要内容
项目名称	具体名称
投资主体	名称、注册时间、主营业务、股东及持股、经营状况、财产状况
投资背景	项目由来、投资背景
收购或竞标目标	名称、所在地、出让原因、基本情况
已开展的前期工作	对外工作、尽职调查
收购或竞标方案	交易方式和内容、交易金额、资金来源
下一步工作时间表	—
附件	财务报表、意向性文件、决策文件、尽职调查报告

对比 2014 年的报告格式要求，新的报告格式对需提交的附件内容做了增加，除原先需要提交的意向性文件和决策性文件以外，还需提交经审计的财务报表和项目尽职调查报告。上述修改有助于相关发改委审核境内企业境外投资项目的真实性、合规性及风险。

根据国家外汇管理局公布的 2016 年 12 月 6 日《发改委等四部门就当前对外投资形势下加强对外投资监管答记者问》，发展改革委、商务部、人民银行、外汇管理局提出，在支持国内有能力、有条件的企业开展真实合规的对外投资活动，参与"一带一路"共同建设和国际产能合作的同时，监管部门密切关注在房地产、酒店、影城、娱乐业、体育俱乐部等领域出现的一些非理性对外投资倾向，以及大额非主业投资、有限合伙企业对外投资、"母小子大""快设快出"等类型对外投资中存在的风险隐患。四部门建议有关境内企业在境外投资时需"审慎决策"，并提出发改委等四部门对对外投资的监管目的之一是要"保持国际收支基本平衡"。中国人民银行于 2016 年 11 月 29 日也下发了《关于进一步明确境内企业人民币境外放款业务有关事项的通知》（银发〔2016〕306 号）（以下简称《放款通知》）。《放款通知》规定，境内放款人从事境外放款业务的需满足包括成立时间、股权关系、经营规模、资金来源、利率、项目真实性与合规性等方面的要求，旨在从境外放款途径加强外汇监管。可见，强化监管的境外投资对象是比较明确的。

二、商务部门审批权限

2014 年 9 月，商务部修订了《境外投资管理办法》，中国对外投资实行"备案为主、核准为辅"的管理模式，企业对外投资需要经过商务部和地方商务主管部门备案和核准。企业境外投资涉及敏感国家和地区、敏感行业的，实行核准管理，其他投资情形适用备案管理。其中，中央企业对外投资需由商务部备案和核准，其他企业按照注册所在地到所属行政区域商务部门备案和核准。商务部和省级商务主管部门通过"境外投资管理系统"对企业境外投资进行管理，并向获得备案或核准的企业颁发《企业境外投资证书》。中央企业和其他企业通过"境外投资管理系统"，填报投资主体名称、境外企业（机构）名称、投资国别（地区）、中方投资额、经营范围等内容。近两年来，境内企业境外投资政策的变化见表 3-3。

表 3-3　境内企业境外投资政策的主要变化

时　间	发改委	商务部门	外汇管理部门	银　行
2015.6.1 前	核准/备案	核准/备案	登记核准 境外再投资备案 年检	外汇登记核准后才可向银行办理汇款
2015.6.1—2016.11.27	核准/备案	核准/备案	无需登记核准 无需境外再投资备案 无需年检	直接向银行办理外汇登记和汇款
2016.11.28 后	核准/备案	核准/备案	对外直接投资项下尚可流出额度超过 5 000 万美元（含）以上的项目，需经有关机关批准	等值 500 万美元的单笔购汇、付汇需报告，并经有关机关批准

第二节　中国对外农业投资的政策体系

"走出去"战略出台以来，中国对企业境外投资，尤其是对外直接投资提供了多层次的政策支持。"走出去"战略萌芽于 20 世纪 90 年代中期，

2000 年 3 月在九届人大三次会议上作为国家战略正式提出。各部委按照
"走出去"战略的指导思想，出台了多个方面的政策支持。

一、财政支持政策

改革开放以来，国家出台了一系列财政支持政策促进对外直接投资的发
展，既包括综合层面的资金类型，也有专门针对区域、行业、生产要素、业
务类型的资金政策工具（杨易等，2012）。其中，以企业为主体的财政支持
政策主要有两个：一是对外经济技术合作专项资金，二是中小企业国际市场
开拓资金。对外经济技术合作专项资金通过补助和贴息方式鼓励对外投资行
为，对不同类型项目分别设立了申报项目标准，其中对申报境外农业合作项
目的投资额要求最低，仅为 50 万美元。2010 年出台的《中小企业国际市场
开拓资金管理办法》中明确规定，中小企业适用范围由年出口额 1 500 万美
元以下放宽至 4 500 万美元以下。

对外经济技术合作专项资金和中小企业国际市场开拓资金由商务部和财
政部共同管理。商务部与财政部根据每年的经济情况和各行业的对外投资规
模，确定资金的年度预算和分配安排。与服务业、制造业等行业相比，对外
农业投资规模所占比重小，农业部门每年在资金分配中能获得的资金比例明
显偏低。虽然对外经济技术合作专项资金和中小企业国际市场开拓资金适用
于农业企业，但支持力度小，对农业产业特点的体现不突出，无法满足当前
对外农业投资快速发展的态势。随着农业国际化程度的不断提高，急需增加
对农业领域的资金投入，重点扶持资金实力弱的中小民营企业，积极推进农
业"走出去"发展。

二、金融政策

对于国家鼓励的境外投资，可以使用自有资金，也可以采取贷款等融资
方式。2008 年国务院办公厅发布了《关于当前金融促进经济发展的若干意
见》，其中就指出，要创新融资方式，允许商业银行对境内外企业发放并购
贷款。2009 年国家外汇管理局规定，符合条件的境内企业可对其境外机构

进行放款。2012 年，国家外汇管理局（以下简称"外管局"）进一步放松了对境外放款的审批。

中国对外农业投资的金融服务由国家发展改革委、中国进出口银行、国家开发银行开展。2004 年，国家发展改革委、中国进出口银行发布《关于对国家鼓励的境外投资重点项目给予信贷支持政策的通知》，严格规定在每年的出口信贷计划中，专门留存部分作为对外投资的信贷资金，用于支持国家鼓励的境外投资重点项目。农业部分别在 2008 年和 2012 年与中国进出口银行和国家开发银行签署合作协议，在境外农业资源合作开发项目等领域给予农业企业贷款支持。

农业境外投资项目的前期市场开发对资金需求大，现有的金融支持政策还不能满足需求。从国际经验来看，在美国、日本等传统的对外农业投资大国，国内都有多家金融机构为对外农业投资合作提供低利率、长期限的融资和贷款支持。中国能为农业企业提供金融服务的机构少，放贷标准高，需要大额的资产抵押或高级别的信用机构担保。多数农业企业由于缺乏足够的资产，无法享受到金融支持政策的优惠。因此，政府应制定合理的长期金融支持政策，强化金融支持力度，放宽融资标准，引导更多的农业企业"走出去"，扩大农业对外开放。

三、税收政策

对外农业投资的涉税类别主要体现在进出口关税、所得税抵免和税收协定三方面。目前，中国政府未对境外投资企业返销国内的农产品实行进口免税政策，出口关税税率依据国内当年的经济形势而定。所得税抵免指一国政府对跨国纳税人的国外所得征税时，允许其用国外已纳税款冲抵在本国应纳的税款，分为直接抵免、间接抵免和饶让抵免三种类型[1]。对于企业取得的境外所得，根据纳税人在境外缴纳税款方式的不同，按直接抵免法或间接抵免法计算抵免金额；饶让抵免适用于与中国签订税收协议的国家，其中已在

---

① 税收优惠助力企业"走出去"—企业所得税篇，http://www.c2hinatax.gov.cn/n810219/n810744/n1671176/n1705734/c1856363/content.html。

境外得到减免的部分税额，按照税收协议可饶让抵免，不再补征。税收协定是指两个或两个以上主权国家为避免双重征税等问题，通过谈判解决的书面协议。截至 2015 年年底，中国已对外正式签署 101 个避免双重征税协定，对减轻境外投资企业的税收负担有积极作用。

税收政策对开展对外农业投资行为的企业来说，主要在农业生产资料、机械设备的出口、农产品回运和企业所得利润方面起作用。与其他政策相比，对于促进对外农业投资的发展影响较小。

四、保险政策

保险政策是保障海外投资顺利进行的重要措施，2002 年中国出口信用保险公司开展了海外投资保险业务。海外投资保险是一种政策性保险，对投资人在境外投资中可能遇到的征收、战争、汇兑限制、政府违约等非常风险给予补偿。

农业属于高度依赖自然环境、易受自然灾害影响的弱质产业，与其他行业比，更需要保险政策的支持。当前中国政府还未设立专门的对外农业投资保险险种，仅对农产品出口企业设立了农产品出口特别险。在境外开展农作物种植的国内企业，一旦发生自然灾害影响作物种植，只能由企业自己承担。例如，2012 年黑龙江东宁县华宇集团因遭遇秋涝和雪灾，致使在俄罗斯种植的 800 公顷大豆受灾，企业承受很大损失（宋洪远等，2014）。因此，保险政策应进一步向农业领域倾斜，建立专门的对外农业投资保险体系，扩大承保范围，帮助企业有效地规避境外风险，保障企业的既得利益。

表 3 - 4 反映了中国对外农业投资政策的体系结构，可以看出，对外农业投资政策由行政管理政策和各领域的鼓励支持政策构成。综上，对于规模小、经济实力差的农业企业来说，新的管理政策简化了办事流程，提高了办事效率。有利于改善目前农业企业核准时间长、耗费成本高的现象，在一定程度上提升了企业的竞争力，促进了对外农业投资的发展。

表 3-4 中国对外农业投资政策的体系结构

政策类型	核心内容	典型政策
投资管理政策	对外投资行为的核准和备案	《国务院关于投资体制改革决定》（2004），《境外投资项目核准和备案管理办法》（2014）
财政支持政策	对境外直接投资提供财政资金支持	《对外经济技术合作专项资金管理办法》（2005），《中小企业国际市场开拓资金管理办法》（2010）
金融支持政策	对境外直接投资提供信贷支持	《关于对国家鼓励的境外投资重点项目给予信贷支持的通知》（2004）
外汇管理政策	跨境投资过程中外汇资金的使用管理	《国家外汇管理局关于进一步简化和改进直接投资外汇管理政策的通知》（2015）
税收政策	进出口关税、所得税抵免、税收协定	《非居民纳税人享受税收协定待遇管理办法》（2015）
保险政策	对投保企业发生的投资损失给予补偿	海外投资保险（2002）

资料来源：本表由作者根据历史文献整理。

第三节　中国对外农业投资的外汇管理体制

在经济全球化、一体化趋势不断增强的背景下，中国的外汇管理政策经历了多次改变与调整。现有的外汇管理政策是以 2008 年出台的《中华人民共和国外汇管理条例》为基础制定的（姚枝仲等，2011）。2009 年，外汇管理局颁布《境内机构境外直接投资外汇管理规定》，实行扩大资金来源，取消事前审查，实行事后登记等八项改革措施。2015 年，外汇管理局进一步简化境外投资项目的外汇管理程序，取消外汇登记核准、境外再投资的外汇备案、外汇年检三项行政性审批。外汇管理程序的简化为对外农业投资企业创造了宽松的政策环境，有利于企业更好地把握对外投资时机，降低投资成本，对加快农业"走出去"步伐、推动农业国际合作有积极影响。

一、外汇管理体制的历史沿革

一是资金来源审查。20 世纪 90 年代，对企业境外投资资金来源的审查较为严格，主要鼓励有创汇能力的境内投资者，且规定其当年用于境外投资的外汇资金总额不超过其前三年创汇总额平均数的 1％，才能直接办理核批手续。21 世纪之后，对资金来源的审查逐步放松，2009 年外管局出台的《境内机构境外直接投资外汇管理规定》中，只是说明"境内机构可以使用自有外汇资金、符合规定的国内外汇贷款、人民币购汇或实物、无形资产及经外汇局核准的其他外汇资金来源等进行境外投资。境内机构境外直接投资所得利润也可留存境外用于其境外直接投资"。对资金来源审核权限也逐渐放宽。

二是利润汇回保证金与利润缴存制度。2002 年之前，为了确保境外投资企业将利润汇回，曾要求境外投资企业按汇出外汇金额的 5％缴存保证金。这一制度在 2002 年被废止。2007 年之前，还实行过创汇留成制度，即境内投资者从境外投资企业分得的利润或者其他外汇收益，自该境外投资企业设立之日起 5 年之内全额留成，5 年之后 20％上缴国家，80％留给境内投资者。这一制度在 2007 年被废止。

三是境外非直接投资。在 20 世纪 90 年代，中国逐步开放了即期外汇投资、远期外汇投资、证券投资，但对衍生品投资仍然实行较为严格的监管。2007 年中国一度鼓励国内资本流出，开放了基金管理公司和证券公司对境外证券的投资，即 QDII（合格的境内机构投资者），但 QDII 的发展始终较为缓慢。

四是前期报告和年检制度。商务部和外汇管理局 2005 年联合发文，要求企业在确定境外并购意向之后，需向商务部及地方省级商务主管部门和国家外汇管理局及地方省级外汇管理部门报告。2002 年起还实行了由商务部和国家外汇管理局一起对有境外投资活动的境内投资者进行年检的制度，年检之后对有关企业进行评级。评级较高的可享受有关的优惠政策。评级较差的在一年之内不能从事新的境外投资活动。

二、外汇管理部门和银行对境内企业境外投资的监管

2015 年国家外汇管理局下发了《国家外汇管理局关于进一步简化和改进直接投资外汇管理政策的通知》（汇发〔2015〕13 号）（以下简称《简化

通知》),《简化通知》规定,自 2015 年 6 月 1 日起,境内企业在获得发改委和商务部门的核准或备案后,可直接到银行办理外汇登记,无需先到外汇管理部门办理登记核准,而是由外汇管理部门通过银行对直接投资外汇登记实施间接监管。在《简化通知》出台以前,境内企业境外投资需先到外汇管理部门办理外汇登记,之后才能到银行开立账户。此外,在《简化通知》出台以前,境内企业境外再投资需进行外汇备案,境内企业还需就境外投资每年进行外汇年检;而在《简化通知》出台以后,前述两项手续也取消了。

此外,依据《直接投资外汇业务操作指引》的规定,在 2015 年 6 月 1 日以后有境外投资需求的境内企业,在办理以下业务时除特殊情况外[①],可直接到银行办理相关手续,具体手续见表 3-5。

表 3-5 境内企业境外投资的相关手续

编号	
1	境内企业境外直接投资前期费用登记
2	境内企业境外直接投资外汇登记
3	境内企业境外直接投资外汇变更登记
4	境内企业境外直接投资清算登记
5	境外直接投资存量权益登记
6	境内企业境外直接投资前期费用汇出/汇回
7	境内企业境外直接投资资金汇出
8	境外资产变现账户开、注销、入账、结汇
9	境外直接投资企业利润汇回

自 2016 年 11 月底以来,有消息称外汇管理局有可能会对境内企业境外投资的外汇监管现状做一定程度的调整。虽然目前暂未出台正式的法律法规明确上述调整,但据公开信息显示,银行在办理资本项目外汇业务

---

① 比如,境内机构境外直接投资前期费用登记项下,前期费用累计汇出额超过 300 万美元或超过中方投资总额 15%的,境内投资者需提交说明函至注册地外汇局申请办理;境外直接投资外汇变更登记项下境外放款转为对境外公司股权的应同时向注册地外汇局申请办理境外放款变更或注销登记等。

时，对一定额度以上的境外投资项目的确可能需要先经过有关机关批准后才可办理。

三、外汇管理局的政策收紧

(一) 严格银行资本项目业务办理要求

2016 年 11 月，外汇管理局对银行办理资本项目项下业务管理提出了相应的要求，主要内容包括：

第一，单笔购汇、付汇，本外币支出等值 500 万美元（含）的交易，需向北京外汇管理局资本项目处报告；在有关部门（央行、外汇、发改委、商务部）完成真实性、合规性审核后，同意办理，再予办理。

第二，对对外直接投资项下尚可流出额度超过 5 000 万美元（含）以上的对外投资项目进行管控；在有关部门完成真实性、合规性审核之后，再予办理。

第三，不得为规避大额业务报告进行拆分。

此外，包括有限合伙企业境外投资、"母小子大""快设快出"在内的六种形式的境内企业境外投资可能会被禁止。2016 年 11 月 28 日以后投资额在 500 万美元以上的境内企业境外投资，以及要在 2016 年 11 月 28 日以后付款的境内企业境外投资，可能会面临央行或外汇管理局的监管约谈。

(二) 打击虚假境外投资行为

2016 年 12 月 8 日，外汇管理局提出继续支持有能力和有条件的企业开展真实合规的对外投资业务，对于真实合理的对外投资资金汇出需求，予以保障，但目前需要做好投资项目的真实和合规性审查，坚持对外直接投资购付汇的实需原则。同时，要保持打击虚假的对外投资行为的力度，境外投资行为异常情况大致分为四类：一是成立时间短，且在无任何实体经营的情况下即开展境外投资活动的企业；二是母小子大；三是境外投资项目与境内母公司主营业务无相关性；四是投资人民币来源异常，涉嫌为个人向境外非法转移资产和地下钱庄非法经营。

四、外汇监管政策转变的两大重点

(一)外汇监管由"事后监管"转向"事前监管"

从外汇管理局的政策收紧情况来看,境内企业在向银行办理外汇业务时,如果达到一定额度,银行需要先向外管局等有关机关上报,待有关机关审核同意后,才允许境内企业办理境外投资的有关外汇业务。从这个意义上看,外汇管理部门对境内企业境外投资的监管角色已由 2015 年 6 月以来的事后监管转变为重大外汇额度的事前监管。

(二)加强对境外投资的真实性和合规性审核

2016 年 11 月 28 日,发展改革委、商务部、央行、外管局四部门负责人明确指出,对外投资坚持:"实施'走出去'战略,坚持企业主体、市场原则、国际惯例、政府引导,坚持实行以备案制为主的对外投资管理方式"。虽然有关境内企业境外投资的监管政策有所收紧,但各监管机关仍在强调坚持"走出去"战略,真实合规的境内企业境外投资项目仍是被鼓励的。从目前公开的政策文件和法律法规来看,有关机构着重强调的是需要对境外投资行为进行相应的真实性、合规性审核,并在一定程度上限制境内企业的非理性境外投资和存在风险隐患的境外投资。

综上,根据发改委、商务部门、央行、外汇管理局等监管境内企业境外投资的主管部门近期公布的一系列政策与法规来看,在国际国内经济形势发生变化、人民币贬值预期持续以及外汇储备有所下降的背景之下,有关部门对于境内企业境外投资的法规政策正在悄然发生变化,这将在一定程度上影响境内企业的境外投资行为和外汇出境监管,一方面会继续支持有能力、有条件的境内企业开展真实合规的境外投资活动;另一方面也会加强对非理性或存在风险隐患的境外投资行为的监管,以保持国际收支的基本平衡。

第四节 中国对外农业投资的信息咨询服务

企业对外农业投资需要了解国别投资政策法规信息,东道国政治、经济、文化、社会等方面的信息，各类风险及防范信息，具体的项目信息，投资形势研判及趋势预测等，以及投资的前期考察、项目可行性分析等。随着中国对外农业投资的快速发展，企业对信息咨询服务的需求日益迫切。可提供各类信息服务和规划、可行性研究等业务的机构包括会计师事务所、律师事务所等专业咨询服务机构，对外农业投资有关管理部门的下设专业咨询服务机构，以及各类咨询公司等。在商务部和农业部等官方网站上，均有专门栏目和相关机构进行农业对外合作的信息发布，比如，商务部"走出去"公共服务平台、农业部对外经济合作中心和农业部对外贸易促进中心的专题网站。

此外，联合国贸易与发展会议（UNCTAD）、世界银行等提供了全球和区域农业投资数据、报告等；商务部"走出去"公共服务平台（包括国别/地区指南、服务"一带一路"、境外经贸合作区、投资合作促进、国家产能合作、境外安全风险防范等）、走出去智库（CGGT）、走出去服务港、中国走出去、晨哨网等提供了大量对外农业投资的各类信息，为企业投资决策提供了重要参考和方向指南。

第四章 中国对外农业投资的金融支持政策

在推进对外农业合作的进程中，农业投资需要多样化的投资工具和更稳妥的风险管理措施，因而需要特别加强金融支持和服务，从而使其真正成为农业投资发展的"增速器"和农业企业走出去的"引导员"。与国内农业投资规模和方式不同的是，农业境外投资规模更大，更加重视对产业链关键环节（如收购、仓储、加工、分销等）的控制，投资周期更长，情况更为复杂，比其他行业更需要金融机构的全程和深度介入。

境外农业投资的特点、金融制度的路径依赖以及现有的政策资源环境，决定了通过政策性金融机构提供货币信贷成为支持农业走出去的主要方式。然而，农业项目本身具有弱质性特点，农业企业出资能力差，可抵押担保的优质资产较少，从农业特殊性和应对国际竞争、规避境外投资风险的角度来看，传统银行信贷类农业走出去支持方式具有一定的局限性。涉农企业对境外资本运作缺乏足够的应对经验，商业银行的逐利驱动难以在短期内给农业企业足够支持，农业走出去急需政策性金融服务，以及基金股权投资的引导，达到"四两拨千斤"的效果。

第一节 中国现行国内农业投资项目的金融政策

我国现行的国内农业投资项目的金融政策以产业化发展基金为主，支持对象为境内企业，适应农业投资发展的需要，政府不断增加境内企业的投融资渠道，包括中农科产业发展基金、现代种业发展基金、中国农业产业发展基金等。

一、中农科产业发展基金[①]

农业领域成立股权投资基金已有一些尝试。2011 年 7 月，中国农业科学院发起设立中国首支农业科技领域私募股权基金——中农科产业发展基金。中农科产业发展基金采用有限合伙制设立。中农高科（北京）科技产业投资管理有限公司为基金管理人及唯一普通合伙人兼执行合伙人。通过在境内外上市、并购、分红或股权回购等多种方式退出，实现基金投资人的权益增值，该基金主要投资境内农业领域高新技术孵化以及高成长、创新型、科技型企业。首期规模为 15 亿元人民币。

在基金募集之前，中农基金管理团队已经初步确定了一批具有高成长性和行业优势的目标投资企业，并已建立了帮助被投资企业增值服务并最终实现上市的战略合作网络。除了传统的 IPO 以外，该基金与中粮、大北农、新希望等大型上市公司具有战略合作关系，基金投资项目将作为优先并购对象进入上述企业的战略部署中。

二、现代种业发展基金

（一）宗旨和目标

2012 年 11 月，财政部、农业部、中国农业发展银行、中国中化集团公司共同签署了《关于合作设立"现代种业发展基金"的备忘录》，联合发起设立现代种业发展基金。基金作为国家批准设立的国内第一个市场化运作的种业投融资平台，立足种业、着眼其他农业领域，发挥财政资金示范和引导作用，带动社会资本投入种业领域，推动种业发展体制机制创新和转型升级，支持种业企业做大做强，提高种业育繁推一体化专业化水平和国际竞争力，促进现代农业发展。

作为种业行业整合的重要参与者及农业投资领域专业的金融服务者，基金秉承构建平台、服务增值、合作共赢、共同发展的宗旨，致力于促进种业

---

① 详细信息参考基金网址：http://www.afcfund.com/。

企业加快培育一批具有重大应用前景和自主知识产权的突破性优良品种，推动建设一批标准化、规模化、集约化、机械化的优势种子生产，打造一批育种能力强、生产加工技术先进、市场营销网络健全、技术服务到位的"育繁推一体化"现代农业企业。

（二）发起方

财政部作为国家财政资金管理部门，农业部作为全国农业和农村经济发展管理部门，担负着贯彻落实中发〔2012〕1号和国发〔2011〕8号文件的职能和任务，通过创新财政投入和产业发展扶持方式，促进中国现代种业健康持续发展。中国农业发展银行是国务院直属的中国唯一一家国有农业政策性银行，通过支持粮棉油全产业链发展和农业农村基础设施建设，在金融支持新农村建设中发挥着支柱作用。中国中化集团公司是国有重要企业，是中国最大的农业投入品（化肥、种子、农药）一体化经营企业；其所属中国种子集团有限公司是从事现代农作种子生产经营的中央级企业，研发、生产和经营能力在国内保持领先。

（三）募集规模

基金首期募集资金已全部到位，基金还通过设立子基金、原股东增资等方式，进一步扩大募集规模到50亿～80亿元人民币。值得注意的是，现代种业基金由财政部注入资金，目的是为了发挥财政资金示范和引导作用，带动社会资本投入种业领域。

（四）基金投资策略

投资方式：基金以股权投资为主要形式，根据标的企业具体情况，采取包括普通股、优先股、优先认股权、可转债等方式投资参股，向有发展潜力的种业企业提供资金、管理等方面的支持。基金不进行股票（参与上市公司非公开发行股票以及以协议方式进行上市公司收购除外）、期货或大商品交易，不进行现货中远期交易，不进行证券投资基金、企业券或金融衍生品的投资，不购置非自用不动产，不对外提供和对外提供借款，不将资金用于赞助、捐赠（经基金公司股东会批准的公益性捐赠除外）等支出。

投资领域：基金主要专注于种业领域投资，投资种业的比例不低于募集资金总规模的 60%。在具体投资领域上侧重于关系国家粮食安全的主要作物品种，如玉米、水稻、小麦等，兼顾一些具有竞争优势的棉花、油菜、马铃薯等品种，关注畜牧、水产及其他农业领域。

投资标的：对国家种业发展具有引领作用的大型现代农作业集团；具备育繁推一体化水平，对特色作物生产具有较强支撑作用的专业化种业企业；在产业链中某个环节具备技术特长，提供资源开发、品种测试、种子生产、种子加工等服务型种业企业；符合条件的其他农业企业。

资源整合：基金投资将结合各级对种业的重点扶持政策，通过整合行业优势资源，加快推动种业企业兼并重组，逐步提高行业集中度和企业的自主研发能力与市场竞争力。

增值服务：基金充分发挥股东方在政策、产业、金融方面的背景优势以及管理团队专业技能，在保证被投资企业利益的前提下，提供包括股权、债权、夹层融资等多元化金融产品服务，以及公司治理、业务拓展、政策支持、财务顾问等各种专业化、个性化服务，最大程度提升被投资企业价值。

退出途径：基金投资退出途径主要包括：向战略合作伙伴出售股权、向其他第三方进行股权转让、通过 IPO 方式在公开市场退出和股权回购。

三、中国农业产业发展基金

（一）基本情况

中国农业产业发展基金（以下简称"中农基金"）自 2012 年设立以来运营顺利，截至 2013 年年底，中农基金投资 9 个项目，总投资额 14.47 亿元。基金所投企业的营业收入较上年总体增长 18.55%，净利润较上半年总体增长 54.45%。据此估算，基金 2013 年投资账面年化收益率约为 9.43%，增值率约为 34.17%，设立首年就实现盈利。基金有效实现了政策与市场的有效结合，其基本目标是实现政策导向与市场经营有机结合，通过市场化经营，重点投资于成长型农业产业化企业和农村发展项目，带动和引导社会资金投向"三农"。

（二）投资策略

为体现国家对农业领域的政策扶持，中农基金坚持"安全、稳健"的投资理念，以价值型投资为主，追求长期增值。主要采取多轮次的组合投资方法，以股权投资的形式投资于农业产业化龙头企业、农业流通等重点农村服务业企业、农业和农村配套服务与建设项目。

第二节　中国对外农业投资项目的金融支持政策

本节对主要金融机构金融支持政策的基本情况、支持领域、投资方式和申请方式等进行介绍，包括国家开发银行、中国进出口银行以及综合性和区域性基金。

一、政策性银行支持农业走出去

（一）国家开发银行

自 2000 年中央提出"走出去"战略以来，国家开发银行（以下简称开行）配合国家经济外交政策，积极发挥开发性金融作用，融资、融智推动农业对外合作和农业走出去。2011 年，农业部与开行在北京签署规划合作备忘录；2012 年，双方签署《共同推进现代农业发展合作协议》及《开发性金融支持中国农业国际合作协议》。项目主要集中在种植领域，大部分项目涵盖基础设施建设，为中资企业深入开展农林牧渔等多个农业领域的国际合作提供了有力支持。

支持政策。开行主要从以下三个方面提供具体支持：第一，坚持规划引领。先后对非洲、拉美、亚太等区域的 25 个国家开展规划研究，为支持农业走出去奠定基础。第二，推动机制建设，作为农业对外合作部际联席会议成员单位，积极加强外部沟通合作，与农业部签署合作协议，共同服务农业走出去；配合商务部开展双边农业规划，推动援外示范中心可持续发展，积极参与政策研究。第三，加大融资支持，与中粮集团、广东农垦、光明集团等企业建立战略合作关系，项目贷款涉及大豆、棉花、橡胶、棕榈等行业。

投资方式。开发银行目前提供给农业企业的融资项目包括：项目融资模式、公司融资、外国政府平台融资。项目融资主要以农业产业化项目为重点，通过贷款、股权投资等方式，支持中资企业开展农业国际合作。建设内容包括：农产品生产、加工、物流、贸易及农资农机服务等全产业链。公司融资模式通过签署合作协议等方式，为开展农业走出去的企业提供公司授信，培育和扶持中国的国际大粮商和大农商。针对客户的不同特点，运用投资、贷款、债券、租赁、证券等金融工具及服务。建设内容包括：农业产业链建设，以控制农产品货源为目的的仓储物流建设，以及参控股国际粮商的并购类项目合作。外国政府平台融资主要以合作国指定平台公司或农业产业类公司为支持主体，采用中长期贷款方式，支持由中资企业提供设备或负责承建的农业基础类项目建设。在政府合作框架下，与合作国具有一定资金调度能力和协调能力的行政部门或金融机构开展农业合作，采用转贷款的方式，支持合作国内具有中资因素的农业国际合作项目建设。

（二）中国进出口银行

中国进出口银行成立于 1994 年，是直属国务院领导、政府全资拥有的政策性银行。成立目的主要是为了支持中国企业走出去和引进国外的先进技术、关键设备和紧缺资源。截至 2016 年年末，在国内设有 29 家营业性分支机构和香港代表处；在海外设有巴黎分行、东南非代表处、圣彼得堡代表处、西北非代表处等。

中国进出口银行对外农业走出去的支持政策，是不断完善和强化的。2008 年，农业部和中国进出口银行（以下简称口行）签署战略合作协议，共同推动农业走出去。2009 年启动项目推荐工作。具体支持领域包括：农业对外投资合作，涉农企业兼并重组，农业进出口体系和农业现代产业体系建设，农产品加工业和远洋渔业发展，新型农业经营主体提高农业规模化生产和集约化经营水平。金融服务产品主要涉及：出口信贷、农产品出口基地建设贷款、出口企业固定资产投资贷款、境外投资贷款、援外优惠贷款等以及相关农业走出去提供金融服务，并在 2011 年编制了《对外农业合作项目业务手册》。

（三）亚洲基础设施投资银行

2013 年 10 月 2 日，习近平主席提出筹建亚洲基础设施投资银行（Asian Infrastructure Investment Bank，以下简称亚投行），2014 年 10 月 24 日，包括中国、印度、新加坡等 21 个首批意向创始成员国的财长和授权代表在北京签约，共同决定成立亚投行。2015 年 4 月 15 日，亚投行意向创始成员国确定为 57 个，其中域内国家 37 个、域外国家 20 个。2015 年 6 月 29 日，《亚洲基础设施投资银行协定》签署仪式在北京举行，亚投行 57 个意向创始成员国财长或授权代表出席了签署仪式。2015 年 12 月 25 日，亚洲基础设施投资银行正式成立，全球迎来首个由中国倡议设立的多边金融机构。2016 年 1 月 16 日，亚投行正式运营，初期投资的重点领域主要包括五大方向，即能源、交通、农村发展、城市发展和物流。法定资本 1 000 亿美元，初步缴纳资金 500 亿美元，中国占 50%。

作为由中国提出创建的区域性金融机构，亚投行重点业务是援助亚太地区国家的基础设施建设。全面投入运营后，亚投行运用一系列支持方式为亚洲各国的基础设施项目提供融资支持，包括贷款、股权投资以及提供担保等。

亚投行按照稳健原则开展经营，向任何成员或机构、单位或行政部门，或在成员的领土上经营的任何实体或企业以及参与本区域经济发展的国际或区域性机构或实体提供融资。亚投行的业务分为普通业务和特别业务，普通业务由亚投行普通资本提供融资，特别业务以接受的特别基金开展业务。亚投行首届年会于 2016 年 6 月 25—26 日在北京举行。在会议开幕前夕，亚投行于 6 月 23 日公布了其首批总额为 5.09 亿美元的四个项目，并表示 2016 年预计放贷总额约 12 亿美元。

二、政策性基金支持农业走出去

（一）综合性基金

主要包括：中国海外农业投资开发基金和丝路基金等。

1. 中国海外农业投资开发基金（有限合伙）

为贯彻落实中央关于推动农业走出去的重要指示和党的十八届三中全

会、中央经济工作会议、中央农村工作会议精神，提高财政支农资金的使用效率，财政部和中投公司共同出资设立了"中国海外农业投资开发基金（有限合伙）"。

中投公司作为国家主权财富基金，身负开展海外投资、获取长期风险调整回报的使命，是众多基金中唯一一个聚焦海外农业项目的政策性基金。基金于 2015 年 12 月设立，规模 100 亿元人民币存续期 15 年。基金投资于中国境外的农林牧渔生产、加工、仓储物流、生产资料和机械、技术研发、农产品贸易、销售等项目，以长期股权、股权相关投资为主。项目需获得国家发改委、商务部等有关部门的审核批准。运营过程中通过联合投资、设立子基金等方式，积极寻求与国内企业合作，支持带动农业走出去，努力实现政策和产业链对接。

中投海外依托现有团队和机制设立了资产管理公司，按市场化模式对基金开展管理。由投资专业人士组成投资委员会，综合考虑投资机会的风险收益特征，进行专业化的投资决策。单个项目投资规模不低于 3 000 万美元，上限为基金总规模的 20%，基金占项目总投资额的比例不高于 30%。中投公司作为财务投资人，一般投资于少数股权、债权及夹层资本，除派出董事、财务等关键岗位人员，一般不参与具体项目管理。目前的海外农业项目组合涵盖国际粮商、农业种植和畜牧业等领域。随着投资业务的启动，基金把握中国农林牧渔产品消费需求发展趋势，在包括"一带一路"沿线在内的全球优势区域布局，开展互利共赢的投资合作。充分利用好两个市场、两种资源，扩大中国农林牧渔产品的安全、经济、有效供给，助力中国农业领域供给侧结构性改革。在投资过程中特别注重与国内企业密切协同，推动农业产能合作的同时，为项目执行力和经济效益提供有力保障。

2. 丝路基金

2014 年 11 月中央政府决定中国出资 400 亿美元成立丝路基金，12 月 29 日在北京正式注册成立。丝路基金资本金规模为 400 亿美元，首期资本金 100 亿美元。

从投资策略与模式来看，丝路基金定位于中长期开发投资基金。投资对象为全球范围的所有项目，重点致力于"一带一路"框架内的经贸合作和双多边互联互通提供融资支持，但并非只限于"一带一路"沿线地区。主要关注基础设施建设、资源开发、产业发展、金融合作等领域。

基金目前主要考虑 1 亿元以上的项目，根据发展需要，可逐步考虑 1 亿元以下项目。基金实质是充当财务投资人①角色，投资模式与 PE②很相似，但投资周期高于 PE 的投资管理周期，退出期限稍长。投资方式以股权为主的多种融资方式，主要运用股权、债券、基金、贷款等多种方式提供投融资服务，也可与国际开发机构、境外金融机构等发起设立共同投资基金，进行资产委托管理、对外委托投资等。

在支持农业走出去方面，丝路基金曾经关注过广西农垦与印度尼西亚的"中国—印度尼西亚经贸合作区"建设项目，以及俄罗斯农业项目、柬埔寨稻米和木薯加工等项目，但因体量较小、投资分散等缘故，未能达成合作。

（二）区域性基金

主要包括：中非发展基金、中国—东盟投资合作基金、中国—欧亚经济合作基金、中拉合作基金、中拉产能合作基金、中国—中东欧投资合作基金以及中国—加拿大自然资源投资合作基金等。

1. 中非发展基金

中非发展基金是时任国家主席胡锦涛在 2006 年 11 月中非合作论坛北京峰会上提出的对非务实合作 8 项政策措施之一，是支持中国企业开展对非合作、开拓非洲市场而设立的专项资金。2007 年 6 月 26 日中非发展基金正式开业，成为了国内第一支由国家主席宣布设立、国务院领导揭牌开业的基金，也是目前国内最大的私募股权基金和第一支专注于对非投资的股权投资基金。中非发展基金由国务院正式批准成立，首期资金由国家开发银行出资，最终将达到 50 亿美元。

从中非发展基金的投资策略与模式来看，中非基金的投资策略主要基于

---

① 财务投资者以获利为目的，通过投资行为取得经济上的回报，在适当的时候进行套现。财务投资者更注重短期的获利，而战略投资者试图从企业的长远发展中获利，投资期限一般比较长，在投资的同时会带来一些先进的管理经验。

② PE 即私募股权投资，从投资方式角度看，是指通过私募形式对私有企业，即非上市企业进行的权益性投资，在交易实施过程中附带考虑了将来的退出机制，即通过上市、并购或管理层回购等方式，出售持股获利。

以下方面：一是面向非洲的项目，主要涉及基础设施建设、农业、制造业等领域。二是项目必须有中资企业参与，最好是大股东，或是与基金联合成为控股方，如果外方实力足够强，中资企业也可不控股。三是因基金在项目股本金中占股需控制在 20%～40%，而在每个项目的投资规模不低于 500 万美元，所以项目总金额在 1 500 万美元以上。就具体投资安排而言，基金的最长退出期为 8～10 年，一般会要求大股东在退出时给予基金回购安排，具体按何收益率回购因项目具体情况而定，按照保本微利的原则。

从中非发展基金的支持农业走出去的情况来，中非基金对涉农项目投资约 4 亿美元，投资过 17 个农业项目，涉及经济作物、橡胶等战略物资种植等细分领域。由于之前投资的纯农业项目投资回报率较低，基金目前主要考虑有非洲经验的专业农业企业。同时，也考虑 EPC 承包商具有涉农经验的企业项目。

2. 中国—东盟投资合作基金

它是经国务院批准成立，并已通过国家发改委核准的离岸股权投资基金，2010 年由中国进出口银行作为主发行人、连同国内外多家投资机构共同出资成立。基金主要投资于交通设施、公用设施、通信网络、石油、天然气、矿产行业，同时把东盟国家棕榈、橡胶等优势资源纳入了支持范围。该基金的宗旨是通过股权、准股权等方式，为中国与东盟国家企业间的经济技术合作提供融资支持。

基金总规模 100 亿美元，主要投资于中国与东盟 10 国的双边合作项目。第一期 10 亿美元，主要投资于已产生稳定现金流的交通设施（公路、铁路、码头、航空）、公用设施、通讯网络、石油、天然气、矿产资源、自然资源等领域的项目。后续资金将重点投资制造业、现代服务业（包括金融服务）等。

从中国—东盟投资合作基金投资策略与模式来看，基金具有一定的政策性背景，采取商业化运作模式，以收购少数股权为主，特殊情况下可进行控股投资，采取上市、收购、企业回购等方式退出。

中国—东盟基金的投资团队对潜在投资项目进行尽职调查，内容包括行业吸引力及增长潜力、企业的财务表现和竞争力、项目的可持续发展能力、企业和项目的环保贡献和社会责任等方面。具体地，单笔投资额通常介于

5 000 万至 1.5 亿美元之间，上限为一期基金的 20％；与其他战略投资者实现共同投资；采用多元化的投资形式，包括股权、准股权及其他相关形式；不谋求企业控股权，持股比例小于 50％，不参与管理；可投资非上市公司与上市公司；绿地投资与褐地投资相结合。

从中国—东盟投资合作基金投资领域来看，基金倾向于投资可以产生长期稳定现金流的基础设施资产。投资自然资源项目需配合市场时机，达到回报最大化；不倾向于投资早期资源勘探项目。

3. 中国—欧亚经济合作基金

中国—欧亚经济合作基金在 2014 年 9 月上合组织元首峰会上宣布启动筹建，由中国进出口银行和中国银行共同发起，是接受政府指导、商业化运作、自主经营、自担风险的股权投资基金。基金总规模 50 亿美元，分三期实施，首期 10 亿美元。目标行业包括：农业开发、物流、基础设施、新一代信息技术、制造业等。基金将在推动丝绸之路经济带建设、深化与欧亚国家投资合作、促进欧亚地区经济社会发展方面发挥积极作用。

基金存续期每期 10 年，前 5 年为投资期，后 5 年为退出期。投资期和退出期可根据基金投资及项目经营情况适当延长。基金主要投资于上海合作组织成员国、观察员国和对话伙伴国，并逐步将投资地域扩展到丝绸之路经济带域内国家。基金单笔项目投资金额为 2 000 万至 1.5 亿美元，年化投资收益率预期不低于 12％。

从中国—欧亚经济合作基金的运作模式来看，基金在独立投资的同时，与欧亚国家和区域性金融机构出资设立子基金，实现中外方共同投资。通过投资、提供增值服务等市场化方式，引导和支持中国企业赴欧亚地区投资。基金设立了政策指导委员会，由商务部牵头，外交部、发展改革委、财政部、人民银行、银监会、外管局等部门参加，为基金提供政策指导意见，不参与基金经营和投资决策。

从中国—欧亚经济合作基金的投资方式来看，基金主要采取股权和准股权投资等方式为欧亚地区项目提供投融资支持。鼓励基金以人民币对外投资。

4. 中拉合作基金

中拉合作基金在 2014 年 7 月举行的中国—拉美和加勒比国家领导人会

晤时宣布启动，由中国进出口银行和国家外汇管理局共同发起，总规模 100 亿美元。基金通过股权、债权等方式投资于拉美地区能源资源、基础设施建设、农业、制造业、科技创新、信息技术、产能合作等领域，支持中国和拉美各国的合作项目，同拉美地区的社会、经济和环境发展需求及可持续发展愿景相适应，服务中拉全面合作伙伴关系。

基金由两部分构成，一是"中国对拉美和加勒比地区联合融资基金"，中方出资 20 亿美元，委托美洲开发银行对拉美和加勒比国家教育、水利、能源等领域的项目提供融资支持。二是"股权投资基金"，中方出资 30 亿美元，由中国进出口银行负责实施，主要投资于能源资源、基础设施建设、农业、制造业、科技创新、信息技术等六大领域，目前已正式设立并开始运作。

从中拉合作基金投资策略与模式来看，中拉合作基金是在境外注册的有限合伙制基金，首期规模 10 亿美元，首期存续期为 10 年，包括 5 年投资期和 5 年退出期，可视情况延长 1~2 年。基金投资形式包括股权投资、可转债和过桥投资，投资方向遵循中国对拉美投资合作国别产业的导向政策，重点投资巴西、墨西哥、哥伦比亚、秘鲁和智利，并适当向其他拉美和加勒比国家延伸。为保证经济可持续，有效把控项目风险，基金的目标内部收益率（IRR）设定为 12%~15%，且单个项目投资额界于 1 500 万至 1 亿美元，投资规模不超过基金首期规模的 15%。

关于中国进出口银行实施的"股权投资基金"，中国及拉美和加勒比各国政府、企业、金融机构等均可提出符合基金投资领域的优质项目，作为项目储备。基金按照市场通行的股权投资基金项目选择原则和决策流程，经过信息收集、调研分析、项目评审会、投委会立项、尽职调查、法律协议谈判、投委会最终决策、交割等程序。各项条件成熟的情况下，项目审批需要 8 周左右。

5. 中拉产能合作基金

2015 年 9 月设立，由中国外汇管理局、国家开发银行共同出资，总规模 300 亿美元，首期规模 100 亿美元，其中，外汇储备出资 85 亿美元，国家开发银行出资 15 亿美元，定位为中长期开发投资基金。基金于 2015 年 12 月完成了首单投放，为三峡集团巴西公司的伊利亚和朱比亚两座水电站 30

年特许运营权项目提供了 6 亿美元的项目出资。农业是中拉产能合作基金重点投资的领域。对于符合遴选标准的项目，由境内外企业、金融机构发起，也可以由国际或地区性开发机构发起。基金主要作为财务投资人参与股权投资，一般不谋求控股权，对于参股比例没有特定的限制。

6. 中国—中东欧投资合作基金

2012 年 4 月，时任国务院总理温家宝访问波兰期间宣布建立"中国—中东欧投资合作基金"，首期募集资金 5 亿美元，2014 年 12 月，启动第二期 10 亿美元资金，未来将扩大至 20 亿美元。中东欧基金首期计划规模为 5 亿美元，基金采用有限合伙制形式在卢森堡注册成立，有限合伙人有中国进出口银行、匈牙利进出口银行和投资顾问团队。基金存续期为 10 年，其中投资期 5 年，退出期 5 年，可各延长 1 年。基金普通合伙人公司以有限责任制公司形式在卢森堡注册成立，负责管理基金。截至 2015 年年底，基金已完成 7 笔投资，完成 1 个项目的部分退出。

从基金的投资策略与模式来看，基金主要投资于基础设施、能源、通信及特种制造等领域，基金单个项目的投资规模在 1 500 万至 1 亿美元，一般不超过 6 500 万美元，所占股比约在 20% 到 50% 之间，项目投资的预期收益率大约 12%。基金重点投资于有稳定现金流的并购投资项目，以及有增长潜力的绿地投资项目，具体领域涉及基础设施和能源领域的项目，具体包括道路、欧盟标准的风能、太阳能、生物能等。

7. 中国—加拿大自然资源投资合作基金

中国—加拿大自然资源合作基金（以下称"中加基金"）由中国进出口银行发起设立的，是在 2012 年 2 月 9 日哈珀总理访华期间在两国领导人见证下签署成立的，侧重于北美地区能源资源领域投资的市场化股权投资基金。中加基金于 2014 年 2 月 13 日正式成立，基金总规模 100 亿美元，首期 10 亿美元已超额募集完毕。基金主要投资人包括中国进出口银行、中邮人寿、中城建、摩科瑞能源集团等金融机构或知名全球能源矿产投资企业。

从基金的投资策略与模式来看，中加基金将在全球自然资源领域中寻求投资目标，并投资于目标公司所发行的各类投资工具，单个项目投资规模约 3 000 万至 2 亿美元。基金门槛收益率每年 8%，存续期 6 年，其中投资期 3 年，退出期 3 年，投资期和退出期可分别延长 1 年。投资方式包括但不限于贷款、债券、可转换证券以及与股权相关的证券，预期将会为投资者创造有吸引力的投资回报，并以中国和加拿大自然资源投资项目为重点。

第三节 中国对外农业投资的外汇支持政策

目前，中国经济已经进入中高速发展的新常态，外汇储备近 4 万亿美元，整体投资实力日益增强，对外直接投资持续快速发展，中国资本"走出去"的步伐将进一步加速。在支持中国资本输出的过程中，面对构建外汇政策支持体系、识别风险、构建投融资主体等问题，本节进行分析探讨。

2014 年全年中国对外直接投资流量超过当年利用外商直接投资金额，"走出去"规模首次超过"引进来"规模，中国经济已经实现了从产品输出到资本输出的升级，综合国力不断增强。随着中国经济进入新的阶段，越来越多的中国企业将放眼海外，中国资本"走出去"的步伐将进一步加速。为了支持中国资本输出，近年来，国家外管局充分发挥改革创新精神，以简政放权、促进贸易投资便利化为突破口，不断深化资本项目外汇管理改革，积极构建"走出去"外汇政策支持体系，稳步有序推动跨境资本和金融交易开放。

一、逐步取消行政审批

改革开放初期，由于中国面临资本和外汇"双缺口"，为尽快促进国民经济健康快速发展，国家出台了一系列利用外资政策，在吸引外资进行经济建设方面取得了较好成效。但境内企业"走出去"开拓国际市场则还处于较低的水平，主要以承包工程、劳务合作和设计咨询为主，技术含量很低，难以打开国际市场，"走出去"与"引进来"明显不均衡。随着改革开放不断深入和中国经济实力逐步增强，特别是在中国加入世界贸易组织后，一些境内企业具备了一定的资本和技术优势，并通过逐步参与和进入国际市场，积累了一些境外投资管理和经营经验，具备了一定的国际竞争力。在此背景下，外管局在充分调研企业业务需求的基础上，逐步放宽企业进行境外直接投资方面的限制，积极支持企业"走出去"参与国际竞争，提高竞争力。

（一）开展改革试点（2001 年至 2005 年 4 月）

为支持有实力的境内企业"走出去"发展，外管局于 2001 年开始在部分地区进行境外投资外汇管理改革试点，内容包括核准购汇额度，允许境内企业购汇或使用外汇贷款境外投资，扩大分局审批权限，重点保证国家战略性境外投资项目、援外项目和国家鼓励的境外投资项目的用汇，将用汇政策与中国境外投资的发展战略和产业导向协调，为宏观经济发展服务。

2002 年，为探索建立境外投资外汇管理的新体制，外管局在浙江、山东、福建、广东、江苏、上海六省（直辖市）开展了境外投资外汇管理改革试点，给予每个试点地区 2 亿美元的境外投资购汇额度，并进行了管理方式调整：取消境外投资外汇风险审查和汇回利润保证金要求；侧重对境内投资主体和资金来源的审查；允许符合条件的企业购汇进行境外投资；对境外投资实行登记管理制度；明确外资企业、民营企业可作为投资主体进行境外投资；优先保证国家重点项目、带料加工与出口创汇项目用汇。

境外投资外汇管理改革试点，既是境外投资外汇管理改革基本思路在局部的先行实践，又有针对性地解决了现实中存在的一些问题，社会反响良好。很多地方和企业反映，外管局为企业"走出去"提供了实实在在的支持，有力地促进了企业的境外发展。上述政策出台后，境外投资项目及购汇数额均有较大幅度的增长。据外管局统计，2002 年当年，中国在境外设立中资企业共计 350 家，双方协议投资总额 14.46 亿美元，同比增长 49％，中方协议投资金额 9.83 亿美元，同比增长 24.4％。2002 年境外投资购汇 5.17 亿美元，比上年同期增长 116％。

（二）试点推广与完善（2005 年 5 月至 2009 年 7 月）

2005 年 5 月，为加快实施"走出去"战略，外管局在认真总结前期境外投资改革试点经验的基础上，出台了《关于扩大境外投资外汇管理改革试点有关问题的通知》，将改革试点推广至全国，并将购汇总额度从 33 亿美元增加至 50 亿美元。主要包括：一是将境外投资外汇管理改革试点范围扩展到全国；二是将全国（分解到各地区）年度境外投资购汇总额度由 33 亿美元提高到 50 亿美元，且根据实际需要，经批准后还可予以追加额度；三是下放审批权限，将省一级分局对境外投资外汇资金来源的审查权限由原来的300 万美元提高到 1 000 万美元。以上政策措施的出台，产生了明显的效果。商务部统计数据显示，2005 年当年，中国非金融部门对外直接投资净额122.6 亿美元，同比增长 123％，较 2002 年增长了 4.5 倍。

2006 年，为完善鼓励境外投资的配套政策，便利境内投资者开展对外直接投资和跨国经营，促进国家对外投资产业政策的有效实施，外管局发布了《关于调整部分境外投资外汇管理政策的通知》。取消了境外投资购汇额度的限制，自 2006 年 7 月 1 日开始，不再核定并下达境外投资购汇额度，充分满足境内投资者对外投资的外汇需求；允许境内投资者先行汇出与其境外投资有关的前期费用。上述政策调整有利于进一步贯彻落实"走出去"发展战略，促进生产要素跨境流动，优化资源配置，更好地满足企业境外投资发展需要。据外管局统计，2006 年，全国共有 1 269 个对外直接投资项目通过了外汇资金来源审查，同比上升 34％。中方协议投资总额 147 亿美元，同比上升 111％。联合国贸发会议数据显示，2006 年，中国对外投资居世界第 18 位，成为增长最快的新兴对外直接投资国。

（三）确立以登记为核心的管理框架（2009 年 8 月至今）

2009 年，外管局提出外汇管理理念和方式"五个转变"，即从重审批转变为重监测分析；从重事前监管转变为强调事后管理；从重行为管理转变为更加强调主体管理；从"有罪假设"转变到"无罪假设"；从"正面清单"转变到"负面清单"。"五个转变"提出后，外汇管理改革步伐提速，简政放权力度逐渐加大，境外投资外汇管理改革走在了前列。2009 年 7 月，外管局在整合和固化前期改革成果的基础上，发布了《境内机构境外直接投资外汇管理规定》，初步建立起以登记为核心的境外直接投资外汇管理框架。主要包括：简化审核程序，改革境外直接投资外汇资金来源事前审查为事后登记，取消了境外直接投资资金汇出核准；扩大境内机构境外直接投资的外汇资金来源。境内机构可使用自有外汇资金、符合规定的国内外汇贷款、人民币购汇或实物、无形资产、留存境外利润等多种资产来源进行境外直接投资；取消对境外投资购汇额度的限制，在全国范围内实现境外直接投资"按需供汇"；允许境内机构在其境外项目正式成立前的筹建阶段汇出前期费用，不再强制要求境外投资利润汇回等。

2012 年，外管局先后发布《关于鼓励和引导民间投资健康发展有关外汇管理问题的通知》和《关于进一步改进和调整直接投资外汇管理政策的通知》。前者进一步简化了境外直接投资资金汇回管理，并适当放宽个人对外担保管理，以促进民间资本"走出去"发展；后者则进一步简化了境内机构境外直接投资的外汇管理流程，放松了相关管理内容，缩短了办理时限。2014 年年初，外管局发布实施《关于进一步改进和调整资本项目外汇管理政策的通知》，将境内机构境外直接投资前期费用由 10 万美元提升至 300 万美元，并将审核权限全部下放至分支局，进一步便利境内机构"走出去"发展。

经过上述改革，境内机构境外直接投资外汇管理环节已无任何前置性审核。企业境外直接投资业务在获得相关主管部门批准后仅需到外管局办理外汇登记手续，后续账户开立及购付汇业务均在完成登记后直接在银行办理。业务办理时限也大为缩短，大部分境外直接投资业务办理时限已由 20 个工作日缩短为 5 个工作日，有些地区可实现当场办理。

目前，企业在外管局和银行办理境外直接投资外汇业务已经非常简便，无任何政策障碍。总体来看，境内企业"走出去"在汇兑环节已无管制，境外直接投资外汇管理已实现基本可兑换，大大便利了境内机构参与国际经济技术合作和竞争。外管局国际投资头寸统计数据显示，截至 2014 年 9 月末，中国对外直接投资资产余额为 6 648 亿美元，较 2004 年年末增长 11.6 倍。

二、不断放宽境外放款的外汇管理

在中国境外投资稳步发展并取得积极成效的同时，境外融资难和流动资金不足的问题一直是困扰已"走出去"的境外直接投资企业发展壮大的因素之一。为积极服务境外中资企业，支持境外投资企业做大做强，外管局于 2004 年 10 月发布了《关于跨国公司外汇资金内部运营管理有关问题的通知》，允许符合条件的跨国公司境内成员公司之间采取境内委托外汇放款方式，集合境内外汇资金，调剂境内外汇余缺；允许符合条件的跨国公司境内成员公司向境外成员公司放款，集合或调剂区域、全球外汇资金，优化外汇资源配置。上述政策的出台，为跨国公司提高外汇资金使用效率、降低财务成本提供多种解决方案，在进一步改善中国外商投资环境、鼓励和吸引外资跨国公司在中国设立地区总部的同时，有利于增强中资跨国公司的整体竞争优势，推动"走出去"发展战略的深入贯彻实施。

2008年，受国际金融危机的影响，境外金融机构流动性压力增加，国际融资环境恶化，再加上国内金融机构跨境服务水平有待进一步提升等因素，影响了境外投资企业的后续发展。在此情况下，为重点支持有资金实力的企业"走出去"，进一步促进投资贸易便利化，更好地应对国际金融危机，外管局在认真总结境外放款试点经验的基础上，于2009年6月出台了《关于境内企业境外放款外汇管理有关问题的通知》。主要包括：扩大了境外放款主体，由原来只允许符合条件的中外资跨国公司对外放款扩大到符合条件的各类所有制企业；扩大了境外放款的资金来源，允许境内企业在一定限额内使用自有外汇和人民币购汇等多种资金进行境外放款；简化了境外放款的核准和汇兑手续，境外放款专用外汇账户的开立、资金的境内划转以及购汇等事宜均由外汇指定银行直接办理；完善了境外放款的统计监测与风险防范机制，包括完善了境外放款资格和额度的核准管理制度，明确了境外放款有效期限等，构建了比较完善的境外放款外汇资金流出/入统计监测机制。

2014年年初，外管局进一步放宽了境外放款主体资格要求，允许境内企业向与其有直接或间接持股关系的境外关联企业放款。取消了境外放款额度两年有效使用期限制，对于确有客观原因无法收回本息的境外放款，允许境内企业向所在地外管局申请办理注销登记手续。

上述政策的实施有利于境内企业充分利用"两个市场、两种资源"，扩大国际经济技术合作，有助于缓解境外直接投资企业融资难和流动性资金不足的问题，支持各类所有制企业"走出去"以带动出口，进一步促进境外直接投资企业的发展和壮大。

三、深化跨境担保外汇管理改革

改革金融机构对外担保管理，便利境外投资企业后续融资。为支持境内企业走出国门，拓展市场，参与国际竞争，外管局对银行为境外投资企业在海外融资担保的管理政策进行了调整，于 2005 年 8 月发布了《关于调整境内银行为境外投资企业提供融资性对外担保管理方式的通知》。将境内外汇指定银行为中国境外投资企业提供的融资对外担保管理方式由逐笔审批调整为年度余额管理，银行可在已核定的指标额度之内为境外投资企业提供融资性对外担保，不再报外管局逐笔审批；将实施对外担保余额管理的银行范围由个别银行扩大到所有符合条件的境内外汇指定银行；将可接受境内担保的政策受益范围由境外中资企业扩大到所有境内机构的境外投资企业，包括国有企业、民营企业、外商投资企业等在境外设立的公司和企业。上述政策调整有利于鼓励和支持有比较优势的各类企业对外投资，在更大范围、更广领域和更高层次上参与国际经济技术合作和竞争；有利于促进中资与外资银行的平等竞争。

进一步改革对外担保管理模式，支持境内机构"走出去"。为支持境内机构"走出去"，满足境外投资企业对境内信用支持的政策需求，进一步促进贸易投资便利化，外管局于 2010 年 7 月发布了《关于境内机构对外担保管理问题的通知》。放宽了被担保人的资格条件，扩大对外担保业务范围；放宽了担保人财务指标限制，降低被担保人的盈利要求；调整了对外担保余额指标的管理范畴和核定方法；明确了银行非融资性担保的管理方式；取消了银行对外担保履约核准，明确其他主体对外担保履约程序。上述政策简化了对外担保管理程序，明确了相关管理要求，有助于境外投资企业更好地获取境内信用支持，有助于提高境内金融机构风险管理水平。从政策实施情况看，银行提供的融资性对外担保业务明显增加，融资性对外担保余额由 2010 年 9 月末的 377 亿美元增长至 2010 年 12 月末的 459 亿美元，增幅达 22%，对于促进境内机构"走出去"发展起到了积极作用。

大幅度放松跨境担保外汇管理，推动担保项下可兑换。随着中国涉外经济的快速增长，国际收支交易规模的不断扩大，跨境担保行为也日趋多样化和复杂化，由于过去的法规仅涵盖对外担保和外保内贷，未涉及其他类型的跨境担保，已不能满足当前市场发展需求。因此，在推动简政放权和资本项目开放的背景下，外管局以"五个转变"为指导思想，调整管理思路，在前期充分调研和广泛征求社会各方意见的基础上，于 2014 年上半年发布实施了《跨境担保外汇管理规定》，大幅度放松了跨境担保外汇管理。一是深化外汇管理改革，全面规范跨境担保外汇管理。根据外汇管理的目标和职责，合理界定跨境担保的外汇管理范围，将符合法律的形式要求、以付款为担保履约方式、对国际收支可能产生重要影响的所有类型跨境担保纳入政策调整范围。二是大力推动简政放权，改革跨境担保外汇管理方式，大幅改善境内企业的投融资跨境担保政策环境。取消所有与跨境担保相关的事前审批，取消担保履约事前核准，取消大部分业务资格条件限制，代之以比例自律和登记管理；只"担保履约后新增居民对非居民负债或债权的部分跨境担保"纳入逐笔登记范围。同时，通过上述调整，全面改革清理整合相关法规，废止了涉及跨境担保的12项规范性文件，进一步提高了政策法规的清晰度和透明度。三是实现中资、外资企业统一待遇，为境内企业融资提供了更大便利。在外保内贷领域，在符合相关限制性条件的情况下，允许中资、外资企业自行签约，并允许在净资产的1倍内办理担保履约，统一并大幅度改善境内中资、外资企业的外保内贷政策。

上述三次政策调整大大简化了对外担保管理程序，实现了跨境担保外汇管理政策的统一和跨境担保项下的基本可兑换，有助于境外投资企业更好地获取境内信用支持，特别是在境内融资成本相对较高、中资银行海外分支机构尚未设立因而"走出去"企业直接向境外银行申请贷款难度较大的情况下，境外投资企业可以借助国内母公司的实力通过银行担保获得当地金融机构的授信支持，有效降低企业融资成本并拓宽企业融资渠道，解决境外投资企业境外融资困难、授信不足等问题，有利于更好地促进境内机构"走出去"做大做强。

第四节　企业利用现有金融政策的困难及应对措施

传统金融支持农业"走出去"的融资方式以间接融资为主，直接融资为辅。涉农的间接融资主要以贷款为主，政策性银行通过支持农业项目"走出去"，较好地充当了"敲门砖"角色；商业银行通过贸易融资和国际贸易结算等服务助力企业"走出去"。总体来看，直接融资体量较小，如中非基金、中国东盟投资基金、中国中东欧投资基金、中加资源投资基金、中日环保基金等第一期融资总额仅 30 亿美元，规模有限且未专门针对农业行业。有鉴于此，本节对传统金融支持农业走出去面临的困难进行系统梳理，为企业融资提供参考和借鉴。

一、传统金融支持农业走出去面临的困难

（一）企业融资需求增长与银行风险控制的矛盾凸显

资金是企业境外投资过程中最主要的需求。在融资过程中，银行通常需要企业将国内土地、厂房作抵押，一般只能以评估价值的 30%～40% 进行放贷，如有担保公司出具担保函，可将贷款额升至 80%。政府性担保公司担保费用大致为贷款的 4%，民营融资担保公司收费更高，且大多还要求贷款企业提供 15% 左右的保证金，增加了企业贷款成本和融资难度。此外，企业融资并购后从银行再借钱难。一半以上企业通过无融资收购和杠杆收购完成并购业务，这两种方式导致企业资产负债率上升。企业扩大生产需进一步融资，但在并购刚完成时其负债率达峰值，金融机构因风险控制通常在此时降低再贷款额度。对外投资企业倾向于通过"合伙"模式以降低自身资金投入，但自有资金占比下降，可贷资金降低，从银行贷款的融资手续更加复杂。

（二）融资"难"比融资"贵"问题更突出

融资成本高是各行业投融资的老大难问题。许多成长型和获利能力好的项目，完全有能力用现金流负担融资成本，却止步于各种融资门槛。鉴于产业特点和企业实力因素，农业"走出去"在实践中面临的融资难问题相对更突出。从商业银行来看，涉及境外投资项目的企业获得过商业银行贷款的寥寥无几，普遍原因是企业能提供的抵押担保物难以符合贷款条件。从金融市场的直接融资来看，中小企业获得直接融资难度较大。

（三）政策性银行金融服务未与多元化融资需求匹配

政策性银行作为支持企业"走出去"的重要政策性金融机构和国家"走出去"战略的直接推动者之一，提供的贷款比商业银行更具优势，如利率低

（根据项目和贷款品种可低 1%～3%）、期限长（重大项目可达 10 年以上）、获贷后资金使用和还贷程序较为简便等。但在面临国家对金融机构的硬约束方面并没有特殊待遇，风控要求并不比商业银行低，这对发挥战略导向作用和满足企业融资需求带来了挑战。企业希望政策性银行加强结算环节业务和服务，加强融资贷款服务，可以获得更多信用担保服务。目前中国进出口银行涉农投资业务品种主要有农产品出口卖方信贷业务及境外投资贷款，直接融资服务、资金结算等综合金融服务，尚未完全匹配企业需求。

（四）企业抵押资产、信用资源未能有效联通

农业企业"走出去"投资风险增加，其融资需求必然发生新变化。一是企业境外资产无法作为有效抵押物获得贷款。企业倾向于使用境外资产作为抵押，希望把境外的土地、厂房、设备等盘活，但国内银行对其估值难度大，对于境外资产抵押获得境内贷款尚在探索中。二是国内金融机构对国内母公司的信用评级未能在境外推广和接受，难以将这些信用资料做为境外新公司建立信用记录的参考，制约了境外公司（控股公司）的融资能力。

（五）企业利用市场手段和金融服务规避风险能力不足

企业运用有偿金融服务手段规避风险的意识不强。"走出去"企业在对外农业投资中，对于如汇率汇兑、利息双重征税等风险先期考虑不足，运用有偿风险管理手段（如掉期）防范金融风险意识不强。中小型企业"走出去"趋向于选择实力相当的企业"抱团出海"，缺乏大企业牵头，抗风险能力较低，风险分担机制难以常态化。此外，企业投资至中东欧、东南亚等地区，部分地区的经济发展和法律健全程度较低，面临违约风险。农业投资除了本身的弱质特点外，还附带对外投资不确定性及由此增加的隐性成本。

二、应对措施

加强金融支持农业"走出去"，不仅需要在模式上创新，还需要从宏观层面统筹协调、构建金融支持体系、推动机构业务创新、配套政府支持政策、强化公共服务等，促使新模式的应用和落地，让创新模式惠及农业"走

出去"主体。

（一）统筹协调发挥合作平台作用

加强部门联动，促进金融支持"走出去"政策落地。将各方共同关切和前景较好的农业合作项目纳入政府间合作框架中，为农业合作项目搭建政策平台。促进各部门定期信息互通，加强公共信息服务平台建设，为金融支持农业"走出去"提供政策导向和引导。增强银行业对境外政治、自然环境、经济社会、农业市场发展认识，提高贷前贷后统筹管理和风险评判能力。积极为农业"走出去"企业境外发行人民币债券和上市融资提供信息和咨询服务。

（二）构建多层次、宽领域、差异化金融支持体系

多层次的金融支持体系。加强政策性银行的机构引导作用，加大优惠贷款、低息补贴等方式，在符合国家政策并可控风险的情况下，适当降低融资门槛，将部分境外资产作为可抵押物品进行贷款，实施保费补贴等。强化中央和地方对金融助推农业"走出去"的侧重点和方式，中央各部委加强规划宏观指导，地方金融支持体系加强创新和政策落地。

宽领域的金融支持体系。引入政策性、股份制、中小银行等多家金融机构，促进商业银行和风险投资基金对"走出去"企业的支持力度，鼓励银行和其他主体进行金融服务创新。

差别化的金融支持体系。对于实力较强的"走出去"企业，促进企业的战略性全球并购，提供融资和金融服务支持。探索和利用外汇储备委托贷款的方式，支持开展境外农业股权投资，用直接融资方式解决企业融资难的问题。对于实力中等且在国内具有较强实力的"走出去"企业，以地方商业银行为主要融资主体，将企业在国内的项目做强做大，积蓄实力。

（三）把握企业特点，推动业务创新

政府和金融机构保持密切沟通，共同研究可细化的贷款支持方向。充分利用政策性金融机构资金规模大、贷款利率低、还贷期限长、贷后用还款流程相对简便的优势，结合商业性金融机构业务渠道丰富、服务对象广泛、贷

款品种灵活等特点，以及私募基金投资方式灵活、咨询服务专业等特征，积极推动业务开发与创新。如在已有业务品种中细化出农业领域，制定符合农业企业规模和农业产业环节特点的申贷条件、贷款金额和期限等。在贷款抵押担保条件、风险控制要求等方面考虑农业种植、养殖、渔业等不同行业领域和生产、加工、流通等不同环节的特点，考虑龙头企业相对其他行业企业资产和资金规模偏小的现状，创新出有针对性的抵押担保和风险控制条件。

（四）完善配套政策，降低融资成本

从农业部门角度，在做好贷款项目征集推荐的同时，更应积极创设政策，争取资金，建立对外农业合作项目贷款贴息、保费补贴等配套支持措施，降低企业融资贷款和风险控制成本。考虑到补贴政策的合规性、资金使用的效率性和发挥有限补贴资金的杠杆效应，同时最大限度调动金融机构放贷的积极性，建议先通过直补放贷或承保金融机构的形式，间接支持获得政策性金融机构贷款或投保政策性保险机构的项目企业。

（五）强化公共服务，提升"抱团出海"效益

充分利用政府间合作机制，为企业"抱团出海"解决问题、提供便利，营造良好投资环境。企业采取"抱团出海"整合资源的方式规避风险，政府部门及时准确提供目标区域、重点国别的农业资源禀赋、农业生产条件、涉农法律政策、农业投资与贸易壁垒等关键信息。探索利用财政专项资金，支持企业委托专业机构进行项目论证，提升"走出去"质量和效益。

第五章 中国对外农业投资的财税支持政策

第一节 中国现行国内农业投资项目的财政与税收政策

中国现阶段大力支持的国内农业投资项目主要有农业综合开发类项目、"菜篮子"工程、农产品加工项目等。

一、农业综合开发投资类政策

农业综合开发，指中央政府为支持农业发展，改善农业生产基本条件，优化农业和农村经济结构，提高农业综合生产能力和综合效益，设立专项资金对农业资源进行综合开发利用和保护的活动。农业综合开发的主要任务是加强农业基础设施和生态建设，转变农业发展方式，推进农村一二三产业融合发展，提高农业综合生产能力，保障国家粮食安全，带动农民增收，促进农业可持续发展和农业现代化。

（一）扶持的领域和区域

现阶段，农业综合开发项目包括：土地治理项目和产业化发展项目。土地治理项目包括高标准农田建设，生态综合治理，中型灌区节水配套改造等。产业化发展项目包括经济林及设施农业种植基地、养殖基地建设，农产品加工，农产品流通设施建设，农业社会化服务体系建设等。

农业综合开发主要扶持农业主产区，重点扶持粮食主产区。不属于农业主产区的省可以确定本地区重点扶持的农业主产县（包括自治县、不设区的市、市辖区、旗及农场）。农业综合开发以农民为受益主体，扶持对象包括专业大户、家庭农场、农民合作组织、农村集体经济组织以及涉农企业与单位等。农业综合开发实行开发县管理机制，土地治理项目应当安排在开发县。开发县实行总量控制、分级管理、定期评估、奖优罚劣的管理方式。国家农发办根据总体资金规模、各省资源禀赋、开发政策等核定各省的开发县总数量，省级农发机构在总数量以内根据耕地面积、产业优势、工作基础等确定本省具体开发县。

（二）政策资金管理

在资金管理方面，中央财政与地方财政分别承担农业综合开发支出责任。中央财政根据农业综合开发工作的目标和任务在年度预算中安排必要的资金用于农业综合开发。中央财政农业综合开发资金分配主要采取因素法，分配因素包括基础资源因素、工作绩效因素和其他因素，其中以基础资源因素为主。基础资源因素包括耕地面积、高标准农田建设规划任务、粮食及棉花糖料等大宗农产品产量、水资源等基础数据；工作绩效因素包括资金管理、项目管理、综合管理、监督管理等工作情况；其他因素主要包括特定的农业发展战略要求、政策创新情况等。农业综合开发采取补助、贴息等多种形式，吸引社会资金，增加农业综合开发投入。国家农发办根据农业综合开发项目的类型和扶持对象规定项目自筹资金的投入比例。鼓励土地治理项目所在地的农村集体和农民以筹资投劳的形式进行投入。农业综合开发财政资金投入以土地治理项目为重点。省级农发机构根据国家农发办的规定和本省资源状况和经济发展要求确定本省土地治理项目和产业化发展项目的投入比例。

农业综合开发财政资金用于以下建设内容：农田水利工程建设，土地平整、土壤改良，田间道路建设，防护林营造，牧区草场改良，优良品种、先进技术推广，种植、养殖基地建设，农业生产、农产品加工设备购置和厂房建设，农产品储运保鲜、批发市场等流通设施建设，农业社会化服务体系建设以及国家农发办规定的其他内容。

农业综合开发财政资金的支出范围包括：项目建设所需的材料、设备购置及施工支出，项目可行性研究、初步设计（实施方案）编制、环境影响评价、勘察设计、工程预决算审计等支出，工程监理费，科技推广费，项目管理费①，土地治理项目工程管护费，贷款贴息以及国家农发办规定的其他费用。

农业综合开发财政资金必须严格执行国家有关农业综合开发财务、会计制度，实行专人管理、专账核算、专款专用。各级财政部门应当根据法律、行政法规和财政部的有关规定，及时、足额地拨付资金，加强管理和监督。农业综合开发项目财政资金支付实行县级报账制，按照国库集中支付制度的有关规定执行。土地治理项目实施单位严格按照规定的程序和要求办理报账。县级财政部门应当根据已批准的年度项目实施计划和工程建设进度情况，及时、足额地予以报账，并根据项目竣工决算进行清算。产业化发展项目，县级财政部门应当在项目完成至少过半后办理报账，并在项目完工验收后根据验收确认意见及时、足额支付财政资金。农业综合开发项目结余资金应当按照规定收回同级财政。财政部根据年度农业综合开发工作任务重点，适当调整每年分配资金选择的具体因素和权重。地方各级财政投入资金列入同级政府年度预算②。

（三）政策的完善

围绕打造区域农业优势特色产业集群，促进农业产业化发展，推进现代农业建设，近年来政府对农业综合开发政策进行了调整和完善，主要包括：

第一，产业化经营项目由省级农发机构组织项目申报和审核批复，并及时报国家农业综合开发办公室备案。国家农发办不再组织专家进行抽查审核和文件核准。对备案材料不齐全或不符合要求的，将告知相关省级农发机构补正有关材料，并且从 2016 年起，各省不再编制产业化经营项目年度滚动计划。

第二，在工商部门注册 1 年以上、具备可持续经营能力的龙头企业和农

---

① 由县级农发机构按土地治理项目财政投入资金的一定比例提取使用，财政投入资金 1 500 万元以下的按不高于 3% 提取，超过 1 500 万元的，其超过部分按不高于 1% 提取。项目管理费主要用于农业综合开发项目实地考察、评审、检查验收、宣传培训、工程招标、信息化建设、工程实施监管、绩效评价、资金和项目公示等项目管理方面的支出。省级、设区的市级农发机构项目管理经费由本级政府预算安排，不得另外提取。

② 参见：《国家农业综合开发资金和项目管理办法》。

民合作社，均可申报产业化经营项目。取消企业所需原材料的 70% 以上来自企业注册地、两年连续盈利、资产负债率、银行信用等级、"三不欠"、固定资产净值等的规定。经有权部门认定或登记的专业大户、家庭农场、社会化服务组织等新型农业经营主体，可纳入产业化经营项目扶持范围，不受独立法人资格条件的限制。

第三，单个财政补助项目的财政资金申请额度不高于自筹资金额度，单个贷款贴息项目的贷款额度一般不高于 1 亿元人民币。申请额度下限由各省根据实际情况自行确定。

第四，各类资金投入比例，具体包括财政补助与贷款贴息的比例、财政补助中用于龙头企业和其他新型农业经营主体的比例、两类试点项目与一般项目的比例、贷款贴息中用于固定资产贷款贴息与流动资金贷款贴息的比例等，由各省根据实际情况自行确定。

第五，鼓励各省实行财政补助项目资金"先建后补"的管理方式。实行"先建后补"管理方式的项目，应坚持按照国家农业综合开发项目管理和县级报账制的有关要求，项目立项批复后先实施、后报账，待项目全部完工、经县级财政部门和农发机构验收合格后，再予以报账。实行"先建后补"项目的财政补助资金额度不得突破政策规定的财政资金与自筹资金比例要求。财政补助资金报账拨付金额依据项目验收是否合格和验收报告中项目总投资完成率（项目完成总投资额与项目计划批复总投资额的比率）确定。项目验收结论为不合格的，取消财政补助资金；项目验收合格且项目总投资完成率未达到 100% 的，财政补助资金按照项目总投资完成率同比例（项目计划批复确定的财政补助资金额与项目总投资完成率的乘积）报账支付；项目验收合格且项目总投资完成率达到或超过 100% 的，财政补助资金按照项目计划批复确定的金额报账支付[1]。拟实行财政资金"先建后补"管理方式的省份，须报国家农发办备案，并结合当地情况制定具体操作办法。

第六，有条件的省份，可积极探索采取财政股权投资基金等投入方式，扶持农业产业化发展。拟实行财政股权投资基金扶持方式的省份，须报经国家农发办批准后实施。

---

[1]　参见：《关于农业综合开发项目实行"先建后补"的意见》。

第七，鼓励部分财政资金的投入由农民或农民通过合作社对龙头企业持股。龙头企业带动产业发展和"一县一特"产业发展试点项目由农民或农民通过合作社对龙头企业持有的股份，其持股、分红和退出方式等具体政策，由各省根据实际情况自行制定。

第八，鼓励各省实行产业化经营项目县级竞争选项制度。取消对上市公司申请财政资金扶持的限制，鼓励上市公司及其控股公司等到优势特色农产品产地投资建设原料基地和加工基地。对于在异地建设生产基地的农业产业化龙头企业，允许在项目所在地申报产业化经营项目。

第九，关于产业化经营项目的招标政策，根据《工程建设项目招标范围和规模标准规定》的规定，施工单项合同估算价在 200 万元人民币以下的，重要设备、材料等货物采购单项合同估算价在 100 万元人民币以下的，勘察、设计、监理等服务的采购单项合同估算价在 50 万元人民币以下的，国有资金投资不控股或不占主导地位的，可不进行招标[①]。

（四）支持的重点

2017 年农业综合开发扶持农业产业发展的扶持范围和重点：以专业大户、家庭农场、农民合作社和涉农企业等为扶持对象，以贴息、补助等方式带动更多的社会资本投入为手段，积极培育新型农业经营主体，大力发展农业优势产业，着力构建高标准农田和配套产业有机结合、农业产加销紧密衔接、农村一二三产业深度融合的现代农业产业体系，全面提升农业竞争力和可持续发展能力。为了认真落实农业综合开发扶持农业优势特色产业规划要求，2017 年度大力扶持经济林及设施农业种植基地、养殖基地、农产品加工、农产品流通设施、农业社会化服务体系等建设，优先扶持以基地建设、新技术和新品种引进与推广、种养业废弃物综合利用等为主要内容的项目。加大贴息力度，重点扶持涉农企业、农民合作社等。财政补助重点用于扶持农民合作社、家庭农场等。各类扶持方式资金投入比例，由各省、自治区、直辖市、计划单列市、新疆生产建设兵团、黑龙江省农垦总局、广东省农垦总局农业综合开发机构（以下简称省级农发机构）根据实际情况自行确定。

---

① 参见：《关于调整和完善农业综合开发扶持农业产业化发展相关政策的通知》。

贴息项目优先支持农业综合开发扶持农业优势特色产业规划的产业。对于未列入农业优势特色产业规划但市场发展前景好、示范带动作用强的其他产业，也可列入扶持范围。贴息贷款由银行业金融机构发放，贷款用途符合国家金融政策和农业综合开发产业化发展项目扶持范围，贷款期限、贴息期限及额度等符合规定要求，项目申报材料齐全完整。进一步简化贴息项目申报程序，采取先确定范围、后据实结算方式，根据当地扶持重点，建立拟贴息项目单位名录并主动提供给金融机构，次年根据实际获得的贷款及付息进行贴息结算。贴息范围为列入 2017 年拟贴息名录的项目单位在 2017 年会计年度实际发生并已经支付的贷款利息。贴息期限为 2017 年 1 月 1 日至 12 月 31 日，贴息率不高于同期中国人民银行公布的同档次人民币贷款基准利率，单个贴息项目的财政资金贴息额度不高于 500 万元。贴息资金在 2018 年结算，项目明确为 2018 年度贴息项目。拟申请贴息项目的单位，可以直接向所在地农发机构申报，也可以通过金融机构向所在地农发机构推荐。有条件的地方，可以积极探索采取担保补贴等方式，解决新型农业经营主体贷款难问题，促进农业产业发展。

（五）申报要求

财政补助项目要符合当地农业综合开发扶持农业优势特色产业规划，有助于补齐农业产业链条短板，提高农业产业整体发展能力和竞争力；资源优势突出，区域特色明显；市场潜力较大，辐射带动能力强，显著带动农民增收，预期效益好；建设方案、产品技术和工艺路线合理，项目建设符合生态环境保护和资源节约利用要求，有利于促进农业可持续发展；投资估算合理，自筹资金来源有保障，筹资方案可行；土地流转用地或项目建设用地手续合法。鼓励财政补助项目实行"先建后补"管理方式。单个财政补助项目的财政资金申请额度不高于自筹资金额度。

申报项目的涉农企业应具有法人资格；工商管理部门注册登记且经营一年以上，具有一定的经营规模和持续经营能力，有较强的经济实力和自筹资金能力；没有不良诚信记录；建立了符合市场经济要求的经营管理制度和机制，管理规范。申报项目的农民合作社应具有法人资格；注册登记且经营一年以上；没有不良诚信记录，具备持续经营能力和相应的项目建设与经营管理能力；符合农民合作社有关规定，产权明晰，章程规范，运行机制合理，管理比较规范，示范带动作用强。其他新型农业经营主体申报项目的要求由各省根据实际情况自行确定。同一项目单位在同一年度内（以资金安排年度为准）只能获得一种农业综合开发财政资金扶持方式。

对国家产业政策限制和淘汰的相关项目[①]、列入中国国家重点保护野生动植物名录和有关野生动植物保护国际公约附录的动植物加工流通项目、已申报 2017 年农业综合开发部门项目的单位申报的项目、有不良诚信记录或被列入黑名单的涉农企业和农民合作社等申报的项目、其他未按规定申报的项目等，不予受理[②]。

（六）创新试点

为了更好地发挥农业综合开发特色和优势作用，实施创新驱动推进高标准农田建设，促进农村一二三产业融合发展，中国已经于 2016 年推出农业综合开发高标准农田建设模式创新试点。

创新试点的基本条件。创新试点应符合"全产业链集成式开发"的总体要求，在转变农业经营方式前提下，以高标准农田基础设施建设为主，同步进行相应的配套产业建设，形成"高标准农田＋新型经营方式＋配套产业"的项目组合一体化建设模式。配套产业建设包括现代种养业、农产品加工、储藏保鲜和流通等，须以高标准农田基础设施建设为平台，相互之间紧密衔接，形成较为完整的农业产业链和价值链，并与农民建立了紧密利益联结机制，培育壮大当地优势主导产业，构建现代农业产业体系。创新试点项目应具备的基本条件：①已采取土地租赁、土地股份合作、土地托管等多种方式，实施农业适度规模经营；②新型农业经营主体具有一定数量和规模，有较好的生产经营基础；③已编制高标准农田建设和农业产业规划，土地集中连片，区域主导农业产业优势比较突出；④当地政府、项目实施主体积极性高，有强烈的创新试点意愿和能力；⑤投入政策。单个创新试点项目中央财政资金原则上应控制在 3 000 万元（含 3 000 万元）以内，其中 60％以上用

---

① 参见：国家发展与改革委员会《产业结构调整指导目录（2013 年本）》。
② 参见：《关于做好 2017 年国家农业综合开发产业化发展项目申报工作的通知》。

于高标准农田基础设施建设。根据项目建设需要，财政资金投入可分一年或两年安排。同时，创新资金使用机制，充分发挥财政资金杠杆和引导作用，撬动金融资本、社会资金投入创新试点项目。鼓励农民合作社、家庭农场、专业大户、农业产业化龙头企业参与和承担高标准农田基础设施建设。扶持产业发展应更多地采取贷款贴息、投资基金、政府和社会资本合作等方式。地方财政投入、自筹资金比例执行现行政策规定。

创新试点的范围。2016 年，先行在河北、吉林、安徽、山东、河南、湖南、四川、重庆、云南、宁夏等 10 个省（自治区、直辖市）开展，全国其他的省、自治区、直辖市、计划单列市、新疆生产建设兵团、黑龙江省农垦总局、广东省农垦总局（以下统称省）可根据本地区实际情况，自主决定是否开展创新试点①。

为了充分发挥财政政策与开发性金融的协调配合作用，创新农业综合开发资金运行机制，加快推进高标准农田建设，财政部国家农业综合开发办公室和国家开发银行拟创新投融资模式，共同开展高标准农田建设试点。从 2015 年 8 月 1 日起，各省、自治区、直辖市、计划单列市和新疆生产建设兵团、黑龙江省农垦总局、广东省农垦总局（以下统称省）经批准同意开展试点的项目，均可以享受财政贴息或补助支持。试点项目限定在国家农业综合开发县、市、区、旗、农场、团场（以下统称县）实施。在初期试点阶段，本着积极稳妥的原则，重点选择那些法人治理结构比较完善、综合实力较强、土地权属明确且提质更新愿望较为强烈的国有农场，以及土地经营已达一定规模、与农民建立紧密利益联结机制、迫切希望改善基础设施的农业产业化龙头企业、农民专业合作社和股份合作社进行试点；对于个别条件较好的专业大户、家庭农场等新型农业经营主体，也可以纳入试点范围。

创新试点的扶持方式。第一，贴息方式。按照"主体自筹、银行贷款、财政贴息"的模式运行。其中，高标准农田建设实施主体负责落实不低于项目总投资 20% 的资本金，以及借款本金的偿还；国开行为实施主体提供不超过项目总投资 80% 的中长期信贷支持，贷款利率按照同期同档次人民银行基准利率执行；中央财政农业综合开发资金按照基准利率水平，给予全额

---

① 参见：《关于开展农业综合开发高标准农田建设模式创新试点的通知》。

全程贴息。贷款年限视实施主体综合实力及经营效益确定，最长不超过 15 年（宽限期同建设期，最长不超过 3 年）。信用结构采用资产抵押、第三方担保、土地承包经营权抵押（在国家批准的地区）等方式。第二，补助方式。按照"主体垫资、银行贷款、财政补助"的模式运行。其中，实施主体负责垫付不低于项目总投资三分之一的资本金，以及贷款本金和利息的偿还；国开行负责为实施主体提供不超过项目总投资三分之二的中长期信贷支持，贷款利率按照同期同档次人民银行基准利率执行；待项目建成后，中央财政农业综合开发资金以先建后补的方式，对实施主体垫付的资本金部分（项目总投资的三分之一）给予全额补助。贷款年限视实施主体综合实力及经营效益确定，最长不超过 15 年（宽限期同建设期，最长不超过 3 年）。信用结构采用资产抵押、第三方担保、土地承包经营权抵押（在国家批准的地区）等方式。

创新试点项目的申报和审核。符合国家农发办关于土地治理项目申报条件的项目单位向属地县级农发机构提出项目申请，申报材料应达到项目建议书的要求。县级农发机构对申报材料进行审核，并在征求国开行当地分行意见后，将符合申报条件的项目逐级上报至省级农发机构审议。省级农发机构将审议确定的试点项目提交国开行当地分行进行评审。评审通过的项目，由省级农发机构会同开行当地分行下达立项通知。县级农发机构会同实施主体编制项目实施计划，逐级上报省级农发机构审批后，报国家农发办和开行备案。

试点项目需要招投标的，按照国家有关规定组织实施。项目建设内容与建设标准，参照执行《高标准农田建设通则》（GB/T 30600—2014）；亩均投入标准，参照执行同期农业综合开发高标准农田建设项目投入标准。项目开工后，各级农发机构按照批复的实施计划，对项目建设情况进行监督检查；项目竣工后，应及时办理竣工决算并进行决算审计，经工程监理单位核实后，由属地县级农发机构组织验收，省级农发机构或委托市级农发机构组织项目核查。验收与核查结果作为安排财政贴息或补助资金的依据。围绕项目管理所发生的费用支出，参照农业综合开发有关政策执行。

创新试点项目贴息和补助资金的使用。第一，贴息项目当年实际发生的利息先由实施主体垫付，利息清单、借款合同复印件经地方农发机构逐级审核并经开行当地分行核准后，由省级财政按照预算管理的有关规定，在中央财政下达农业综合开发资金中安排贴息资金，逐级拨付到实施主体在国开行开立的账户上，并在报账凭据原件上加盖"财政已贴息"讫章后，复印存入项目档案。第二，财政补助项目经验收、核查通过后，由省级财政在中央财政下达农业综合开发资金中安排补助资金，逐级拨付到实施主体在国开行开立的账户上，并严格按照农业综合开发资金会计制度进行核算。第三，加强资金监管。对于项目实施不力，或存在严重违规违纪问题的实施主体，可暂停或取消财政贴息、补助；对于实施主体因未按期偿还贷款以及其他违约行为而产生的逾期贷款利息、加息、罚息，中央财政不予贴息；对于截留、挤占、挪用以及弄虚作假骗取贴息、补助资金的，按照有关规定严肃处理；对于银行贷款应严格按照合同约定，专款专用，不得违规使用[1]。

二、"菜篮子"工程建设有关政策

"菜篮子"工程是支撑现代农业发展、确保主要农产品有效供给和促进农民就业增收的重要保障，是关系国计民生与社会和谐稳定的民生工程，自从农业部于 1988 年首次提出以来，经过 30 多年的建设与发展，取得了显著成效。在取得现有成绩的基础上，国家进一步推进全国"菜篮子"产品生产基地能力建设，充分发挥财政资金引导作用，带动各地投入，重点扶持建设一批有一定规模、生产技术基础好，并在增加产品产量和提高产品质量有示范带动作用的生产基地，改善生产条件，加强产品质量管理，强化品牌建设，大力推进标准化、集约化、现代化生产，提高抗御灾害能力，增强"菜篮子"产品综合生产能力和应急供应保障能力。

（一）支持的主要区域与领域

"菜篮子"工程建设项目实施区域选择主产区、中心城市周边及距中心城市相对较近的优势产区，在选点上鼓励集中连片，大力推进生产集中化、规模化，力求通过几年集中扶持形成具有一定规模、相对集中的生产基地，

---

[1]　参见：《关于创新投融资模式加快推进高标准农田建设的通知》。

项目资金可以用于改建、扩建和新建。

支持的主要领域包括种植业、畜牧业和渔业等多个部门。

种植业。重点扶持蔬菜（包括食用菌和西甜瓜等种类）项目，资金比例不低于75%，适当兼顾果、茶，区域布局需符合《全国蔬菜发展规划》（2011—2020年）确定的580个产业重点县和全国水果、茶叶优势（重点）区域发展规划的基地县。为提升北方大中城市冬春淡季蔬菜自给能力，在东北、华北、西北等地区选择部分市县重点扶持新建设施蔬菜规模化种植基地。种植规模需达到以下标准：每个设施基地13.33公顷以上（设施内面积，下同），每个露地基地66.67公顷以上。

畜牧业。重点扶持主产省畜禽标准化、规模化养殖。主要支持畜种包括生猪、蛋鸡、肉鸡、肉牛和肉羊。肉牛、肉羊项目优先支持饲养母畜的标准化养殖场。各省区市支持蛋鸡、肉鸡、肉牛、肉羊标准化规模养殖场建设资金比例不得降低。养殖规模需达到以下标准：生猪出栏0.5万～5万头；蛋鸡存栏1万～10万只；肉鸡出栏5万～100万只；肉牛出栏100～2 000头；肉羊出栏300～3 000只。

另外，使用良种精液开展人工授精的母猪、奶牛、肉牛养殖场（小区、户），以及存栏能繁母羊30只以上、牦牛能繁母牛25头以上的养殖户可以申请畜牧良种补贴。生猪：每头能繁母猪每年使用4份精液，每份精液补贴10元。补贴品种包括杜洛克猪、长白猪、大约克夏猪等国家批准的引进品种，以及培育品种（配套系）和地方品种。奶牛：补贴对象包括荷斯坦牛、娟姗牛、奶水牛、乳用西门塔尔牛、褐牛、牦牛和三河牛等品种的能繁母牛。荷斯坦牛、娟姗牛每年使用2剂冻精，每剂补贴15元；奶水牛每年使用3剂冻精，每剂补贴10元；乳用西门塔尔牛、褐牛、牦牛和三河牛每年使用2剂冻精，每剂补贴10元。肉牛：按照每头能繁母牛每年使用2剂冻精，每剂补贴5元。补贴品种包括国家批准引进和自主培育的品种，以及优良地方品种。羊：绵羊、山羊种公羊每只一次性补贴800元。补贴品种包括国家批准引进和自主培育的品种，以及优良地方品种。牦牛：牦牛种公牛每头一次性补贴2 000元。补贴品种包括自主培育的品种以及优良地方品种。

渔业。重点扶持渔业标准化、规模化养殖。养殖规模需达到以下标准：池塘类养殖场池塘面积在13.33公顷（西部地区6.67公顷）以上，工厂化养殖水面面积 3 000 平方米以上。

（二）支持的对象和条件

重点支持具有独立法人资格并经工商部门登记注册的农民合作社，科研、技术推广等事业单位不能作为补助对象，安排具有法人资格企业的补助资金要严格控制在各省资金总规模的 30% 以下。

为避免资金过于分散或过于集中，每个改建、扩建项目单位补助资金规模控制在 50 万～100 万元之间，其中肉牛、肉羊专门化育肥场的补助资金规模控制在 25 万～100 万元之间；新建设施蔬菜规模化种植基地补助资金每片不超过 300 万元，可按每亩 5 000 元的补助标准实施。省级农业部门和财政部门可根据当地规模化、标准化发展情况和中央安排资金情况，细化本地具体项目资金补助标准，各省补助资金总额不得少于中央下达资金①。

中央补助资金扶持建设的内容须符合以下方向：

种植业。一是应用标准化生产技术。分品种制定先进、实用、操作性强的生产技术规程；印发规程到项目区每个农户，张挂到标准园醒目位置及每个温室大棚；组织现场观摩和技术培训，并指导农民切实按照生产技术操作规程进行田间管理。二是改善生产条件。重点配置防虫网、黏虫色板、杀虫灯、性诱剂、防雾滴棚膜、避雨栽培、滴（喷）灌、果实套袋等生态栽培物化技术，完善田间工程、温室大棚、集约化育苗、田头预冷等基础设施条件。三是实施全程质量安全管理。投入品实行专人负责，建立进出库台账；生产档案统一编制，详细记载农事操作；定期检测产品安全质量，确保安全期采收、不合格的产品不销售；统一包装和标识，产品质量可追溯，保障产品质量安全。新建设施蔬菜规模化种植基地以建设标准化砖钢结构或土钢结构日光温室为主。

畜产品。重点通过推进"五化"，大力发展畜禽标准化生产，提高规模化比重，提升畜产品质量。一是推行畜禽良种化。适应市场需求、生产方式的变化，更新品种，选购高产优质高效的畜禽品种。二是推行养殖设施化。对养殖场场内布局进行科学调整，结合产能变化，对圈舍进行扩容和标准化

---

① 参见：《2014 年畜牧发展扶持资金实施指导意见》。

升级，完善设施装备，推广自动饲喂技术，温度、湿度、光照等环境控制技术，改善畜禽生长环境。草原牧区结合自身特点，对牧场棚舍、草场围栏、饲草料基地、青贮窖、储草棚、机井、农机库等设施设备进行完善。三是推行生产规范化。根据不同畜种、不同生长阶段的特点，严格按照饲养管理规程要求，规范养殖场饲养管理，对生产过程、投入品购进和使用进行监控、记录，建立完整规范的养殖档案和生产记录数据库。四是推行防疫制度化。改善兽医室等防疫消毒设施设备条件，落实防疫制度，实施畜禽疫病综合防控措施，对病死畜禽进行无害化处理。五是推行粪污无害化。优先支持按照循环农业的发展要求，完善粪污储存、输送设施设备，实现粪污资源化利用；不具备条件的因地制宜采用粪污处理技术及相关配套设施设备，实现粪污无害化处理。

水产业。一是改善生产条件。重点进行养殖基础设施改造，养殖机械设备升级，完善进排水、水净化和废水处理设施设备，配备水质监控、疫病防控、节能减排和质量检测装备，购置优质苗种、全价配合饲料和高效低毒低残留药物，提高养殖综合生产能力。二是加强质量安全管理。强化养殖生态环境和产品质量安全检测，健全以"三项记录"（养殖生产过程、药品采购使用和产品销售）为重点的质量安全管理措施。三是推广标准化健康养殖技术。推广养殖水净化和废水处理、水质监测与调控等技术，普及疫病科学防治技术。

（三）实施方式

本项目的补贴指标资金首先分配到省，然后各地落实"菜篮子"市长负责制，本着地方为主、中央为辅的原则，在地方财政安排扶持资金的基础上，中央财政予以适当补助。财政部、农业部根据各地人口、产业基础及发展水平、市场需求、地方财政资金安排支持情况及以前年度项目验收考核结果，核定各省（自治区、直辖市）资金规模并切块下达。各省（自治区、直辖市）协调调动中央与地方两块资源，在充分考虑各方因素基础上，合理安排资金，并在实施方案中就资金安排情况予以说明。对于在项目实施中存在突出问题的项目县3年内不能安排补助项目及资金。具体实施方式如下：

第一，科学确定实施区域。在区域选择上，重点支持主产区、中心城市周边及距中心城市相对较近的优势产区，注重提高抗灾害能力、大中城市"菜篮子"产品应急供应能力和产品质量安全水平。承担新建设施蔬菜规模化种植基地的省份，由省级农业部门会同财政部门采取公开竞争的方式确定实施区域，农业部将派人监督。

第二，规范选择申报单位。各省（自治区、直辖市）应按照公开、公平、透明的原则，通过电视、网络、报刊以及张榜公布等形式公开政策，公开项目申报要求、补助标准和补助范围等；符合条件的农民合作社、种养大户、农民蔬菜种植基地和相关企业根据自身实际情况自愿申报，填写项目申报书（式样由各省自行制定），明确需要中央财政资金补助的具体建设内容，经县级农业及财政部门审核后，报省级农业、财政部门备案；省级农业部门要会同财政部门成立专家组，对申报单位进行评审筛选，确定项目申报单位并公示（企业单独排队），并在公示中明确建设内容和进度安排，公示数量不得低于立项项目个数的120％，公示时间不得少于7天。公示结束后，省级农业部门要与项目申报单位签订承诺书，明确项目申报单位获得补助资金后，在今后几年内保证其产品主要供应本地及周边地区（承诺书样式及年限等具体要求由各省自行确定，随实施方案上报）。在资金安排上，优先安排改扩建项目。

第三，省级方案上报备案。自2013年起，"菜篮子"产品生产扶持项目通过农业财政项目管理系统申报。省级农业部门会同财政部门于规定时间，将本省（自治区、直辖市）实施方案通过农业财政项目管理系统报送农业部、财政部备案，财政部门用户可使用同级农业财务部门用户账号登录。实施方案必须明确项目区域遴选、申报单位确定、补助标准、项目实施的协调管理、督查验收、资金下达、总结宣传等重点环节的工作措施和时间安排。

第四，先建后补审验兑付。该项目继续采取"先建后补"的方式，即对按要求完成项目任务并验收合格的项目申报单位，按照验收考核的得分顺序给予补助。验收考核工作由省级农业部门会同财政部门具体组织实施，需在年内完成并下达补助资金。各省（自治区、直辖市）结合农业部制定的"菜篮子"产品生产扶持项目管理考核和技术考核指标体系，组织专家进行现场验收考核，严格按照项目单位提交的项目申报书，认真对照需中央财政补助资金建设的内容是否与年初计划的实施内容相一致，且项目建设内容必须在当年实施，对于以前年度实施的、对照实施内容不一致的将不予补助。验收考核结束后，根据得分顺序公示拟补助项目单位名单（项目承担单位为企业的单独排队），公示时间不得少于 7 天，对于公示有异议的，组织复核。农业部将会同财政部选择部分项目进行验收抽查①。

三、农产品加工业有关政策

中国农产品加工业已经取得了长足的发展，成为农业现代化的支撑力量和国民经济的重要产业，对促进农业提质增效、农民就业增收和农村一二三产业融合发展，对提高人民群众生活质量和健康水平、保持经济平稳较快增长发挥了十分重要的作用。农产品加工业扶持政策是中央强农惠农支农政策的重要组成部分，也是国家稳增长、调结构、促改革、惠民生政策措施的重要内容。

国家不断加强财政支持，支持符合条件的农产品加工企业申请有关支农资金和项目。完善农产品产地初加工补助政策，扩大补助资金规模。各地积极支持农产品加工原料基地、公共设施、物流配送体系建设和技术改造。国家继续完善税收政策，扩大农产品增值税进项税额核定扣除试点行业范围，积极推进试点工作。农产品加工企业可凭收购发票按规定抵扣增值税。落实农产品初加工企业所得税优惠政策。在实施与农产品加工有关的国家鼓励类项目中，进口国内不能生产的所需先进设备，所缴纳进口环节增值税可按规定予以抵扣②。

现有的农产品加工业支持政策主要有：

（1）农产品产地初加工补助政策。为解决农产品产后损失严重问题，2012 年中央财政启动了农产品产地初加工补助项目，每年安排 5 亿元（2014 年增至 6 亿元）专项资金，采取以奖代补的形式扶持农户和合作社建

---

① 参见：《2013 年"菜篮子"产品生产扶持项目实施指导意见》。
② 参见：《国务院办公厅关于进一步促进农产品加工业发展的意见》。

设贮藏窖、冷藏库和烘干房等初加工设施。

（2）国家农业综合开发项目。国家农业综合开发资金加强支持农产品加工业发展，从1994年起专门拨出一定比例的资金，设立产业化经营项目，以财政补贴和贷款贴息的方式支持合作组织和涉农企业发展建设农产品生产基地建设。

（3）国家扶贫开发资金扶持项目。国家扶贫开发资金大力实施产业扶贫，对贫困地区带动增收效果明显的农产品加工企业给予支持。2004年开始，国务院扶贫办在全国范围内认定国家级扶贫龙头企业，并给予贷款贴息支持。据统计，在扶贫龙头企业中，80％以上都是农产品加工企业。

（4）国家现代农业发展资金项目。2008年中央财政设立现代农业生产发展资金，把支持农产品加工、推动建立一批集优势产业生产和加工于一体的现代农业企业群体作为一项重要内容，成为支持农产品加工业发展的一项重要资金来源。2008年至2012年期间，中央财政累计安排拨付现代农业发展资金达381亿元。

（5）农产品加工业增值税优惠。1995年财政部、国家税务总局印发了《农业产品征税范围注释》（财税字〔1995〕52号），把部分初加工产品也列入农产品范围，通过外购农产品进行加工和销售的企业增值税税率由17％下调到13％。2012年财政部、国家税务总局发布了《关于在部分行业试行农产品增值税进项税额核定扣除办法的通知》（财税〔2012〕38号），在液体乳及乳制品、酒及酒精、植物油加工行业先行试点，将农产品进项税额扣除率由现行的13％修改为纳税人再销售货物时的适用税率，进一步减轻了农产品加工企业的税收负担。

（6）农产品加工业所得税优惠。2008年1月实施的《企业所得税法》第27条规定，企业从事农林牧渔业项目所得可以免征、减征企业所得税。《企业所得税法实施条例》作了具体规定，把农产品初加工列为所得税免征范围。2011年财政部、国家税务总局《关于享受企业所得税优惠的农产品初加工有关范围的补充通知》（财税〔2011〕26号），进一步规范了农产品初加工企业所得税优惠政策，对相关事项进行了细化。

（7）部分进口农产品加工设备免征关税和增值税。对符合国家高新技术目录和国家有关部门批准引进项目的农产品加工设备，在《国内投资项目不予免税的进口商品目录》所列商品以外的，继续免征进口关税和进口环节增值税。对龙头企业从事国家鼓励类的产业项目，引进国内不能生产的先进加工生产设备，按有关规定免征进口关税和进口环节增值税。

（8）农产品出口退税政策。2009 年财政部、国家税务总局《关于进一步提高部分商品出口退税率的通知》（财税〔2009〕88 号）提出，自 2009 年 6 月 1 日起，罐头、果汁、桑丝等农业深加工产品的出口退税率提高到 15％，部分水产品的出口退税率提高到 13％，玉米淀粉、酒精的出口退税率提高到 5％[①]。

四、国家农业税收优惠政策

国家一直在推动和支持农业发展，制定了一系列关于农业方面的税收减免政策，减轻农业负担，促进农业发展，以下将这些税收减免政策统一列出。

（1）农业机耕、排灌、病虫害防治、植物保护、农牧保险以及相关技术培训业务，家禽、牲畜、水生动物的配种和疾病防治免征营业税[②]。

（2）农业（指种植、养殖、林业、牧业和水产业）生产者销售的自产农产品（指初级农产品，具体范围由财政部、国家税务总局确定），免征增值税[③]。

（3）农业生产资料免征增值税，其中农业生产资料指下列商品：①农膜；②自 2008 年 6 月 1 日起，纳税人生产销售和批发、零售有机肥产品免征增值税（享受上述免税政策的有机肥产品是指有机肥料、有机无机复混肥料和生物有机肥）；③批发和零售的种子、种苗、化肥、农药、农机；④饲料；⑤不带动力的手扶拖拉机（也称"手扶拖拉机底盘"）和三轮农用运输车（指以单缸柴油机为动力装置的三个车轮的农用运输车辆）属于"农机"，应按有关"农机"的增值税政策规定征免增值税[④]。

---

① 参见：《农业部办公厅关于进一步推动贯彻落实农产品加工业扶持政策的通知》。
② 参见：《中华人民共和国营业税暂行条例》。
③ 参见：《中华人民共和国增值税暂行条例》。
④ 参见：《财政部国家税务总局关于农业生产资料征免增值税政策的通知》。

（4）直接用于农、林、牧、渔业的生产用地免缴土地使用税，在城镇土地使用税征收范围内经营采摘、观光农业的单位和个人，其直接用于采摘、观光的种植、养殖、饲养的土地，符合免征城镇土地使用税条件的，免征土地使用税[①]。

（5）企业从事下列项目的所得，免征企业所得税：第一，菜、谷物、薯类、油料、豆类、棉花、麻类、糖料、水果、坚果的种植；第二，作物新品种的选育；第三，药材的种植；第四，木的培育和种植；第五，畜、家禽的饲养；第六，产品的采集；第七，灌溉、农产品初加工、兽医、农技推广、农机作业和维修等农、林、牧、渔服务业项目；第八，远洋捕捞。企业从事下列项目的所得，可享受减半征收企业所得税：第一，花卉、茶以及其他饮料作物和香料作物的种植；第二，海水养殖、内陆养殖[②]。

（6）企业购置并实际使用《环境保护专用设备企业所得税优惠目录》、《节能节水专用设备企业所得税优惠目录》和《安全生产专用设备企业所得税优惠目录》规定的环境保护、节能节水、安全生产等专用设备的，该专用设备的投资额的10%可以从企业当年的应纳税额中抵免；当年不足抵免的，可以在以后5个纳税年度结转抵免。享受上述规定的企业所得税优惠的企业，应当实际购置并自身实际投入使用前款规定的专用设备；企业购置上述专用设备在5年内转让、出租的，应当停止享受企业所得税优惠，并补充缴纳已经抵免的企业所得税税款[③]。

《公共基础设施项目企业所得税优惠目录》规定农村人畜饮水工程新建项目、牧区水利工程新建项目的投资经营的所得，自项目取得第一笔生产经营收入所属纳税年度起，第一年至第三年免征企业所得税，第四年至第六年减半征收企业所得税[④]。

捕捞、养殖渔船免征车船税[⑤]。

---

① 参见：《中华人民共和国城镇土地使用税暂行条例》。

② 参见：《中华人民共和国企业所得税法实施条例》。

③ 参见：《购置用于环境保护、节能节水、安全生产等专用设备的投资额按一定比例实行税额抵免》。

④ 参见：《从事国家重点扶持的公共基础设施项目投资经营的所得定期减免征收企业所得税》。

⑤ 参见：《中华人民共和国车船税法》。

第二节　中国对外农业投资项目的
财政支持政策

自从国家改革开放之后，政府出台了一系列的财政支持政策有效促进中国企业对外投资的发展，既包括涵盖各个行业、领域的整体层面的支持政策，也有专门针对某一具体区域、行业、生产要素、业务类型的细节政策。

一、对外经济合作专项资金

为实施"走出去"战略，鼓励有比较优势的企业开展各种形式的对外经济合作，国家设立专门专项资金支持对外经济合作，专项资金支持对外经济合作的方式为：运营前费用[①]资助、中长期贷款贴息和运营费用资助。

基本条件为境外投资项目及农、林、渔业合作项目的中方投资额不低于100万美元（或等值货币），对于申请中长期贷款贴息的项目，还应具备：申请贴息贷款为一年以上期限中长期境内银行贷款；贷款用于对外经济合作项目的建设及运营；单笔贷款金额不低于300万元人民币（或等值外币）；每一项目申请贴息的贷款额累计不超过中方投资总额或合同总额。一个项目可获得累计不超过5年的贴息支持。运营前费用资助比例原则上不超过申请企业实际支付费用的50%，一个项目只能享受一次支持。

中长期贷款的贴息标准：人民币贷款贴息率不超过中国人民银行公布执行的基准利率，实际利率低于基准利率的，不超过实际利率；外币贷款年贴息率不超过3%，实际利率低于3%的，不超过实际利率[②]。

---

① 运营前费用是指境内企业在项目所在国注册（登记）境外企业之前，或与项目所在国单位签订境外经济技术合作协议（合同）之前，为获得项目而发生的相关费用，包括聘请第三方的法律、技术及商务咨询费、项目可行性研究报告编制费、规范性文件和标书的翻译费用；购买规范性文件和标书等资料费；矿产资源的勘查费用等。

② 参见：《对外经济技术合作专项资金管理暂行办法》。

二、中小企业国际市场开拓资金

国家为支持中小企业①的发展，落实中央加大力度支持中小企业开拓国际市场的精神，进一步加强中小企业国际市场开拓资金的管理，提高资金的使用效益，有关部门设立了中小企业国际市场开拓资金。市场开拓资金由财政部门和商务部门共同管理，商务部门主要负责市场开拓资金的业务管理，提出市场开拓资金的支持重点、年度预算及资金安排建议，会同财政部门组织项目的申报和评审；财政部门主要负责市场开拓资金的预算管理，审核资金的支持重点和年度预算建议，确定资金安排方案，办理资金拨付，会同商务部门对市场开拓资金的使用情况进行监督检查。

市场开拓资金主要支持内容包括：境外展览会；企业管理体系认证；各类产品认证；境外专利申请；国际市场宣传推介；电子商务；境外广告和商标注册；国际市场考察；境外投（议）标；企业培训；境外收购技术和品牌等。市场开拓资金优先支持下列活动：面向拉美、非洲、中东、东欧、东南亚、中亚等新兴国际市场的拓展；取得质量管理体系认证、环境管理体系认证和产品认证等国际认证。市场开拓资金由财政部会同商务部采取因素法等方式进行分配。地方财政、商务部门结合本地区实际情况，研究确定支持重点和支持额度。市场开拓资金对符合规定且支出大于 1 万元的项目予以支持，支持金额原则上不超过项目支持内容所需金额的 50％，对中、西部地区和东北老工业基地的中小企业，以及优先支持第一项的支持比例可提高到 70％②。

三、外经贸发展专项资金

为了构建开放型经济新体制，培育国际经济合作竞争新优势，中央财政

---

①　在中华人民共和国境内注册，依法取得进出口经营资格的或依法办理对外贸易经营者备案登记的企业法人，上年度海关统计进出口额在 4 500 万美元以下。

②　《中小企业国际市场开拓资金管理办法》，于 2014 年 4 月 9 日废止，替代文件为《外经贸发展专项资金管理办法》。

专门安排的用于优化对外贸易结构、促进对外投资合作、改善外经贸公共服务等的专项资金。外经贸发展专项资金由财政部、商务部共同管理。

（一）主要支持方向

第一，支持欠发达地区等外经贸发展薄弱领域提高国际化经营能力，促进外经贸协调发展，采取因素法分配资金。第二，促进优化贸易结构，发展服务贸易和技术贸易，培育以技术、品牌、质量和服务等为核心的国际竞争新优势，其中承接国际服务外包、技术出口等处于探索阶段的使用方向，采取项目法和因素法（地方改善有关公共服务）相结合方式分配资金，其他使用方向采取因素法分配资金。第三，引导有序开展境外投资、对外承包工程、对外劳务合作、境外经济贸易合作区建设等对外投资合作业务，其中境外经济贸易合作区建设等处于探索阶段的使用方向，采取项目法分配资金，中央企业和单位开展的境外投资、对外承包工程、对外劳务合作业务，采取项目法分配资金，其他使用方向采取因素法分配资金。第四，鼓励扩大先进设备和技术、关键零部件、国内紧缺的资源性产品进口，采取项目法分配资金。第五，完善贸易投资合作促进、公共商务信息等服务体系，促进优化贸易投资合作环境，对中央企业和单位承担事项及处于探索阶段的使用方向，采取项目法分配资金，其他使用方向采取因素法分配资金。第六，其他有利于促进中国外经贸发展事项，对中央企业和单位承担事项及处于探索阶段的使用方向，采取项目法分配资金；其他使用方向采取因素法分配资金。

因素法分配资金主要依据当年预算规模、各地区均衡性因素、相关工作开展情况、项目库、以前年度资金使用情况、欠发达地区倾斜因素等，结合年度工作重点确定相关因素权重，进行测算及安排资金。项目法分配资金主要采取贷款贴息、保费补助、资本投入、事后奖补、先预拨后清算等方式，对通过合规性审核的开展相关业务的企业、单位，或通过竞争性谈判、招标等开展约定业务的受托单位、合作单位等予以支持。

（二）支持的重点

2016年度外经贸发展专项资金重点支持和鼓励相关企业根据国家有关

重点规划，围绕一系列重点领域，其中包括农业、林业领域，开展互利共赢的对外承包工程及境外投资业务，并鼓励开展技术、品牌、专利、营销网络等境外并购及重点领域（农业产业型为重点领域之一）的境外经济贸易合作区建设。采取因素法和项目法分配资金，其中重点领域的对外承包工程和境外投资事项采取因素法和项目法相结合方式分配资金，中央部门（机构）或省级商务部门和省级财政部门将所属企业、单位报送的资金申请，在网络系统①上按要求填报申请材料，同时在规定时间内上报纸质申请材料（进出口额低于 6 500 万美元的企业提升国际化经营能力事项仍由各地企业通过原有系统②填报申请）③。

（三）申请条件

申请外经贸发展专项资金的企业、单位应当符合以下基本条件：第一，在中华人民共和国境内依法登记注册，具有独立法人资格，其中按《外经贸发展专项资金管理办法》第六条第三项所规定的使用方向在境外开展业务的，还应当已在项目所在国（地区）依法注册或办理合法手续，项目合同或合作协议已生效。第二，按照有关规定已取得开展相关业务资格或已进行核准或备案。第三，按照《外经贸发展专项资金管理办法》第六条规定使用方向，已开展相关业务。第四，近五年来无严重违法违规行为，未拖欠应缴还的财政性资金。第五，按国家有关规定报送统计资料。第六，其他按规定应满足的条件。符合规定条件的各类企业、单位，均可按规定程序通过中央有关部门（机构）或省级商务部门和省级财政部门提出申请。其中，中央企业、单位由集团公司汇总后提出申请。申请时应当提供符合规定条件的合法证明材料。

（四）项目申请和资助程序

采取项目法分配的资金按以下程序审核和下达：第一，中央有关部门（机构）或省级商务部门和省级财政部门将所属企业、单位报送的申请材料

---

① 参见商务部网站：http://zxzj.mofcom.gov.cn。
② 参见商务部财务司中小企业网站：http://www.smeimdf.org.cn。
③ 参见：《关于 2016 年度外经贸发展专项资金重点工作的通知》。

按照年度工作文件明确的时间汇总上报商务部、财政部，商务部会同财政部可委托中介机构进行评审。第二，商务部会同财政部对审核合格项目，通过互联网等媒介向社会进行公示（依照国家保密法律法规不适合公开的事项除外），并提出资金支持方案。财政部根据财政国库管理制度对经公示无异议项目审核拨付资金。第三，对由专项转移支付资金上划中央本级执行的资金，应当符合部门预算管理工作规程有关规定，并按照中央部门预算编制的时间要求，分解细化到具体企业、单位和具体项目，直接上划列入中央本级当年预算。第四，中央有关部门（机构）和省级财政部门收到资金（或拨款文件）后，在 30 个工作日内将资金拨付至实施企业、单位。

采取因素法分配的资金按以下程序下达：首先，商务部会同财政部提出资金分配方案。财政部审核后根据财政国库管理制度将资金拨付至省级财政部门。然后，省级财政和商务部门根据本办法及年度工作文件规定，结合本地实际组织开展所属企业、单位项目申报、审核、公示及资金拨付等工作[①]。

四、非公有制企业对外投资合作支持政策

经过改革开放 20 多年的发展，中国非公有制企业在生产技术与装备水平、科技研发能力、企业管理水平以及员工整体素质等方面有了较大提高，相当一部分企业具备了"走出去"的条件。国家鼓励支持和引导非公有制企业通过对外投资、对外承包工程、对外劳务合作等多种形式，积极参与国际竞争与合作，形成一批有较强国际竞争能力的跨国企业。这对于落实科学发展观、推动经济增长方式转变和结构调整、促进中国国民经济持续健康发展、实现全面建设小康社会和构建社会主义和谐社会的宏伟目标，具有重大意义。

国家鼓励和支持轻工、纺织、服装、家电、机械、建材、通信、医药等行业的非公有制企业，通过独资、合资、联营、并购等方式，到有条件的国家和地区特别是周边国家和发展中国家投资建厂，建立海外生产基地和营销

---

① 参见：《外经贸发展专项资金管理办法》。

网络。支持有实力的非公有制企业在境外科技资源密集的地区投资设立研发中心和研发型企业。支持具备条件的非公有制企业单独或与国内外企业联合，通过国际通行方式开展对外承包工程，努力承揽附加值高的工程项目。推动具备条件的非公有制企业到境外从事贸易分销、金融服务、信息咨询、物流航运、文化旅游等服务业。针对非公有制企业特点，完善外事、人员出入境、货物通关等管理制度，便利非公有制企业经营管理人员到境外开展业务。符合条件的非公有制企业，可享受境外加工贸易贷款贴息资金、中小企业国际市场开拓资金以及援外合资合作项目基金、对外承包工程保函风险专项资金、对外承包工程项目贷款财政贴息资金和对外经济技术合作专项资金等的支持。对非公有制企业以对外承包工程带动出口和以设备及零配件等实物形式对外投资的，按现行政策予以出口退税[①]。

第三节　中国对外农业投资项目的税收支持政策

近年来，为配合中国"走出去"战略的推进，有关部门不断完善相关的税收政策，制定实施境外所得计征所得税暂行办法，初步形成了中国企业境外投资税收管理制度；加快税收协定的谈判、签订和执行力度，建立税收情报交换机制，规范相互协商程序，为中国境外投资企业解决税务纠纷，提供良好的税收服务，较好地维护了企业利益。鉴于中国实施"走出去"战略尚处于起步阶段，中国企业境外投资和抗风险能力较弱，各级税务机关本着在服务中实施管理和在管理中体现服务的原则，根据境外投资企业税收服务方面的需要，为企业"走出去"提供优良税收环境，使税收工作服从和服务于中国"走出去"战略的大局。

一、企业境外投资税收服务指南

国家税务总局制定了统一规范的中国企业境外投资税收服务指南，其主

---

① 参见：《关于鼓励支持和引导非公有制企业对外投资合作的若干意见》。

要内容包括：中国政府与外国政府签订的税收协定及释义、中国现行境外投资与提供劳务税收政策和税收管理规定、外国税收制度与征管法规，重点提供企业境外投资与劳务发生税务争议时的应对措施、境外所得计征所得税的抵扣办法、境外税收减免的处理办法以及境外业务盈亏弥补的方法等。目前已经发布俄罗斯等 19 份，目前国家税务总局还将与包括"一带一路"国家在内的 8 个国家开展税收协定谈判，发布 40 份左右的"一带一路"重点国家投资税收指南，并启动对"走出去"重点国家和国际组织派驻税务官员。

二、境外投资税收宣传和税务咨询

加大力度提升中国企业境外投资税收宣传和税务咨询服务，税务总局在门户网站上，已经开设中国企业境外投资税收宣传专栏，公布规范的税收服务指南，各省国、地税局也在其门户网站上设立了相应的宣传和咨询专栏；并依托税务咨询 12366 平台，设置专岗，加强对专岗人员培训，专门解答"走出去"企业的政策咨询，回应服务诉求，帮助中国企业及时了解和掌握境外投资税收法律法规和征管措施，对其境外投资提供税收指引，对于境外投资企业数量较多的地区，也在办税服务厅的综合服务类窗口中设置专门的咨询席，为企业提供快捷、方便、专业的税收咨询业务。税务总局已经向全国各省税务机关推广国别信息中心试点工作，根据税务总局统一部署，各省市的税务机关也在积极开展对口国家税收信息收集、分析和研究工作，形成各省分国对接机制，并依托税务总局网站，建立"一带一路"税收服务网页，分国别发布"一带一路"沿线国家税收指南，介绍有关国家税收政策，提示对外投资税收风险。税务总局也积极调动中介机构的积极性，发挥中介机构作用，合理引导注册会计师事务所、注册税务师事务所等中介机构"走出去"，提供重点投资国税收法律咨询等方面服务，努力为"走出去"企业提供稳定、及时、方便的专业服务①。

---

① 参见：《国家税务总局关于落实"一带一路"发展战略要求 做好税收服务与管理工作的通知》。

为了维护中国居民（国民）的合法权益，协助中国居民（国民）解决其在税收协定缔约对方遇到的税务问题，如中国居民（国民）认为，缔约对方所采取的措施，已经或将会导致不符合税收协定所规定的征税行为①，可向国家税务总局提出启动相互协商程序申请，请求国家税务总局与缔约对方主管当局通过相互协商解决有关问题②。

三、境外投资企业税收辅导

税务机关加强对中国境外投资企业税收辅导，各级税务机关开展了多种形式的税收辅导，定期举办专门的税收培训或召开专门的政策咨询会议，解答境外投资企业关心的税收问题，为企业提供更具针对性的税收服务，企业主管税务机关税收管理员定期走访企业，了解并解答其境外投资过程中的税收问题。

四、多部门沟通、国内外协调

税务总局近年来进一步加强与各方面的协调与合作，建立与商务、外汇、发改、海关、贸促会等相关部门信息沟通机制，定期交换中国企业境外投资信息，同时继续加强与外国税务当局合作，积极与中国企业投资所在国税务当局开展情报交换，与中国境外投资较多的国家建立税收征管互助机制，通过授权代表访问和同期税务检查对中国企业境外投资行为开展税务调查和取证工作，还将继续加强与 UNDP、OECD 等国际组织的合作，充分发挥中国参加的 SGATAR 会议、10 国税务局长会议等国际会议和机制的作用③。

---

① 包括需申请双边预约定价安排的、对联属企业间业务往来利润调整征税，可能或已经导致不同税收管辖权之间重复征税的、对股息、利息、特许权使用费等的征税和适用税率存有异议的、违背了税收协定无差别待遇条款的规定，可能或已经形成歧视待遇的、对常设机构和居民身份的认定，以及常设机构的利润归属和费用扣除存有异议的、在税收协定的理解和执行上出现了争议而不能自行解决的其他问题、其他可能或已经形成不同税收管辖权之间重复征税的。

② 参见：《"走出去"企业税收服务指南》。

③ 参见：《国家税务总局关于做好中国企业境外投资税收服务与管理工作的意见》。

五、税务研究与发布

中国税务部门还在不断完善现有的税收政策，加大中国企业境外投资税收的执行力度，完善境外税收信息申报管理，为企业遵从提供指导和方便，并分类归集境外税收信息，建立境外税收信息专门档案，依托现有征管数据，进一步拓展第三方数据，及时跟进本地区企业境外投资情况，了解投资分布特点、经营和纳税情况。从 2015 年起，省税务机关每年编写本地区"走出去"企业税收分析年度报告，并于次年 2 月底前上报税务总局，同时根据国际经济环境变化和对外投资特点研究涉税风险特征，探索设置风险监控指标，逐步建立分国家、分地区风险预警机制，提示"走出去"企业税收风险，积累出境交易税收风险管理办法和经验；并且制定了具体的税收抵免操作指南，在进出口税收方面，进一步完善与企业境外投资有关的出口退税政策，加大对境外投资企业的政策支持力度，在其他税收方面，继续研究完善个人所得税法，解决企业境外投资中涉及的有关个人所得税问题；根据企业境外提供服务的特点，研究完善有关的营业税政策，避免重复征税①。

六、对外农业投资的涉税类别

中国目前现行的对外农业投资的涉税类别主要有进出口关税、所得税抵免和税收协定等。现阶段，中国税收征管部门还没有对境外投资企业返销国内的农产品实行进口免税优惠政策。所得税抵免是指税收部门在对跨国纳税人的国外所得征税时，允许其用国外已纳税款冲抵在本国应纳的税款，分为直接抵免、间接抵免和饶让抵免三种类型。①直接抵免是指，企业直接作为纳税人就其境外所得在境外缴纳的所得税额在中国应纳税额中抵免，直接抵免主要适用于企业就来源于境外的营业利润所得在境外所缴纳的企业所得税，以及就来源于或发生于境外的股息、红利等权益性投资所得、利息、租金、特许权使用费、财产转让等所得在境外被扣缴的预提所得税。②间接抵

---

① 参见：《国家税务总局关于进一步做好"走出去"企业税收服务与管理工作的意见》。

免是指，境外企业就分配股息前的利润缴纳的外国所得税额中由中国居民企业就该项分得的股息性质的所得间接负担的部分，在中国的应纳税额中抵免，例如中国居民企业（母公司）的境外子公司在所在国（地区）缴纳企业所得税后，将税后利润的一部分作为股息、红利分配给该母公司，子公司在境外就其应税所得实际缴纳的企业所得税税额中按母公司所得股息占全部税后利润之比的部分即属于该母公司间接负担的境外企业所得税额①。③饶让抵免适用于与中国签订税收协议的国家，中国企业所得税法目前尚未单方面规定税收饶让抵免，但中国与有关国家签订的税收协定规定有税收饶让抵免安排，居民企业从与中国订立税收协定（或安排）的对方国家取得所得，并按该国税收法律享受了免税或减税待遇，且该所得已享受的免税或减税数额按照税收协定（或安排）规定应视同已缴税额在中国应纳税额中抵免的，经企业主管税务机关确认，可在其申报境外所得税额时视为已缴税额。

对于企业取得的境外所得，根据纳税人在境外缴纳税款方式的不同，按直接抵免法或间接抵免法计算抵免金额，可以适用境外（包括港澳台地区）所得税收抵免的纳税人包括两类：①根据企业所得税法第二十三条关于境外税额直接抵免和第二十四条关于境外税额间接抵免的规定，居民企业（包括按境外法律设立但实际管理机构在中国，被判定为中国税收居民的企业）可以就其取得的境外所得直接缴纳和间接负担的境外企业所得税性质的税额进行抵免。②根据企业所得税法第二十三条的规定，非居民企业（外国企业）在中国境内设立的机构（场所）可以就其取得的发生在境外、但与其有实际联系的所得直接缴纳的境外企业所得税性质的税额进行抵免②。居民企业来源于中国境外的应税所得已在境外缴纳的所得税税额，可以从其当期应纳税额中抵免，抵免限额为该项所得依照规定计算的应纳税额；超过抵免限额的部分，可以在以后五个年度内，用每年度抵免限额抵免当年应抵税额后的余额进行抵补；居民企业从其直接或者间接控制的外国企业分得的来源于中国境外的股息、红利等权益性投资收益，可以作为该居民企业的可抵免境外所得税税额。抵免限额＝中国境内、境外所得依照企业所得税法和条例的规定

---

① 间接抵免的适用范围为居民企业从其符合《财政部 国家税务总局关于企业境外所得税收抵免有关问题的通知》第五、六条规定的境外子公司取得的股息、红利等权益性投资收益所得。

② 参见：《企业境外所得税收抵免操作指南》。

计算的应纳税总额×来源于某国（地区）的应纳税所得额÷中国境内、境外应纳税所得总额①。

截至 2015 年年底，中国已对外正式签署超过 100 个避免双重征税协定（税收协定是两个或两个以上主权国家为避免双重征税等问题，通过谈判解决的书面协议），依据税收协定，中国"走出去"企业可以享受在缔约对方国家的平等待遇，通常从营业利润、股息、利息、特许权使用费和财产收益等方面明确各国的征税权及企业可享有的优惠待遇。例如，企业在境外从事工程作业或提供劳务时，营业活动时间未超过有关税收协定规定天数或期限的，在境外所在国不构成常设机构，其营业利润免征境外国家的所得税；企业从境外取得的股息、利息、特许权使用费，依据税收协定可适用优惠税率；企业从境外取得的财产收益，依据相关税收协定，判定缔约国是否有征税权，没有征税权的，在境外不负纳税义务，这些条款对减轻境外投资企业的税收负担有积极作用。

以境内、境外全部生产经营活动有关的研究开发费用总额、总收入、销售收入总额、高新技术产品（服务）收入等指标申请并经认定的高新技术企业（包括电子信息、生物与新医药、航空航天、新材料、高技术服务、新能源与节能、资源与环境、先进制造与自动化八大领域），其来源于境外的所得可以享受高新技术企业所得税优惠政策，即对其来源于境外所得可以按照 15％的优惠税率缴纳企业所得税，在计算境外抵免限额时，可按照 15％的优惠税率计算境内外应纳税总额②。

第四节　小结：企业应如何争取政府的财政支持

国家为了支持企业发展，从中央到地方都设立了一系列专项资金，有目的的服务企业运转，解决企业资金难题。那么，企业要想尽可能多的争取到政府的各项优惠政策及资金支持，应该做好以下几点。

第一，企业应紧跟国家战略走向，积极参与重点项目。每一个历史时期

---

① 参见：《中华人民共和国企业所得税法》。
② 参见：《关于高新技术企业境外所得适用税率及税收抵免问题的通知》。

和时间节点，国家都有其发展重点和战略规划，企业应该紧紧跟随政策走向，把握时代脉搏，这样才能有的放矢，避免"捡了芝麻丢了西瓜"的情况出现。例如，现阶段，国家正在积极推进"一带一路"倡议和"走出去"战略，大力实施农业供给侧结构性改革，为此出台了一系列优惠政策，并且设立了许多的专项资金，用以大力支持和鼓励企业参与其中，并且每年年底都会召开中央经济工作会议，部署下一年度的经济工作。企业应该认真钻研国家的相关政策，掌握时政热点，全方面了解和熟悉当前国家所支持的重点领域，及时关注和了解政府资金的新走向、新趋势，并结合自身的实际情况和特点，准确抓住其中的投资机会和政策机遇，积极申报和争取政府的财政支持。

第二，企业早做谋划，做好前期准备工作，提前完善申报材料。对照国家财政所支持的方向和领域，加强项目衔接工作，对有关情况进行及时了解和跟进，并且有针对性的梳理各类申报项目，摸清项目底细，做好项目谋划，扎实开展申报工作。财政支持资金的申请都有一个完整的流程和时间安排，企业应该对相关项目的申请办法、流程、注意事项、时间节点进行充分的了解和准备，完整的申报材料是争取财政支持的关键，国家对项目的审批会越来越严格，并且有一些资金专项计划的申报时间紧、申报材料准备的任务量大，企业应该提前进行准备工作，高质量、严要求的完善相关申请材料，这样才能够抢占先机，并且大多数项目的申请材料也有其相通之处，有条件的企业可以在公司整体层面设立相应的规划、申报部门，也可以采取归口管理的方式，专人专职负责统筹协调项目申报，避免因准备不足而与政府财政支持失之交臂。

第三，企业应该积极沟通，加强跟踪与协调，密切联系有关部门。争取财政的支持不是一朝一夕能够完成的，是一项艰苦、有难度的工作，企业应该组织专门力量，充分发挥内部资源，利用各种合理手段拓宽争取财政支持的渠道，对于有希望争取到的项目，就应该大胆尝试；并且项目的申报和争取，需要密切联系有关部门，获得项目相关部门的指导和帮助是非常有必要的，这样能够节约时间，提升企业的工作效率、质量和项目的成功率；在项目评审过程中，积极咨询相关专家，积极沟通与协调，申报的材料需要紧密配合政策重点，并突出企业自身的特色和项目的可行性，使评委能够及时、充分、准确的把握申报材料所提供的信息，这样才能提升项目成功过会的可能性。

第四，企业应该强化资金管理，配合查验工作。国家对于企业的支持力度越来越大，为企业发展提供了不可多得的机遇，但是同时国家为了保障项目支持资金的安全性，防止资金流失、挪用的情况出现，有关部门也加大了对资金的监督、调查工作，不但要求企业对资金的使用和管理情况进行定时汇报，同时还派出专门的项目督导组对资金的利用情况进行实地查验。因此，针对国家部门对项目资金管理的新动向、新要求，企业应该严格执行有关项目资金的管理规定，切实提高项目资金管理水平和能力，防止和杜绝不合规的行为出现，有条件的企业可以制定企业层面的项目资金管理制度和规定，设立单独的项目资金核算系统，专人专职负责项目资金的结算，将项目资金和企业日常经营资金分开，做到专款专用；在项目执行和验收过程中，要对项目的各个流程进行严格的把控和监管，确保财政支持政策争得到、项目资金用得好，树立良好的企业形象，为今后争取更多的财政支持打好基础、留好印象。

第五，建立相应的激励奖励机制，提升各方积极性。公司应该出台专门的奖励政策，对争取财政支持工作成绩突出的部门和个人进行嘉奖，充分调动员工和部门的主动性、积极性。

第六章　东南亚国家（东盟）农业外商投资及政策

东盟，即东南亚国家联盟（Association of Southeast Asian Nations，ASEAN），最初由马来西亚、菲律宾和泰国于 1961 年创立，后随着各国不断加入，东盟队伍不断壮大，迄今为止，东盟共有 10 个成员国，分别为菲律宾、泰国、新加坡、马来西亚、印度尼西亚、文莱、越南、缅甸、柬埔寨、老挝。东盟 10 国总面积 443.56 万平方千米，人口约 6.01 亿。中国和东盟国家地理位置临近，交流方便，长期以来进行友好往来。此外，中国与大多数东盟国家均以农业为主，双边开展农业投资合作具有得天独厚的优势。1991 年，东盟与中国正式对话，同年 7 月，中国外长出席东盟外长会议开幕式，标志着中国正式成为东盟的磋商伙伴。2001 年《中国—东盟全面经济合作框架协议》签署，标志着中国—东盟自贸区建设正式启动，中国—东盟合作范围不断扩大。近几年，随着中国—东盟自由贸易区合作进程的加快，中国与东盟在政治、经济、社会文化等领域的合作不断深化和拓展，双边农业领域的投资合作也不断增长。

第一节　东南亚（东盟）地区农业投资环境

一、资源情况

东盟地处热带，大部分国家为热带季风气候，常年气温较高，一年中有旱季和雨季之分，农作物一般在雨季播种，旱季收获。东盟国家农业资源丰富，并有优越的农业生产自然条件，橡胶、柚木、棕榈油、木棉、木材、大米、蔗糖、咖啡、烟草等商品的产量和出口量均居世界前列。东盟国家的热带资源和农业资源与中国农业生产的资源需求具有较强的互补性，通过对东盟农业进行投资，实现进口虚拟耕地资源和水资源，是解决中国农业资源短缺、农产品供应不足等问题的有效途径。

东盟各国的资源情况有所差异（表6-1）。菲律宾有大量的森林资源，森林面积达1585万公顷，有乌木、紫檀等名贵木材，水产资源丰富，主要出口椰子油、香蕉、菠萝、天然橡胶、鱼虾、糖及其制品等。柬埔寨农业资源丰富，气候、水土、光照等自然条件优越，盛产热带作物、谷物和水果。农业是柬埔寨优先发展的领域，2015年柬埔寨农产品出口415.7万吨。柬埔寨政府十分重视农业的发展，但长期以来由于农业项目投资周期长，资金大，大部分农业项目并没有快速推进柬埔寨的农业发展。泰国可耕地面积占国土面积的41%，是世界第一大稻米和橡胶生产国，是亚洲最大的稻米、糖、玉米、海鲜、热带水果、蔬菜的出口国之一。越南盛产大米、水稻、玉米、橡胶、水果和水产品。此外，林业、渔业资源丰富，森林面积达1000万公顷以上，沿海有1200种鱼。老挝农业资源良好，土地资源丰富，盛产柚木、花梨木等名贵木材，主要农产品包括：大米、玉米、橡胶、木薯等。

表6-1　2015年东盟各国农业自然资源情况表

国家	面积（平方千米）	农业资源
印度尼西亚	190万	自然资源丰富，生产棕榈油、橡胶等农林产品，其中棕榈油产量世界第一，橡胶产量世界第二
马来西亚	33万	森林资源丰富，盛产棕榈油、橡胶、可可、木材，是世界第二大棕榈油及相关制品的生产国和出口国，世界第三大橡胶出口国
菲律宾	29.97万	林业、渔业资源丰富、盛产名贵木材
越南	32.96万	农、林、牧、渔业资源丰富，盛产大米、玉米、橡胶、咖啡、水果等作物，盛产鱼、虾等产品
泰国	51.3万	森林资源丰富，森林覆盖率达20%
缅甸	67.66万	森林资源丰富，盛产名贵木材，渔业资源丰富
柬埔寨	18.1万	渔业资源丰富，盛产鱼虾
老挝	23.68万	渔业资源丰富，盛产名贵木材
文莱	5765	林业资源丰富，森林覆盖率达70%以上
新加坡	714.3	资源匮乏

资料来源：根据对外投资合作国别指南（2016版）整理。

缅甸森林覆盖率达 50% 以上，盛产檀木、灌木、酸枝木、花梨木等各种硬木，世界 60% 的柚木储量和 75% 的柚木均产自缅甸。此外，缅甸有丰富的竹类和藤木资源。缅甸海岸线漫长，内陆湖泊众多，渔业资源丰富，对外合作开发潜力大。马来西亚农产品以经济作物为主，主要有棕油、橡胶、木材、热带水果等。马来西亚是世界第二大棕榈油及相关制品的生产国、世界第三大天然橡胶生产和出口国。渔业以近海捕捞为主，近年来，深海捕捞和养殖业也有所发展。文莱种植少量水稻、橡胶、胡椒和椰子、木瓜等热带作物，农业收入在国内生产总值中不到 3%。文莱有 162 千米的海岸线，渔业资源丰富，渔业收入约占 GDP 的 0.5%。

新加坡耕地面积占国土总面积 1% 左右，主要由园艺种植、家禽饲养、水产养殖和蔬菜种植等构成。农业是印度尼西亚的支柱产业，主要种植粮食作物和经济作物，粮食作物主要由小农分散经营。印度尼西亚是全球最大的棕榈油生产国，此外，印度尼西亚林业资源和渔业资源也非常丰富。

二、基础设施

菲律宾处于亚洲中心位置，能够在较短时间内抵达亚洲主要国家的首都。但与其他东盟国家相比，菲律宾农业基础设施相对落后。近年来，菲律宾对农业基础设施投入不断加大，公路通行里程约 21.6 万千米，高速公路总长 500 多千米，铁路总长 1 200 千米，机场有 288 个，水运总长 3 219 千米，这些为农业外商投资提供了基础。此外，菲律宾的通信基础设施发展较好，国内网络质量较高，但电力成本高阻碍了一部分农业外商投资企业的进入。

柬埔寨基础设施落后，与国外企业农业合作项目少、规模小、可持续发展能力弱。同时，由于战乱破坏和缺乏维护，柬埔寨的铁路长期处于年久失修状态。因而，柬埔寨对外商投资企业的吸引力不是很大。2010 年起，政府开始修复铁路、公路等基础设施。目前，以公路和内河运输为主的交通网络已取得很大进步。公路运输是柬埔寨最主要的运输方式，柬埔寨路网总长度约 5 239 千米，省级公路 6 617 千米，铁路线有两条，总长 649 千米。

老挝属于内陆国，基础设施比较落后。目前，全国公路里程 43 604 千米，铁路 3.5 千米，2014 年中国—老挝启动铁路合作，也加快了农业投资合作。老挝有 7 个机场，货运量为 2 万吨/年。水路运输全长 3 000 千米。老挝基本建成全国通信网络，为农业外商投资企业提供了非常便利的条件。

缅甸的基础设施建设也不是很好，但近年来，缅甸政府大力修建铁路和公路，全国公路里程为 34 177.6 千米；铁路全长 7 562.2 千米；共有 73 个机场，国内航线有 17 条；内河航道约 14 842.6 千米，可供远洋货轮停靠的港口有 28 个；国内有 1 379 个邮局、515 个电报局和 922 台电话交换台；在国际通讯方面，缅甸开通了国际卫星电话，这对于农业外商企业在缅甸开展投资工作提供了莫大的支持。此外，缅甸的电力系统也在不断完善。

马来西亚政府向来重视对高速公路、港口、机场、通信网络和电力等基础设施的投资和建设。相对于东盟其他成员国来说，马来西亚的基础设施比较完善，全国公路总长约 20.4 万千米，铁路网贯穿半岛南北，有 8 个国际机场。马来西亚的内河运输并不发达，95％的贸易通过海运完成。马来西亚移动电话网络覆盖全国大部分地区，互联网普及率超过 70％，以上这些条件吸引了农业外商投资的进入。

泰国的公路、航空和港口设施较为发达，铁路系统相对落后。公路网覆盖全国城乡各地，公路总里程约 51 537 千米，其中泰国—老挝—中国线路（"昆曼公路"）全长约 1 863 千米，中国境内 690 千米，老挝境内 228 千米，泰国境内 945 千米，该条路线也是中国-泰国农业贸易合作的重要通道。泰国铁路里程约 4 430 千米；航空事业比较发达，全国共有 38 个机场。泰国的水运包括海运和河运，港口基础建设相对发达，为外商投资企业提供了支线运输服务。目前泰国各种形式的电信网络已覆盖全国各地。就电力而言，泰国自身发电能力基本能满足国内需求，农业投资企业前往投资设厂一般不需要自备发电设备。

文莱交通以水运为主，公路和铁路设施条件较差。公路总长 3 191.2 千米，贯穿文莱三分之二陆地，但目前并无跨国高速公路建成，且并未铺设铁路设施。文莱境内有若干内河，在货运方面也发挥着一定的作用。在通信方面，文莱基本完成对全国固定电话网络的改造，可提供与 160 多个国家直接通话和数据交换服务，其互联网普及率在东南亚地区位居前列。此外，文莱用电普及率接近 100％，电力供应充足，能够满足农业投资企业生产基本要求。

　　新加坡基础设施完善，目前已形成 8 条快速路为主线的公路网络，总里程 3 495 千米。新加坡是亚洲地区重要的航空运输枢纽，货运量达 180 万吨。在海运方面，新加坡有 200 多条航线，连接 123 个国家和地区的 600 多个港口，港口集装箱吞吐量位居世界前列。就电信方面而言，新加坡提供从 GSM 到无限互联网接入再到 4G 手机通信服务。新加坡的电力全部为火电，燃料为天然气和石油，为新加坡工业发展降低了成本，也为农业外商投资企业提供了便利。但新加坡的最大特点是农业占比很小。

　　越南的交通设施以公路为主，公路总里程约 20 多万千米，目前在建和拟建的高速公路共 40 多条，全长 6 313 千米，分为 5 个路网；铁路总里程约 2 600 千米，共 7 条干线；空运方面，已接通与国外 26 个城市的 70 条航线，并在各国设立 28 个办事处和 1 000 多个代理点；越南内河运输的货运量仅次于公路运输，在全国运输业居第二位，年吞吐量约 700 万吨；越南的通信业发展迅速，这也吸引了越来越多的外商投资企业。国家电网规模和覆盖率也持续扩大，电力生产水平不断提高，满足全国居民生活用电和外资企业用电需求。

　　印度尼西亚基础设施建设发展相对滞后，这是长期以来制约其经济增长和投资环境改善的一个主要瓶颈。印度尼西亚公路全长 34 万千米，但公路质量不高，高速公路建设停滞不前；铁路全长 6 458 千米。空运方面，印度尼西亚共有机场 652 个。印度尼西亚水路运输比较发达，全国水运航道 21 579 千米，港口约 670 个，但仍无法完全满足货运需求。因此，政府近年来加大力度建设水运设施，希望尽快扩大港口的货物处理能力，使其与国家的整体经济相匹配，解决由于装卸能力不足导致的货物滞留问题。

三、政治环境

　　政治环境稳定是影响外商投资的重要因素，也是外商投资企业投资安全的重要保障，拥有稳定的投资环境是大多数国家吸引外商投资的前提。从东盟各成员国的政治环境来看，大多数成员国的局势比较稳定，尽管某个或某些国家政治环境存在一定的问题，但这些国家已经注意在吸引外资方面对政治环境的改善。

（一）政治制度

菲律宾实行总统制，政局总体稳定。柬埔寨于 1993 年恢复君主立宪制度，实行多党自由民主制，政党政治活跃。老挝实行社会主义制度，人民革命党是老挝的唯一政党。缅甸是一个总统制的联邦制国家，实行多党民主制度。马来西亚是君主立宪议会民主制的联邦国家，属于议会君主制。泰国实行君主立宪制。文莱实行"马来、伊斯兰、君主制"三位一体的政治制度，其外交政策的宗旨和目标是维护和促进文莱的国家利益，捍卫国家主权、独立和领土完整，促进国家繁荣和经济、社会发展，维护文莱的政治、文化和宗教认同，促进地区和世界和平、安全、稳定和繁荣。越南是社会主义共和国国家，提倡政权属于人民。印度尼西亚实行总统制，总统既是国家元首，也是政府首脑。新加坡实行议会共和制，对外奉行和平、中立和不结盟的外交政策，主张在独立自主、平等互利和互不干涉内政的基础上，同所有不同社会制度的国家发展友好合作关系。

（二）外交关系

在外交方面，菲律宾奉行独立的外交政策，已与 126 个国家建交，其对外的政策目标是确保国家安全、主权和领土的完整，推动社会发展，保持在全球的竞争力，保障海外公民的权益，提升本国的国际形象，与各国发展互利关系。柬埔寨奉行独立、和平、永久中立和不结盟的外交政策，反对外国侵略和干涉，在和平共处五项原则的基础上，同所有国家建立和发展友好关系。

老挝对外关系奉行和平、独立和与各国友好的外交方针，主张在和平共处五项原则基础上同世界各国发展友好关系，重视发展同周边邻国关系，改善和发展同西方国家的关系，为国内及外商投资企业建设良好的投资环境。中国和老挝自古以来和睦相处，双方领导人频繁互访，在农业、工业、服务业等领域的友好交流与合作不断深化。

在外交关系上，缅甸奉行"不结盟、积极、独立"的外交政策，按照和平共处五项原则处理与他国的关系。目前，缅甸已与 111 个国家建立了外交关系。缅甸投资委员会在吸引外商投资方面具有重要作用，该委员会负责外商投资企业的审批工作，并将有关项目上报内阁进行审批。投资项目经缅甸内阁批准后，缅甸投资委员会负责向投资者颁发"投资许可证"。

作为东盟核心成员之一，马来西亚奉行独立自主、中立、不结盟的外交政策，视东盟为外交政策基石，重视发展与大国的关系，目前已与131个国家建立外交关系。马来西亚同中国有着长期友好的外交关系和传统友谊，随着两国的频繁往来，两国的友好合作不断深化。

泰国实行独立自主的外交政策和全方位外交方针，积极发展睦邻友好关系，维持大国平衡。中国与泰国于1975年建交，之后，两国维持友好合作关系。在经贸领域，双方签订了《促进和保护投资协定》《贸易经济和技术合作谅解备忘录》等经济合作协定。

文莱对外提倡大小国家一律平等、互不干涉内政、和平解决争端以及互利合作的原则。目前，文莱与164个国家建交，与中国建交始于1991年，之后两国关系稳步发展，各领域的合作范围也不断扩大。

越南对外奉行全方位、多样化、与各国交友的外交路线，保持与传统周边邻邦的友好关系，积极发展与东盟国家的友好合作，重点发展与中国及发达国家的关系。自中国与越南建交以来，两国关系保持良好发展，双方在经济、贸易方面的合作发展迅速。

印度尼西亚对外奉行独立自主的积极外交政策，在国际事务中坚持不干涉内政、平等协商、和平解决争端等原则。近年来，中国与印度尼西亚高层访问频繁，经贸合作成果也颇为丰硕。

目前，新加坡与世界180个国家建立了外交关系，其原则为立足东盟，致力于维护东盟的团结与合作，推动东盟在地区事务中发挥更大的作用，注重发展与亚洲特别是中国、日本、韩国等重要国家的关系，奉行"大国平衡"原则，主张在亚太建立美国、中国、日本、俄罗斯战略平衡局面，突出经济外交，积极推进贸易投资自由化。

四、经济环境

经济环境反映了一国的经济发展程度，是外商投资企业进行投资时考虑的重要因素之一，东盟各国经济发展水平参差不齐，吸引外商投资的能力也不同。

(一) 宏观经济

菲律宾经济起起落落，年均增长率达 5% 以上，是亚洲经济增长较快的国家之一。农、林、牧、渔业产值约占国内生产总值的 10% 左右，2015 年农业产值为 158.27 亿美元。作为农产品出口大国，其主要出口农产品包括椰子油、鲜香蕉、菠萝及其制品、金枪鱼、干椰子、奶制品、烟草制品、海藻及卡拉胶、虾、糖和鲜芒果等。

柬埔寨保持稳定的经济环境，积极融入区域合作，重点参与区域计划的软硬设施建设，加大力度吸引外商投资，拉动经济稳步前行。农业是柬埔寨国民经济的第一大支柱，农业占国内生产总值的比重约 30%。柬埔寨历届政府均高度重视农业发展，将农业列为优先发展产业，竭力改善农业生产及其投资环境，充分挖掘潜力，为农业发展开拓市场。

近年来，马来西亚政府一直致力于改善投资环境、完善投资法律、加强投资激励，以吸引外资进入马来西亚的相关行业。缅甸的经济结构具有与东南亚其他国家不同的特点。总的看来，经济结构以农业为主，在所有制结构上工矿业以国营为主，而农业以建立在土地国有制基础上的小农经济为主。近年来，缅甸政府持续出现财政赤字，尽管如此，政府欢迎外国企业到缅甸投资，并大力支持以资源为基础的外国投资项目，以及以出口为导向的劳动密集型项目，允许投资的范围广泛，包括农业、畜牧、水产、林业等。

近年来，受全球金融危机影响，泰国经济发生波动，尽管 2010 年经济出现了增长，但 2013 年的政治动荡使其又出现经济回落。泰国农业约占国内生产总值的 9% 左右。文莱的 GDP 构成中，农业占据极少的比例，长期以来，文莱政府的财政收入主要靠税收，既无外债，也无内债。

2009 年以来，新加坡经济实现持续增长。新加坡属外贸驱动型经济，以电子、石油化工、金融、航运、服务业为主，高度依赖美国、日本、欧洲和周边市场，外贸总额是 GDP 的 4 倍。

印度尼西亚是东盟最大的经济体，农业、工业和服务业均在国民经济中有重要地位，其中农业和油气产业为传统支柱产业。目前印度尼西亚经济保持较快增长，国内消费成为印度尼西亚经济发展的稳定动力，各项宏观经济指标基本保持正面，经济结构比较合理。印度尼西亚持续向好的经济发展前景和特有的比较优势将继续吸引外资涌入。越南是传统农业国，工业基础比较薄弱，主要依靠投资拉动经济增长。

（二）投资吸引力

在吸引外商投资方面，菲律宾最大的优势是拥有数量众多、廉价、受过教育、懂英语的劳动力。菲律宾居民识字率高达 94.6%，在亚洲地区名列前茅。菲律宾凭借劳动成本远低于发达国家的优势，吸引了大量西方公司到菲律宾投资设厂。与此同时，菲律宾的社会治安不稳定，基础设施滞后，法制改革进展缓慢，这些问题都成为潜在的外国投资者关注的主要问题。

在吸引外商投资方面，柬埔寨实行开放的自由市场经济政策，欢迎各国外商投资企业前往柬埔寨进行投资。马来西亚政府欢迎和鼓励外国投资者对其国内产业进行投资。其投资环境的竞争优势在于地理位置优越，位于东南亚核心地带，可谓是进入东盟市场和前往中东澳新的桥梁。同时，其优势还包括：经济基础稳固，经济增长前景较好，原材料资源丰富，人力资源素质较高，工资成本较低。

为进一步吸引外资，缅甸于 2012 年颁布《外国投资法》。为增强国内外投资者的投资信心，政府规定国外投资者与国内投资者享有同等待遇。此外，缅甸是连接东亚和南亚两大市场的重要通道，市场潜力比较大。

从投资环境的吸引力来说，泰国的竞争优势在于六个方面：社会总体比较稳定、对华友好；经济增长前景良好，市场潜力较大；地理位置优越；工资成本低；国家政策透明度较高；贸易自由化程度较高。

目前，文莱正在大力实施经济多元化战略，诸多领域存在投资合作商机。此外，文莱税负较低，基础设施相对完善，辐射市场广阔。政府为实现多元化发展，重视建设良好的商业和投资环境，提供了优惠的税收政策。但文莱在本地市场规模、劳动力资源供应、产业配套能力以及社会效率等方面仍然存在许多不足。

新加坡投资环境的吸引力主要体现在以下几个方面：地理位置优越、基础设施完善、政治社会稳定、商业网络广泛、融资渠道多样、法律体系健全、政治廉洁高效。

从投资环境角度看，印度尼西亚的吸引力主要表现在以下方面：政局比较稳定，自然资源丰富，经济增长前景较好，地理位置优越，劳动力比较廉价，市场化程度较高。

越南吸引外资企业的优势在于劳动力成本相对较低，地理位置优越，国内投资法积极倡导公平，对外开放程度较高，基础设施需求有巨大潜力；劣势在于宏观经济稳定性不足，劳动力素质不高，配套设施比较落后，外汇管制比较严格。

五、金融环境

（一）各国货币及贸易结算

菲律宾货币为比索，可自由兑换，中国银行在推动人民币与比索直接结算业务。柬埔寨货币为瑞尔，柬埔寨《外汇法》规定，汇率由市场自动调节。目前，人民币在柬埔寨不能自由流通。老挝货币为击普，击普为有条件兑换。目前，人民币仅在老挝北部中老边境地区兑换及使用。马来西亚货币为马币，外商可到银行及货币兑换所兑换马币，马来西亚所有银行都能兑现旅行支票，但马币不允许海外自由兑换。目前，人民币与马币也不能直接兑换。缅甸货币为缅币，可自由兑换。目前，人民币和缅币尚不能直接兑换。泰国货币为泰铢，泰铢为可自由兑换货币。文莱货币为文莱元，目前，人民币与文莱元不可直接兑换。新加坡的货币为新加坡元，简称"新元"。新元为可自由兑换货币。印度尼西亚货币为印尼盾，印尼盾可自由兑换。越南货币为越南盾，不可自由兑换。

（二）外汇管理

1992年开始，菲律宾进行外汇管理制度改革，主要是结束外汇管制，实行浮动汇率；在银行体系之外，可以自由买卖外汇；外汇收入和所得可以出售给非授权代理行，也允许在银行体系之外进行交易，还允许在菲律宾境内外自由存储外币，并且可以自由用于任何目的。

柬埔寨《外汇法》规定，允许居民自由持有外汇。通过授权银行进行的外汇业务不受管制，但单笔转账金额在 1 万美元以上的，授权银行应向国家银行报告。只要在柬埔寨商业主管部门注册的企业均可申请外汇账户。

老挝外汇管理规定，在老挝注册的外国企业可以在老挝银行开设外汇账户，用于进出口结算，外汇进出老挝需要申报。在老挝工作的外国人，其合法税后收入可全部转出。

马来西亚外汇管理条例规定，在马来西亚注册的外国企业可以在当地商业银行开设外汇账户，用于国际商业往来支付。外汇进出马来西亚需要审核。在马来西亚工作的外国人，其合法的税后收入可全部转往国外。

缅甸外汇管理规定，未经外汇管理局负责人的许可，任何人在国内不得买卖、借贷、兑换外汇，居住在国外的任何在籍人员不得买卖、借贷、暂时支付、转让、兑换外币，缅币不得出入国境。

泰国外汇管制法规定，对投资者带入泰国的外汇，需要在收到或进入泰国 7 天内出售或兑换成泰铢，或存入一家授权银行的外汇账户。

文莱无外汇管制，外资企业在当地开立外汇账户必须提供公司注册文件及护照复印件等材料。

新加坡无外汇管制，企业利润汇出无限制，也无特殊税费。个人携带现金出入境超过 3 万元新币时，必须如实申报全部数额。

印度尼西亚实行相对自由的外汇管理制度，资本可自由转移。印度尼西亚根据主要贸易伙伴的货币汇率的特别提款权的汇率变化来确定印度尼西亚盾的对外比价。

外汇管理方面，外国投资者可根据越南外汇管理规定，在越南金融机构开设越南盾或外汇账户。如外汇金融机构不能满足投资者的需求，政府将根据项目情况，解决其外汇平衡问题。

第二节　中国对东盟 10 国农业投资的特点

近年来，随着中国经济发展水平的不断提高和国家实力的增强，中国在东盟的投资经历了从无到有，并且投资水平和质量也在显著提高，投资额呈现出稳步增加的趋势，东盟国家已成为中国企业开展对外直接投资的首选地。但随着中国与东盟面临的经济形势和政治形势的不断变化，中国对东盟的直接投资状况也会发生变化。

一、投资规模

（一）中国对东盟 10 国农业投资规模不断扩大

近年来，中国经济快速发展，与东盟的农业合作不断深化，尤其是中国—东盟自贸区建立以后，双方制定和实施了多项对国际投资与合作有利的政策，为中国向东盟农业投资提供了有利条件。在 2014 年中国对外农业投资存量总额的前十名国家中，东盟国家有 6 个。近几年，中国与东盟之间的投资不断增长，2003—2015 年，中国对东盟投资流量从 189 百万美元增加至 146.04 亿美元，平均每年增加 12.17 亿美元；同期，中国对东盟投资存量从 5.87 亿美元增加至 627.16 亿美元，平均每年增加 51.77 亿美元。与此同时，中国对东盟农业（包括农林牧渔业）的投资额不断增加，2014 年，中国对东盟国家的农业投资流量为 8.95 亿美元，占中国对外农业投资流量总额的 49.8%；中国对东盟国家的农业投资存量为 23 亿美元，占中国对外农业投资存量总额的 39.9%。由此可见，中国对东盟的农业投资对中国对外农业投资至关重要，东盟国家已成为中国农业企业"走出去"的首选地之一，同时，东盟也成为中国吸引外资的重要来源地。

（二）中国对各国农业投资规模存在差异

虽然中国对东盟农业投资总体规模快速扩大，但对东盟各个国家的农业投资存在差异。2014 年中国对东盟国家的农业投资主要集中在印度尼西亚、柬埔寨、老挝、新加坡等国家，就农业投资存量看，2014 年中国对印度尼西亚农业投资存量为 6.42 亿美元，对柬埔寨农业投资存量为 4.13 亿美元，对老挝农业投资存量为 3.23 亿美元，对新加坡农业投资存量为 3.22 亿美元，而对缅甸、泰国、马来西亚等国家的农业投资存量均小于 3 亿美元。就农业投资流量看，2014 年中国对印度尼西亚、柬埔寨的农业投资流量分别为 4.14 亿美元、2.82 亿美元，而对其余国家的农业投资流量额均小于 1 亿美元。这说明中国对东盟国家的农业投资具有差异性。

二、投资区位

（一）中国对东盟农业投资覆盖区位广

入世以来中国对东盟的农业投资几乎覆盖到了东盟每个国家，而且在投资量上无论是存量还是流量在各国大多都是在不断增加。截至 2014 年年底，中国在东盟国家成立的投资企业达 177 家，分布于除菲律宾和文莱以外的所有东盟国家，其中对柬埔寨的农业投资在 2012 年和 2013 年稍有减少，对马来西亚、泰国、新加坡、老挝等国家的农业投资偶有波动，但大体上处于增加的趋势。

（二）中国对东盟农业投资国别不平衡

从国别角度分析，中国对东盟的农业投资规模各不相同。从投资存量来看，2014 年中国对东盟农业投资存量排名前四的国家分别为印度尼西亚、柬埔寨、老挝、缅甸；从投资流量来看，2014 年排名前四位的仍是印度尼西亚、柬埔寨、老挝、缅甸；从投资企业个数来看，2014 年排名前四位的分别为老挝、缅甸、柬埔寨、泰国。相对新加坡、印度尼西亚、泰国和马来西亚而言，缅甸、柬埔寨、老挝加入东盟时间较晚，可以说是东盟的新成员，但却是中国对东盟农业投资的主要国家。相对其他东盟国家，缅甸、柬埔寨、老挝经济比较落后，经济发展相对缓慢，但却有着丰富的自然资源、低廉的劳动力。对于这些国家来说，中国在技术和经济实力上占有优势，通过对这些国家进行农业投资，利用其优势资源生产产品再将产品出口到发达国家，可以提高产品的附加值，扩大产品在国际市场上的竞争力。由于文莱国家小，人口也少，中国对文莱的农业投资较少，而且波动很大。总体来看，中国对东盟各个国家直接投资的差距在一定程度上有所缩小，但差距仍然存在。

三、投资部门

（一）中国在东盟农业投资部门逐渐拓宽

东盟地理位置优越，自然资源丰富，同时，东盟各国拥有大量的劳动力，但其农业技术水平相对落后，农作物产量较低。中国对东盟各国进行农业投资多集中在农业领域，对其进行相关农业技术知识的传授，同时，在当地建立农产品深加工基地，向其传授农产品深加工的相关技术知识，致力于提高农产品的附加值。

中国与马来西亚和泰国的经济发展阶段相近，产业互补性与竞争性较强。正是双方产业上的这种特点，使中国对马来西亚和泰国投资领域广泛，包括农业、资源开发等行业，对泰国的投资分布于食品加工、橡胶制品等行业。

印度尼西亚、菲律宾自然资源丰富，石油和天然气是中国对其直接投资的主要领域，中国中石化、中海油、中石油在印度尼西亚和菲律宾均有投资。在菲律宾，中国企业主要投资于农业、纺织等领域。

中国对越南的投资主要集中在农业和制造业，如农业机械、饲料生产、农产品加工、食品加工以及一些技术含量低的小型加工项目。

老挝、缅甸、柬埔寨收入水平较低，属于典型的农业国，中国对其投资的领域大多是农业、原材料及相关产业。目前中国在老挝的投资领域有农业开发、电器组装等。中国对缅甸的投资主要以石油天然气等项目为主，还涉及木材和水产品加工、农业开发等诸多领域。在柬埔寨投资主要集中在森林开采及木材加工、建筑材料、工程承包和农业开发等。

（二）中国对东盟农业投资部门相对集中

从投资流量看，种植业和农林牧渔服务业是中国对东盟的主要投资产业，2014年中国对东盟种植业投资流量占中国对东盟农业投资流量的60.8%，农林牧渔业投资流量占26.8%，渔业、农副产品加工业、林业、畜牧业所占比重分别为6.8%、3.1%、1.9%、0.6%。从投资存量来看，种植业和农林牧渔服务业仍然是中国对东盟农业投资的主要部门，占据了中国对东盟农业投资存量的75%以上，而林业、渔业、农副产品加工业、畜牧业所占比重在25%以下。从投资企业个数来看，中国对东盟种植业投资企业数量占中国对东盟农业投资企业总数的57.7%，农林牧渔服务业比重为18.6%。由此可见，中国对东盟农业投资部门比较集中，种植业和农林牧渔服务业是中国对东盟农业投资企业的首选部门。

四、投资主体

（一）国有企业是中国对东盟农业投资的主力

随着中国与东盟在经济、文化等领域的合作不断深入，中国对东盟的农业投资也不断发展，具体表现为投资主体日益多元化。在中国对东盟农业投资的企业中，有一半以上是中国国有企业或国家控股的企业，它们是中国对东盟农业投资的主力军。相对其他类型的企业而言，国有企业经济实力雄厚，具有规模优势，在进行对外直接投资时能够胜任大项目并承担更大的风险。然而，随着私营企业以及民营企业的兴起，中国对东盟农业投资的国有企业所占比重逐年下降，民营企业发展迅猛，一批具有竞争实力的民营企业在国家"走出去"战略的指引下纷纷投资东盟。与此同时，随着中国—东盟自由贸易区建立，东盟各国投资环境日趋完善，民营企业结合自身优势加大了对东盟国家的投资，成为中国投资东盟新的动力军。

（二）民营企业在东盟农业外商投资中蓬勃发展

随着中国经济的发展，中国民营企业在经济实力和综合管理能力上有了巨大的提升。与国有企业相比，民营企业拥有比较灵活的运营方式和较高的主动性和先进的洞察力，并且民营企业追求利润最大化的目的更加明确，经营自主，在管理体制、用人机制、市场营销和市场洞察力等方面比国有企业更具优势。在国家政策的指导下，民营企业也积极加入到对东盟的农业投资队伍中。目前，中国民营企业对外投资已经遍布东盟各国，投资行业主要涉及制造、农业、采矿业、金融业以及高新技术业等领域，投资规模不断扩大。

第三节　东盟 10 国农业吸引外商投资的政策

一国或地区的外商投资政策是吸引外商投资的首要因素，目前东盟国家已经出台了许多对外投资法律法规，主要包括土地政策、劳工政策、金融外汇政策、财政税收政策等，维护了外商投资者的合法权益。

一、土地政策

(一) 土地法内容

菲律宾土地归私人所有，禁止外国人拥有土地。具有双重国籍的菲律宾人可以拥有地产权，但必须是在菲律宾出生后，移民到其他国家并取得他国身份的。柬埔寨《土地法》规定，严禁外籍自然人和法人拥有土地。老挝实行土地公有制，土地所有权禁止交易。地产市场的交易仅为土地使用权交易。国家按照法律和规划统一管理全部土地，保证有目的和有成效地使用土地。马来西亚《保留地法》将 25％ 的土地面积划为"马来西亚人保留地"，并规定除非获得州政府批准，否则不能出售、出租或抵押给非马来西亚人。泰国关于土地和房产法律主要基于大陆法系的法律体系而制定。土地法包括土地分配、外国人用地、部分行业法人用地的限制条件，并对土地调查、土地交易和费用及处罚条例都做了规定。文莱《土地法》规定，土地归国王所有，公民可以购买使用，但土地使用需要经过土地规划管理部门的规划，经过规划的土地方可使用。新加坡土地分国有土地和私有土地两种形式，国有土地包括公有土地。凡是为公共目的所需的土地，政府都可以强制性征用。印度尼西亚的《土地征用法》涉及铁路、港口、机场、道路、隧道等，该法案明确表示政府将土地用于基础设施项目的建设，通过对被征地人更合理的补偿，来获取基础设施建设用地；拥有土地所有权，但集体和个人可对国有的土地享有使用权。土地使用期限分为长期稳定使用和有限期使用，有限期使用的期限分为 5 年、20 年、50 年、70 年和 90 年。

(二) 外资企业租地规定

菲律宾投资者租赁法案允许外国投资者在菲律宾租用商业用地最长不超过 75 年。投资者需遵守以下条件：土地租赁合同期限为 50 年，仅可一次性延长 25 年；租赁的土地仅做投资用途；租赁合同应符合《综合土地改革法》。

柬埔寨土地租赁分为两种：无限期租赁和固定期限租赁。固定期限租赁包括短期可持续租赁和 15 年或以上长期租赁。长期租赁构成对不动产的诉权，该权利可用于等值回报或继承权转让。此外，投资者在与柬埔寨公司订立土地使用、租赁或按土地所有权分配利益的合同之前，应核实土地所有人的所有权。

老挝《土地法》没有对土地使用权的期限做出规定，土地使用权一般要求支付地租，但也可无偿。土地租赁为有偿形式，租金是必要条件。老挝鼓励外商投资农业，获得土地的方式主要有两个，即向政府租赁土地、向当地百姓租赁土地，租赁年限以合同约定为准。

马来西亚《土地法》规定，外资购买土地必须得到有关州政府的批准，土地属于州当局的权限，因此不同州有不同的规定。部分州政府规定外资不可以购买农林耕地和林业用地，但可以租赁，一般租赁期限是 30～60 年，可以续租。

泰国《土地法》规定，外国人可根据双边条约中关于允许拥有房地产权的规定，并在本土地法管辖下拥有土地。外国人及外籍法人根据内务部法规，经内务部部长批准可拥有土地，以作为居住和从事农业、工业等活动需要。泰国严格禁止外资进入农业、林业投资领域，不允许外资获得农业、林业耕地所有权和承包经营权。

文莱《土地法》明确规定，彻底禁止非文莱公民拥有永久地契的地产，但外国直接投资者可以购买分层产权房产，也可租用土地及房产。文莱林业属于限制性行业，不对外资开放。

新加坡外资企业可以在新加坡参与土地交易，但需经新加坡土地管理局批准。2013 年，中国与新加坡签署了《关于农产品质量安全和粮食安全合作的谅解备忘录》，以促进双方农产品贸易与投资等方面的合作。一般来说，外资参与农业投资合作时仅可依新加坡土地管理局或城市发展局批准的用途使用土地。林地为新加坡国有土地，对任何林地的使用应依据城市发展局总体规划且该林地的出售将由城市发展局、新加坡土地管理局、建屋发展局进行。

印度尼西亚实行土地私有，外国人或外国公司在印度尼西亚都不能拥有土地，但外商直接投资企业可以拥有 3 种受限制的权利：建筑权、使用权、开发权。建筑权允许在土地上建筑并拥有该建筑物 30 年，并可再延期 20 年；开发权允许多种目的开发土地，使用期限为 35 年，可再延长 25 年；使用权允许为特定目的使用土地 25 年，可再延长 20 年。

越南不允许外资获得农林耕地的所有权，但可获得农业耕地的使用权。在投资者与企业根据现行土地法有关出租方式或以土地入股共同经营达成协议的基础上，越南政府主动为外国投资者规划农产品原料产区并以各种方式将土地使用权从农民手中转交给投资者。政府允许外资企业参与林业投资合作，通过省级人民政府审批可获得林地的承包经营权，林业用地租期为55年。

二、劳工政策

（一）劳动法内容

菲律宾《劳动法》规定，雇员工作时间每天不超过8小时或每周不超过48小时。雇员在连续工作6天后应享受连续24小时的休息。

柬埔寨《劳工法》的原则为积极实施技术人才本地化战略，千方百计解决国内劳动力大量过剩问题，努力寻找国外就业市场。《劳工法》规定，严格禁止强迫或强制劳动；雇主雇用或解雇工人时，应在雇用或解雇之日起15日内向劳动主管部门书面汇报；用工人数超过8人时，雇主应制定内部规章制度；允许就业的最低年龄为15岁。

老挝《劳动法》规定，普通工作每周6天，每天不超过8小时，或每星期不超过48小时。劳动者有权每周休息1天，时间可协商确定。

马来西亚《雇用法》规定，每个雇员必须有书面合约，工资必须在受薪结束后7天内支付，每天工作不得超过8小时，或每周48小时，超过加班工作的补贴为平时工作的1.5倍，假日及假期为2倍，女性工人不得在晚上10点至早上5点之间从事农业或工业类工作。

缅甸《劳动法》规定，雇主和员工之间必须签订劳动合同，才能确立雇用关系，劳动合同分为有固定期限和无固定期限两种。

泰国《劳动保护法》规定，不同地区具有不同最低工资水平，工作时间每日不超过8小时，每周不超过48小时。此外对于雇员记录、女工使用、童工使用、工人抚恤金、社会保险、解除雇用关系等方面也做了相关规定。

文莱的劳工受到法律保护，现有的劳动法针对终止雇用、医疗、产假及工伤补偿等提供了足够的法律依据。

目前，新加坡已经出台了《雇用法案》《外国人力雇用法案》《工伤赔偿法案》《雇用代理法案》等法律来规范工作准证、劳动关系、外国工人管理、工伤赔偿等方面的问题。

印度尼西亚《劳工法》对离职金、罢工、工作时限、离职补偿、童工、临时工、休假等方面做出了规定，对劳工提供相当完善的保护。

越南《劳动法》对于劳动合同、试用期限社会保险等方面做了规定，规定劳务合同应包括工种、工作时间、薪资、合同期限、劳动安全、社会保险等内容；技术性工作的试用期不超过 60 天，一般性工作的试用期不超过 30 天，临时性工作的试用期不超过 6 天。试用期薪资不少于正式录用薪资的 70％，试用期内，双方可对合同进行修改和补充；规定工作时间超过 3 个月和无期限合同，须办理强制性社会保险。劳工因工受伤残，雇主须支付医疗费，如未投保，也按社会保险条件支付赔偿；业主单方终止劳务合同时应事先通报劳动者的时间要求。通报时间要求如下：无期限合同，提前 45 天；1～3 年合同，提前 30 天通报；1 年以下期限合同，提前 3 天通报。辞退工人时，业主须按每年半个月工资及奖金支付补偿。

（二）外国人在当地工作的规定

外国人在菲律宾工作需要获得劳动和就业部颁发的外国人就业许可和移民局的工作签证，在获得许可后，未经劳动和就业部批准，不得更换雇主。若外国承包商雇用的员工是外国人，这些员工还必须通过菲律宾劳动和就业部和专业管理委员会组织的劳动市场测试。

柬埔寨《劳工法》规定，任何企业雇用国外劳工必须向柬埔寨劳动与职业培训部申请，并遵守以下规定：需要雇用外籍专业技术和管理人员的企业，必须在每年 11 月底前向劳工部申请下一年度雇用外劳的指标；雇主必须提前取得在柬埔寨工作的合法就业证。

在老挝工作的外国人必须身体健康并具有一定技能，需要引进外籍劳工的单位和个人必须向老挝劳动社会福利部劳务司递交引进申请，注明所需数量、专业、时间等内容。外籍劳工在老挝工作的期限为半年或一年，需要延期者必须办理延期手续。

马来西亚鼓励使用本地员工，但因国内劳动力短缺，允许部分行业雇用外国劳工，但外国人在马来西亚工作必须获得工作许可。外资企业可以雇用外籍员工担任企业的管理职务，也可将某些主要职位永久保留给外籍人员。

目前缅甸尚未出台外籍劳工可就业的岗位、市场需求方面的规定。凡是属于在缅甸正式注册的中资企业人员或缅甸本地、在缅甸注册的第三国外资企业中方员工，可向缅甸投资委员会申请协助办理中国劳务人员的签证以及居留许可延期，向缅甸投资委员会提交申请，需先在中国驻缅甸大使馆经商参处取得办理签证以及居留许可延期的推荐函。

《外籍人工作法》是泰国政府管理外籍人在泰国工作的基本法，该法规规定泰国雇主欲雇用外籍人员在泰国工作，必须向泰国劳工管理部门提出申请工作许可；工作许可的有效期为一年；劳工必须随身携带劳工证；劳工许可证不能在异地使用。

外籍人在文莱就业需要得到工作准证。为避免过多外籍劳工对就业市场造成的冲击，文莱开始收紧外籍劳工准入政策，取消所有已批准但尚未使用的劳工配额，企业雇用外籍劳工需要遵守新的劳工雇用政策。

新加坡《外国工人雇用法案》列明了雇用外国工人的条款和条件，对雇主或工人违法行为的处罚，以及外籍人员的福利。

印度尼西亚劳工政策旨在保护本国的劳动力，目前只允许引进外籍专业人员，普通劳务人员不许进入印度尼西亚。

根据越南《投资法》和《劳动法》有关规定，外资企业可以通过中介机构录用当地劳动力，并可根据生产需要及有关法律规定增减劳动力数量；劳资双方需签署劳动合同。在越南工作3个月以上的外籍劳务人员需要向所在省劳动部门申请劳动许可证。

三、金融外汇政策

在菲律宾注册的外商投资企业可以在菲律宾银行开设外汇账户，用于进出口结算，但外资企业进行本地融资没有法律保障，融资的可能性主要取决于公司资质、项目收益、风险评估等方面的因素。

柬埔寨商业银行业务范围相对狭窄，尽管能够提供海外资本划拨、信用证开立及外汇服务，但是提供不动产抵押、贷款服务仍比较困难，且借款期限较短，利率较高。目前，中资企业不能使用人民币在柬埔寨开展跨境贸易和投资合作。

老挝尚未建立个人信用体系，银行资金实力不强，经营方式单一，贷款条件及利息较高。目前，中资企业不能使用人民币在老挝开展跨境贸易和投资合作。

在融资条件方面，马来西亚商业银行根据企业业绩、信用、发展潜力及具体融资项目，对内外资企业的融资要求进行审查，以决定是否给予融资或信贷支持。

缅甸融资条件有限，一般可通过项目抵融资或者在同业之间拆借。

在融资方面，泰国的外资企业与当地企业原则上享受同等待遇，具体贷款条件由各商业银行根据其对贷款企业及项目的分析及风险控制情况而定，泰国中央银行对商业银行存贷款利率不做硬性限制。

文莱规定，在融资条件方面，新注册外资企业必须提供母公司信用情况证明材料，中资企业需要将人民币兑换为文莱元或相应外汇用于在文莱开展投资或国际贸易结算。

外资企业可向新加坡本地银行、外资银行或中资银行、各类金融机构申请融资业务，并由银行或金融机构审核批准。新加坡政府为鼓励外资进入，在研发、贸易、企业扩展等方面制定了系列优惠或奖励措施。

越南规定，外资企业融资与当地企业融资享有同等待遇。

四、财政税收政策

菲律宾有以下财政优惠政策：①免所得税。新注册的优先项目企业免除6年的所得税，传统企业免交4年所得税。扩建和升级改造项目免税期为3年，如项目位于欠发达地区，免税期为6年。新注册企业如满足任一下列条件，还将多享有1年免税奖励：本地生产的原材料至少占总原材料的50%；进口和本地生产的固定设备价值与工人的比例不超过每人1万美元；营业前3年，年外汇存款或收入达到50万美元以上。②可征税收入中减去人工费用。③减免用于制造、加工或生产出口商品的原材料的赋税。④可征税收入中减去必要和主要的基建费用。⑤进口设备的相关材料和零部件减免关税。⑥减免码头费用以及出口关税。⑦自投资署注册起免除 4～6 年地方营业税。

束埔寨政府给予外资与内资基本同等待遇，经束埔寨发展理事会批准的合格投资项目可取得的投资优惠包括：免征投资企业的生产设备、建筑材料、零配件和原材料等的进口关税；企业投资后可享受 3～8 年的免税期，免税期后按税法缴纳税率为 9％的利润税；如果利润用于再投资，免征利润税；产品出口，免征出口税。

老挝对外国投资企业给予税收、制度、措施、提供信息服务及便利方面的优惠政策。主要表现在：进口用于在老挝国内销售的原材料、半成品和成品可享受减征或免征进口关税、消费税和营业税；进口的原材料、半成品和成品在加工后销往国外的，可享受免征进口和出口的关税等；经老挝计划投资部批准进口的设备、机器配件可免征进口关税等；经老挝计划投资部或相关部门批准进口的老挝国内没有或有但不达标的固定资产可免征第一次进口关税、消费税和营业税；经老挝计划投资部或相关部门批准进口的车辆可免征进口关税、消费税等。

外国投资企业在马来西亚享受最惠国待遇，政府主管部门通过个案核准形式批准其享有的优惠政策，这些政策一般以直接或间接减税形式体现。包括：获得新兴产业地位称号的公司可获准部分减免所得税，即可仅就其法定所得的 30％缴纳所得税，免税期为 5 年；获得投资税负抵减奖励的公司，自符合规定的第一笔资本支出起 5 年内，所发生符合规定资本支出的 60％，可享受投资税负抵减。

为引进更多外资，缅甸《外国投资法》提供了很多激励和担保措施：所有生产性和服务性企业，自开业第一年起 3 年免征所得税，对国家有贡献的企业可根据其贡献继续适当减税；企业用所得利润在一年内再投资，减免其所得税；外国投资委员会可按规定的比例，对外资企业利润扣除其机器设备、场地和企业办公设备折旧后征税；投资者有义务为企业聘请的外国人员支付所得税，但从应征税中扣除；企业开办期间确因需要而进口的机械设备、仪器、机器零配件和办公用品，可减免关税或其他国内税或两种税均予免除；企业建成后头 3 年，进口生产所需原材料，可减免关税或其他国内税。

泰国实行开放的市场经济政策，采取一系列优惠政策鼓励外商赴泰投资。泰国投资促进委员会向投资者提供两种形式的优惠政策：一是税务上的优惠权益，主要包括免缴或减免法人所得税及红利税、免缴或减免机器进口税、减免必需的原材料进口税、免缴出口产品所需要的原材料进口税等；二是非税务上的优惠权益，主要包括允许引进专家技术人员、允许获得土地所有权、允许汇出外汇以及其他保障和保护措施等。

文莱的《投资促进法》规定了对部分鼓励投资产业的税收优惠期。根据投资促进法，投资要符合公众的利益，同时该产业在文莱未达到饱和程度，具有良好的发展前景。这些"先锋"产业享受以下优惠：免30％的公司税；可以结转亏损和津贴。

吸引外资是新加坡的基本国策。为了鼓励投资、出口、增加就业机会以及使整个经济更具有活力，新加坡制定了一系列外商投资法。对外资准入政策宽松，除国防相关行业及个别特殊行业外，对外资的运作基本没有限制。为鼓励全球贸易商在新加坡开展国际贸易业务，对政府批准的"全球贸易商"给予3～5年的企业所得税优惠，税率降低为5％～10％。

根据印度尼西亚《有关所规定的企业或所规定的地区之投资方面所得税优惠的第1号政府条例》，印度尼西亚政府对有限公司和合作社形式的新投资或扩充投资提供所得税优惠。提供的所得税包括：企业所得税税率为30％，可以在6年之内付清，即每年支付15％；在分红利时，外资企业所缴纳的所得税税率为10％，或根据现行的有关避免双重征税协议，采用较低的税率缴纳；给予5年以上的亏损补偿期，但最多不超过10年。为吸引外商进入印度尼西亚，与当地企业合作从事渔业加工业，印度尼西亚政府准备采取多项税收措施，具体包括免除国内加工鱼产品的出口税，减轻渔业加工机械进口税，减免收入税及增值税，在综合经济开发区和东部地区投资的企业还可获得土地建设税减免优惠。

越南实行属地税法，已建立以所得税和增值税为核心的全国统一税收体系。越南《投资法》规定，外资企业和内资企业都采用统一税收标准，对于不同领域的项目实施不同的税率和减免期限。越南政府规定，符合相关条件的企业和在鼓励投资的行业或者地区进行投资的企业，其公司所得税可以享受10％、15％和20％的优惠税率，优惠期为开始经营年度起10年之内或在整个项目存续期间。优惠期满后，税率调整为标准税率。外国投资者还可以享受免税期，即从企业开始赢利的一定时期内可以免缴公司税，并且在以后的一定时期内减半征税。免税期的长短直接与该项目适用的税率有关，最长可以达到 8 年。

五、资源环境政策

（一）环保管理部门

菲律宾作为群岛国家比较注重环境保护，特别是对于部分行业有较为严格的环保要求。除政府专门设立环境和自然资源部外，教会以及民间组织对于环保呼声较高。菲律宾环保管理部门为菲律宾环境与自然资源部内设的环境管理局。

柬埔寨环境保护主管部门是环境保护部，其主要职责是通过防止、减少及控制污染，保护并提升环境质量和公共卫生水平；保障合理及有序的保护、开发、管理及使用柬埔寨王国自然资源；鼓励并为公众提供机会参与环境和自然资源保护；制止影响环境的行为。

老挝环境保护管理部门包括自然资源环境部、部派驻处、省或直辖市自然资源环境厅、县及村委会。

马来西亚政府环保主管部门是自然资源和环境下属的环境局，主要负责环境政策的制定及环境保护的监督和执行。

缅甸环境保护部门为资源与环境保护部，此外还有农业、畜牧与灌溉部、农业服务局等部门。

泰国负责环境保护的政府部门是自然资源和环境部，主要职责为制定政策和规划，提出自然资源和环境管理的措施并协调实施。

文莱主管环境保护的部门为环境、园林及公共娱乐局，主要职责是开展环境管理和保护，提高居民生活质量，推动国家经济发展和繁荣。

新加坡环保管理部门为环境与水资源部，主要职责是构建和保障清洁、健康的环境以及水源供应。

印度尼西亚管理环境保护的部门是环境国务部，主要职责是履行政府环境保护的义务，制定环境保护政策，惩罚违反环境保护的行为。

越南主管环境保护的部门是资源环境部，主要是管理全国土地、环境保护、水资源等工作。

（二）环保法律法规

菲律宾有关保护环境的法律法规较多，包括《污染控制法》，主要对环境污染做出相关的规定及处罚措施；《菲律宾环境法典》，包括空气质量管理、水质量管理、自然资源管理及保护等；《洁净空气法》规定，固定源污染超标的，根据偿付能力、是否疏忽进行处罚；《洁净水法》，主要对构成水体污染行为的事件，进行了处罚规定；《森林法修订案》，对非法占有或毁坏林区的行为进行了处罚规定。

柬埔寨《环境保护法》就领空、领水、领地内或地表上进口、生成、运输、再生、处理、储存、排放的污染物和有害物质的来源、类型、数量等进行了明确规定。

老挝关于环境保护方面的法律法规主要包括《环境保护法》《环境保护法实施令》《水和水资源法》《水和水资源法实施法》。

马来西亚关于基础环保的法律法规包括《环境质量法》《环境质量法令》《环境影响评估程序》《环境影响评估准则》。

缅甸关于环境保护方面的法律法规主要包括《动物健康和发展法》《森林法》《环境保护法》《植物检验检疫法》。

泰国关于环保的基本法律是《国家环境质量促进和保护法》，此外，政府还颁布了关于大气、水、土壤等方面的污染控制和保护的公告。

文莱环境保护的法律法规包括《环境保护与管理法》《有害废弃物法》《环境影响评估准则》。

新加坡环保法律法规包括《环境保护和管理法》《公共环境卫生法》。

印度尼西亚的环境法律法规是《环境保护法》，主要规定了环境保护目标、公民的义务与权力、环境保护机构、环境功能维持、环境管理、环境纠纷、调查及惩罚违反该法规的行为。

越南的基础环保法规是《环境保护法》。

（三）环保评估相关规定

根据菲律宾环境保护评估法规要求，如果投资项目的执行有可能影响到环境质量，项目计划内容中要包含"环境影响评估"，以确保项目可能带来的环境影响问题得以解决。关于申请的手续，投资者须向环境管理局提出要求取得"环境合格证"的申请，并随申请附上项目介绍。项目介绍应包括项目将使用的基础材料、项目建设的程序和应用的科技、项目完工后的产量和排放量、投资人资产证明、项目所在区域、人力资源要求等内容。

柬埔寨《环境保护法》和《资源管理法》规定了环境影响评价的具体适用范围，主要集中在基础设施建设、农业、工业、旅游业四个领域。在环评初期，投资者将项目方案递交至环境影响管理机构，并公布方案中的详细计划；公众有权在公示期30天内对项目方案提出书面异议并提交环境影响管理机构；收到公众的书面异议，项目申请人必须在确定环境影响评价的具体范围内进行公众咨询，并将咨询结果提交专门委员会审查。

老挝《环境评价条例》将所有项目分为两类，即大规模投资项目和小规模投资项目。大规模投资项目指复杂的和显著影响环境与社会的项目，小规模投资项目指对环境和社会影响小的社会项目。

马来西亚环保评估程序为投资者将符合政策整体规划的初步环评报告提交给环境局，由州环境局召开初期环境评估技术委员会审核，如果该申请符合环境质量法，则批准该项目。

外资企业在缅甸开展投资项目，需要提交《环境评估报告》和《拆迁移民安置方案》，环保部门根据项目情况进行审核。

泰国投资者在项目实施前需要准备环评报告，将报告提交给相关的项目审批机构和环境政策计划办公室；环境政策计划办公室审批同意后外资企业方可采用标准范本的形式；之后由专家委员会于收到报告之日起45日内出具审核结果。

外资企业在文莱进行环保评估的，首先要聘请专门机构进行环境评估，并向文莱发展部环境、园林及公共娱乐局提交环境评估报告，最后由环境、园林及公共娱乐局根据相关标准进行审核。

根据新加坡政府要求，外资企业在新加坡开展投资项目，投资者须委托有资质的第三方咨询公司进行污染控制研究分析。首先由投资者向咨询公司提供相关材料，咨询公司完成分析报告后，由业主提交新加坡国家环境局审批。

印度尼西亚《环境法》要求对投资或承包工程进行环境影响评估，规定企业必须获得由环境部颁发的环境许可证，并规定了对于那些造成环境破坏行为的处罚，包括监禁和罚款。

根据越南环境主管部门要求，外资企业在越南开展投资项目的，投资者需要列明具体建设细节、对项目所在地环境状况总体评价、项目建成后可能对环境造成的影响及具体应对方案，承诺在项目建设和运营过程中采取环保措施以及当地乡一级人民委员会和居民代表的意见等内容提交有主管部门审批，主管部门对环境报告的审批时间为 15 个工作日。

六、农业外商投资需注意的问题

（一）菲律宾农业外商投资需注意的问题

第一，基础设施较为落后。菲律宾公路通行里程约 20 万千米，其中 61％为乡村土路。铁路主要集中于吕宋岛，可运营的铁路仅 400 多千米，其余均需改造升级。菲律宾很多机场设施落后，许多省会机场是土石跑道的简易机场。第二，汇率波动较大。经历了 1997 年东南亚金融危机后，菲律宾金融体系得到一定程度的健全，但受经济规模和结构的制约，汇市波动加大。2007 年菲律宾比索兑美元升值幅度达 19％，成为亚洲表现最强劲的货币，2008 年比索却大幅贬值，一度创下 2 年来最低记录。因此外资企业在菲开展经营活动具有汇率风险。第三，政治和商业腐败问题较为突出。菲律宾政治和商业腐败问题比较突出，在多个国际组织关于清廉程度的排名中名次都较为靠后。第四，社会安全和自然灾害风险。菲律宾政治波动、恐怖活动、治安欠佳等安全形式不稳定，特别是边远山区。菲律宾还是自然灾害频发的国家，应提高对台风、地震、泥石流以及火山等自然灾害的警惕性和防范意识。

（二）柬埔寨农业外商投资需注意的问题

第一，基础设施条件差。水、电、交通、通信等基础设施建设落后，相关成本费用高，工人工资水平相比周边的越南、孟加拉国等竞争对手较高，且劳动力素质和效率低。第二，市场、经营秩序混乱，法制不健全，腐败现象屡见不鲜。法律对外资的保护不力，无经济法庭。柬法院法官等政府官员索贿受贿、贪赃枉法的现象时有发生。第三，工会组织及其活动也是一个需要特别关注的因素。《柬埔寨劳工法》规定，工人可在企业设立工会，工人和工会可以组织罢工活动。工会活动受国内法律的保护，部分工会还受反对党操纵，经常组织大规模罢工、游行和示威活动，甚至私下诱导和怂恿工人进行暴力罢工，造成工厂直接或间接经济损失。第四，柬埔寨经济发展主要依赖外援和外资，但柬在二者发生冲突时则常会"重援而轻资"，造成在许多投资政策的制定和执行过程中受到"外援"的左右。

（三）老挝农业外商投资需注意的问题

第一，执法不严。老挝的法律、法规基本齐备，但执行中存在有法不依、执法不严的问题。虽然近年来老挝各种法律都在修改完善之中，但外商投资企业需不断关注最新法律、法规和政策的出台和修订。第二，基础设施条件较差。老挝基础建设条件较差，工业基本不配套，造成物流成本高，运输时间长；煤炭严重缺乏；水电丰富，但电网建设跟不上，全国仍有六分之一的村不通电。第三，市场小、劳动力不足。老挝人口少，市场小，难以规模化生产制造，大部分产品靠进口，成本相对高，投资经营中需注意成本调查、核算。此外，老挝劳动力不足，且素质偏低，技能不高，当地雇员一般不愿加班加点。第四，外企人身和财产安全受威胁的情况时有发生。老挝社会总体稳定，少有暴力、恐怖事件，但对外国投资企业的偷盗、抢劫案件时有发生，需注意人身和财物安全。

（四）马来西亚农业外商投资需注意的问题

马来西亚政府投资项目基本不对外国公司开放。马来西亚禁止外国投资者在马从事烈性酒和烟草的生产。同时，对境外个人投资者在马投资限制较多，个案处理范围宽泛，任意性大。另外，马来西亚有关法律规定，部分行业禁止外商独资，部分行业要求必须有2名以上马籍股东。上述规定客观上对外资进入造成一定障碍。

（五）缅甸农业外商投资需注意的问题

首先，缅甸政府法规不全，政策多变，给投资者带来许多不确定性；在缅甸投资项目审批手续复杂，相对费时。其次，基础设施落后。由于缅甸工业发展水平低，交通、通信等基础设施十分落后，电力供应不足。近几年来，政府加大了对交通、通信等领域的建设力度，公路、桥梁、机场、铁路、通信等基础设施不断得到改善。但目前国外移动电话在缅甸还不能漫游。此外，缅甸偿还能力不足，各种摊派较多，增加外商投资无形成本。缅甸的贸易政策总体方针是"先出后进，以出定进，进出口平衡"，有了出口收入才能申请进口，其进口受出口收入额度的影响大于市场需求。缅甸所有出口商品均须交纳 10% 的出口税，使利润本不高的缅甸主要出口产品国际竞争力下降，在此规定下，商品进出口受限严重。

（六）泰国农业外商投资需注意的问题

第一，政局不稳。近几年来，泰国政局动荡，各派政治斗争较为激烈，对投资环境产生一定影响。政局动荡影响外国投资者的信心，一些投资者选择观望或停止扩大投资规模；同时，由于政府高层经常变动等原因，投资项目审批程序复杂、周期较长。第二，投资市场竞争激烈。泰国投资市场的竞争相当激烈。一方面泰国企业自身投资能力比较好，另一方面，有传统优势的产业投资市场几乎被先期投资者占领，从市场格局、资金实力和技术水平以及国际投资经验等方面看，中国企业来泰国投资面临的挑战较大。第三，受自然条件及社会文化环境等因素的影响。泰国节假日较多，泰国工人经常放假。另外，泰国雨季期间（一般是每年 5 月至 10 月）难以施工，签合同时要考虑工期是否足够；泰国人多数性情温和、注重礼仪，但办事效率相对较低。

（七）文莱农业外商投资需注意的问题

文莱的经济增长和政府财政收入过分依赖石油、天然气的开采；劳动力匮乏，外资企业需引进大量外籍劳工。当地政府部门工作效率低，文莱政府机构办事效率不高，且宗教节假日较多。同时，由于机构重叠，有时项目审批要拖很长时间。另外，本地注重宗教习俗。文莱为伊斯兰国家，要重视宗教影响，注意处理好宗教性敏感问题，遵守宗教习俗，如投资食品加工等行业，必须得到宗教部门的批准等。

（八）新加坡农业外商投资需注意的问题

新加坡具有自身的鲜明特点，在社会和法律制度、教育体系、人们的思维方式、通用语言、生活习惯等方面与中国有很大不同。因此，中国企业要重视对新加坡国家制度、法律、文化的了解。同时，新加坡农业在国民经济中的比重很小，但农业和食品行业的重要性则很高。在新加坡的涉农投资，主要是加工和贸易等。

（九）印度尼西亚农业外商投资需注意的问题

第一，基础设施落后。受亚洲金融危机的影响，印度尼西亚财政收支恶化，对基础设施投资水平大幅下降，其公路、铁路、航空、港口、电力、通信、供水等生产生活配套设施较落后，成为经济发展和引进外资的瓶颈之一。第二，投资政策多变，缺乏规范和透明的法律体系。法制环境不佳，有法不依、执法不严的现象时有发生。第三，政府部门办事效率不高，腐败现象屡见不鲜，行贿受贿现象时有发生。劳工生产效率和技术水平较低，《劳工法》对劳工的保护较为苛刻。第四，存在一些投资壁垒问题。当地规定，投资港口、铁路等基础设施，外资控股不能超过 95％；航空运输业，外资控股不能超过 49％；经营捕鱼和渔业养殖必须经政府许可；珍稀物种育苗、森林开发、红木加工、自然林经营权、森林采伐等领域禁止外国投资；外商独资企业自投产和商业运营 15 年后必须向印度尼西亚国民出售一部分股权等。

（十）越南农业外商投资需注意的问题

第一，基础设施较为薄弱，产品配套能力低。越南电力、交通等基础设施建设比较落后，外国投资者基础性投入开支较大。尽管越南正在加大投入改善基础设施条件，但基础设施相对落后的状况在短期内难以改变。第二，政策法规不完善。越南在一些新兴政策法规方面还不完善，例如越南在知识产权保护方面还有欠缺，越南国内盗用商标现象较严重，投资者利益难以得到有效的法律保护。第三，政府部门办事效率低，腐败现象较为严重。越南政府部门普遍办公效率较低，报批手续繁杂，周期一般较长。此外，腐败现象在政府部门当中较为普遍，除按规定应交的各种费用外，一些非正常开支难以避免。第四，私营企业信用度低，金融信息透明度较低。越南私营企业数量很多，信誉不一，虽经营方式灵活、决策快，但规模较小，抗风险能力弱，甚至有个别企业在与中国企业合作过程中有恶性欺诈行为。此外，越南银行经营透明度低，缺乏信息披露制度，外国投资者难以准确掌握银行的融资能力和信用水平情况。

第四节　小结：投资潜力展望

本章介绍了东盟国家农业外商投资政策，主要从东盟国家农业投资环境、外商投资的特点、各国吸引外商投资的政策等方面进行了简要介绍。

在农业投资环境方面，主要从资源情况、基础设施、政治环境、经济环境、金融环境展开了分析。总体来看，东盟国家自然资源丰富，有优越的农业生产条件，与中国有较强的农产品贸易互补性。尽管东盟各国的基础设施条件相对发达国家来说比较落后，但近年来各国政府大力修建公路、铁路及其他基础设施，旨在吸引外商投资，促进本国经济发展。尽管东盟一些国家政局不是很稳定、政治环境不是很好，但是这些国家已经意识到政局在吸引外资方面的重要性，各国的政治环境总体好转。东盟各国的经济环境和金融环境存在差异，但各国也致力于改善经济环境、优化金融服务，吸引外商投资。

对于东盟国家农业外商投资的特点，主要从投资规模、投资区位、投资部门、投资主体四个方面展开。从投资规模看，中国对东盟的农业投资规模逐年增加，但在各国的投资规模各不相同；从投资区位看，中国对东盟的农业投资覆盖了东盟每个国家，但主要集中在印度尼西亚、柬埔寨、老挝；从投资部门看，种植业和农林牧渔服务业是外资企业对东盟进行农业投资的首选；从投资主体看，国有企业是中国对东盟农业投资的主力军，但近几年来民营企业在农业对外投资中蓬勃发展，成为新的主力。

对于东盟国家农业外商投资的政策分析，主要包括土地政策、劳工政策、金融外汇政策、财政税收政策、农业外商投资需注意的问题。东盟各国土地均归国家所有，个人只能租用土地，但对土地无法拥有所有权，外资企业在各国进行投资，都需经过一定的手续，在得到当地政府的批准后方可租用。除新加坡、越南、泰国外，外资企业在其他东盟国家融资均具有一定的难度；为了吸引外商投资，东盟各国均对外资企业提供一定的财政税收优惠政策。尽管东盟各国的农业外商投资环境不断改善，外资企业对东盟农业投资仍存在一定的风险。

在现实生活中，任何经济体在合作中都会面临风险与收益并存的问题，中国—东盟农业投资合作也不例外。随着中国、东盟各自的经济发展以及二者合作的不断深化，中国已经越来越认识到中国与东盟的农业投资合作是实现中国农业"走出去"的重要通道。在今后的一个时期，中国要与东盟各国保持良好的合作关系，基于互补性角度研究东盟国家在农业及其他产业内能够为中国提供的资源，加强与东盟在经济、社会、文化等方面的合作，在对各国进行农业投资时既要考虑长远利益，又要注意规避风险。

第七章 中亚和西亚农业外商投资及政策

中亚，通常认为只包括五国，即哈萨克斯坦、乌兹别克斯坦、塔吉克斯坦、吉尔吉斯斯坦和土库曼斯坦，即中亚五国。

西亚，又称西南亚，即亚洲西南部地区。西亚位于亚洲、非洲、欧洲三大洲的交界地带，同时又处于阿拉伯海、红海、地中海、黑海和里海（内陆湖）之间，所以被称为"五海三洲之地"，是联系亚、欧、非三大洲和沟通大西洋、印度洋的枢纽，地理位置十分重要。从该区域涵盖的国家来看，共包括伊朗、伊拉克、阿塞拜疆、格鲁吉亚、亚美尼亚、土耳其、叙利亚、约旦、以色列、巴勒斯坦、沙特阿拉伯、巴林、卡塔尔、也门、阿曼、阿拉伯联合酋长国、科威特、黎巴嫩、塞浦路斯、阿富汗20个国家。

第一节 中亚和西亚地区农业投资环境和潜力

中亚五国，农业自然资源丰富，在世界上享有"资源之乡"的美誉。而中国在农业科技、管理和资金方面具有相对优势，中国与中亚五国农业互补性强，合作潜力巨大。同时，丝绸之路经济带建设和地缘优势等也为中国农业进入中亚国家开展投资活动提供了良好机遇。中亚被认为是丝绸之路经济带沿线最具有投资潜力的地区，深入了解其农业投资环境、特点及政策对中国农业"走出去"具有重要指导意义。

西亚地区，农业开发历史悠久，受气候影响，灌溉农业地位重要。耕地集中在沿海、河谷和绿洲地带，山地、高原的草原牧场以畜牧业为主，农产品自给率低，成为世界农牧产品主要进口区之一。由于西亚地区国家众多，下文以2015年中国企业在西亚地区投资存量最大的阿联酋为例，对西亚地区的农业投资环境、特点及政策进行介绍。

一、农业资源禀赋

(一) 中亚

中亚五国位于内陆区域，属于典型大陆性干旱气候，日照充足，年均日照时长 2 000～3 000 小时，光热资源丰富，利于农作物生长和养分吸收，其灌溉区种植的农作物基本保收。从农业资源禀赋来看，中亚五国具有如下特征：

第一，农业用地多。中亚五国土地面积共 392.56 万平方千米（表 7-1），其中农业用地面积占 74.61%，是中国农业用地总面积的 56.92%，其人均耕地面积为 0.57 公顷。哈萨克斯坦土地资源最丰富，土地面积是五国之首，为 269.97 万平方千米，人均耕地 1.69 公顷，在五国中居第一位，哈萨克斯坦森林草原带是发展农业的重要区域，约占国土面积的 1/10，草原带是主要的农牧区，约占国土面积的 1/3。"沙漠之国"土库曼斯坦的土地面积为 46.99 万平方千米，人均耕地面积 0.37 公顷，在五国中居第二位。乌兹别克斯坦土地资源丰富，农业用地面积达 2 677 万公顷，耕地面积 4 400 万公顷，但人均耕地面积较低，仅为 0.15 公顷。吉尔吉斯斯坦土地资源不算丰富，国土面积 19.18 万平方千米，农业用地面积占 52.8%，人均耕地 0.22 公顷。塔吉克斯坦土地面积 13.88 万平方千米，山地较多，占国土面积的 90% 以上，人均耕地 0.09 公顷，在五国中最少。

表 7-1　中亚五国土地资源基本情况

国　别	土地面积 （万平方千米）	农业用地面积 （百万公顷）	耕地面积 （万公顷）	人均耕地面积 （公顷）
哈萨克斯坦	269.97	216.992	2 940	1.69
吉尔吉斯斯坦	19.18	10.557	128	0.22
塔吉克斯坦	13.88	4.745	73	0.09
土库曼斯坦	46.99	33.838	194	0.37
乌兹别克斯坦	42.54	26.770	4 400	0.15
中亚合计	392.56	292.902	7 735	0.57

资料来源：FAO 数据库（2014 年）。

第二，农业劳动力所占比重较大。截至 2014 年，中亚五国人口 6 628.8

万人，其中农村人口占 60%，农业就业人口占总就业的 40%。其中，2012
年哈萨克斯坦农业就业人口占就业总数的 25.5%。

第三，水资源相对不足。中亚五国属于温带大陆性干旱、半干旱气候，
降水少且集中在冬春两季，年降水量在 160～700 毫米。水资源比较短缺，
五国的人均水资源占有量低，不足 8 000 立方米，低于世界人均水平（8 800
立方米），但远高于中国平均水平（2 200 立方米）。其中哈萨克斯坦和吉尔
吉斯斯坦降水较多。

中亚地区地表水在空间上分布不均，哈萨克斯坦水资源丰富，共有冰川
多达 1 500 条，面积为 2 070 平方千米。吉尔吉斯斯坦和塔吉克斯坦位于河
流（锡尔河、阿姆河）上游，地表水资源比较丰富，分别占中亚地区的
43.4% 和 25.1%，总量超过 2/3。吉尔吉斯斯坦主要是天然地表水和人工修
筑水库两种，塔吉克斯坦水资源丰富，境内有 4 条河流长达 500 千米以上，
15 条河流在 100～500 千米，阿姆河、锡尔河、泽拉夫尚河等都是流经其境
内的主要河流，水量充沛。哈萨克斯坦、乌兹别克斯坦和土库曼斯坦位于河
流的下游，农业生产、牲畜饮水和居民用水都消耗大量水资源，而这三国地
表水总计为中亚地区的 1/3，造成了地表水匮乏。

此外，中亚五国还具有农业资金投入不够、农业机械化程度较低等特
点，这些农业生产条件的限制均对中亚农业生产力的进一步提升形成较大
制约。

（二）西亚

这里以阿联酋为例介绍。阿联酋位于阿拉伯半岛东南端，国土面积约为
8.36 万平方千米（包括沿海岛屿，阿布扎比占总面积的 87%）。其海岸线构
成波斯湾的南部和东南海岸以及阿曼湾的部分西海岸。在建造"迪拜棕榈
岛"等其他填海工程项目之前，阿联酋的海岸线长约 1 318 千米，填海垦地
项目使这个数字不断增长。阿联酋全境呈新月形，境内无淡水河流或湖泊，
沿海是地势较低的平原，半岛的东北部为山地，横贯其间的哈杰尔山脉最高
峰海拔 2 438 米。此外，阿联酋绝大部分地区是海拔 200 米以上的沙漠和洼
地。沙漠占阿联酋总面积的 65%，其中有一些绿洲，以艾因地区的布赖米
绿洲面积最大，同时该绿洲也是阿联酋主要农业区。

阿联酋属热带沙漠气候，全年分为两季：5月至10月为热季（夏季），天气炎热潮湿，气温超过40℃，沿海地区白天气温最高达45℃以上，湿度保持在90％左右；11月至次年4月为凉季（冬季），气候温和晴朗，有时降雨，气温一般为15～35℃。年平均降水量约100毫米，多集中于1—2月。近年来，雨量有渐增的趋势。东部山区则较为凉爽和干燥。

二、基础设施

（一）中亚

在交通方面，中亚地区深居内陆，缺少出海口，而航空运输成本太高，因此大宗货物只能依靠铁路和公路，加大了运输成本，交通运输方式单一，条件较差，货运能力有限。哈萨克斯坦的交通运输状况较好，公路客、货运量和铁路客、货运量居首位。吉尔吉斯斯坦基础设施比较落后，没有国际铁路运输线，交通不便利，使进出口运输成本很高。总体来看，中亚五国交通运输等基础设施还有待改善。一是从铁路货运量来看，2016年哈萨克斯坦、吉尔吉斯斯坦、塔吉克斯坦、乌兹别克斯坦、土库曼斯坦的铁路货运能力分别达1 881.59亿吨千米、8.07亿吨千米、2.28亿吨千米、229.37亿吨千米和133.27亿吨千米；二是从公路货运量来看，与吉尔吉斯斯坦（13.13亿吨千米）、塔吉克斯坦（0.64亿吨千米）、乌兹别克斯坦（299.15亿吨千米）、土库曼斯坦（5.11亿吨千米）相比，哈萨克斯坦在中亚五国中最大，公路货运量达到1 389.81亿吨千米；三是从航空运输量来看，乌兹别克斯坦在中亚五国中最高，哈萨克斯坦次之，且远高于其他三国，统计数据显示：2016年乌兹别克斯坦和哈萨克斯坦的航空货运量分别达1.268亿吨千米和0.493亿吨千米，而吉尔吉斯斯坦、塔吉克斯坦和土库曼斯坦分别为2万吨千米、395万吨千米、596万吨千米（表7-1）。

在农业灌溉方面，乌兹别克斯坦和哈萨克斯坦情况较好，塔吉克斯坦最差；通信设施方面，哈萨克斯坦电话使用数量和互联网使用数量都远远高于他国，塔吉克斯坦最差。中亚五国除哈萨克斯坦外，计算机装备普遍较差，需要大规模更新。中亚国家基础设施条件落后已经成为阻碍吸引外资、扩大经贸合作的主要原因。各国农业生产基础设施情况见表7-2。

表 7 - 2 中亚五国农业生产基础设施情况（2016 年）

	哈萨克斯坦	吉尔吉斯斯坦	塔吉克斯坦	土库曼斯坦	乌兹别克斯坦
公路客运量（人千米）	163 995.5	7 209.5	8 590.5	—	—
公路货运量（百万吨千米）	1 593.53	1 302.8	5 012.9	—	24 500
铁路客运量（百万人千米）	1 816.51	40.8	18.4	2 336	3 934
铁路货运量（亿吨千米）	1 881.59	8.07	2.28	133.27	229.37
航空客运量（万人）	565.32	112.73	79.64	128.00	258.19
航空货运量（百万吨千米）	49.30	0.02	3.95	5.96	126.80
每百人电话线路数（个）	21.85	6.42	5.36	11.74	10.85
互联网上网人数百分比（%）	74.59	34.50	20.47	17.99	46.79
有效灌溉面积（1 000 公顷）	2 066	1 023.3	742	1 995	4 215
拖拉机拥有量（辆）	52 084	25 512	24 319	—	—

资料来源：世界银行。受数据来源限制，表中公路客运量和货运量为 2011 年数据。拖拉机拥有量为 2000 年数据。

（二）西亚

西亚地区基础设施建设相对较好。以阿联酋为例，阿联酋有完善的适宜外资发展的基础设施，联邦政府和各酋长国政府都十分重视基础设施的建设，每年预算支出中都有大量资金用于基础设施领域。阿联酋繁荣的经济为基础设施发展提供了前所未有的澎湃动力。住宅、旅游、工业和商业设施、教育和保健、水电、通信以及港口和机场都在进行着翻天覆地的变化。许多新兴的基础设施项目以公私结合为基础，私营部门被授予了更多权力参与基础设施的建设和发展。

在交通方面，经济的快速增长使阿联酋的机场和相关基础设施也获得长足发展，传统航空公司（如迪拜的阿联酋国际航空）以及新兴航空公司（如阿布扎比的阿联酋联合航空——该地区首个廉价航空公司，沙迦阿拉伯航空，哈伊马角航空公司）取得的巨大成功刺激了机场扩建的步伐。阿联酋现有机场 21 个，其中国际机场 7 个。2015 年，阿联酋航空客运量超 1.1 亿人次。迪拜国际机场客运量 7 800 万人次，排在世界第 3 位。中国国内有多个航班飞往阿联酋的阿布扎比和迪拜等地区。

由于阿联酋在东西方之间的战略性地理位置，其港口与其机场一样，是推动经济增长、促进经济多样化的重要工具。阿联酋共有 16 个现代化的港口，其中 9 个港口具有集装箱货运码头、仓储及其他十分先进的设施。全国港口泊位超过 200 个，其中 80％的泊位在阿布扎比酋长国和迪拜酋长国港口。1971 年阿联酋建国初期港口装卸能力为 200 万吨，现已增加到 4 000 万吨左右。

城市交通方面，为了满足已规划的新开发项目对交通条件的要求，各酋长国同时大力投资于道路、桥梁和公共交通的改善。阿联酋公路网发达，交通十分便利。早在 2003 年，阿联酋公共工程部开始实施一项投资 1.5 亿迪拉姆的国家公路网工程，将所有酋长国的高速公路连接成网，并与沙特、阿曼公路相连。现各酋长国之间均有现代化高速公路相连。阿联酋公路总长约 4 030 千米，路面质量优良。

阿联酋铁路以货运为主。政府已启动了总投资约 110 亿美元、全长约 1 200 多千米的联邦铁路项目，最初预计 2018 年完工，但目前进展落后于计划工期。该铁路完工后将纳入全长 2 200 多千米的海湾铁路网，届时将联通海合会六国。迪拜分别于 2009 年和 2011 年建成红线和绿线城铁项目，运营里程分别为 52.1 千米和 22.5 千米，并正在开展红线延长线（2020 世博会线）的招标建设工作。2013 年，阿布扎比推出城轨项目，规划全长 131 千米，包括地铁、轻轨和快速公交等，目前该项目处于停滞状态。

在通信方面，2006 年电信行业最高监督委员会（SCSTS）推出通信行业一般政策（GTP），通信业在市场自由化的影响下步入新的发展阶段。GTP 旨在推动业内公司之间的竞争、提高阿联酋国民在经济发展过程中的参与程度，通过使阿联酋成为 ICT（Information Communications Technology）枢纽为经济多样化作贡献。2015 年，阿联酋拥有固定电话用户约 210 万户，移动电话用户约 1 680 万户。目前，阿联酋人均使用互联网比例高，在中东国家中排名第一，全国有 51％的消费者都有过网购行为，排名中东地区首位。

在水电方面，阿联酋负责全国水电事务管理的主要机构是联邦水电局（FEWA），但具体则由主要酋长国的有关机构分别负责。近年来阿联酋电力生产总容量迅速上升，近 97％的电力生产以天然气为燃料，剩余的 3％则使用石油、煤炭以及可再生能源。2011 年，海合会统一输电系统建成，成员国之间可在紧急用电时互送电力。

阿联酋地处沙漠地区，天然水资源严重稀缺。水资源来源主要为地下水和海水淡化，地下水在满足阿联酋农业需求方面扮演着重要角色。得益于新海水淡化厂的建立，阿联酋水产量有了大幅上升，但水资源的供需矛盾依然尖锐。

三、技术水平

(一) 中亚

长久以来，中亚五国都是粗放的农业生产经营方式，农业技术水平不高，而中国的农业生产经过长时间的积累沉淀，具有较高的技术水平。相较于中亚地区来说，中国在病虫害防治技术、纺织工业技术、轧花设备与技术等方面优势显著。中亚国家的农业节水灌溉技术比较落后，而中国在大田膜下滴灌栽培模式种植技术、节水灌溉器材与设备的制造技术等方面有较强的技术优势。

中亚国家在农机制造业方面发展不完备，生产大型、复杂农机产品的能力较弱，农机产品急需更新。而中国的农机产品类型丰富，质量优良，价格适中，售后服务良好，备受中亚国家农民的青睐。

(二) 西亚

中亚国家农业相对发达，而西亚地区农业相对落后。阿联酋农业技术相对落后，但政府非常重视将先进科技应用于园艺和农业生产，希望大力引进中方的先进农业技术。目前，两国在椰枣树病虫害防治等领域开展了富有成效的科研合作。在2016年3月12日召开的中阿技术转移项目签约仪式活动上，中阿技术转移中心、中阿（迪拜）技术转移中心、宁夏中阿技术转移开发有限公司与西部电子商务股份有限公司分别签署了《中阿设施园艺、智能节水物联网技术合作协议》和《迪拜设施农业物联网应用项目建设协议》。

四、制度环境

(一) 中亚

从政治环境来看，由于对外直接投资的过程中，东道国政治环境的稳定性至关重要，特别是在农业投资中，土地使用权的获取往往具有很轻的政府意愿，因此，中亚五国的当前国内政局和政策的稳定性对农业吸引外资产生重要影响。

中亚各国自 1991 年独立以来，以宪法形式规定了发展政治多元化，一直同时坚持着政治民主化和经济市场化两大方向，国家体制也发生了根本性变化：从联邦制到总统制或总统—议会制，并且确立了三权分立的政治体制。目前，中亚地区的政治形势基本稳定，但部分国家政治环境较差，时有动乱发生，降低了外国投资者对其进行投资的积极性，加之贫穷不发达，一旦动乱，社会矛盾更加激化严峻。比如，吉尔吉斯斯坦和塔吉克斯坦均在 2010 年发生过动荡，造成社会形势紧张。此外，中亚五国的腐败问题不容小觑，均属于腐败程度比较严重的国家，根据 2012 年全球腐败监督机构"透明国际"发布的清廉指数世界排行榜的结果显示，哈萨克斯坦、吉尔吉斯斯坦、塔吉克斯坦、乌兹别克斯坦、土库曼斯坦的清廉指数分别为 28、24、22、17、17（满分 100 分），在世界174 个国家中排名靠后（哈萨克斯坦 133，吉尔吉斯斯坦 154，塔吉克斯坦 157，乌兹别克斯坦 170，土库曼斯坦 170）。其中，乌兹别克斯坦和土库曼斯坦的腐败程度最为严重，属于清廉度很低的国家，均排名第 170 位，并列倒数第 4。

从社会与文化角度来看，中亚各国的价值观念、风俗习惯等对居民生活和消费方式产生较大影响。了解一国社会与文化习俗，将对准确把握消费市场起到重要作用，同时，也对企业的投资方向和投资决策提供依据，尤其对于农业投资项目来说，不同国家的饮食等风俗习惯有时会起到决定性作用。在苏联时期，中亚五国作为苏联的加盟共和国很少直接与外界联系，长期处于封闭半封闭状态，这一区域也由此形成了一个比较共同的政治文化区域。1991 年，中亚各国相继成为独立国家。总体来说，虽然目前中亚国家民族构成成分多，多为几十个民族甚至一百多个民族，但各国主体民族均占绝大多数，且主要文字、语言（官方）均为俄罗斯文字和语言，居民大多信奉伊斯兰教，文化一体化程度较高。2012 年，中亚各国的主体民族所占比重均超过 60%，其中，哈萨克斯坦主体民族（哈萨克族）、吉尔吉斯斯坦主体民族（吉尔吉斯族）、塔吉克斯坦主体民族（塔吉克族）、乌兹别克斯坦主体民族（乌孜别克族）、土库曼斯坦主体民族（土库曼族）人口占总人口的比重分别达 65％、71％、80％、78.8％、94.7％。

从法律环境来看，完善的政策法律制度在国际农业投资环境中具有极其重要地位。由于中亚各国国情不同，政策法律有所差异，因此，了解中亚各国的相关法律法规是进行境外投资的重要基础工作。此外，中亚各国与农业投资相关的法律政策，尤其是与土地投资和土地权利保护的相关政策法律也对农业吸引外资具有重要影响。政策法律制度越完善，法令阻碍就越少，从而越有利于农业投资。

中亚五国先后颁布本国宪法，并在此基础上相继制定了关于外商投资的海关、外汇、劳务、工商登记、税收等方面的一系列法律法规，并推出了吸引外资的优惠政策和贴息等税收减免政策。同时，中亚各国对农地投资的政策也不尽相同。哈萨克斯坦的相关法律规定，可拥有私人土地的责任对象为从事农业经营的哈萨克斯坦公民、非国有法人及其从事商品性农业生产的连带责任人，而外商要想在哈萨克斯坦从事商业性质的农业生产，可通过土地租赁方式获得临时使用权。吉尔吉斯斯坦法律规定外国法人可按规定购买住宅，允许租用经济区内从事生产、经营活动所需的土地，但无权取得土地所有权。塔吉克斯坦的《土地法》规定，农业用地不能购买，但外商可以通过租赁获得土地使用权，且现行法律规定土地使用期最长达 50 年。乌兹别克斯坦法律则规定外国投资者在法律规定范围内有权购买土地，且允许长期租赁。土库曼斯坦新修订的《土地法》规定，只能允许外国公民、法人、外国和国际组织在土库曼斯坦境内租赁土地，并且须经总统批准，同时规定这部分出租土地只能用于建筑和其他非农业需要。

总体而言，中亚五国在改善政策法律环境方面做出了较大努力并收到一定成效，但仍有较多阻碍。中亚各国优惠政策的落实不到位、部分法律执行困难、政策变动信息滞后发布等问题都使农业投资风险加大。此外，中亚各国的法制环境也不容乐观，2012 年法制环境指数（最高 2.5，最低 −2.5）均为负数，属于法制环境较差的国家。据 2011 年福布斯中国海外直接投资国家（地区）风险排行榜的资料显示，哈萨克斯坦、吉尔吉斯斯坦、塔吉克斯坦、乌兹别克斯坦、土库曼斯坦的排名分别为第 118 位、163 位、156 位、168 位、169 位。

（二）西亚

从政治环境来看，西亚多数国家政局混乱，但阿联酋相对稳定。在阿联酋，联邦最高委员会是最高权力机构。该委员会讨论决定国内外重大政策问题，制定国家政策，审核联邦预算，批准法律与条约。总统和副总统从最高委员会成员中选举产生，任期5年。总统兼任武装部队总司令。除外交和国防相对统一外，各酋长国拥有相当的独立性和自主权。联邦经费基本上由阿布扎比和迪拜两个酋长国承担。阿联酋政局稳定，对内继续积极推动经济发展和国家现代化建设；对外交往活跃，注重加强与海湾地区国家及大国关系，在地区和国际事务中发挥独特作用。联邦内阁是国家的行政机关，由总理、副总理及各部部长组成。

阿联酋奉行中立、睦邻友好和不结盟的外交政策。主张通过和平协商解决争端，维护世界和平。在加强同美国等西方国家关系的同时，重视发展与阿拉伯、伊斯兰、不结盟运动等第三世界国家关系。近年来，阿联酋积极推行"东向"政策，发展与中国、日本等亚洲国家关系。主张加强海湾合作委员会国家的团结与合作。阿联酋于1984年与中国建交，关系友好，高层互访频繁。特别是近年来，中阿关系呈现全面、快速发展势头。两国高层互访和各级别往来不断，在国际和地区事务中相互支持与配合。

从社会与文化来看，阿联酋全国总人口中阿拉伯人占87%，其他民族占13%，外籍人口主要来自印度、巴基斯坦、埃及、巴勒斯坦、黎巴嫩等国。外籍人口占全国总人口的88.5%。在阿联酋的华人总数超过20万人。阿联酋是阿拉伯国家之一，国人信奉伊斯兰教，有着独特的生活方式、文化风俗和文化禁忌。

从治安和法律环境来看，阿联酋社会治安良好，刑事暴力类案件较少。但近年来由于外来人口增多，流动性大，偷盗和抢劫案件也偶有发生。就法律而言，阿联酋不是普通的英美法系国家，在法律实践中可能受伊斯兰教法的影响。除此之外，联邦法律、各酋长国法律和自由贸易区法律的存在和相互作用可能非常复杂甚至相互混淆。以上因素均对中国企业了解、应用当地法律造成了一定障碍。

五、农业发展状况

(一) 中亚

从农产品生产状况来看,农业是中亚国家的主要产业,以种植业和畜牧业为主。种植业方面,主要生产谷物、水果、蔬菜、油料作物和经济作物。其中,中亚各国普遍重视粮食生产,并强调粮食自给,目前除塔吉克斯坦和吉尔吉斯斯坦外,其余三国都能基本自给。哈萨克斯坦不仅是中亚地区的主要粮食生产国,也是世界粮食主要出口国之一,近年来平均年产粮食1 700万~1 900万吨,但由于气候条件不稳定等因素,哈萨克斯坦近年粮食产量波动较大。乌兹别克斯坦和土库曼斯坦粮食基本实现自给;吉尔吉斯斯坦的谷物需求依赖进口,每年大约进口5%;塔吉克斯坦被联合国列为救援国家。中亚五国也是世界上重要的产棉区之一。其中,乌兹别克斯坦、塔吉克斯坦和土库曼斯坦集中种植大量棉花,是三国农业的支柱产业,且乌兹别克斯坦棉花出口量较大,质量好,是世界棉花出口大国之一。然而,中亚国家的水果和蔬菜需求旺盛,但当地供给普遍不足,目前只有乌兹别克斯坦能够自给并为周边国家提供少量水果和蔬菜。此外,中亚各国的油料也基本不能自给,每年都需要从国外大量进口。

对于畜牧业来说,中亚五国畜牧业悠久历史,是苏联时期的主要畜产品生产区。中亚各国主要从事羊、牛和马的养殖,也有一定比例的养蚕和养禽业,畜产品主要有牛羊肉、牛奶、羊毛、禽蛋和蚕丝等。其中,羊毛和蚕丝是哈萨克斯坦、吉尔吉斯斯坦、土库曼斯坦、乌兹别克斯坦的主要出口商品。

从农产品消费和自给率来看,中亚五国主要农产品自给率相对较差,其中哈萨克斯坦、乌兹别克斯坦、土库曼斯坦基本实现自给。哈萨克斯坦斯坦粮食自给率达到100%以上,而塔吉克斯坦最低,仅为50%左右,粮食安全隐患严重。肉类消费方面,只有土库曼斯坦和乌兹别克斯坦达到安全标准(联合国粮农组织提出的安全标准为95%),其余三国均不能自给。糖和甜味剂方面,中亚各国自给率普遍偏低,尤其是塔吉克斯坦和乌兹别克斯坦,仅为1.08%和0.56%。植物油消费,中亚各国均未实现自给。奶类,除哈萨克斯坦外,其他国家均保持了很高的水平,自给率在99%以上。然而,中亚各国居民对肉、奶等畜产品加工品有着特殊的消费偏好，但发展严重滞后的食品加工业却不能使其得到满足，畜产品加工品主要依赖进口，畜产品的消费仍以未加工的鲜活产品为主。

（二）西亚

西亚地区农业资源比较稀缺，阿联酋国土面积的 97％是沙漠和盐碱地，耕地面积只有 4％，且常年炎热干旱，年均降水量只有 115 毫米。建国初期，95％以上的粮食依赖进口。随着政府政策和资金的扶持，沙漠绿化收效显著，再加上合理有效地利用地下水资源，2000 年可耕地面积已达 2 700 平方千米；而 20 世纪 80 年代，可耕地面积只有 250 平方千米。

阿联酋基本不种植粮食作物，以生产蔬菜、水果和椰枣为主。在蔬菜品种上，主要生产番茄、黄瓜、茄子、西葫芦、辣椒、胡萝卜等果类蔬菜。大白菜、芹菜、韭菜、大葱等叶类蔬菜也有生产，但由于光照强烈，气温太高，阔叶类蔬菜生产难度很大，故产量有限，且价格极贵。水果品种方面，主要生产柑橘、柠檬、葡萄、芒果等。除上述传统果蔬类作物外，部分小型农场还开展了花卉种植。部分农产品已经完全自给，其中椰枣和鱼的自给率是 100％，蔬菜 83％，鲜奶 80％，家禽 20％，肉类 23 ％，蛋类 36％。

阿联酋是世界上最大的椰枣生产国之一，椰枣除满足国内需求外，剩余部分还出口。捕鱼业是阿联酋的传统行业，1997 年 6 月，阿联酋成立了以农业水产部大臣为首的委员会，专门负责渔业，保护水产养殖。采取的主要措施有：每条船上须有一名本国船主在船上工作，禁止外来捕捞者滥捕，鼓励建养鱼场。

第二节　中亚和西亚主要国家农业外商投资的特点

一、中亚

（一）资金国别来源

自 20 世纪 90 年代末以来，中亚五国的投资环境日益改善，外商直接投资额增长很快，投资国也不断增加。根据联合国贸易与发展会议 2013 年发布的世界投资报告显示，2009—2012 年中亚五国吸引外资额较 2000—2005年，增长了 5 倍，但这些外资大多集中在石油、天然气、采矿业和工业等领域，在农业方面的投资较少。根据统计数据显示，2000—2010 年，农林牧渔的引资额由 5 亿美元变为 4 亿美元，下降了 20%，但在食品、烟草等领域的引资规模大幅增加，由 2000 年的 90 亿美元增长为 2010 年的 209 亿美元，这些外资主要来源于西方发达国家。中国对中亚国家的投资近几年呈波动性增长，所占比重也不大。

地缘政治学家麦金德指出，中亚位于亚欧大陆内部，自古就是中西方文化交流碰撞的要冲，处于东欧、西欧、东亚、北亚交界地带，虽远离海洋但却有水系流入海洋，战略地位十分重要，是"兵家必争之地"。苏联解体后，中亚成为西方国家政治争夺的焦点，从而印证了麦德金的论断。中亚作为联通亚欧大陆的桥梁，具有特殊的地理位置和战略意义，受到来自欧亚各国的关注，中亚地区具备的能源资源也成为各国竞争的焦点。目前，以美国和欧盟为首的西方发达国家投资程度较强，亚洲的韩国、日本、土耳其也是主要利益体。

（二）主要投资领域

第一，农业机械设备的投资合作。中亚地广人稀，适合发展规模化农场经济，但现实却是农业生产设备陈旧、机械化程度低，且缺乏资金支持，阻碍了农业发展。一方面，中亚五国在农业耕作、收割领域对农业机械设备的需求较大，其国内生产的农机设备的数量和性能与发达的国家相比存在差距。另一方面，中亚五国受制于陈旧的生产设施、仓储及物流配套场地的不足，农产品加工层次低，难以满足本国需求，大量的加工农产品依赖进口。这些都给外国的农机企业提供了投资合作的大好机遇。第二，农业生产资料方面的投资合作。中亚五国受苏联经济影响，历来重视重工业发展，轻工业发展相对滞后，加之农业生产物资匮乏，资金短缺，为外商进行农业投资创造了机遇。当前，投资商可以从种子、化肥、农药等基础物资试水进行先期投资，为长久农业合作奠定基础。第三，农产品加工业的投资合作。中亚五国受苏联计划经济影响程度极深，企业管理机制陈旧，生产技术水平落后，农产品加工能力不足，难以转化为经济优势。外商可以到中亚地区建立加工企业，利用当地丰富的畜牧、粮食、园艺等资源进行合作，在毛绒制品、水产品、有机果蔬的生产与加工方面将大有作为。

(三) 投资模式

第一，国际租赁。中亚地区人均耕地面积大，但农业生产的单产较低，国家对农业投资重视不足，农业合作社保有绝大多数土地和机械设备。由于农村、农业在发展过程中存在诸多问题，加上农民不断向城市转移，导致许多土地荒芜。外商投资者可以利用中亚地区现有农业资源，建设生产集中程度高、规模经济大、产出效益显著的农业现代化基地。外商可以与中亚国家的农业合作社或农业公司进行国际农业租赁合作，可以利用优质的草原、草场，用国际租赁方式租赁草原和草场从事畜牧业生产。

第二，发展农产品精深加工。在利用国际租赁建设生产基地的基础上，可以进一步考虑发展农产品精深加工业，外商可以依托该国知名企业，将自身的技术优势、品牌优势与中亚各国的农业资源优势结合起来，拓展产业路径，延伸产业链条，既可以实现农产品增值效益，又可以为中亚国家提供更多的就业岗位。在这种全产业链理念的主导下，外商投资者既降低进口农产品的成本，又能提高国际竞争力，与中亚国家收获双赢。

第三，合作经营。中亚五国在独立后，国内农业生产体系经过了恢复重建期，面临着生产技术落后、资金不足、产品同质化、机器装备陈旧、管理理念腐朽、销售网络不畅、市场开发力度不够等问题。中亚各国均希望用国际合作的方式解决这一难题，发展农业经营。在这方面具有先进经验的投资国可以和中亚国家开展农业合作经营，但在具体合作方式和步骤方面，还要经过仔细探讨。

第四，拓展农业生产性服务。农业合作的一个重要领域是开展农业生产性服务合作。当前的投资领域主要涉及农、林、畜牧、水产品、农产品加工等方面，未来还可以着眼于物流、技术培训、市场营销服务等方面。此外，中亚五国的基础设施和运输条件相对落后，也可以作为外商与中亚国家投资合作的重点，通过构建农产品运输网，降低生产经营的运输成本。

（四）中国对中亚的投资现状

中国与中亚五国农业区域合作主要集中在贸易领域，农业投资规模非常小，之所以会出现这种现象，一方面是由于农业生产发展面临较多不稳定性因素，进行直接投资具有很大的风险；另一方面是由于中亚五国有着特殊的政治环境，使得中国农业企业进行投资时不得不采取谨慎态度。目前，对中亚五国进行农业投资的主要是来自新疆的一些企业，国内知名大企业针对中亚农业投资少之又少。总的来说，中国对中亚五国的农业投资经历过缓慢、曲折的发展期，现已进入一个崭新的全面发展阶段，双方农业合作的形式、领域、层次、渠道都有了很大程度的提升和拓展。

二、西亚

西亚 20 个国家的农业资源相类似，但一些国家政治局势动荡，大大影响了外来农业投资。这里以中国企业在西亚地区投资存量最大的阿联酋为例进行介绍。在"走出去"战略推动下，中国企业赴阿联酋投资步伐加快。目前，超过 3 000 家中国公司在阿联酋开办了公司或办事处。据中国商务部统计，2015 年中国对阿联酋直接投资流量达 12.69 亿美元。截至 2015 年年末，中国对阿联酋直接投资存量 46.03 亿美元。目前，中国对阿联酋投资主要领域为能源、钢铁、建材、建筑机械、五金、化工等；其中主要投资项目包括：中阿宣布成立 100 亿美元的共同投资基金；Adnoc 和中石油合资成立 AI Yasat 石油作业公司，中石油占股 40%；中石化冠德控股有限公司（占 50%）与新加坡宏国能源有限公司（38%）、富查伊拉政府（12%）在阿联酋富查伊拉投资建设的石油仓储合资项目——富查伊拉石油仓储公司。

第三节　中亚和西亚主要国家农业吸引外商投资的政策

中亚和西亚两大区域内各国特点类似，这里将以主要国家为例介绍。

一、土地政策

（一）哈萨克斯坦

根据 2003 年《哈萨克斯坦土地法典》规定，哈萨克斯坦土地分为国有和私有两部分，其使用权有三种方式：长期使用、临时使用（租赁）和私有。其中国家单位可长期使用国有土地；外国的自然人和法人可以租用哈国土地（临时使用），且有年限限制，原属国有的农用地可依法转归哈国自然人或非国有法人私有。

国有土地可以有 4 种使用方式：一是销售或无偿转让给私人或法人；二是作为国有企业的实物出资；三是长期或短期使用；四是法律规定的其他用途。国有土地可以通过一定法律程序私有化，或无偿、或按政府规定的价格、或按市场估价转让给公民或法人，土地私有化的收入划入国家基金。外国人和外资企业可以在哈国租赁土地，但不得转让和买卖。

哈萨克斯坦本国公民可以私人拥有农业用地、工业用地、商业用地和住宅用地，可以进行买卖。

关于外资企业获得土地的规定。调节哈萨克斯坦土地法律关系的法律主要是《哈萨克斯坦土地法典》（2003）以及《哈萨克斯坦政府关于确定各行政区域（城市）内哈萨克斯坦公民、非国有法人和其从事商品性农业生产的连带责任人用于农业（农场）经营的农用私有土地和外国人、无国籍人士、外国法人用于商品性农业生产的临时使用土地的最高限额的规定》（2003）。

根据上述法律规定，从事农业经营的哈萨克斯坦公民、哈萨克斯坦非国有法人及其从事商品性农业生产的连带责任人可拥有私人土地，外国人、无国籍人士以及外国法人为在哈萨克斯坦从事商品性的农业生产可在有偿临时使用土地（租赁）权基础上使用土地。

外国人、无国籍人士及外国法人可在拥有土地临时使用权的基础上在哈萨克斯坦从事商品性农业生产。外国人和获得哈绿卡的人无权购买哈农用土地，只能进行租赁，农用土地租用年限由原来的 10 年延长至 25 年，具体规定如下：

《哈萨克斯坦土地法典》（2003）第 37 条第 5 款规定，在哈萨克斯坦，本国公民可拥有10～49年的有偿临时使用权用于农业（农场）经营，外国法人有偿临时使用权为25年；本国非国有法人可拥有49年内的有偿临时使用权用于商品性农业生产，外国法人有偿临时使用权不得超过25年。

关于外资参与当地农业投资合作的规定。《哈萨克斯坦土地法典》（2003）明确规定，外国个人和企业只能租用哈萨克斯坦的土地。因此，外国个人和企业可以承包经营农业土地，但租用期限不得超过25年，不能拥有土地的所有权。

（二）塔吉克斯坦

塔吉克斯坦《土地法》规定，土地属于国家，不允许买卖，只能租赁，并按地区征收平均土地税。外国投资者依法可以在一定期限内使用（包括租赁）土地。根据《土地法》第13条和第25条以及《外国投资法》第32条第一款规定土地使用期最长为50年。塔吉克斯坦各个地区土地使用者应缴纳的农业用地土地税各不相同，具体见表7-3。

表7-3 塔吉克斯坦农业用地土地税税率

单位：索莫尼/公顷

所处区	水浇地/旱耕地	牧场	道路、街道、社会建筑、森林、灌渠	其他非生产用地
索格德	30/5.5	4	12	3.75
吉萨尔	32/13	4	9	2.75
拉什特	26/19	4	6	1.25
库利亚布	33/15.5	4	9	2.75
瓦赫什	46.5/11.5	4	13	4.25
巴达赫尚	9/4	2	6	1.25

资料来源：中国驻塔吉克斯坦大使馆经商参处。

关于外资企业获得土地的规定。塔吉克斯坦《土地法》于1996年颁布，并于2006年进行修订。该法规定，向外资企业和外国公民提供土地使用的期限不超过50年。塔吉克斯坦受特别保护的地区不向外资企业和外国公民提供土地。

塔吉克斯坦土地使用权需要进行国家登记，获得国家登记证书后，土地使用权正式生效。塔吉克斯坦土地使用是有偿的，每年缴纳的费用，主要包括土地税和土地租金，具体金额每年根据塔吉克斯坦相关法律确定。

关于外资参与当地农业投资合作的相关规定。外国企业在塔吉克斯坦农业用地采用租赁形式进行，土地租赁期限不超过 50 年。中国企业目前在塔吉克斯坦从事水稻、棉花、小麦等作物种植，取得了良好的经济效益。保证粮食安全是塔吉克斯坦政府的重要工作目标，对外来农业投资持欢迎态度，没有特殊附加条件。

(三) 阿联酋

在阿联酋，土地及自然资源属于统治各酋长国的酋长家族。联邦没有关于土地所有权的统一法规，相关事宜由各酋长国负责管理。

阿布扎比酋长国于 2005 年颁布了一部关于土地所有权的法律，规定政府在法律颁布前后授予公民的地产属于公民自由财产。公民可对地产所有权进行登记，并依法使用、利用及处置。该法还允许海合会成员国公民在阿布扎比投资区域内拥有地产，并对投资区以外的商业房地产租赁合同条款作了明确规定。根据此项法律，外国人也可在阿布扎比的投资区租赁房地产，但租期有限。其他酋长国对土地及地产所有权也各有相应规定。

关于外资企业获得土地的规定。阿布扎比酋长国只允许阿联酋公民和他们全资拥有的法人享有不动产的完全产权。海湾合作委员会（GCC）国家公民及其全资公司可以在指定的投资区内拥有地产。非阿联酋和海合会国家公民可以在投资区内拥有房产（不包括房产所在的土地），也可获得最多 99 年的房地产租约和最多 50 年的土地租约。

关于外资参与当地农业投资合作的规定。阿联酋常年高温，水资源极度贫乏，不利于大规模农业生产。阿联酋各酋长国政府均严格限制外资企业参与当地农业投资合作，外资参与当地农业投资合作仅限于租借各酋长国王室（或部落）自留农业用地，以对方的名义开展农业生产。

二、劳工政策

(一) 哈萨克斯坦

1999 年 12 月 10 日哈萨克斯坦颁布《劳动法典》，2004 年 2 月 28 日颁布《劳动安全与保护法》，随后又陆续颁布了其他一系列法规。2015 年 11 月 15 日举行的哈上议院全体会议上通过了《新劳动法》草案，旨在形成新的自由劳动关系模式，并兼顾企业和劳动者利益，国家、雇主和雇员的社会责任。根据新劳动法，灵活协调劳动关系的机制将更加广泛，阻碍企业发展的限制逐步减少，同时对企业和劳动力市场的发展及吸引外资具有积极作用。

哈萨克斯坦《劳动法典》的宗旨是保护工人的权利与合法利益，规定年满 16 岁，或在经家长（监护人）同意的情况下，年满 14 岁可以签订个人劳动合同。

个人劳动合同必须以书面形式签订。劳动法规定劳动合同可以是无期限合同或短期合同（1 年），也可以是中期合同（1 年以上）。短期合同的签订情况不多。重复签订中期个人劳动合同可转变为无期限劳动合同。

除个人劳动合同外，还应签订集体劳动合同。通常情况下，没必要签订集体劳动合同。但是，如果雇员主动提出要求，雇主必须研究、讨论和签订集体劳动合同问题。

雇员可随时主动提出终止劳动关系。惟一的条件是要在解除劳动合同前 1 个月通告雇主。雇主可根据自己的意愿终止合同，但要出具内部依据清单。主要有：裁减人员编制、雇员初次严重违反劳动责任、无故在 1 个工作日内离岗 3 个小时以上、拒绝工作安排等。雇主要办理因雇员导致损失的民事法律责任义务保险。

哈萨克斯坦对外国劳务人员实行严格的工作许可制度。在哈萨克斯坦从事有偿劳务的外国公民必须获得劳动部门颁发的工作许可，否则将被罚款、拘留、直至驱逐出境。哈萨克斯坦劳动部门对外国劳务人员的数量实行总量控制、按州发放。

为保障本国公民就业，哈萨克斯坦限制外国劳务进入，但本国人员不能完全胜任的工种或者缺乏的人才除外。因此，哈对使用外国劳务有严格的配额制度，且获取签证十分困难。虽然哈每年的劳务配额不少，但由于对劳务的严格控制和签证手续的繁琐，劳务配额的使用额度较低。此外，劳动配额不适用于俄罗斯、白俄罗斯和亚美尼亚公民，因欧亚经济联盟成员国公民在联盟区域内已可以自由从业。

（二）塔吉克斯坦

根据塔吉克斯坦《劳动法》，公民有劳动并获取相应报酬、自由择业、劳动保护和享受社会失业救济的权利。劳动条件须符合国家相关的安全及卫生规定，每周有休息日、工作时间不超过 40 小时，每年享受年假。

关于雇主的责任。雇主必须遵守《宪法》《劳动法》及其他相关法律法规，遵守劳动保护法规、生产技术安全和卫生规定及防火条例，保障正常的生产条件，按时支付员工工资，提供完成工作所需的设备、工具和材料。雇主有权与雇员签订劳动合同，制订内部劳动制度，要求雇员遵守相应的劳动纪律。

关于工作时间。15～16 岁工作人员每天连续工作时间不超过 5 小时；16～18 岁不超过 7 小时；伤残人士不超过 6 小时；正常人每天工作最多不超过 12 小时。6 天工作制的，每周工作 40 小时，每天连续工作时间不超过 7 小时；每周工作 35 小时的连续工作时间不超过 6 小时；每周工作 24 小时的连续工作时间不超过 4 小时。

根据塔吉克斯坦《劳动法》的明确规定，在塔吉克斯坦居住的外国公民可在塔吉克斯坦企业、机关及各种组织中谋求职位。为进一步规范外国公民在塔从业人员的管理，2001 年 12 月，塔吉克斯坦政府颁布了《外国劳动移民实施办法》，使得对外国劳工的管理更为细化和有法可依。

关于外国劳动移民的规定。外国人（包括在塔境内的法人代表以及无国籍人士）可以依据同雇主所签订的劳动合同，在塔境内从事劳务活动，但法律规定的某些只能由塔吉克公民担任的职务或从事的特殊工种除外；外国劳工拥有并承担《外国公民权利法》中所规定的一切权利和义务；外国劳工进入塔吉克斯坦境内后，须持经授权的主管部门所出具的书面文件到居住地内务部门进行临时居住登记；外国劳工的具体工作程序由雇主同雇工所签订的劳动合同确定。劳动合同须包括下列内容：雇主和雇工的基本情况；合同对象；劳动报酬；工作及休息时间；健康及劳动事故保险；双方的责任与义务；劳动纠纷解决办法；雇主负责雇工返回原籍；有效期及解除期限；双方商定的其他条件。根据 529 号政府令规定，从 2008 年 10 月 31 日起，对外来劳工实行工作许可证制度；同时规定外资企业中外籍工作人员比例不能超过 30%。2014 年以来，对外国工作人员比例进行限制，基本达到 2∶8 的用工比例。

塔吉克为劳动力过剩国家，在塔工作的中国人多为项目管理人员和投资及工程承包项下的劳务人员。塔吉克斯坦对就业岗位和测试条件无特殊规定。

2015 年，由于塔吉克斯坦在俄罗斯打工的民工回流，造成塔社会就业形势日趋紧张，因而政府进一步严格了签证和劳务配额制度，对引进外籍劳务的态度有所转变，除高科技人员和专业管理人员外，严格限制外籍劳工的入境。为治理外来人员非法滞留问题，每年在塔吉克斯坦首都杜尚别开始实施"护照检查"专项行动，主要检查在塔外国公民是否有合法居留登记或签证手续。目前，塔吉克当地尚无劳动援助机构。

（三）阿联酋

阿联酋《劳工法》全面规定了劳动关系中的所有范畴。

关于工作时间与休假。正常情况下，每天的工作时间最长 8 小时，每周 48 小时。经人力资源与本土化部同意，某些特殊工作部门或工作性质，工作时间可以延长或减少。《劳工法》第 65 条规定，斋月期间，每天的工作时间应减少 2 小时。通勤时间不计入工作时间。正常加班，劳务人员可得到日工资 25% 的加班费，如果是晚上 9 点到早晨 4 点加班，可得到日工资 50% 的加班费。除不可抗力外，每天的加班时间不超过 2 小时。周五是所有工人的休息日，计时工除外。如果劳务人员必须在周五工作，雇主应给予补休一天或发给日工资 50% 的加班费。

根据劳务人员可享受的年休假规定，服务期满 6 个月不满 1 年的，每个月 2 天；服务期满 1 年的，每年 30 天。实习期满后服务连续超过 3 个月的，每年的病假 90 天（连续或间断），并按如下规定计算工资：前 15 天按全额工资计算，第 16～45 天按半数工资，45 天以上的时间无工资。

劳务人员还可享受的休假包括：每年 10 天的公众假期；朝圣假期（仅穆斯林在合同期内可享受一次，不超过 30 天，不计工资，不计入其他假期）；孕产假。服务期满 1 年的女工在产前或产后，有 45 天的带薪假期；不满 1 年的则为半薪；另外，如果孕产女工因病不能上班的，有连续或间断

100 天的不带薪假期。病假条应由指定的有资质医疗机构或当局出具。孕产假不计入其他休假。

阿联酋还实行夏季午休制度。从 2005 年开始，一般为每年的 6 月 15 日至 9 月 15 日（具体时间由人力资源与本土化部通知）共三个月，在户外工作的劳工 12：30～15：00 之间为午休时间，违者将对雇主处以 15 000 迪拉姆（约 2.6 万人民币）的罚款。

关于雇用合同的解除。有如下情况时可解除雇用合同：固定合同到期，或劳资双方都同意解除合同；固定合同中如果单方面终止合同，需提前 30 天，不超过 3 个月提出，但当事方需要承担法律后果；如果所签无限期合同的任一方表示要终止合同，并按《劳工法》规定事前通知，另一方也同意；无期限合同下雇主或劳工在有充分理由情况下均可解除合同，并提前 30 天向另一方发出书面通知。

计时工的通知期限为工作半年以上 1 年以内的，提前一周通知；工作 1 年以上 5 年以下的，提前两周通知；工作 5 年以上的，提前 1 个月通知。

雇主在下列情况下，可不经劳方同意而解雇劳方：雇员提供伪造的国籍、身份、证明和文件等；在实习、试用期间；因雇员所犯错误而导致雇主大量物质损失；雇员在已知安全生产规则的情况下，违反安全生产条例；雇员不履行雇用合同所规定的基本义务，而且不听警告；雇员泄露公司的机密；雇员被政府法庭判决违背了公共道德、信誉、诚实；雇员被发现醉酒或在工作时间醉酒；雇员威胁、挑衅雇主、值班经理或同事；雇员在 1 年中无故连续旷工 7 天以上或不连续旷工 20 天以上。

外籍劳务进入阿联酋实行工作许可制度。外籍劳务只有取得在人力资源与本土化部注册许可企业的担保下，才能获得工作许可。外籍劳务只有满足以下条件，人力资源与本土化部才发放工作许可：年龄在 18～60 岁之间；应具备在阿联酋有用的专业或学术资质；持有的护照有效期在 6 个月以上；身体健康。

阿联酋经济自由，对劳务的国籍没有限制，雇主依据劳工法及有关规定，可以从世界上任何国家招聘劳务，实行"非移民、临时性、合同制"劳务政策。有关招聘外籍劳务的法律和程序在阿联酋各酋长国是通用的，可以从其中任一酋长国人力资源与本土化部门获得工作许可，并获得任一酋长国移民局入境签证，从联邦的任一机场或海港入境。因此，合法的外籍人员在阿联酋务工面临的法律和政策风险较小。

三、金融外汇政策

（一）哈萨克斯坦

哈萨克斯坦的法定货币为坚戈，除非法律另有规定，所有居民间的交易都必须使用坚戈。哈萨克斯坦国家银行是该国的中央银行，负责管制外汇交易，监管授权银行业务。授权银行是执行外汇管制的代理机构。哈国于1996年7月16日宣布接受国际货币基金组织协定第八条款的承诺，坚戈实现了经常项目可兑换。

该国目前实行单一的事前不公布汇率目标的有管理的浮动汇率制度，坚戈对美元、欧元、俄罗斯卢布的汇率一周一定，并由外汇市场、银行间市场和兑换所市场决定，在每周一由哈萨克斯坦国家银行宣布。与其他30多种货币的汇率由国际市场上的交叉汇率决定，部分兑换所开办了人民币与坚戈的兑换业务。货币市场包括阿尔迈提金融工具交易所、银行间柜台市场，以及处理外汇现钞的汇兑所网络。外汇期货交易可在阿尔迈提金融工具交易所进行，远期外汇交易在银行间市场进行。哈萨克斯坦国家银行根据需要，通过对阿尔迈提金融工具交易所的主动干预，监控坚戈的名义汇率。

哈萨克斯坦经常项目外汇管理政策规定，居民自然人和非居民自然人可直接在银行或兑换所以坚戈兑换外币，但在汇出和携出时有管制。每人每天最多汇出1万美元，每个月不得超过5万美元，且自然人不得向境外法人汇款。居民自然人携带1万美元以上出境时，需要出示证明资金合法来源的单据。非居民自然人携出外币，需出示入境申报单，若申报单载明金额小于携出金额，需要出示证明其资金合法来源的单据。对居民法人和非居民法人允许开立外汇账户保留外汇收入，居民法人可在国内市场兑换外币，但仅可用于与非居民的结算，以及履行与从银行获得外币信贷及其他法律规定的义务。非居民法人也可在哈国内外汇市场兑换外汇，但兑换所用坚戈必须来自于经常性外汇交易。

（二）塔吉克斯坦

根据塔吉克斯坦《投资法》规定，投资者有权在塔开立本币及外币账户，完税后有权将塔本国货币自由兑换成其他货币，同样可认购其他外币用于支付塔境外业务。外汇汇出自由，投资者和外国工作人员有权将合法投资和经营利润所得外币收入和工资汇出境外，无需交纳特别税金。携带 3 000美元以上现金出入境需要申报。

2015 年 11 月 27 日，塔央行协同检察机关抓捕了 6 名涉嫌抬高外汇汇率的外币兑换点工作人员。同时，为稳定外汇市场，塔央行采取措施，通过了《关于进行外币外汇交易程序》的第 211 号决议，此决议将在正式公布后实施。根据此决议，塔将关停所有外币兑换点，外汇业务，包括买卖外币将在银行服务中心、各银行分行、及贷款组织本部进行。塔央行提醒，除了在上述机构外，在其他地方进行外币交易将被视为是违法行为，买方、卖方将受到同等行政或刑事责任处罚。

（三）阿联酋

阿联酋金融体系较为完备。在阿联酋从事金融业务的机构包括银行、证券公司、财务投资公司、金融咨询公司、金融中介公司等各类金融机构。根据阿联酋有关规定，阿联酋境内还有一些金融机构从事有关业务无需向阿央行申请牌照。这些金融机构包括：2 家专业性银行（阿联酋产业银行和阿联酋房地产银行），2 家投资机构（阿布扎比投资局和阿布扎比投资公司），2 家开发性金融机构（阿布扎比投资基金和阿联酋开发银行）以及保险公司。

目前，阿联酋没有影响利润和资本进出的外汇管制。就发展程度而言，阿联酋是中东北非地区金融业发展水平最高的国家，迪拜是本地区的金融中心。据不完全统计，阿联酋共有 23 家本国银行，在境内外共有 892 家分行；此外，有 28 家外国银行，境内共有 115 家分行；同时有 1 家有限许可银行、2 家投资银行。

从当地渠道而言，受国际油价和中东恐怖组织的影响，阿联酋银行业流动性收紧，政府对金融和信贷体系加强了相关的审核条件和法律法规建设。

四、财政税收政策

(一) 哈萨克斯坦

《哈萨克斯坦税法典》是调节税收的基本法律，于 2001 年 6 月公布实施，后经多次修订。2008 年起，哈萨克斯坦着眼于应对全球金融危机和经济形势恶化的现实，开始制定新税法。新《税法》已于 2009 年 1 月 1 日起实行。新税法对税种和税率进行了适度调整，减轻了非原料领域税负，增加原料领域税收，给予中小企业较多优惠措施。

纳税人应当在税务机关办理注册登记，对课税对象和纳税相关项目进行计算，根据课税对象和纳税相关项目，计算纳税基数、税率、税款以及其他缴纳财政款项的数额。按照规定的顺序和期限，编制税务报表并将其递交给税务部门，同时按照税法规定的顺序和期限，缴纳已计算、加算税款和其他缴纳财政款项。未履行纳税义务的，缴纳滞纳金、罚款。纳税人需按照税法典规定的顺序和期限履行纳税义务。

哈萨克斯坦税务管理既有税务监督，又有税务警察。哈萨克斯坦税法规定了根据实际欠缴税款数额进行处罚程序。对违规一方的处罚数额要高于实际应追缴税款的数额。当出现违反税法的情况时，税务机关会将具体细节通告纳税人。此时，纳税人应在规定的期限内（收到通告 5 日之内）就所涉及的问题及时与税务机关协商评估。纳税人有权根据哈萨克斯坦法律程序，就税务机关的决定，向其上级税务机关提起申诉。

哈萨克斯坦的税收制度遵循属地原则，依据纳税人的所得是否来源于哈国境内来确定其纳税义务，而不考虑其是否为哈萨克斯坦公民或居民。

(二) 塔吉克斯坦

塔吉克斯坦税收主管部门是国家税收委员会。根据塔吉克斯坦现行税法规定，外国公司、外国人、塔吉克斯坦公司、塔吉克斯坦人都要向国家纳税，全国实行统一的纳税制度。各类企业目前所涉及的税种共有 10 项，其中，国税 8 项、地税 2 项。实行属地税制。从纳税时间来看有 4 种方式：月报税，每月 5 日前交纳上个月的税款；季度税，每 3 个月交纳一次；半年税，每6个月交纳一次；年税，每年交纳一次。根据塔吉克斯坦法律规定，企业和个人到企业注册登记的区税务部门报税。法人必须经过银行纳税，个人可交现金纳税。

塔吉克新税法自2013年1月1日起生效，新税法的特点是征税和报表形式进一步简化并增加透明度，力求更加高效、公平、公正，并以减轻纳税人负担为主要目的。

（三）阿联酋

阿联酋是一个低税国家，境内无企业所得税和个人所得税、增值税、印花税等税种。阿联酋没有联邦税收体系，税收制度由各酋长国自行规定。目前有税法的包括阿布扎比酋长国、迪拜酋长国、沙迎酋长国。根据海合会统一征税安排，自2018年1月1日起阿联酋将开始征收5%的增值税（VAT）。

阿联酋联邦政府对一般商品征收5%的进口关税，部分农产品和药品免税，但对奢侈品征重税，如烟草税为50%～70%。

阿联酋联邦政府不征收公司所得税、营业税、消费税等。各酋长国政府会根据自身的实际情况制定相关法律对企业经营实体征收所得税，但实践中，仅有油气勘探生产及石化类公司以及外资银行分支机构需要纳税。

阿联酋没有个人所得税，不需要对工资收入和资本所得征税，但大部分酋长国会征收市政税，包括对餐厅出售的食品征收5%～10%的税，对酒店按客房征收10%～15%的税，对商业房产出租征收10%的市政税，对住宅用房产出租征收5%的市政税等。

五、资源环境政策

（一）哈萨克斯坦

2014年，哈萨克斯坦机构改革后，由哈萨克斯坦能源部负责环境保护、制定自然资源利用、水资源管理的国家政策，是确保生态可持续发展的主管部门。能源部下设有专门负责生态调节等委员会，其主要职责：提高环境质量，确保生态安全，实现环境可持续发展；管理和调控环境保护，制定自然资源、水资源和社会生态可持续发展的国家政策；负责环保立法；完善国家环境管理和生态调控体系；推进环保和可持续发展的国际合作；发展环保信息及教育体系；根据环保法规、规章的要求，监控国家生态环境。环境保护的主要法律法规见表7-4。

表7-4　哈国主要环境保护法律法规

颁布时间	名　称
1991.08.23	保护赛加羚羊种群的法规
1992.04.07	关于保护乌拉尔—里海流域鱼类孵化场的法规
2003.07.08	哈萨克斯坦共和国森林法
2003.07.08	哈萨克斯坦共和国水法（2004.12.12作了修改）
2003.06.20	哈萨克斯坦土地法
2003.12.03	2004—2015年生态安全总统令
2006.11.14	2007—2024年可持续发展过渡方案总统令
2007.01.09	哈萨克斯坦共和国生态保护法
2008.02.19	2008—2010年环境保护方案

资料来源：中华人民共和国商务部对外投资和经济合作司《对外投资合作国别（地区）指南　哈萨克斯坦》2016年版。

当前哈萨克斯坦政府环保与生态问题的关注焦点是：大城市和工业中心空气污染，里海和巴尔喀什地区的污染；地表水、地下水和跨界水污染问题；土地荒漠化；咸海生态灾难和塞米巴拉金斯克地区（苏联核试验场）历史遗留污染问题。环保法规主要涉及以下几个方面：禁止在国家林场砍伐成材林、违反生态保护法的赔偿责任、禁止油气开采企业放空燃烧、加强水体保护等。外资企业开展投资和承包工程如果产生废水、废气、废渣等固体废物，涉及对土壤、植被、动物等可能带来影响的，均要进行环保评估，其中炼油厂、火电厂、核燃料加工企业、钢铁厂等一般须经过全面评估。

（二）塔吉克斯坦

塔吉克斯坦主管环境保护的部门是环境保护委员会，其主要职责是以保护自然资源和人类居住环境为目的，管理、协调社会与自然的关系。

《塔吉克斯坦共和国环保法》于1996年2月公布，分别于2002年5月、

12月、2004年7月、2011年8月2日修订。所有企业和个人对待环境的基本原则是环境应适合人的生活和居住，有利于居民的生活、劳动和休息；必须遵守《环境保护法》的规定并履行责任，对破坏环境的行为要承担相应的法律责任。

规定国家的所有资源，包括水、森林、土地、植物、动物等必须有偿使用。丢弃污染自然资源和对环境有不良影响的废料、废弃物、边角料及其他有害物需支付相应的成本。

任何企业和个人都必须保护周围的环境以有利于居民身体健康。任何项目在未得到国家的批准之前，禁止擅自开工，不能擅自更改环保内容，同时必须采取措施保护周边环境不被破坏。国家自然保护区内禁止一切生产活动和其他商业活动。

法人和自然人，因污染环境，耗竭、损坏、毁灭、不合理利用自然资源，使自然生态系统、自然综合体和自然景观遭受退化和破坏及其他违反环境保护法规的行为给环境造成损害的，必须依法予以赔偿。

对违反环境保护法规造成的环境损害的赔偿，自愿进行或者根据法院或仲裁法院的判决进行。因违反环境保护法规造成的环境损害数额，根据用于恢复被破坏的环境状况的实际费用并考虑受到的损失（包括失去的应得利益），以及复垦和其他恢复工程的方案予以确定，在没有这些项目时，依照实施国家环境保护管理的执行权力机关批准的环境损害数额计算表和方法予以确定。

（三）阿联酋

阿联酋环保管理部门主要包括：气候变化与环境部、阿布扎比环境署、环境及保护区管理局。

气候变化与环境部最早为阿联酋农渔部，后改组为环境与水资源部，2016年年初联邦政府重组后该部增加了管理国内外气候变化有关事务的职能，并改为现名。其主要职责还包括：在联邦环境署的框架下减少土壤、大气和水污染，同时控制沙漠化和保护生物多样性；发展替代资源，防止地下水过度开采；提高生物安全性，确保动物和禽类流行疾病的预防，防止人畜共患病；深入调研；提高公民环保意识；规范捕鱼活动，发展水生生物资源；采用先进食品进口标准，确保食品安全；完善相关法律，加强管理，特别完善监控机制。

阿布扎比环境署成立于 1996 年，前身是环境研究与野生动植物发展署（ERWDA）。其主要职责是：保护和控制生物多样性；将保护环境和自然资源提上国家日程；为政府、企业和社会团体提供相关指导意见。

环境及保护区管理局成立于 1998 年，是隶属于沙迎政府的环保部门。2010 年 2 月，该管理局主办了阿拉伯半岛保护生物多样性第一次会议。阿联酋主要环境保护法律法规见表 7-5。

表 7-5 阿联酋主要环境保护法律法规

年份	名 称	备 注
1998	联邦《狩猎法》	阿联酋最早一部环境保护法律
1997	联邦《国家环保战略规划》	旨在保证国民经济持续发展，避免工业化国家曾经遭遇的环境污染
1999	联邦《环境法》	各酋长国还根据联邦环境法制定其自己的环境法，两套法同时生效
2000	联邦《保护海洋环境的规定》	
2002	联邦《濒危野生动植物贸易管理规定》	
2004	联邦《防止电离辐射污染的基本规定》	
2004	联邦《防治交通污染的规定》	
2004	联邦《关于垃圾处理的规定》	
2006	联邦《修订环境法》	
2007	联邦《动物保护法》	
2014	联邦《臭氧层保护法》	

资料来源：中华人民共和国商务部对外投资和经济合作司《对外投资合作国别（地区）指南 阿联酋》2016 年版。

阿联酋禁止进口某些特定产品，有些是遵守国际公约，有些是出于环保、卫生方面的考虑。例如：《控制危险废料越境转移及处置的巴塞尔公约》《关于在国际贸易中对某些危险化学品和农药采用事先知情同意程序的鹿特丹公约》《濒危野生动植物物种国际贸易公约》。1999 年联邦第 24 号法令规定：任何公共或私人机构，具备或不具备资质的个人都不得在阿联酋进口、输入、掩埋或处置任何形式的危险废料；危险化学品及废料处理应依照《危险物质、危险废料以及医疗废料的处理规定》执行。

六、市场准入政策

(一) 哈萨克斯坦

哈萨克斯坦投资和发展部是哈投资主管部门，该部设有投资委员会，主要职责是实施国家有关保护、支持和监督投资活动的政策。该委员会负责接受和登记投资者要求提供优惠的申请，决定是否给予其投资优惠，并负责与投资者签署、登记或废止有关提供其投资优惠的合同，并监督有关优惠政策的执行情况。

哈萨克斯坦于 2003 年颁布了新的《投资法》，制定了政府对内、外商投资的管理程序和鼓励办法。根据新的《投资法》，国家对外资无特殊优惠，内外资一视同仁；鼓励外商向优先发展领域投资，其中包括农业。总之，鼓励外商投资，大部分行业投资没有限制，但对涉及哈萨克斯坦国家安全的一些行业，哈有权限制或者禁止投资。哈特别提倡外商向非资源领域投资。

根据《哈萨克斯坦共和国投资法》，外国投资企业可以以合伙公司、股份公司以及其他不与哈萨克斯坦共和国法律相抵触的形式建立。外国投资企业的建立程序与哈萨克斯坦共和国法人的设立程序一样。外国投资企业应按规定的数额、程序和期限设立法定资本。外国投资者向企业法定资本实施投资，可以用货币形式出资，也可以用建筑物、厂房、设备及其他物质财产，水土和其他自然资源使用权以及其他财产权（包括知识产权）等作价形式来出资。《哈萨克斯坦共和国投资法》中规定的投资人包括自然人和法人。因此，自然人在哈开展投资的规定与法人相同。

另外，外国投资者可以用企业经营利润及企业其他收入和企业创办者追加投资等方式来补充法定资本。哈萨克斯坦方面和外国投资者方面投入企业法定资本的财产所占的份额比例由创办人自己决定。法定资本资金应存入在哈萨克斯坦共和国登记注册的授权银行。若外国投资者是以购买哈萨克斯坦共和国法人建立的股份公司的股份或合伙公司的股票或份额的方式实施投资，该法人要作为外国投资企业重新登记注册。

(二) 塔吉克斯坦

塔吉克斯坦主管投资的部门为投资和国有资产管理委员会及经贸部外资管理局。塔吉克斯坦总统在国情咨文中明确表示，农业是塔吉克斯坦的重点投资领域。

根据塔吉克斯坦《投资法》的规定，外国投资者的投资主体可以是外国法人、外国公民、无国籍人士、定居在国外的塔籍公民、不具有法人资格的外国团体组织和主权国家、国际组织等。按照塔吉克斯坦法律规定，具有完全民事权利能力的自然人可以在塔吉克斯坦投资，并受塔吉克斯坦本国法律保护。投资形式包括：不动产；证券；知识产权；塔吉克斯坦法律不禁止的其他形式。投资种类包括：自然人，非国有企业、机关、团体和其他机构从事的私营投资行为；国家机关、执行机关、国有企业、机关团体利用预算和非预算基金、自有资金和贷款资金从事的国家投资活动；外国自然人、法人、国家、国际金融机构和无国籍人所从事的外来投资活动；塔吉克斯坦自然人、法人与外国共同从事的投资活动。

(三) 阿联酋

阿联酋联邦政府负责投资管理的部门主要包括经济部和财政部。只有阿联酋公民或由阿联酋公民完全所有的企业法人方可提供农业服务。

七、对中国企业投资合作的保护政策

(一) 哈萨克斯坦

中哈双方于 1992 年 8 月 10 日签署了双边投资保护协定。2011 年 3 月中哈经贸分委会第五次会议期间，中方提交了新版中哈双边投资保护协定。2014 年双方政府曾互派代表团就新版投资保护协定的未来本文进行磋商，目前已举行三轮新文本的谈判工作。2001 年 9 月 12 日，双方政府在阿斯塔纳签署了中哈避免双重征税协定。

中哈两国间已签订的协定还有：经贸合作协定（1991 年 12 月 22 日）、

成立经贸科技合作委员会协定（1992 年 2 月 26 日）、过境铁路运输协定（1992 年 8 月 10 日）、汽车运输协定（1992 年 9 月 26 日）、司法互助条约（1993 年 1 月 14 日）、航空运输协定（1993 年 10 月 18 日）、科技合作协定（1994 年 12 月 30 日）、利用连云港港口协定（1995 年 9 月 11 日）、银行间合作协议（1996 年 7 月 5 日）、商检协定（1996 年 7 月 5 日）、石油领域合作协定（1997 年 9 月 24 日）、海关合作与互助协定（1997 年 9 月 26 日）、反不正当竞争和反垄断协定（1999 年 11 月 23 日）等。

2004 年 5 月，中国和哈萨克斯坦合作委员会正式成立，截至目前已举行七次会议。委员会下设经贸、交通、口岸和海关、科技等 10 个分委会，致力于协调和解决双边关系中存在的各项问题。

（二）塔吉克斯坦

1993 年 3 月，中塔双方签订了《中华人民共和国与塔吉克斯坦共和国关于鼓励和相互保护投资协定》。2008 年 8 月，中塔签署《中华人民共和国政府和塔吉克斯坦共和国政府对所得和财产避免双重征税和防止偷漏税的协定》。除此之外，中塔签署的其他协定还有：《中塔关于进一步发展两国睦邻友好和互利合作关系联合声明》（1996 年）、《中塔关于发展两国面向 21 世纪的睦邻友好合作关系联合声明》（2000 年）、《中华人民共和国与塔吉克斯坦共和国经济贸易协定》（1992 年）、《中华人民共和国与塔吉克斯坦共和国汽车运输协定》（1999 年）、《中华人民共和国与塔吉克斯坦共和国经济技术合作协定》（1999 年）、《中华人民共和国与塔吉克斯坦共和国能源领域合作协定》（2002 年）等。

（三）阿联酋

1985 年，中阿签订《中华人民共和国政府与阿拉伯联合酋长国政府经济、贸易、技术合作协定》。1997 年 7 月，中阿签订《中华人民共和国政府和阿拉伯联合酋长国政府关于促进和保护投资协定》。同时还签订了《中华人民共和国政府和阿拉伯联合酋长国政府关于对所得避免双重征税和防止偷漏税的协定》。2007 年，中阿签订《双边劳务合作谅解备忘录》。2016 年 2 月，中阿草签《促进产能和投资合作的框架协议》。

八、农业外商投资需注意的问题

由于中亚地区绝对重要的国家空间地位和不可替代的地缘政治优势，经常成为周边大国争夺的对象，在对中亚国家进行农业投资时，不要盲目进入，而是在充分考察当地自然环境、基础设施、农业经济状况、法律法规等硬环境和软环境之后，制定出合理的投资和风险防范措施，保障投资资金的高效利用。下面以哈萨克斯坦、塔吉克斯坦和阿联酋为例，对农业外商投资需要注意的几个重点问题进行汇总说明。

（一）哈萨克斯坦

哈萨克斯坦受全球金融危机冲击、世界经济增速放缓、国内投资政策多变、坚戈贬值等不利因素的影响，国内政策环境、市场环境、行政环境等都存在不确定性，投资环境宽松度和自由度与以前有所不同。哈萨克斯坦政府对石油天然气等战略资源和重点行业的控制力不断增强，对外资企业的管控程度日益严格，政策调整力度加大。同时，哈国社会治安较差，2015年上半年全国登记在册犯罪案件244 475起，同比增长24％，且权力寻租现象屡禁不止，给外资企业投资造成困难。

中国企业在哈进行农业投资时，首先，应客观评估哈萨克斯坦的投资环境，包括土地投资壁垒和劳动许可等。受国际石油价格和俄罗斯经济影响，2015年哈萨克斯坦经济发展乏力，除能源和原料行业外缺乏稳定的经济增长点。因此在当前条件下，中国企业在哈进行农业投资时应客观评估当地投资环境，做好前期调研工作，要避免急功近利的投资心态。其次，应谨慎开展投资合作。中国企业在哈开展投资活动时应对拟投资项目、商业合同、当地法律进行详尽了解和分析。最后，应适应当地商务习惯。除此之外，中国企业还应处理好与哈政府和议会的关系，妥善处理与工会①的关系，密切与当地居民的关系，尊重当地风俗习惯，依法保护生态环境等。

---

① 哈萨克斯坦法律要求员工人数超过500人的企业必须成立工会。

（二）塔吉克斯坦

中国企业在塔吉克斯坦进行农业投资时应着重注意以下问题：①优选投资项目。近年来，中资企业在农业投资方面所取得的成功，均受益于紧密结合当地市场需求、利用当地投资环境、对项目进行详细深入的可行性分析等做法。在选择投资项目时，应充分考虑各种投资风险，事先制定好有效的规避措施。②慎重选择合作伙伴。对于合资项目，要全面调查和了解合作方的资信状况，切忌在对合资伙伴缺乏了解的情况下，贸然投入资金，以免上当受骗，给企业带来经济损失。由于塔吉克斯坦执法、司法环境对投资者的保护不足，在出现分歧时中资企业更容易处于被动地位。合资项目在合作中出现的问题较多，很多企业更倾向于选择独资经营。③合规经营。受苏联法律实践影响，塔吉克斯坦法律条文的制订非常详细，一不小心就会碰触法律禁忌，在塔吉克投资首先必须认真熟悉当地法律法规，严格遵守当地税收、劳动、环境保护和技术标准等方面法律法规。④注意企业本地化。塔吉克斯坦为欠发达的传统社会，社区是当地居民与社会融合的主要方式，在塔投资企业只有融入塔吉克斯坦当地社会和社区，才能为企业提供更好的生存环境，为企业进一步发展奠定基础。⑤充分利用吸引外资的优惠条件。塔吉克斯坦为吸引外资提供了一些优惠条件，应详细了解获得优惠的相关条件并尽量争取。⑥找准市场空白。塔吉克斯坦除少量食品类外，大多数商品依赖周边国家进口。中国企业应充分研究塔吉克农业市场需求，结合自身产能和技术优势，探讨与塔吉克斯坦的产能合作。

（三）阿联酋

根据现行法律，阿联酋对外商投资的持股比例有明确的规定，即外方持股不能超过 49%。外方投资者可以设备、技术、物资的形式投资，也可以现汇投资。在税收上，外国合资、独资企业与当地企业在法律上是平等的。

中国农业投资企业应处理好与阿联酋王室、政府和商会的关系，中国企业要在阿联酋发展壮大，不仅要与联邦政府建立良好关系，还需要积极发展与各酋长国政府的关系，同时与王室成员和有影响力的大家族建立联系，保持沟通和交流。提高当地员工雇用比例是密切与当地政府关系的重要手段。

除此之外，还应尊重当地风俗习惯，阿联酋虽然是一个伊斯兰国家，信仰伊斯兰教，但国家实行对外全方位开放，政策较开明，对外国人在衣、食、住、行等方面没有太多限制，基本可满足居住在阿联酋的各国人士的需求。

第四节　小　　结

中国与中亚五国在农业领域各有优势，中亚农业资源禀赋充足，比如在棉花、大小麦、葡萄等种质资源、优质品种培育、病虫害防治技术、农作物规模种植等方面具有优势。然而，五国在农产品加工转化、鲜活农产品供应、农业机械化等方面都有待发展。与此相比，中国在这些领域已有长足发展。此外，中亚国家具有丰富的土地资源，中国对其农业投资将会发挥中国在种植技术方面的优势。以哈萨克斯坦为例，哈萨克斯坦与中国相邻，有359万公顷土地闲置，需要投入复耕，但哈萨克斯坦政府对此力不从心，有意吸引外资开发土地。哈萨克斯坦在与中国进行的贸易磋商会中表示对同中国进行大豆种植合作有很大兴趣。

就中国对中亚五国农业投资而言，双方在农业投资领域的合作项目不到10％，大约80％的项目集中于能源化工产业。从中国农业的可持续发展角度来看，中国对中亚五国农业投资没有引起足够的重视。同时，由于中亚各国经济发展不平衡，部分国家政局不稳，市场经济体有待完善，出于考虑保护自身农业，部分国家对中国投资农业心存戒备，对中亚五国农业投资应特别谨慎。

西亚地区，自然气候恶劣、水资源储量匮乏而油气资源储量丰富。农业发展离不开水，因而为保证经济发展，一些国家（特别是阿联酋）将水资源开发、利用和管理提升至国家战略高度，重视引进农业节水、海水淡化等技术。在农作物选择方面，小型节水农场根据市场需求和产品生产成本确定种植结构，基本不种植粮食作物，以生产蔬菜和水果等为主。目前中国对西亚的投资主要集中在能源、钢铁、建材、建筑机械、五金、化工等领域，农业领域较少，应结合当地实际，在农业技术和节水农业领域加大投资，但总体来看对西亚农业投资的潜力不是很大。

第八章　南亚农业外商投资及政策

南亚位于亚洲南部的喜马拉雅山脉中、西段至南及印度洋之间。它东濒孟加拉湾，西滨阿拉伯海。南亚共有 7 个国家，其中尼泊尔、不丹为内陆国，印度、巴基斯坦、孟加拉为临海国，斯里兰卡、马尔代夫为岛国。受地理和社会文化等的影响，这些国家之间有着较多的相似性，因而这里以印度和巴基斯坦为例，介绍农业外商投资及政策。

第一节　印度农业投资环境和潜力

印度位于世界上最大的半岛——印度半岛，国土面积 298 万平方千米，居世界第七位。西北与巴基斯坦交界，北临中国、尼泊尔和不丹，东北部毗邻缅甸，东南部与斯里兰卡隔海相望，东临孟加拉湾，西濒阿拉伯海，海岸线长约 8 000 千米。印度分为三个大区，包括南部覆盖温迪亚和萨特普拉山脉地区的半岛区、西北部印度河平原、北部和东北部恒河平原。行政区划上，印度官方公布有 29 个邦和 7 个中央直辖区。

一、资源情况

印度各类农业生产资源相对丰富。据世界粮农组织统计，2015 年印度耕地总面积达 1.79 亿公顷，占全国国土面积的 53%，占全世界耕地的约 1/10。其中 93% 为一年生作物耕地，7% 为永久作物耕地。人均占有耕地量为 0.15 公顷，约为中国 2 倍。主要粮食作物有稻米、小麦等，主要经济作物有油料、棉花、黄麻、甘蔗、咖啡、茶叶和橡胶等。

印度劳动力资源富足且质量较高。印度是仅次于中国的第二人口大国，根据印度经济和社会事务部统计结果显示，截至 2014 年 6 月底，印度全国人口 12.67 亿，近 10 年人口年均增长率 1.39%，其中农村人口约占 68%。国民人均年龄为 26.6 岁，25 岁以下人口占比达 50%，25～35 岁人口占比 15%。至 2026 年，印度 15～59 岁的工作年龄人口预计将达到 1.73 亿，占全国人口的 64.3%，成为世界上工作年龄人口最多的国家。印度教育系统的体量居全世界第三，仅次于美国和中国。印度实行 12 年一贯制中小学义务教育。6～14 岁儿童毛入学率为 93%～95%，但全国小学平均辍学率高达 31%。全国现有 20 所国立大学、215 所邦属大学、100 所自治大学及其他多所学院。2011 年印度 15 岁以上人口识字率约为 74%，但成人文盲仍达 3 亿，居世界首位。

印度的气候条件有利于农业生产。印度南部属热带气候，北部为温带气候，带有典型的季风性气候特色。冬季受寒冷干燥的东北季风影响，夏季受温暖湿润的西南季风影响，带来 70%～95% 的年度降水。大部分降水集中在 6 月至 9 月，但南部东海岸地区受东北季风影响，降水集中在 10 月至 11 月。印度气象部门将一年分为冬季（12 月至次年 3 月）、夏季（4 月至 6 月）、雨季（7 月至 9 月）和秋季（10 月至 11 月）四季。印度全年平均气温在 22℃ 以上，最冷月一般在 16℃ 以上，全年均可生长农作物。

印度水资源主要来自降水和喜马拉雅山脉冰川融水。印度年降水量平均为 1 170 毫米，但各地差异很大，全国 36% 的地区年均降水量在 1 500 毫米以上，33.5% 的地区为 750～1 150 毫米，33.5% 的地区为 750 毫米，拉贾斯坦邦和古吉拉特邦地区干旱较为严重。印度的河流分为四大水系，包括喜马拉雅水系、德干高原水系、沿海诸河和内陆流域，年总径流量达 18 694 亿立方千米，其中可利用量为 6 900 亿立方千米。印度年度内部可再生地表水资源总量为 14 464.2 亿立方千米，其中 14 044.2 亿立方千米为地表水，4 320 亿立方千米为地下水，两者的重叠量为 3 900 亿立方千米。印度 2010 年总用水量为 7 610 亿立方千米，其中农业用水占总水量的 91%，生活用水占 7%，工业用水占 2%，其主要来源为地表水（52%），地下水（33%）和农业排水（15%）。

二、基础设施

印度公路主要分国家、邦级和边境公路 3 种，以新德里、孟买、加尔各答和金奈四大城市为中心，把全国各地中大小型城市连为一体。据印度交通运输部统计，印度公路总长约 490 万千米，全世界排名第二，包括高速公路总长 6.56 万千米。公路承运量占全国客运总量的 85% 和货运总量的 60%。但印度道路路况较差，道路运输能力不足，国道中约 75% 的路段为单向 2 车道及以下。公路交通秩序混乱，运输效率不高。

印度铁路总长 6.6 万千米，居世界前列。全国约有 500 个火车站，日均发车量达到 21 000 次，是客运长途出行的首选方式。在货运方面，印度 2015 年货运总量为 11 亿吨，到 2020 年预计提升到 21.7 亿吨。运输的主要产品包括矿石、钢材、化肥、石化产品以及农产品。其中煤矿是铁路运输的最主要产品，占货运总量的一半左右。

印度具有较长的海岸线，海运能力居世界第 16 位，拥有 12 个主要港口和 187 个非主要港口，其中主要港口 2015 年最大吞吐量为 8.7 亿吨。12 个主要港口的 6 个位于印度东海岸，分别是：加尔各答、帕拉迪普、维沙卡帕特南、恩诺儿、金奈以及杜蒂戈林；6 个位于西海岸，分别是：根德拉、孟买、加瓦拉尔、尼赫鲁港、莫尔穆加奥、新芒格洛尔河柯枝。这 12 个主要港口由印度政府直接管理。水运是印度外贸运输的主要方式，全印度 95% 的外贸通过水运完成，贸易价值占比超过七成。2015 主要港口和非主要港口的全年货运量分别为 5.8 亿吨和 4.7 亿吨。除恒河中下游等局部地区以外，印度内河运输水平相对较低，仅占全国国内货物运输量达 0.1%。

印度拥有 125 个运营机场，其中包括 11 个国际机场，国际及国内航班班次频繁，是当今世界上发展速度最快的民航市场之一，在全世界位列第九。2015—2016 年，印度国内客运总量为 8 016 万人次，位居世界第四。

印度拥有全球第二大电信网络，全国电话用户超过 10 亿，电话普及率达到 81%，其中移动用户数为 9.97 亿，占全国电话用户的 97.5%。印度互联网用户总数为 4 亿，其中超过 80% 的上网行为都是通过手机产生。电信运营商众多，竞争激烈，因此资费相对低廉。

国营的印度邮政公司在印度邮政体系中处于支配地位，在全国设有约 15 万个邮局，其中近 90% 位于农村地区。另有 DHL 等外资企业提供快递服务。

印度是全球第三大电力生产国和第四大消费国。截至 2015 年 10 月底，印度全国总装机容量 195.6 兆千瓦。其中火电、水电、可再生能源及核电分别占总装机容量的 69.8%、15.2%、13.0% 和 2.1%。按所有制结构划分，中央政府、邦政府、私营部门的装机容量比例分别为 27%、37%、36%。目前，印度已有 16 个邦实现了 100% 农村电气化，但印度总体供电状况不太稳定。

三、技术水平

近 60 年来，印度的农业单产水平得到了极大的提升（表 8-1）。从 1959 年到 2015 年，印度谷物单产增加了 2.4 倍，其中水稻单产提高了 1.6 倍，小麦单产提高了 3 倍。这主要得益于农业生产技术水平的不断提高，包括良种的推广、化肥和农药的施用、灌溉面积的扩大和灌溉方法的改进以及农业机械的推广。

表 8-1　1959—2015 年印度主要粮食作物单产水平

单位：千克/公顷

		1959—1960	1987—1988	2015—2016	2014 年世界平均
谷物	水稻	937	1 465	2 404	4 283
	小麦	772	2 002	3 093	3 272
豆类		475	515	652	1 572

资料来源：印度单产数据来自印度储备银行，世界平均水平由笔者根据世界粮农组织资料计算得出。

尽管取得了巨大的成就，印度的农业生产力在世界上仍处于较低水平，多数农作物单产相当于世界最高水平的 30%～60% 左右，并且低于世界平均水平。具体原因体现在：①生产技术落后。目前印度农业生产基本上仍为手工劳动，挽牛是主要动力。在全世界所有发展中国家的耕地总面积中，印度占 22.7%，而其化肥消费量仅占 16%，拖拉机数量则不到 11%，如果与发达国家相比则差距更大。②土地利用不合理，垦殖指数高而复种指数低。印度垦殖指数高达 56.7%，超过世界绝大多数国家，但因使用不合理，造成地力耗竭，大批耕地抛荒休闲。以印度丰富的水热资源论，农作物基本上可常年生长，但迄今大部分耕地仅为春种和秋种两种，夏种比例低，总的复种指数较低。

印度重视科技兴农。在中央一级，农业部下设两个专门负责农业教育与科研的机构，一个是作为政府职能机构的农业研究与教育局，另一个是印度农业研究委员会。前者负责协调农、牧、渔业各科研院所的研究、教育活动及国内外合作事项，而后者则从事基础和实用技术的研究与开发，同时负责农业教育及高新技术的鉴定和推广。近年来，印度政府计划加大对农村科技经费投入，包括电子政务、教育和就业、基础设施、农村地区数字扫盲、农业技术和农产品市场开发等。

四、制度环境

印度实行开放的经济政策，在新兴经济体中，印度的外商直接投资政策最为自由，也最为透明。印度主管国内投资和外国投资的政府部门主要是商工部，其下属的产业政策与促进司（DIPP），负责相关政策制定和投资促进工作，下设有产业协助秘书处（SIA）、外国投资执行局（FIIA）、外商投资促进理事会（FIPC）等机构；公司事务部，负责公司注册审批；财政部，负责企业涉税事务和限制类外商投资的审批；储备银行，负责外资办事处、代表处的审批及其外汇管理。

印度禁止外资进入的行业有赌博博彩业、风险基金、核能、雪茄及烟草业。印度允许外商投资进入的行业或项目分为"自动生效（automatic route）"和"政府审批（government approval route）"。其中"自动生效"行业下的项目不需要通过政府的审核，外商只需获得邦政府及地方当局的注册审批，通常包括建筑、用水、环境遵循证明等，即可开始投资，直接报备印度储备银行。"政府审批"行业下的项目，或超出印度政府有关规定的外资项目由隶属财政部的"外国投资促进委员会（FIPB）"负责审批，其中，超过 500 亿印度卢比的项目则由 FIPB 提交内阁经济事务委员会（CCEA）审核批准。

外资可通过设立公司、外资并购、收购上市公司等多种形式进入。印度政府欢迎各国投资者以"公共私营合作"（PPP）模式参与基础设施建设。

印度政府对外商投资的优惠政策主要体现在地区优惠、出口优惠和特区优惠。地区优惠指投资于印度东北部各邦等落后地区，依各邦不同可享 10 年免税、50%～90% 运费补贴、设备进口免税，投资额在 2.5 亿卢比以上的项目享有最高 600 万卢比投资补贴及 3%～5% 的利息补贴等；投资于乌塔

兰契尔（Uttaranchal）及喜马偕尔（Himachal Pradesh）两邦前 5 年 100％
免税，第二个五年免税 25％。出口优惠指产品全部出口的企业、出口加工
区和自由贸易区国内外企业，5 年内免征所得税；企业进口用于生产出口商
品的机器设备零部件和原材料免征关税。为了吸引外国资本，印度政府于
2000 年 4 月颁布了经济特区政策，目前印度已经成立了 133 个经济特区，
对特区内的企业实施一系列的优惠政策。

在农业方面，印度政府的限制较多，只允许外商投资进入一部分农业及
种植业行业，但近年来一些限制得到松动，如取消了畜牧业必须密集圈养等
规定，扩大了种植业的准入范围，在茶园和咖啡园的基础上增加了其他种植
园，并且鼓励外商投资食品加工和食品零售业。

五、其他方面

印度社会治安状况相对较好。联合国毒品和犯罪问题办事处（UN-
ODC）统计数据显示，2014 年印度共发生谋杀案件 41 623 起，每 10 万人比
率为 3.2；袭击案件 36 980 起，比率为 14.5。印度是一个多民族多宗教的国
家，印度东北地区是民族和宗教矛盾最激烈的地区。鲜有针对中国企业或公
民的恐怖袭击或绑架事件。

第二节　印度农业外商投资现状和特点

近年来，印度外商直接投资增长较快（表 8-2）。根据印度产业政策与
促进司的年度报告，2015—2016 年印度外商直接投资额达到 449 亿美元，
比上年增长 34％，2013—2015 年三年间年均增长 10.2％。从 2000 年至 2016
年，印度累计外商投资额为 3 244.78 亿美元。主要的投资来源国为毛里求
斯（33.52％）、新加坡（16.34％）、日本（7.77％）、英国（7.51％）和美
国（6.13％），中国排第 17 位（0.50％）。主要的行业有服务业（17.99％）、
建筑业（7.49％）、通信业（7.38％）、电脑软硬件（7.04％）、汽车
（5.09％）。2015 年印度吸引中国直接投资存量 37.7 亿美元，在"一带一
路"沿线国家中位列第九；投资流量 7.1 亿美元，位列第五。

表 8-2　印度外商直接投资额

单位：亿美元

年份	外商总投资	资金汇出	外商净投资
2000	40.31	0	40.31
2001	61.30	0.05	61.25
2002	50.95	0.59	50.36
2003	43.22	0	43.22
2004	60.52	0.65	59.87
2005	89.62	0.61	89.01
2006	228.26	0.87	227.39
2007	348.44	1.16	347.29
2008	419.03	1.66	417.38
2009	377.46	46.37	331.09
2010	360.47	70.18	290.29
2011	465.52	135.99	329.52
2012	342.98	73.45	269.53
2013	360.47	52.84	307.63
2014	451.47	98.64	352.83
2015	555.59	106.52	449.07

资料来源：印度储备银行。

农业在外商投资中占比较低。产业政策与促进司的统计数据显示，食品加工业比较受外商投资的青睐，在所有外商投资行业中排名第 13 位，2000年至 2016 年累计外商投资额 74.8 亿美元，占外商直接投资总额的 2.31％。其次是橡胶产业和农业服务（农业技术服务、培训等），分别占外商直接投资总额的占 0.68％、0.58％。其他外商投资的农业相关行业有植物油（0.19％）、化肥（0.17％）、农业机械（0.14％）、糖（0.06％）、茶和咖啡（0.03％），占比较小。

第三节　印度农业外商投资政策

一、行业准入政策

根据印度产业与政策促进司 2017 年最新公布的外商直接投资政策通告，

印度允许外资进入的农业行业仅限于花卉园艺、养蜂、蔬菜种植、食用菌生产、育种、畜牧水产，农业服务，属于"自动生效"行业，持股上限达100%。值得注意的是，前四类需要满足一定限制条件，即必须通过温室、网室等现代基础设施人为控制光照、温度、湿度等微气候条件。以往对于畜牧水产曾有类似的限制条件，如要求畜牧水产以圈养和孵化所等封闭形式运行，现在已经取消。印度允许外商投资的种植园限于茶园、咖啡园、橡胶园、豆蔻园、油椰园和橄榄油树园，属于持股上限100%的"自动生效"行业，任何土地使用方面的变更需要经过邦政府的允许。

印度鼓励的外商投资行业中，与农业相关的有食品加工业和农产品零售业。印度食品加工业占全国食品市场32%的份额，产值达1 210亿美元，年增长率为10%，是印度第五大行业。食品加工业分别占GDP、出口额以及总工业投资的14%、13%和6%。食品加工业属于"自动生效"行业，持股上限达100%，但是在小型产业部门（small-scale industries）[1]，外商持股不能超过24%。

为了助力农业发展，促进农产品流通，创造就业机会，印度鼓励食品零售行业的外商投资，包括电子商务渠道零售。食品零售业属于"政府审批"行业，持股上限达100%，但仅限于印度本国生产或制造的食品。

二、土地政策

印度土地所有制分为私人所有制、国家所有制和游特瓦里制（Ryotwari）[2]。

印度注册的外国公司子公司、分公司等可以购置土地和房产，但来自中国、巴基斯坦、孟加拉国、尼泊尔等八国的公司，购买不动产时必须获得印度央行预先许可。此外，不动产购买手续复杂，周期漫长且成本难以控制，

---

[1]　12种产品属于小型产业部门：面包、油酥点心、糖果点心、菜籽油、芥子油、芝麻油、花生油、甜腰果制品、香料粉、调味料、西米和木薯粉。

[2]　游特瓦里所有制是一种国家土地所有制。国家号召农民前去垦殖后备地，土地对开垦的农民来说虽然是永久租赁，但是接近于所有。农民只需每年向国家交付定额的费用，就可以继承、赠与和转让，也可以扩大和缩小规模，甚至抛荒，并在灾年享受费用减免。

因此已在印度经营的中资公司多选择租赁不动产的方式。

对于农业，外资获得耕地面临较大的阻碍和风险。首先，印度禁止外资获得耕地所有权，外资可以通过租赁的方式获得经营权。印度人口密集，人均耕地有限，而且耕地资源分配不公现象较为严重。38％的耕地集中在3.5％的中大型经营者手中，余下的 96.5％的农户以小农场的形式经营 62％的耕地。大量失地农民甚至没有住宅用地。因此，印度土地政策的核心在于土地资源的公平分配，包括废除中间人、促进土地租赁、帮助失地农民获得土地、设置最大规模限制等。外资大规模租赁耕地是与其资源条件和政策目的相悖的。

其次，印度各邦区租赁政策差异悬殊。印度宪法规定各邦区具有独立制定土地制度的自由，中央政府对土地制度的制定起指导和财政支持的作用。耕地租赁在一些邦区是完全禁止的，而在一些邦区是完全自由的。如旁遮普（Punjab）和哈里亚纳邦（Haryana）允许耕地租赁而卡纳塔克邦（Karnataka）几乎完全禁止租赁。一些邦区只授予佃农与土地所有者同等待遇，而一些邦区只将佃农排除在同等待遇之外。一些邦区只允许特定人群租赁耕地，例如残疾人、寡妇和未成年人等。几乎所有的邦区都允许土地所有者取消租赁合约以恢复自己耕种。大多数邦区允许承租人在经过公证的条件下自愿退租。旁遮普、喀拉拉邦、卡纳卡、古吉拉特、特里普拉邦和安得拉邦（特兰伽纳地区）不允许承租人向土地所有人自愿退租，但允许向邦区自愿退租。印度东北部的情况更为特殊，土地归各个部落集体所有，按平均主义原则分配。表 8-3 是印度一些主要邦区的土地租赁政策规定。

表 8-3　部分邦区土地租赁法规

邦	特　点
安得拉邦	在 Andhra 地区允许在监管条件下租赁土地。在 Telangana 地区不允许大规模农户租出土地。允许小规模农户租出土地，期限五年
阿萨姆邦	不限制土地租赁
比哈尔邦	除残障人士、工资不足 250 卢比的公务员等之外，不允许租赁土地
古吉拉特邦	不允许租赁土地，如有违反，最高罚款 1 000 卢比
卡纳塔克邦	通常情况下不允许租赁，士兵和海员除外

（续）

邦	特　　点
马哈拉施特拉邦	不禁止土地租赁，承租人在租期的头一年有权购买土地
奥里萨邦	禁止未来所有的土地租赁。仍在租期内的合约在返还土地所有者一半面积的情况下可以续租
旁遮普省和哈里亚纳邦	不禁止土地租赁，承租人不获得土地权利
泰米尔纳德邦	允许土地租赁，且租赁合同必须以书面形式一式三份，其中一份由地方官员保管

资料来源：世界粮农组织 http：//www.fao.org/docrep/006/y5026e/y5026e0b.htm。

再次，印度与土地租赁相关的法规倾向于保护土地所有者利益而不是承租人的利益，因为一旦保护了承租人的长期利益，土地所有者将不愿出租土地。土地租约的废止条件包括：超出法律规定年限未支付租金；将土地用于非农目的；土地不再适用于耕种；承租人没有亲自耕种；租约到期或者土地所有人想要自己耕种。这就意味着在许多情况下土地租赁合约是半正式的，土地所有者几乎可以随时取消合约拿回土地。

最后，印度的一些邦实行最大规模限制（land ceiling）。经营单位无论是拥有的土地还是租赁的土地，都不能超过一定的限额。各邦规定不同，例如泰米尔纳德邦（Tamil Nadu）规定，个人不得超过 30 英亩，5 口人的农户不得超过 30 英亩，6 口人的农户不得超过 35 英亩，6 口人以上的农户不得超过 40 英亩，农业公司不得超过 15 英亩，对种植园没有限制。

三、劳工政策与法规

在劳工政策方面，印度政府致力于保障工作场所安全，改善健康和环境，推行了一系列的政策，旨在保护雇员的健康，防止虐待儿童，防止雇员从事超出劳动能力的工作，提倡人性化的工作制度。

印度根据国家劳工组织（ILO）的核心劳工标准，制定了相关法律保护工人的福利和权益。印度有一系列旨在解决与劳动相关各个方面的法规，如劳资纠纷、工作环境、劳动报酬、保险、童工及同工同酬等。在印度宪法对联邦和各邦职权的划分中，劳动属于"联邦与各邦兼有之职权"，因此联邦和各邦对其都有管辖权。中央和各邦都就劳动问题制定了法律。联邦法律将某些与劳动有关的领域交由中央政府下属的部门处理，而另外一些领域则由各邦下属的部门处理。

印度《就业法》规定工业企业雇主必须通过制定合适的常规规定，明确界定雇用条件。本法令还提供了按员工、假期、换班、工资支付及假期等分类的常规规定范例。《2013年女性工作场合性骚扰法》建立了女性员工在工作场合受到性骚扰的保护和报告机制。

2011年4月1日起，印度最低工资标准提高至每日115卢比。但各邦有权在此基础上，制定本邦的最低工资标准。2017年7月，印度内阁审批通过涉及劳动法的四项法案中的第一项，即工资法案。此举明确了最低工资标准，为联邦劳动法的出台铺平了道路。联邦劳动法的出台有利于提高营商便利化水平，并确保最低工资标准的实施。内阁通过的上述法案将提交议会讨论批准，一旦获得议会批准，全国各行业工人的每月最低工资标准将提高到18 000卢比。各邦的最低工资标准也可高于联邦政府的标准。

关于劳资纠纷的问题，早在《1947年劳资纠纷法》就规定了工业企业中与停工、解雇及减薪有关的劳资纠纷的调查和解决。为解决雇员和雇主之间的争端提供了调解和裁决途径。法令规定了解雇（或裁退）已连续为同一雇主工作一年以上的雇员的条件。在裁员之前，应提前一个月以书面形式通知雇员，陈述裁员的原因及通知截止日期以及通告期内的员工工资水平。此外，员工还可按工龄获得每完成一个工作年份支付15天平均工资水平的报酬。雇主还须就此知会相关政府机构。

印度有《雇员国家保险法》，其规定的基于社会需要的保险制度，旨在保护工人在疾病、生育、暂时或永久伤残以及因工伤导致的死亡方面的权益。该法案适用于所有雇员超过20人的工厂或其他机构，且要求达到法定人数后15天内根据该法案向相关区域办公室完成注册。

印度相关制度还规定在特定企业内，妇女在产前和产后的规定时间内可获得特定津贴。所有在预计分娩期前12个月内在企业实际工作天数超过80天者都可获得产期津贴。因此，雇主需要支付产期津贴和（或）医疗补贴，并允许女性员工在生产及哺育期间请假。2017年3月30日，印度总统通过了该法律的修正案，将女性带薪产假延长至 26 周。

四、金融外汇政策

（一）金融政策

印度政府财政部是印度金融业的监管部门。每年的 2 月 28 日，财政部向国会递交财政预算。年度财政预算包括税收及几乎所有部门的政府政策变更、印度政府各部委的预算和其他拨款。年度财政预算经由议会讨论通过，并以法律的形式执行。

印度储备银行（RBI）创建于 1935 年，是印度的中央银行。印度储备银行是印度金融和银行系统的监管机构，负责制定货币政策和外汇管制规范。《1949 年银行监管法令》（Banking Regulation Act）和《1934 年印度储备银行法令》授权印度储备银行为印度银行业监管机构。另外，印度还设有商业银行、合作银行和地区农村银行。商业银行部门由公有银行、私有银行和外资银行组成。公有银行包括印度国家银行及其 7 家联营银行，以及其他 19 家政府银行，约占印度整个银行业份额的四分之三。印度政府持有公有银行的大部分股份。

印度的金融机构采取两级制，共有 13 个全国性机构和 46 个邦级机构。全国性机构由定期信贷机构、专门机构及投资机构构成，包括保险业。邦级机构包括邦金融机构和邦工业发展公司，主要向企业提供项目贷款、设备租赁、企业贷款、短期贷款及票据贴现便利等服务。政府持有这些金融机构的大部分股份。

非银行业金融机构受印度储备银行监管，提供贷款和消费信贷，主要针对零售资产。

一直以来，印度保险业都由国有人寿保险公司和通用保险公司及其四家分公司掌控。目前，印度政府允许的保险业外商直接投资最高比例为 26％。自该规定做出之后，一系列新建的合资保险公司开始进入人寿和通用保险市场，其在保险市场中的份额也与日俱增。根据《1999 年保险发展及监管法令》规定，保险发展及监管局（IRDA）是印度保险业的监管机构。

（二）外汇政策

目前印度的外汇管理制度比较严格。印度的货币为卢比，汇率结构为单一汇率。印度卢比的汇率由银行间市场决定。根据《外汇管理法》（FE-RA），印度储备银行主管印度的外汇监管。印度政府放开了外汇管制，经常账户内的卢比可以自由兑换。即便是非居民的资本账户也几乎可以完全兑换卢比。外商获得的利润、股息和出售投资所得收益都可全额汇回。印度公民在印收入资本账户需受相关限制。

印度证券交易委员会（SEBI）是印度资本市场的监管机构。目前，印度有 23 家获得承认的股票交易所，其业务需遵守印度政府制定的规章制度。这些交易所构成一个组织有序的证券市场，交易由中央和邦政府、公有部门公司及私有部门公司发行的证券。孟买证券交易所和国家证券交易所（National Stock Exchange）是印度最主要的证券交易所。根据公司化进程的要求，这些股票交易所已经改制成为公司，经纪人只持有很少的股份。除印度证券交易委员会法令，《1956 年证券合同（法规）法》和《1956 年公司法》也对股票市场具有监管效力。

关于在印度投资资本和利润的汇回。除海外印度人明确选择在非汇回方案下进行投资的情况外，只要符合产业部门的政策，所有的外商投资都可以自由汇回。外商投资所获之股息可以通过授权交易商自由汇回；非居民无需提前获得印度储备银行之批准即可在股票交易所出售股票。若非居民是在可汇回的基础上持有股票，且获得了由所得税管理机构颁发的完税证明，即可通过银行按相关程序汇回股票；对于通过私募安排来出售股票的情况，印度储备银行地区事务办公室将根据相关规定，向印度公司中获得承认的外国股票颁布许可。获得认可的股票的销售价格需根据相关规定决定；利润、股息等（被划分为经常账户交易的汇款）可自由汇回。

关于非居民购买不动产。如果印度境外居民已获得印度储备银行的许可在印度成立分支机构、办事处或其他营业处（不包括联络办事处），根据印度储备银行的一般许可规定，可为从事相关活动而购买所需要或附带的不动产，不过在这种情况下，购买者需在购买不动产 90 天内以规定格式向印度储备银行提交一份声明；非印度籍外国居民在获得印度储备银行颁布的许可购买不动产之后，在没有预先获得印度储备银行许可的情况下，不能出售所购买不动产。具体信息请参考国家外汇管理条例。

关于海外印度人购买不动产。海外印度人（NRI）可以购买的方式在印度获得除农舍/种植园以外的不动产，可将除农舍/种植园以外的不动产转让给居住在海外的印度居民，或具有印度血统但居住在海外的人士，或居住在印度的人士。

五、财政税收政策

印度税制以宪法为基础，政府税收权利由议会授权。印度实行中央、邦和地方三级课税制度，各级政府课税权明确划分。中央政府课征税种包括公司所得税、资本所得税、个人所得税、遗产赠与税、消费税、增值税、社会保障税、节省外汇税、注册税、土地和建筑物价值税、支出税、印花税、关税等。各邦政府课征税种主要包括交通工具税、土地价值税、农业所得税、职业税等。地方政府课税税种主要包括土地与建筑物税（对租金征收）、土地增值税、广告税、财产转让税等。印度的纳税年度即财政年度，从每月的4月1日到次年的3月31日。

（一）公司所得税

根据《所得税法》规定，印度本地公司需就其在全球范围内所有来源的收入缴纳税收。非印度本地公司需就其与印度有关的业务或其他来源于印度的收入缴纳税收。如果一家公司成立于印度或其整个管理部门均位于印度，那么该公司将被视为印度本地公司。本国公司的基本税率为35%，另有2.5%附加费。外国公司的基本税率为40%，另有2.5%附加费。另外，所有公司均必须缴纳额度为已征收税收2%的教育税。如果公司净财产超过150万卢比（约合33 333美元），还需缴纳1%的财产税。国内公司须缴纳12.5%的红利分配税，不过，红利接受者无需缴纳此税。此外，如果公司根据一般税收规定所实际缴纳的税收低于公司账面利润的7.5%，还需缴纳税率为账面利润7.5%的替代性最低税（加上附加额和教育税）。

（二）资本利得税

资本利得税的征收以资产出售收益为征收对象。若有以下情况，需缴纳长期资本利得税：资本资产持有时间超过 3 年或在获得认可的印度证券交易所上市的股票、证券及规定单位的指定共同基金持有时间为一年。

长期资本利得税的基本税率是 20%。然而，因出售股票或共同基金单位而获得的长期资本无需纳税。短期资本利得税按正常公司所得税税率征收。由股票或共同基金单位转让产生的短期资本利得税税率为 10%。长期或短期资本损失可在未来连续八年进行结转。长期资本损失可抵消针对长期资本增值所征收的税收，而短期资本损失可同时抵消针对长期或短期资本利得的征税。

（三）个人所得税

需要征收个人所得税的项目包括：工资收入（工资、补贴、津贴、退休金等），房产收入（如房屋租赁所得等），业务和技能所得（通过做业务所得的佣金和利用自己的专业技能所得），资本收入（如利息、证券和股票收入等）以及其他收入（如彩票、博彩等）。印度个人所得税的税率经常调整（表 8-4），起征点因性别而异。通常起征点是针对男性而言，女性则稍高。

表 8-4 个人所得税税率

单位:%

年收入水平	男性公民	女性公民	退休老人
16 万卢比以下	0	0	0
16 万～19 万卢比	10	0	0
19 万～24 万卢比	10	10	0
24 万～50 万卢比	10	10	10
50 万～80 万卢比	20	20	20
80 万卢比以上	30	30	30

资料来源：印度财政部。

（四）消费税

根据相关规定，在印度从事商品生产需缴纳消费税。此处所指的生产是指研发出一种具有全新称谓、特点、用途及适销性的物品，包括包装和标签等。大部分产品的消费税税率都是 16％。某些产品在 16％ 的基础上还需缴纳 8％ 的特别消费税/消费附加税。在消费税基础上还可能额外缴纳 2％ 的教育税。在某些情况下，消费税的税率以价格或最高零售价格为标准。

（五）关税

印度对进口的商品征收基本关税、附加关税及教育税。基本关税税率在《关税法》中有明确规定。印度已将工业产品基本关税的最高税率减至 15％。附加关税等同于针对印度国内商品所征收的消费税。进口产品还需缴纳所缴税额 2％ 的教育税。关税的计算标准为进口商品的交易价格。对于与印度签署了《自由贸易协定》的国家和组织，如泰国、斯里兰卡、孟印缅斯泰经济合作组织、南亚国家及南方共同市场（Mercosur），印度对进口自这些国家商品所征收的税率信息可登录印度消费税和海关中央委员会（CBEC）网站查询。印度关税的征收由财政部下属的印度消费税和海关中央委员会管理。

（六）服务税

印度对其境内由特定服务提供商提供的需课税服务征收 10％ 的服务税（加 2％ 的教育税）。若印度境内可征税的服务获得的服务报酬为在印度国内可兑换、且不会汇出印度的货币，那么该服务将获得免征服务税优惠。根据《中央附加税抵免条例》，服务提供商可以利用附加关税/消费税的抵免功能，抵免服务税。由输出服务产生的纳税义务也可由已缴纳的输入服务税抵免。

（七）农业所得税

对于各种农业经营主体，根据印度《所得税法》规定，中央政府对农业所得实行免征的政策。农业所得包括：耕地租金；耕地经验者在耕地上的收益，包括农产品的加工；农村住宅或仓库的年度价值；苗圃收益。农业所得不包括：家禽养殖收入、养蜂收入、砍伐出售自然生长树木所得、乳牛业收入、购买现存生物量、企业农业收入分红、盐田收入、矿产特权收入、黄油奶酪生产收入等。值得注意的是，种植园的收入理论上不属于农业所得，而是被看作利息收入或者其他非农所得。但是如果种植园投资者拥有耕地的所有权或者租赁权，此收入便可以看作是耕地租金收入或者农业收益，因此可以免征税额。尽管农业所得是免征税额的，但是如果农户既有农业所得，又有非农所得，其非农所得部分需要缴纳个人所得税，而个人所得税的计算受到农业所得收入的影响。除了上述规定以外，各个邦区具有征收农业所得税的权利。因此，各邦政府对农业所得税征收的规定不尽相同，但免征农业所得税是主流的趋势。

（八）税收减让

新投资可获得税收减让的行业有（需符合相关条件）：基础设施建设、配电、特定电信服务、工业园区或经济特区的开发及运营、矿物油的生产或精炼、进行研发的公司、开发住宅项目、在指定的山区邦从事经营业务、从事粮食处理、食品加工、农村医院等。以食品加工业为例，对于出口导向型的外商投资食品加工行业，免征原材料和生产资料进口税，出口所得免征公司所得税。对于农产品深加工行业，前五年100％免税，第二个五年免税25％。

六、资源环境政策

根据印度环境（保护）法，企业必须按照要求获得与污染管制与环境相关的法律遵循证明，方可设立相关产业项目，特别是石油化工联合工厂、石油精炼厂、水泥厂、电热厂、原料药（bulk drug）、肥料、印染及纸业等。然而，如果项目投资超过10亿卢比（约合2 220万美元），即无需取得此等环境遵循证明，但不包括杀虫剂、原料药及医药、石棉与石棉产品、综合涂装产品、采矿项目、具有某些特征的旅游项目、喜马拉雅山区的柏油路、酿酒厂、印染业、铸造厂及电镀产业等。

若欲在生态较脆弱的区域（如阿拉瓦利岭）、海岸区、杜恩河谷（Doon Valley）及达哈努等地建立产业运营点，须遵守环境与森林部另外颁布的指导方针。

环境保护部门还对外商直接投资中的转基因问题提出了相关规定。转基因种子和种植材料的公司需遵循《环境（保护）法》的相关规定，任何转基因材料的进口需满足《1992 年外贸法》的要求。任何涉及转基因工程细胞和材料的商业活动必须经过基因工程委员会（GAEC）和基因操控审查委员会（RCGM）的准许。

七、农业外商投资需注意的问题

印度是联邦国家，各邦的法律对农业税收、土地租赁、经营规模等相关的规定差异巨大，投资之前应该充分了解目的地地区的投资条件，避免遇到阻碍。印度东北地区的情况较为复杂，由于各种社会矛盾存在，治安比较混乱。而且东北地区大部分由部落控制，在土地、治安等方面很难受到法律的约束，为了减少风险，投资时应该避免这类地区。

印度对农业外商投资的准入限制较多，允许投资的领域大多为劳动密集型经济作物的生产，这类产品对于物流效率的要求较高，否则容易在运输过程中发生变质和损耗。而印度的农产品零售市场落后，基础设施仍有待提高，投资前应该谨慎选址，充分考虑物流便利性和市场发育程度。

第四节　巴基斯坦农业投资环境

巴基斯坦位于南亚次大陆西北部，南濒阿拉伯海，海岸线长 840 千米，北枕喀喇昆仑山和喜马拉雅山。东、北、西三面分别与印度、中国、阿富汗和伊朗接壤。国土面积为 79.6 万平方千米（不含巴控克什米尔的 1.3 万平方千米）。全境五分之三为山区和丘陵地形，源自中国的印度河从北流入巴境后，向南蜿蜒 2 300 千米，注入阿拉伯海。

一、资源情况

巴基斯坦是典型的农业国家，农业在国民经济中占有传统的重要地位，全国可耕地面积 5 768 万公顷，其中实际耕作面积 2 168 万公顷。农村人口占总人口的 66%左右，农业安排了全国 47.5%的劳动力就业，国家外贸外汇收入的 42%通过农产品出口实现。农业收成的好坏，对国家整体经济的增长速度和对外贸易起决定性作用。

巴基斯坦的农业以种植业为主。粮食作物主要有小麦、水稻、小米、高粱、玉米、大麦等，其中以小麦、水稻为主；经济作物主要有棉花、甘蔗、烟草等，其中以棉花、甘蔗为主。棉花是巴基斯坦赖以生存的主要经济作物，是巴基斯坦支柱产业——纺织业的基础和出口创汇的主要来源。巴基斯坦是世界第四大棉花、纱和布的生产国。巴基斯坦的棉纺织品和原棉的出口占巴全部出口总值的 65%，棉花生产的稳定和增产对于巴基斯坦的纺织业乃至整个国民经济的发展至关重要。

巴基斯坦畜牧业基础较好，畜牧业产值占国内生产总值的 10%，在农业产值中占 38%，占出口创汇额的 15.7%。人均占有大牲畜比例在亚洲国家中名列前茅。林业发展落后。巴基斯坦森林资源比较匮乏，森林覆盖率为 4.8%，林业产值占国内生产总值的比例不到 1%。由于乱砍滥伐比较严重，森林树木在不断减少。1992 年，巴基斯坦政府制定了全国林业发展长期规划，加强对林业的管理，严惩乱砍滥伐行为，开展植树活动，改善灌溉系统，提高树苗成活率。渔业比较发达。巴基斯坦属于阿拉伯海沿岸的渔业产区，每年海产品产量 40 万～45 万吨，加上内陆淡水养鱼，总产量有 60 万吨左右。渔业产值在国民经济中所占比重很小，但它是巴基斯坦重要的出口商品。尽管巴基斯坦农业生产遍布全国各地，但农产品生产主要集中在位于印度河平原的旁遮普省和信德省，特别是旁遮普省。

巴基斯坦劳动力充足，但整体素质不高。巴基斯坦人口约 1.9 亿，是世界第六大人口国，农村人口占总人口的 63%左右。巴基斯坦虽然实行中小学免费教育，但受经济发展水平所限，教育比较落后，学校数量相对于其庞大的人口明显不足，小学入学率和初级教育普及率均较低，能接受高等教育者凤毛麟角。由于正规教育资源的匮乏，越来越多的贫困家庭将孩子送进宗教学校。2014—2015 年，10 岁及以上人口识字率为 60%，其中男性和女性识字率分别为 70%和 49%，城市和乡村识字率分别为 76%和 51%。教育经费约为 27.8 亿美元，占国民生产总值的 2.42%。全国共有小学 15.5 万所，初中 2.9 万所，高中 1.6 万所，大学 51 所。著名高等学府有旁遮普大学、卡拉奇大学、伊斯兰堡真纳大学和白沙瓦大学等。

巴基斯坦大部分地区处于亚热带，气候总的来说比较炎热干燥，每年平均降水量不到 250 毫米，1/4 的地区降水量在 120 毫米以下。巴最炎热的时节是 6、7 月，大部分地区中午的气温超过 40℃，而在信德和俾路支省的部分地区中午气温则可能高达 50℃ 以上。海拔高度超过 2 000 米以上的北部山区比较凉爽，且温差大，昼夜平均温差 14℃ 左右。气温最低的时节是 12 月至次年 2 月。北部山区平均年降水量 494 毫米，但地区分布严重不均。Balochistan and Sindh 年均降水量少于 100 毫米，而 Punjab and Khyber Pakhtunkhwa 北部山麓地区年降水量超过 1 500 毫米。60％ 的季风性降水集中在 7 月至 9 月，季节性的降水波动直接导致河流流量干季和旱季的巨大差异。北部海拔 5 000 米以上的地区年降雪量达 5 000 毫米，是冰蚀地带主要的水资源来源。92％ 的地区属于干旱和半干旱地区，降水极其短缺。

巴基斯坦水资源短缺，严重制约了经济发展。巴基斯坦年降水量 494 毫米，约 3 933 亿立方米。内源地表径流为每年 464 亿立方米，内源地下水量为每年 550 亿立方米，两者重合为每年 474 亿立方米，因此内源可再生水资源为每年 550 亿立方米。巴基斯坦的河流径流主要来自冰川融水、冰雪融水、降水和地表径流。印度河流域总面积 110 万平方千米，其中 46％ 在巴基斯坦。根据巴基斯坦和印度 1960 年《印度河用水公约》，每年 1 702.7 亿立方米的流量保留给巴基斯坦。2005 年巴基斯坦的水坝蓄水量为 233.6 亿立方米。目前巴基斯坦有 3 座大型水电站，以及 50 座 15 米一下的小型水电站，以及 11 座在建水电站。

二、基础设施

巴基斯坦的基础设施建设相对滞后，成为制约巴基斯坦经济发展的主要因素之一。公路是巴基斯坦主要的交通命脉，总里程约 26.5 万千米，承担着人员运输总量的 90％ 和货物运输总量的 96％。其中，国道有 23 条，总里程为 9 555 千米，高速公路有 7 条，总里程为 1 930 千米，二者不到公路总里程的 5％，却承担着巴基斯坦公路交通运输总量的 80％。巴基斯坦公路密度为 0.32 千米/平方千米，远低于南亚其他国家的水平（印度为 1.0，孟加拉为 1.7）。巴基斯坦与周边邻国均有公路连接，并设有陆路口岸。

铁路全长 7 791 千米。巴基斯坦铁路大多修建于 19 世纪末 20 世纪初，绝大部分为宽轨单线，且年久失修，加上铁路网络整体布局不合理、轨道被炸事件频发，大量乘客不得不选择其他交通工具，以致铁路运输能力连年下滑，占全国人员运输和货物运输的比重分别由早期的 41% 和 73% 降至 10% 和 4%。近年来，政府加大投入，开始对铁路进行更新改造，但总体进展缓慢。

空运方面，巴基斯坦共有 9 个国际机场和 27 个国内机场，开辟了 30 多条国际航线。2006—2007 年，巴基斯坦各机场旅客运输量为 1 420 万人次，货、邮运输量为 31.8 万吨。伊斯兰堡、拉合尔和卡拉奇分别为巴北部、中部和南部地区的航空枢纽。巴基斯坦国际航空公司（PIA）承担了 80% 的国内人员空运和几乎全部的货邮运输。

海运方面，巴基斯坦海运能力近年以 8% 左右的速度增长。目前巴基斯坦共有三大海港，其中，卡拉奇港、卡西姆港货物吞吐量分别为 3 000 万吨和 2 500 万吨，承担了巴基斯坦 95% 的国际货物贸易量。中国援建的瓜达尔港于 2007 年 3 月投入运营，由于与国内的公路和铁路运输网络未能有效连接，加之港口设施尚待完善，目前的吞吐量有限。巴基斯坦本国海运能力较弱，全国仅 15 艘远洋货轮，载重总量为 63.6 万吨，因此，进出口货物多依赖外轮。巴基斯坦国家航运公司（PNSC）是巴唯一的国营航运公司，拥有各类货轮 14 艘。

内河运输方面，印度河纵贯南北，注入阿拉伯海，并拥有众多支流。由于印度河水源主要来自季风降水和北部高山冰雪融化，且流经沙漠地带，非汛期河水水位很低，加上沿河修建了一些大型水利枢纽工程，用于灌溉、发电、渔业，以致航运不便。因此，巴基斯坦内河水运很不发达，目前只有小船可在印度河下游通行。

电信和互联网方面，截至 2008 年 9 月，巴基斯坦电信覆盖率达到 60%，其中，移动电话运营商 6 家，拥有 9 020 万用户，固定电话运营商 6 家，拥有 460 万用户，无线固话（小灵通）运营商 8 家，拥有 230 万用户。此外，还有 47 万个公用电话亭。巴基斯坦共有 70 多家企业从事互联网业务，用户数达到 350 万，政府和工商界已基本普及互联网，不过，宽带服务发展相对滞后。

邮政方面，巴基斯坦邮政服务公司隶属于交通部，拥有 1.234 3 万个邮局，主要经营邮件、储汇、保险三大业务。近年来，快递服务发展很快，主要有邮政快递、TCS、OCS、DHL 等。

电力方面，巴基斯坦对风能、太阳能、生物能等可再生能源的利用尚未形成规模，其电网建设落后，输电损耗大，目前实际送电能力仅为 1 514 万千瓦，全国电力缺口高达 400 万千瓦左右，严重制约经济发展。

灌溉情况，巴基斯坦的有灌溉潜力的耕地面积几乎占总播种面积的100%，即 2 124 万公顷。完全可控设施灌溉面积占 90%，主要依靠印度河流域灌溉系统，440 万公顷的面积在印度河流域之外，主要依靠小型的常年灌溉方案、地下水和泉水等。依靠洪水引流漫灌的面积约为 200 万公顷，依靠洪水退潮的耕地面积为 125 万公顷。

三、技术水平

与周边发展条件类似的印度和中国相比，巴基斯坦的小麦、玉米、水稻、甘蔗、棉花等单产均有较大的提升空间（表 8-5）。除棉花单产略高于世界平均水平外，小麦、玉米、水稻、甘蔗都低于中国、美国和世界平均水平，小麦、水稻和甘蔗低于印度。

表 8-5 巴基斯坦主要农作物单产

单位：千克/公顷

农作物	2011—2012	2012—2013	2013—2014	2014 年世界平均水平
小麦	2 714	2 796	2 824	3 272
玉米	3 990	3 964	4 231	5 261
水稻	2 396	2 398	2 437	4 283
甘蔗	55 222	56 476	57 535	57 160
棉花	815	770	774	780

资料来源：巴基斯坦单产数据来自巴基斯坦国家统计局，世界平均水平根据世界粮农组织数据计算。

巴基斯坦农作物单产水平较低的原因有：农作物田间管理粗放，现代化水平低。据巴基斯坦国家统计局公布，巴基斯坦的所有农场中，仅有 41%施用化肥，33%施用农药，30%施用除草剂，77%使用拖拉机；种子质量较差，缺乏优质良种。除此之外，巴基斯坦的农业还面临粮食储藏加工损失、研发投入不足和应用脱节等技术问题。

四、制度环境

巴基斯坦私有化与投资部负责投资事务，下辖的投资委员会（BOI）是负责国内外投资促进的主管部门，其主要职责包括在投资商与其他政府部门之间发挥联络和纽带作用；建立投资对接数据库，提供投资商所需的必要信息和咨询服务。巴基斯坦投资委员会在各省均有分支机构。

根据巴基斯坦《1976年外国私人投资（促进与保护）法案》《1992年经济改革促进和保护法案》以及巴基斯坦投资优惠政策规定，巴基斯坦所有经济领域向外资开放，外资同本国投资者享有同等待遇，除航空、银行业、农业和媒体等特殊行业以外，允许外资拥有100％的股权。在最低投资金额方面，对制造业没有限制，但在非制造业方面，则根据行业不同有最低要求，服务业（含金融、通信和IT业）最低为15万美元，农业和其他行业为30万美元。巴基斯坦投资政策规定限制投资的五个领域是：武器、高强炸药、放射性物质、证券印制和造币、酒类生产（工业酒精除外）。此外，由于巴基斯坦是伊斯兰国家，外国企业不得在当地从事夜总会、歌舞厅、电影院、按摩、洗浴等娱乐休闲业。

外商可以采取购买股权或者绿地投资等方式在巴基斯坦投资，有关公司管理及上市工作均由巴基斯坦证券与交易委员会（SECP）负责。

巴基斯坦政府和民间欢迎外资，对外资制定了一系列优惠政策，包括：《1976年外国私人投资（促进与保护）法案》《1992年经济改革促进和保护法案》以及《巴基斯坦投资政策2013》。后者主要关注降低经商成本和减少步骤，从而加强巴竞争力。该政策提出提高投资者便利度、投资保护、去除监管障碍、公私合营和加强各方协调等在内的经济自由化措施。巴基斯坦已与包括中国在内的39个国家签署了避免双重征税协定。外商在巴基斯坦投资享受设备进口关税、初期折旧提存、版权技术服务费等方面优惠政策。除了各省的地区投资鼓励政策之外，巴基斯坦政府鼓励外国企业到出口加工区和特别经济区投资设厂，但各工业区政策比较灵活，没有统一的优惠政策。巴基斯坦现有出口加工区21个（已建成6个），相关政策可登录出口加工区管理局官方网站查询①。

在农业方面，外商最高持股上限为 60%，而对于农业公司（CAF），外商最高持股上限为 100%。巴基斯坦鼓励私人在农业领域投资，包括农产品营销、储存和农产品出口型业务。政府希望通过促进农业领域投资，促进农业发展，增加税收。具体措施包括通过给投资者财政优惠措施引入农业公司，促进农业机械应用、农产品深加工和出口投资，提高农业生产力。具体鼓励农业投资的领域有：①用于农业和耕种目的土地开发/荒地、沙漠和丘陵地开垦，废弃可耕地开垦；②小港湾或海滨开发；③农作物、水果、蔬菜、花卉种植，或集成农业（耕种、农作物加工处理）；④农产品加工；⑤现代化灌溉设施开发和水资源管理；⑥奶制品、牲畜饲养相关的基础设施、机械设备和技术等开发，奶制品销售和出口。

五、其他方面

巴基斯坦大城市的社会治安状况总体不错，伊斯坦堡和拉合尔治安较好，卡拉奇市社会治安形势较为复杂，经常发生宗教派别仇杀和恐怖袭击事件。2015 年以来，巴基斯坦政府在卡拉奇进行大规模治安整治，取得一定成效。巴基斯坦中央政府对部落地区基本无法控制，社会治安主要由部落头领负责。近年来也曾发生针对中国人的恐怖事件。巴基斯坦严禁非法持有枪支，但民间非法持有枪支现象较严重。

巴基斯坦安全形势总体不太乐观，尤其是与阿富汗接壤的西北边境省、部落区及俾路支省，宗教派别冲突及恐怖袭击事件时有发生。中国人来巴基斯坦一定要强化安全防范意识，避免到不安全区域旅游和经商。

第五节　巴基斯坦农业外商投资的现状和特点

巴基斯坦是中国在"一带一路"沿线国家中重要的投资市场，截至 2015 年年末其吸引中国投资存量为 40.4 亿美元，在"一带一路"沿线国家

---

① 网址：http://www.epza.gov.pk/incentives.html。

中位列第七，在亚洲国家中位列第九。巴基斯坦是中国在"一带一路"沿线上最大的承包工程市场，2015 年新签合同额 121.8 亿元。2015—2016 年，巴基斯坦吸引外国直接净投资 12.81 亿美元，同比增长 38.8%。分产业看，能源领域吸引外资总额翻番，由 2014—2015 年的 2.19 亿美元增至 5.67 亿美元，占 FDI 净流入额的 44.2%。其他领域 FDI 净流入从 2014—2015 年的 6.50 亿美元增至 2015—2016 年的 7.15 亿美元，按金额排名依次为油气开发业（2.61 亿美元）、通信业（1.95 亿美元）、化工业（6 460 万美元）、交通运输业（3 680 万美元）、贸易（3 010 万美元）、金融业（2 820 万美元）和纺织业（2 100 万美元），同比分别增加 6.30%、332.82%、16.82%、493.55%、−3 980%、−89.00% 和 −52.16%。其主要来源为中国（5.94 亿美元）、挪威（1.72 亿美元）、阿联酋（1.64 亿美元）、中国香港（1.31 亿美元）和意大利（1.04 亿美元）。农业投资占外商投资的比例仍然十分有限。

巴基斯坦农业投资具有十分巨大的潜力，其生态多样，农业资源丰富。比较有潜力的产业包括：①乳业：尽管目前生产效率有限，但巴基斯坦仍是世界上第四大产奶国，如果引进先进的设备和技术，至少能将现有的产能提高两倍。②畜禽业：畜牧业是巴基斯坦被过度忽视的行业，巴基斯坦拥有世界上第三大畜牧存栏量，畜禽业产值每年占到 GDP 的 12% 左右。巴基斯坦的禽肉产品需求量每年以 6% 的速度增长。③水产业：巴基斯坦拥有 1 050 千米的海岸线，捕渔区面积达 300 270 平方千米，海产品种类十分丰富，但仍有大部分还未充分开发。

第六节　巴基斯坦有关农业外商投资的政策

一、土地政策

巴基斯坦的土地制度源自英国殖民时代，主要有私有地主所有制、游特瓦里（Ryotwari）所有制和国家所有制。主要是私人地主所有制，地主拥有大量土地，再把土地分块租赁，后两种土地所有权属于国家。巴基斯坦各省的土地政策对土地租售和开发，以及获得土地的规定略有不同。

国有土地可以出售，或出租给投资者，租期为 50 年，可以再续租 49 年，但优先考虑废弃的农业土地。农业公司拥有的土地面积没有上限，公司的规模由投资人确定。旁遮普省农业可租用土地大约有 7.7 万公顷，在旁遮普省的曹里斯坦，有 267 万公顷的土地待开发，其中有 81 万公顷的土地比较贫瘠，信德省可租用土地为 1.2 万公顷。一般农业开发土地租金为 32 美元/公顷左右，每年租金增长 20%。

二、劳工政策

根据有关劳工政策的规定，工商业雇主须与雇员签署雇用合同，合同对雇用性质、雇用期限、职位、工资福利做出规定。对家政、短期雇工等无合约的，如发生纠纷，由法院根据事实确定其雇用关系。

经过本人或监护人申请并取得体检证明适合参加工作的 14～18 岁少年，可被雇用从事非繁重劳动，每天工作时间不得超过 7.5 小时，每周工作时间不得超过 42 小时，不得兼职，不得值夜班（夜班时间段由各省政府公告）；年满 18 岁的雇员，每天工作不超过 9 小时，每周工作不超过 48 小时；斋月期间工作时间要相应减少。雇员每年可带薪休假两周（孕产妇 6 周），事假 10 天（全薪），病假 16 天（半薪），公众假期 13 天（全薪），雇员享受政府临时规定的其他假期。雇员如在公众假期上班可同时享受双薪及串休。根据有关协议，雇员参加朝觐可请假两个月。10 人以上企业雇员参加社保计划，雇主需交纳参保职工工资 7%。

有关社保基金情况为：①准备基金，雇主、雇员分别交纳雇员每月工资的 8.33%；②工人福利基金为收入（收入 1 万卢比以上者）的 2%；③工人利润参与基金为税前利润的 5%；④老年救济金，雇主交纳工人最低工资的 6%，雇员交纳最低工资的 1%。

三、金融外汇政策

根据规定，外资公司在巴基斯坦参与证券交易须开设可兑换巴基斯坦卢比的特别账户（SCRA），并通过有资质的交易商进行买卖操作，法律规定

SCRA 账户资金应来自境外。

得到授权可从事外汇经营的银行可以不经中央银行事先批准，为境内外的巴基斯坦居民开立外汇账户。这些账户可以由居民和非居民联合开立。在巴基斯坦境内设立的含有外资成分的公司，包括投资银行及含有外资的公司，也可以开立、使用外汇账户。在巴居住的外国人及在国外登记但在巴经营的外国公司，也可以在授权银行开立、使用外汇账户。这些账户可以从国外收入汇款，也可从本地存入现金。

允许外国投资者将全部资本、资本所得、红利和利润汇回。同时，外国投资者可以借入国外私人贷款，用于在允许的投资领域为设立投资项目引进所需的机械设备，但借款合同需向巴基斯坦中央银行备案。

外国控股的制造企业可以根据流动资金的需要无限制地从国内借款。对于外国控股的半制造（Semi-manufacturing）企业，国内借款额度为实缴资本的 75%；对于外国控股的非制造企业（贸易和服务业），国内借款额度为 50%；对制造业领域的特许权使用费和技术服务费汇回没有限制，不过此类协议需要在中央银行备案；向外国公司支付特许权使用费和技术服务费应缴税 15%。与各国所签协定中规定有更低税率的，则从低适用。另外，所有银行和金融机构为农业公司提供独立信贷。

四、财政税收政策

巴基斯坦是联邦制国家，税收分联邦政府、省政府和地区政府三级，但税收以联邦政府为主，占 70% 左右。联邦政府主要税种包括：所得税、关税、销售税、联邦消费税；省政府主要税种包括：职业税、财产税、车辆税、印花税、土地税等；地区政府主要税种包括：财产税、水资源税、进出口税、转让税、市场税以及其他收费等。

巴基斯坦税收主管部门为巴联邦税收委员会，负责制定和实施税收政策，以及联邦税种的征收和管理，海关为其下属部门。近年来巴政府为提高财政收入，不断扩大税基和提高税收幅度。外国公司和外国人与巴当地公司和国民同等纳税。

所得税。2007 年 7 月起，金融类企业、国有企业和私人企业所得税的税率为 35％，不过，营业额在 2 亿卢比以内的小企业的税率为 20％，企业可以选择按利润或者合同额纳税。个人所得税税率为 3.5％～30％，起征点为男性月收入 1 万卢比，女性 1.25 万卢比。除上述所得税外，企业和个人还须缴纳多种形式的代扣税，税率为 0.75％～30％不等，其中，在支付合同款时要代扣 6％的税额，支付房租时要代扣 5％的税额，利息代扣税 10％。

销售税。巴联邦政府在 20 世纪 90 年代取消增值税，改设销售税。自 2008 年 7 月起，销售税税率为 16％～21％。进口商品和巴本国生产的商品等需缴纳销售税，部分商品免征销售税，主要是计算机软件、药品、未加工农产品等。其中，绝大部分商品税率为 16％，称为普通销售税（GST）。

联邦消费税。进口商品和巴基斯坦本国生产的商品及保险、广告、邮件快递、会计等服务均需缴纳消费税。部分商品和服务免征联邦消费税。

关税。大部分商品关税税率为 5％～35％。近年来，为履行世贸组织承诺，实施多双边自由贸易协定和优惠贸易安排，一些商品陆续降至零关税。中巴自贸协定（FTA）于 2007 年 7 月 1 日起实施，分两个阶段对全部货物产品实施降税。第一阶段在协定生效后五年内，双方对占各自税目总数 85％的产品按照不同的降税幅度实施降税，其中，36％的产品关税将在三年内降至零。按税法 SRO575（I）/2006.06.5，农业机械和设备进口免关税和营业税。粮食储藏设备及冷链系统零关税进口。

与农业相关的税收。巴基斯坦对农业领域的投资提供以下税收优惠政策：①关税。进口本地不能生产的农具免关税；进口 35 马力以下和 100 马力以上拖拉机适用 10％的低关税；对于本地生产和配制农药所需的原料进口免关税。②消费税。从 2004 年 6 月 12 日起，免除对果汁和糖浆所征收的中央消费税（central excise duty）；不论本地生产或进口的农业机械，一律免除中央消费税。③销售税和代扣所得税（withholding tax）。进口本地不能生产的农业机械免除销售税和代扣所得税；拖拉机、推土机、联合收割机进口免除销售税；所有本地生产的农业机械一律免除消费税；进口拖拉机免除代扣所得税；部分化肥进口只征收 1％的代扣所得税；出口加工过的禽肉产品代扣所得税从 1.25％降到 0.75％。

对投资农场的政策：外国资本可占到 60％；投资最低 30 万美元；资

本、利润和红利允许汇回；对土地使用面积没有限制，国有土地出租期可长达 50 年，之后可再续租 49 年；为农场建设提供信贷；享受零关税；所得分红免税。

五、资源环境政策

巴基斯坦环保管理部门为环境部。环境部根据巴环境保护法制定相关环保政策。环境部下设环境保护局①，环保局与各省环境部门具体负责环保法规的实施，并为环保部法规制定提供技术支持。巴基斯坦基础环保法律法规包括《巴基斯坦环境保护法》《国家环境政策》《巴基斯坦环境影响评价规则》等。

关于环境保护的主要规定包括：①土壤保持。促进有机农业；防止土地退化；综合防治病虫害，防止滥施化学肥料、农药；实施《国家抵制土地沙化和风化行动计划》；建立国家控制沙化基金；鼓励发展生态和谐的农作物体系。②森林保护。实施森林保护政策；保护残存和特殊森林生态系统；鼓励保持及恢复濒危生态系统；以天然气、太阳能、小水电等形式替代木材燃烧；加强对现有森林的研究，增加科技人员力量。③大气污染防治。制定并实施室内外空气质量标准；依法保证降低有害物质排放；提升燃料规格；淘汰两冲程机动车；提高主要城市间公共交通效率；发展市区内非机动车交通；鼓励保护臭氧的先进技术；加快国家空气清洁法立法工作。④水体保护。增加供水和水处理装置；建立水质监控体系；提升城乡雨水利用的科技水平；鼓励干旱、半干旱地区重填地下水；完善用水计量制，避免工业用水和城市用水混杂；监控流入海洋的淡水；建立地表水体划分标准；实施水体清洁水质升级阶段性计划；加快水体保持法立法和有关标准制定工作。

关于污染事故处理或赔偿，可处最高 100 万卢比罚款，事故危害期间可并处每天 10 万卢比罚款；有此类犯罪前科的，可并处 2 年以下有期徒刑；关停、收缴其工厂、设备等；强令其赔偿受害人损失，恢复环境等。

---

① 网址：http: // www. environment. gov. pk。

六、其他政策

由于中国与巴基斯坦特殊的友好关系，中巴发表了一系列联合声明、规划、备忘录，以推动两国农业合作（表 8-6）。

表 8-6 中巴农业合作的政策引导与合作

年份	文件	农业合作领域主要内容
2006	中巴联合声明	加强农业技术，尤其是农产品加工、农药、滴灌和渔业等的技术交流与合作
2006	中巴经贸合作 5 年（2007—2011 年）发展规划	农业节水灌溉产业合作及技术培训、种业技术转让和生产基 地建设、农药、农业技术培训、果蔬加工、化肥
2008	中国农业科学院与巴基斯坦农业研究理事会农业科技合作谅解备忘录	水资源管理、杂交棉、玉米、园艺及其他转基因作物
2009	湖北省种子集团有限公司分别与巴基斯坦信德省和巴基斯坦农业发展研究委员会签署了技术合作谅解备忘录	杂交水稻、油料作物技术合作
2009	巴基斯坦农业研究理事会与新疆天业节水灌溉股份有限公司、新疆生产建设兵团农八师签署合作谅解备忘录	节水灌溉领域及 Bt 杂交棉、彩色棉方面的咨询及技术服务
2010	中巴联合声明	粮食加工、调气和冷藏仓库、农作物遥感卫星测控等农业合作
2010	中华人民共和国国家粮食局与巴基斯坦伊斯兰共和国食品、农业和畜牧部合作谅解备忘录	粮食储备合作、建立长期稳定的粮食流通合作交流机制
2010	陕西杨凌农业高新技术产业示范区与巴基斯坦信德省/农业部关于合作建设信德省农业示范基地的谅解备忘录	共同在巴基斯坦信德省建立中国杨凌模式的农业示范基地
2011	中巴经济合作组第二次会议	农业信息交流与培训、农产品加工、动植物检疫、农业机械 生产和维修、农药管理、农产品贸易
2014	中巴杂交小麦产业化合作协议	向巴基斯坦推广中国国内优质杂交小麦品种

资料来源：高云，刘祖昕，矫健，赵跃龙，李树君. 中国与巴基斯坦农业合作探析 [J]. 世界农业，2015（8）：26-31。

七、农业外商投资需注意的问题

由于农业项目投资具有投资大、周期长、见效慢、风险大，易受国际市场和当地自然条件等因素影响等特点，投资前，应该各方面充分评估风险与收益，量力而为。

巴基斯坦的农业资源地域分布不均，70％左右耕地集中在旁遮普一个省。投资巴基斯坦农业，为了降低风险，可以选择农业资源较为集中，农业发展较为成熟，经济比较发达的旁遮普省和信德省，再考虑其他开发较少的地区。

巴基斯坦是一个多民族伊斯兰国家，而农业投资不可避免地需要与农村人口和社会最底层人民接触，因此，在合作之前，不仅应该学习国家层面的法律，而且应该充分了解地区的法律法规和风俗习惯，与当地人民建立良好的关系，避免产生纠纷。

第七节 小 结

总体来说，南亚地区的农业生产的自然资源和劳动力资源都十分丰富，但是由于粗放的经营方式和技术的缺乏，并没有充分得到开发和利用。中国与南亚各类生产条件十分类似，现有的先进农业技术与其技术需求吻合度较高，而南亚各国也正在积极迫切寻求产业技术的升级。如果能通过密切的农业合作输出中国的农业技术，应用到南亚广袤的土地，必能大幅度提高生产效率，促进资源的合理配置，使双方共同获利。

印度和巴基斯坦都对外商投资采取开放的政策，积极招商引资，制定了一系列的鼓励措施。相比之下，巴基斯坦对农业外商投资的限制较少，土地可获得性比较宽松自由，并且外商可以通过加入或者成立农业公司的形式享受到一系列针对性的优惠政策。

近年来，南亚各国作为新兴的经济体，在全球经济不景气的情况下仍然保持着良好的发展势头。南亚国家地域广袤，人口密集。可以预见，随着人们生活水平的提高，南亚将成为农产品的巨大需求市场。农产品的需求不仅在数量上会大幅度增长，而且对质量和丰富度也会有新的要求。同时，南亚与中国地理位置接近，外贸频繁，交通便利，其生产的产品能够满足中国日益增长的需求，缓解中国耕地的压力。

随着"一带一路"建设事业的推进和贸易便利化的提升，如果中国的企业能够审时度势，积极开拓市场，中国的农业企业在南亚必将大有可为。

第九章　东北亚地区（日韩）农业
外商投资及政策

位处东北亚地区的日本和韩国的农业发展具有很大相似性，农业保护政策的实行也是由来已久。但是近年两国都在大力调整农业政策，注重农业与农村的可持续发展，并且着力改善投资环境，吸引国外投资。从整体的投资环境看来，日本和韩国的经济发展态势良好，市场消费潜力较大，同时政府也积极鼓励外国企业投资，创造了良好的投资环境。

第一节　东北亚地区（日韩）农业投资概况

日本对外国投资实施"原则放开，例外禁止"的方针，通过提供一站式服务、介绍专家、提供与日本企业同等条件的补贴和优惠税制等措施，加大招商引资力度。近年日本政府更是推出了日本再兴战略，简化外国企业在日设立公司程序，降低企业所得税，以及为外商营造便利的生活环境。同时设立国家战略特区，放宽投资限制，在医疗、人才引进、农业、观光等领域进一步开放市场。为形成更好的产业集群效益，日本允许地方政府根据自身行业布局和发展规划制定对外商投资的优惠措施，着重加大对地方进行投资的外资吸引力度，希望能够吸引更多国外资本的汇入。而韩国政府则对内实施宽松的财政和货币政策，放松管制，同时调整产业结构，提高产业附加价值，提高传统产业及功能整理，发展新的融合性产业；对外则加大招商引资力度，改善投资环境。放宽外资准入限制，对国外投资实施负面清单式的管理措施，加大对外资企业的优惠力度，鼓励外资投向新兴产业、高科技、传统产业升级改造、能源产业等领域投资，并对拉动效益较大的外资企业给予税收减免、土地、研发补贴等各种优惠措施，同时也在研发、人才资源培养、销售、融资等方面给予支持措施，并且设立了各具特色，行政管理相对宽松的特殊经济区来鼓励利用外资。

　　日本和韩国的外商农业投资也取得了一定的发展。由于日本和韩国本身农业资源匮乏，农业一直属于弱势产业，但同时又是国民经济的基础产业，因此日本和韩国政府对农业一直实行高度保护的政策。这就造成在日本和韩国的外商农业投资受到了限制。但不可否认的是，近年来日本政府和韩国政府都正在进行农业政策调整，促进农村发展全面化，农业目标多元化，改革市场机制和进行市场开放，这就在一定基础上需要促进外商投资。

　　日韩两国农业政策在发展过程中都经历了产品面导向型农业政策、农业保护政策、农业的调整政策、面向市场的农业政策等几个阶段。尤其是日本在 1999 年就出台了新农业基本法，即《粮食、农业、农村基本法》，在农产品贸易政策、国内支持政策、粮食流通体制及农户经营体制方面不断调整农业政策，推进农业结构改革，实现农业经营相关政策的目标，确立"理想农业结构"，实现农业的可持续性发展[①]。韩国也在面对关贸总协定要求降低贸易壁垒的强大压力下，推行了更多的农业市场调整政策。虽然韩国在农业市场化与国际化的国内压力小于日本，致使韩国在农业结构调整及市场化进展落后于日本，但韩国致力于加大农业、农村可持续性发展的政策支持力度[②]。为了更好地促进农业的六次产业化发展，各国政府对于农业投资的限制条件不断放宽，农业投资环境也在不断改善。因此，对日本和韩国农业投资拥有巨大的提升空间，发展潜力大。

第二节　日本农业外商投资

一、日本农业发展及现状

（一）日本农业概况

　　日本是太平洋西北部的一个岛国，国土面积 37.77 万平方千米，仅占世界陆地面积的 0.27%，相当于中国的 1/25，农地资源十分缺乏。2016 年日

---

① 刘雨欣，费佐兰. 日本农业扶持政策体系及启示 [J]. 中国集体经济，2011 (1)：197 - 198.
② 贾先文，黄正泉. 日本和韩国的农业政策调整及其启示 [J]. 安徽农业科学，2009 (9)：49 - 50.

本人口 1.27 亿人，居世界第 10 位，是世界人口密度最大的国家之一，人均耕地仅为 0.04 公顷，是世界上人均耕地最少的国家。

日本传统上是一个农业国家。明治维新后，不论是就业人口还是国民收入，农业均为主体产业。如 1885 年在日本就业人口中，农业人口占 70.1%，工业和服务业人口合计只占 29.9%。同样，国内净产值中，农业产值所占比例高达 40.5%，工业和服务业的合计值占到 54.8%[①]。一直到第二次世界大战前，工业才成为日本经济的主导部门。

1. 种植业

近 20 年来，日本除稻米自给自足以外，其他作物的种植面积和总产量均逐年减少，自给率下降，进口增加。近年日本的食物热量自给率约为 39%，饲料自给率约为 28%。水稻是最主要的作物，2016 年大米总产大约在 804.2 万吨，比 2015 年增长了 0.7%，其中食用大米产量为 749.6 万吨，饲料用为 48.1 万吨。大豆总产 23.8 万吨，比 2015 年增长了 5.6%[②]。

日本主要水果是柑橘、苹果和梨，因消费结构变化，水果进口种类和数量逐年增加。近 30 年蔬菜的年人均消费量一直保持在 110 千克左右，是日本进口的大宗产品，主要品种为洋葱、食用菌、大蒜、冬笋、带夹豌豆、毛豆等。

随着生活方式的变化，日本众多食品依赖进口，现已成为世界最大的农产品进口国之一。向日本出口的前八位国家和地区都地处环太平洋地区，即美国、中国、中国台湾、澳大利亚、泰国、加拿大、韩国和印度尼西亚。

日本农产品的进口种类多，主要包括粮食（小麦、玉米、大豆）、肉类、乳制品、水海产品、水果及蔬菜、动植物油、糖、茶叶、松香、绒毛、草皮等。

日本食品进口的主要动向是：①进口食品的重点发生变化。鱼贝类进口继续增加，进口数量和金额都创历史最高纪录，蔬菜和果仁的进口增长较快；②进口产品向高附加值方向发展；③从亚洲进口的比重不断扩大，新的进口商越来越多地在亚洲"开发进口食品"，即在国外生产、返销日本。

---

① 由成林. 试论战后日本农业政策的得失及其改革 [J]. 日本问题，1990（4）：31-43.

② 日本农林水产省统计数据 [EB/OL]. http://www.maff.go.jp.

2. 畜牧业

日本的畜牧业从明治维新开始，经历大正、昭和年代逐渐发展起来。日本政府的农业长期以种植业为主，畜牧生产处于副业地位，是为了给种植业提供畜力、肥料，因而经营分散，饲养规模较小，生产水平不高，多为自给型生产。

1955 年后日本国内市场对畜产品的需求日益增加，日本政府于 1961 年制定了《农业基本法》，对畜牧业增加了投资和长期贷款，鼓励农民发展牧业。此后，畜牧业经营结构逐渐发生变化，有选择地发展牛、猪、鸡，而降低马和绵羊、山羊的饲养，畜牧生产的商品率不断提高。目前日本畜牧业已成为集约化、规模化、现代化的产业，产值占农业总产值的 35% 左右①。2014 年日本畜产品自给率为乳制品 63%，肉类 55%，鸡蛋 95%，2015 年为乳制品 62%，肉类 54%，鸡蛋 96%②。

近年日本养殖场户数量以小规模饲养者为中心，呈持续平缓下降趋势，每年降幅约为 4%。2012 年生猪、家禽、肉牛和奶牛饲养场户数分别为 0.58 万户、0.29 万户、6.52 万户和 2.01 万户，到 2016 年分别减少为 0.48 万户、0.236 万户、5.19 万户和 1.7 万户。而以奶牛为代表的每户饲养头数呈增加趋势，由 2007 年的 39.8 头增至 2016 年的 51.2 头，经营规模进一步扩大。

3. 渔业

日本是世界第四大渔业国。2015 年渔业产值达 1.59 兆日元，比 2014 年增长 5.8%。在日本近海有世界三大渔场之一太平洋北部渔场，鱼类资源丰富。2016 年的渔业生产量为 431 万吨，比 2015 年减少 8%。其中海洋渔业产量为 322 万吨，比 2015 年减少 9.4%③。

日本也是世界上食鱼最多的国家，水产品在日本人的饮食中占有重要地位。2015 年食用海鲜的自给率为 59%，比 2014 年降低了 1%。

日本海鲜进口国家和地区依次为美国、中国台湾、中国、韩国和泰国。进口的主要鱼种有金枪鱼、鲣鱼（中国台湾为主）、鲑鱼和鳟鱼（来自北美、智利、挪威、俄罗斯等国）。养殖虾的进口数量大幅度增加，主要来自中国、

---

①②③　日本农林水产省资料 [EB/OL]. http：//www. maff. go. jp.

印度、越南等亚洲国家。

4. 林业

林业在日本的国土保护和涵养水资源方面的效益极为显著。2015 年林业产值为 0.21 兆日元，比 2014 年减少了 1.4%①。

日本的森林覆盖率高达 65%，居世界前列，但每年进口木材占总需求量的 75%左右。日本南北温差大，树种丰富，其中针叶林占 2/3，阔叶林占 1/3。日本的房屋和家具大量使用木材，"木"文化在日本人的生活中占有重要地位。但由于林业经营收入低，加之林业就业人口老龄化，日本的林业生产进展缓慢。日本主要木材进口地为美国、俄罗斯、加拿大、马来西亚、新西兰、巴布亚新几内亚、瑞典、智利、芬兰、印度尼西亚和中国。

(二)日本农业发展特点

1. 耕地面积不断减少，农业人口流失，粮食自给率持续多年下滑

日本农林水产省公布的数据显示，截至 2016 年，日本共有耕地 447.1 万公顷，其中 28.4 万公顷被荒弃，是有统计数据以来耕地面积最高时（1961 年）的四分之三。其中，水田面积 243.2 万公顷，旱田面积 203.9 万公顷。农业从业人员 192.2 万，65 岁以上老人 125.4 万人，平均年龄 66.8 岁，每户农民平均拥有耕地 2.35 公顷，基本上属于家庭式老人农业，在国际上竞争力较弱。虽然现在日本是世界第三大经济强国，人均 GDP 3.83 万美元，但 2016 年日本农业产值仅为 4.67 兆日元，占国内生产总值的 0.8%，而林业产值和水产业产值则分别为 0.21 兆日元和 0.74 兆日元，日本是典型的经济强国、农业弱国②。

日本有自给生产能力的粮食和畜产品仅限于大米和鸡蛋。由于国外农产品价格低廉，日本从海外进口农产品增加，国内生产下降。世界农产品贸易额的 1/10 是日本进口的。2016 年日本的粮食自给率只有 39%。

2. 规模经营小且兼业农户比重增大

日本在劳动力转移过程中出现农业兼业化趋势，日本农户分成为纯农户

---

① 日本内阁府国民经济计算数据［EB/OL］. http://www.cao.go.jp.
② 日本农林水产省统计数据［EB/OL］. http://www.maff.go.jp.

和兼业农户。纯农户是全部家庭成员都从事农业生产而不兼营他业的农户，纯农户再划分为自给自足农户和销售农户，其核心是培育有活力的专业农户，在政策上对专门从事农业的销售农户给予重点扶持，包括各种补贴、信贷和技术指导。兼业农户又分为一兼农户和二兼农户。一兼农户是指以农业收入为主、从事农业生产时间每年在150天以上的农户；二兼农户是指以非农业收入为主、以农业收入为辅的农户。

日本农业以小规模经营为主，但是经营3公顷以上的农户在增加，耕地向较大农户集中的趋势也日益明显，骨干农户的旱地大规模化尤为显著。此外，以销售为目的的协业（合作）经营体的水田规模的扩大也很显著。通过农地的流动使土地集中和扩大规模是日本政府新政策的核心内容之一。

3. 农业发展中农协起到重要的作用

农协是全国性和综合性的联系市场与农户的农民合作中介组织，把分散经营的农户与全国统一的市场紧密连接起来，并覆盖了农业生产、流通、分配和消费的全过程，是支撑日本现代农业的重要力量。农协适应了日本农业生产分散、规模小的特点，通过对农业生产者的有效组织，实现了农户与市场的对接，也成为了日本推动第六产业发展的重要力量。

4. 大力发展第六产业

第六产业是一种现代农业的经营方式，最早在1996年由日本东京大学名誉教授今村奈良臣提出，即通过鼓励农户搞多种经营，不仅种植农作物（第一产业），而且从事农产品的加工（第二产业）与对销售农产品及加工产品（第三产业），来获取更多的增值价值。其本质是将一二三产业相互融合，使原本作为第一产业的农业变身为综合产业，提高农业附加值。

进入21世纪以来，日本经济由外向型发展转向内生型发展，日本农业作为一个新的内需增长点受到了政府的重视。2008年日本民主党在内阁会议中提出农林水产大纲——《农山渔村第六产业发展目标》，政府首次在政策大纲中提及第六产业。以此为契机，政府随后出台了相关的发展大纲以及财政补贴政策，将户别所得补偿制度与第六产业的发展相结合，实施第六产业的发展战略，第六产业在日本得到了迅速发展。2009年11月农林水产省制定了《农业六次产业化白皮书》，提出多项推进第六产业的措施。2010年又制定《粮食、农业、农村基本计划》，其重要内容之一就是推进第六产业。

之后日本政府又相继出台了《农山渔村六次产业化政策实施纲要》等文件，对增加农产品在产地的附加值，实现经营多元化，发展农工商合作，推动技术革新以及保护环境等内容做出了全面的规划，标志着日本政府已经将第六产业的发展放在推动农业发展，增强农村发展活力的战略性地位[①]。

二、日本农业保护政策

20 世纪 60 年代以来，日本政府对农业一直实行高度保护的政策，运用大量优惠措施来扶持和保护农业及农业生产者，使农业得以迅速发展。可以说战后日本的农业迅速发展的原因，除了工业发展的带动之外，日本政府采取的一系列保护和促进农业发展的政策也是一个关键因素。

为确保粮食安全和保证农民利益，政府投入巨资对农业进行保护和扶持。日本对农业的保护和扶持主要体现在税制、补贴和控制农产品进口等方面。

首先，采取以工养农政策，取消农业赋税。战后，随着经济高速发展，政府取消与农业相关的大部分赋税，并对从事农业生产的企业和个人在土地继承、所得税、赠与税方面给予优惠[②]。

其次，根据农业基本法，政府制定农产品价格补贴政策，对以大米为重点的国内主要农产品生产给予巨额财政补贴。这是由于大米在日本是唯一自给自足的农作物，也是日本最重要的粮食作物，因而成为价格支持政策的核心。政府采用高价收购、低价销售的政策进行价格保护，其补贴占整个价格补贴的 70％以上[③]。对于其他农产品，根据不同的特性及市场反应，日本政府还制定了价格稳定带制度、价格差额补贴制度以及价格平准基金制度，这些措施构建了日本较为完善的价格支持体系，在很大程度上稳定了农产品市场。另外，日本在农业现代化设备补贴方面，规定农民或团体购买共同使用

---

① 王志刚，江笛. 日本第六产业发展战略及其对中国的启示 [J]. 世界农业，2011 (3)：80-83.

② 乐绍延. 日本对小农业实施强保护 [EB/OL]. http://news.xinhuanet.com/food/2014-12/25/c_127332470.htm.

③ 田聪颖，肖海峰. 农产品目标价格补贴政策的国际比较与启示 [J]. 经济纵横，2016 (1)：123-128.

的机械设备由政府负担 30%～50% 的费用，以支持农业机械化和现代化[①]。

日本加入关税及贸易总协定后，逐步放宽了对大米等产品的价格管制，并逐步开放国内市场，开展了农产品贸易自由化的一部分进程。市场流通逐渐成为衡量价格的重要依据，农产品贸易种类的限制数目逐步减少，与此同时，高额的农业补贴政策成为稳定日本农产品的重要措施，年均补贴额度高达 4 兆～5 兆日元，基本相当于农业产值[②]。

在乌拉圭回合谈判后，日本政府根据 WTO 贸易协定的相关规定调整了农业保护的相关政策减少价格补贴、高额关税等限制措施，增加"绿箱"政策的比重。在 WTO 农业协定框架内，实施了战后以来调整力度最大的新的农业支持保护政策。其中最突出的就是逐年降低对农产品的关税壁垒与价格补贴，对农业的支持保护从过去以流通、生产环节为主，转变为以支持农业的公共性服务、农业基础设施、提高农民收入、促进农业结构调整为主等 WTO 农业规则允许的政策上。日本政府在 WTO 规则允许的"绿箱"政策范围内提供大量的财政资金用于提供农业公共服务、改善农业基础设施及促进农业生产结构调整，具体包括水利建设补贴、农用土地整治补贴、农用机械设备购买补贴、农业基础设施建设补贴、农贷利息补贴、农业科技补贴等[③]。此外，日本政府还在有限的范围内提供农产品价格稳定和农产品价格补贴政策。

2009 年日本发起了新一轮农业政策改革，出台了农户所得补偿制度，其主要内容之一是对经营者所生产的农产品成本与市场销售价格的差额给予补偿，其中对水稻种植户的大米所得补偿支付金分为定额直补与变动直补，可看作是目标价格补贴政策的实行方式。2013 年日本政府将农户所得补偿制度调整为经营收入安定政策，逐渐废除对价格波动的补贴，而以收入补贴代替[④]。

在采取多种措施保护本国的农业发展的同时，日本还采取高关税和技术

---

① 刘雨欣，费佐兰．日本农业扶持政策体系及启示 [J]．中国集体经济，2011 (1)：197 - 198.
② 韩喜平，李二柱．日本农业保护政策的演变及启示 [J]．现代日本经济，2005 (4)：55 - 59.
③ 王高华．日本韩国农业补贴政策及效果 [J]．世界农业，2012 (10)：61 - 64.
④ 田聪颖，肖海峰．农产品目标价格补贴政策的国际比较与启示 [J]．经济纵横，2016 (1)：123 - 128.

壁垒措施限制外国农产品进口，并采用浮动关税、差额关税和特惠关税等措施对农产品进口进行调节。日本利用 WTO 相关条款对农产品进口数量进行严格限制，主要措施有限制赋予特惠关税和国民待遇、高关税、数量限制、反倾销、原产地规则、标准认证等。除了关税配额、数量限制等手段外，日本还利用卫生防疫制度和动植物检疫制度等规则限制国外农产品进口[1]。

近年来，日本农产品关税有所下降，但非关税壁垒日益突出，苛刻的技术指标成为保护农业的主要手段。

三、对日直接投资的现状及特点

(一) 对日直接投资的现状

自 20 世纪 90 年代中期以来，日本引进外国直接投资有了长足发展。尤其是近年日本推出"日本再兴战略"，希望通过推进外国企业的招商、完善投资环境、吸引海外优秀人才与技术等方式，实现 2020 年将对内直接投资总额翻倍，即将对内直接投资总额由 2012 年年底的 17.8 兆日元翻倍至 35 兆日元。安倍政府为此推出了各种有利于外国企业招商的政策。

在这种政策环境下，自 2008 年达到 19.4 兆日元之后一度停滞不前的对日直接投资总额大幅增加，2014 年首次超过 20 兆日元，达到 23 兆 3 493 亿日元。2015 年更是高达 24.4 兆日元，更新了对日直接投资存量新高。2016 年上半年又有大笔资金注入，2016 年 6 月的推算值达到了 26.7 兆日元[2]（图 9-1）。对日投资的顺利增长充分显示了近年来对日投资环境的积极变化。

尽管近年日本的对内直接投资存量增长迅速，但从总体水平来看，尤其是从引进外国直接投资存量占 GDP 比重指标来看，日本仍然与先进国家存在相当的差距。据 UNCTAD 公布的《2016 年世界投资报告》统计，同世界其他发达国家相比，日本引进的外国直接投资规模较小。虽然近几年对内直接投资占 GDP 比重一直保持在 4.0% 左右，2015 年上升到了 4.9%（图 9-2），

---

① 王高华. 日本韩国农业补贴政策及效果 [J]. 世界农业，2012 (10)：61-64.

② 日本财务省. 对邦对外资产负债残高 [EB/OL]. http：//www.mof.go.jp/international_policy/reference/iip/data.htmhttps：//www.jetro.go.jp/ext_images/_Invest/pdf/refe/jetro_invest_japan_report_201701jp.pdf.

日本对外投资和吸引外资严重失衡的局面有所改观，但与美国、德国等先进国家的差距仍有 10 倍以上，甚至低于韩国和中国[①]。

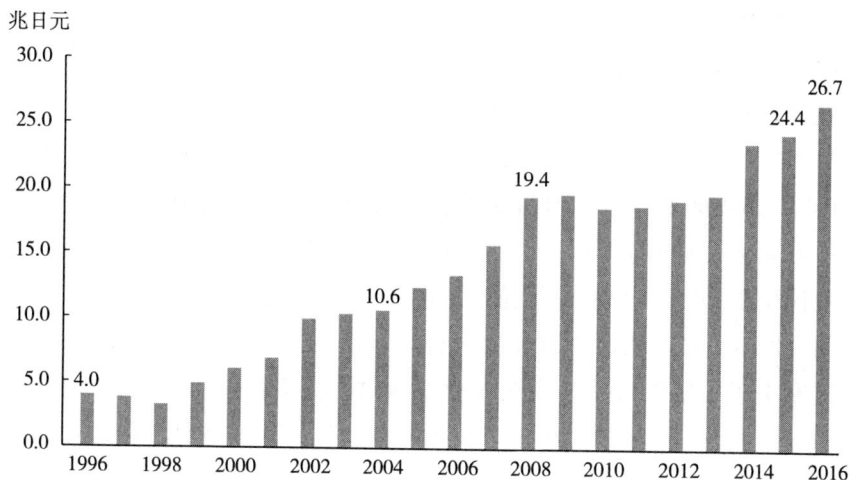

图 9-1 对日直接投资存量变化

注：1 兆日元约等于 600 亿人民币。

资料来源：日本财务省，本国对外资产负债余额，2015；JETRO，日本投资报告 Invest Japan，2016。

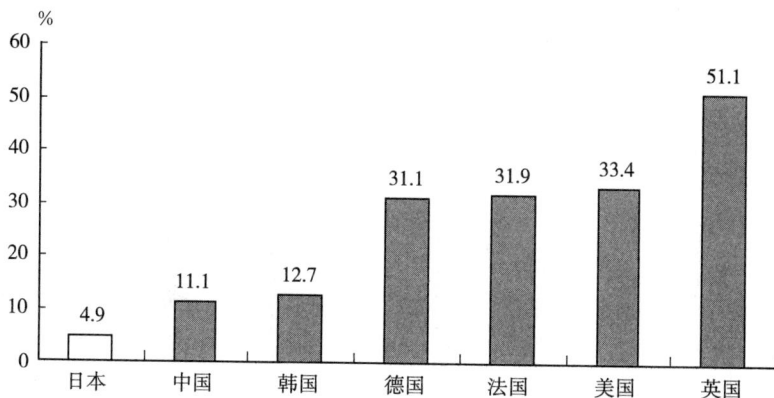

图 9-2 2015 年对内直接投资存量占 GDP 比重的比较

资料来源：UNCTAD，World Investment Report，2016；FDI，database；日本财务省，本国对外资产负债余额，2015；日本内阁府，国民经济计算报告。

---

① JETRO. 日本投资报告 Invest Japan [EB/OL]. https：//www. jetro. go. jp/ext_images/_Invest/pdf/refe/jetro_invest_japan_report_201701jp. pdf.

  "对内直接投资"的统计定义的对象仅限跨国境进入日本的资本。有人指出，已经进入日本的外资类企业因日本国内发达的金融市场，能够很容易地以低利率筹集到资本，因而相对于企业数与商务规模，直接投资额有减少的倾向。但与其他国家相比，对日投资与日本的经济规模及其成熟度相比仍停留在较低水平，这也是不争的事实。

  另一方面，日本对内投资与对外投资的比率也与先进国家有较大差距。从 2016 年的数据来看，对内与对外直接投资存量相比变化不大。虽然对内直接投资有大幅增长，但对外直接投资存量也增加了 20%，对内、对外直接投资比率 1：6.2，与上一年持平（图 9 - 3），而先进国家基本都处于 1～2 倍之间（图 9 - 4），从这个意义上来说，日本的对内投资与对外投资之比在先进国家中仍属较低水平。而在农业方面对内直接投资与对外直接投资的差更是明显。这与日本积极促进农业的海外投资，却对外商投资日本农业一直采取限制政策分不开。

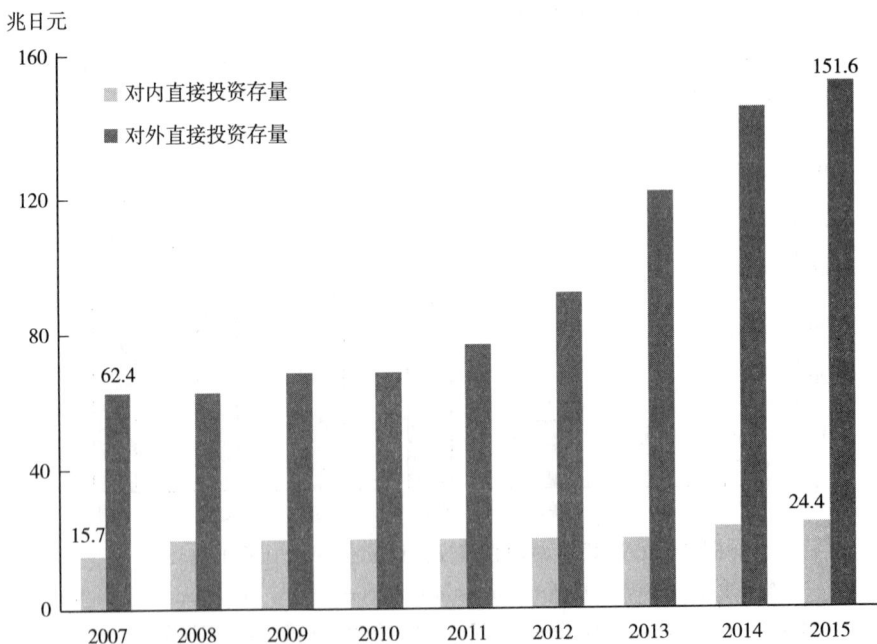

图 9 - 3 2007—2015 对内对外直接投资存量的比较

资料来源：JETRO，日本投资报告 Invest Japan，2016。

百万美元

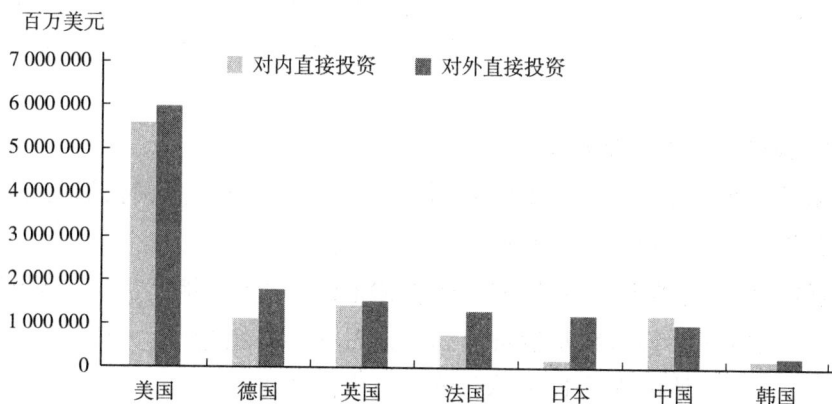

图 9-4　对内对外直接投资总量的国际比较

注：100 万美元约为 640 万人民币。

资料来源：JETRO，日本投资报告 Invest Japan，2016。

（二）对日直接投资特点

1. 外商投资半数来自欧洲，但近年亚洲投资比例稳步上升

一直以来对日投资总额中占大部分的欧美投资自雷曼冲击之后一直恢复乏力。反观近年来亚洲对日投资增长趋势明显，总额呈稳步上升趋势，在对日直接投资当中亚洲投资存在感增强。2016 年的数据显示（图 9-5），欧洲对

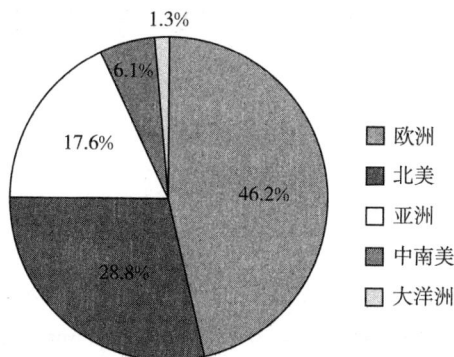

图 9-5　2016 年对日直接投资地区比例

资料来源：JETRO，日本投资报告 Invest Japan，2016。

日直接投资达 11 兆 2 102 亿日元，占总体投资的 46％。而亚洲对日直接投资总量达到 4 兆 2 900 亿日元，占总体投资的 17.6％，比前一年增加了两个百分点①。

2. 外资向非制造业倾斜

据日本财务省统计，日本的非制造业成为引进外国直接投资的主要领域，尤其是金融保险业发展迅速。

近年对日投资主要集中在金融保险行业，2015 年度占总体投资的 36.6％。其次是运输机械制造行业和电器机械器具制造业，分别占 13.1％和 12.8％②。这种构造近 10 年来没有发生大的变化。

在制造业领域，机械、化工为吸引外资最多的行业。在非制造业领域，外资主要集中在金融及保险、批发零售业和通信等行业。从投资额看，非制造业超过制造业近 6 倍，呈现明显向非制造业倾斜的趋势③。但对农业投资一直极不稳定，近年一直呈低迷状态（图 9 - 6）。

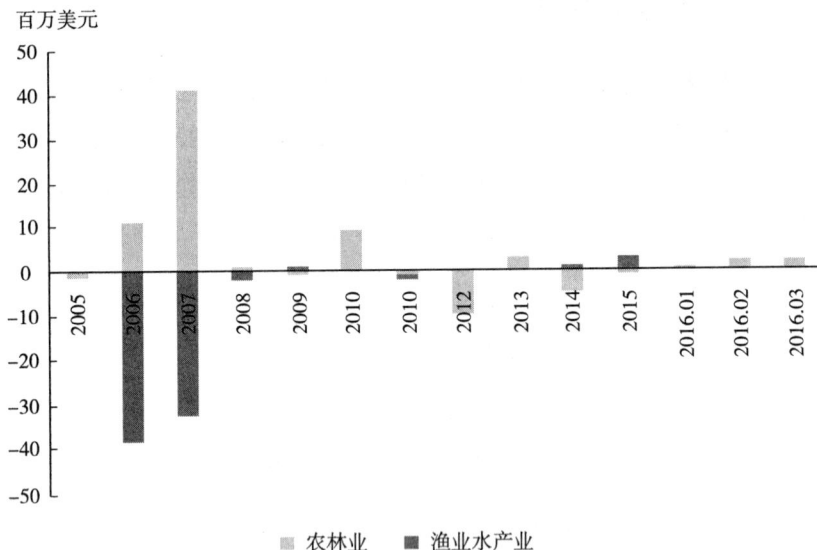

百万美元

图 9 - 6　2005—2016 年日本农林渔水产业直接投资变化

资料来源：JETRO 的统计资料，https：//www.jetro.go.jp/world/japan/stats/fdi.html。

---

①②③　JETRO. 日本投资报告 Invest Japan ［EB/OL］. https：//www.jetro.go.jp/ext_images/_Invest/pdf/refe/jetro_invest_japan_report_201701jp.pdf.

3. 企业并购是外国对日投资的重要方式

2015 年因为大型的企业并购活动较少，对日企业并购 M&A（完成数）总额为 9 196 亿日元，比前一年减少了 27%。但 2016 年大型项目件数一直居高不下，上半期已经达到 2 兆 6 862 亿日元[①]，这说明企业并购已成为外国对日投资的重要方式。

大多数并购以取得经营资源为目的，金额比重很大。在他国常见的趁企业市值下跌时购进并培育，业绩复苏后转卖获利的并购类型迄今并不多见。从希望取得的经营资源来看，欧美与亚洲企业并不相同。欧美主要目的是获得销路、顾客等流通环节，以建立生产基地、获取技术为目的的并购较少。但某些具有在消费地生产必要性的行业，有以获得生产基地为目的的并购，在高新技术领域等需要巨额研发费用的领域，也有以获得日本技术为目的的并购。亚洲等发展中国家和地区企业对日并购目的则多是旨在获得日本的生产技术以及品牌价值等。

四、日本外商投资环境

（一）有利因素

20 世纪 90 年代以后，日本政府逐渐认识到外国投资的重要性，致力于改善投资环境，尤其自 2012 年安倍政权以来，日本政府一方面促进日本经济增长，使日本市场更具魅力；另一方面致力于招商引资，推出众多改善外国对日投资环境的措施，积极通过外国企业的招商来扩大对内直接投资，因此近年日本外商投资环境比以前有明显改善。

1. 高度发达的经济水平和巨大的市场需求

日本经济高度发达，是全球最富裕、经济最发达和生活水平最高的国家之一。2015 年日本国内生产总值 532 兆日元，居世界第三位，也是重要的成熟消费大市场。此外，日本是世界第二大债权国。发达的经济水平使得国内资本积累雄厚、产业基础设施完备，国民购买力充足，市场容量较大，且

---

① JETRO. 日本投资报告 Invest Japan［EB/OL］. https：//www. jetro. go. jp/ext _ images/ _ Invest/pdf/refe/jetro _ invest _ japan _ report _ 201701jp. pdf.

高度成熟。在针对外国企业的调查表明，约 60％的外国企业认为，市场规模巨大是日本的魅力所在①。

2. 良好的商务环境

日本法律制度完善，社会稳定。20 世纪 90 年代以后，日本推进了会计准则以及相关法律制度的国际化。2005 年 6 月日本制定了新的公司法，撤销了最低资本金制度，使设立公司更加容易，企业兼并重组方式灵活，商业环境规范有序。世界经济论坛《2012—2013 年全球竞争力报告》显示，日本在全球最具竞争力的 144 个国家和地区中，排名第 10 位②。目前，日本政府研究拟定新的经济增长战略，拟通过放宽管制、降低税负等刺激民间企业投资，增强日本经济活力，这将为外国企业投资日本带来新的机会。

3. 政府积极主动营造有利环境

鉴于外资对促进日本经济复苏的重要作用，日本政府对吸引外资的认识有所提高。早在 1994 年 7 月日本政府就设立了对日投资会议，开始积极吸引外资。近年来，日本更是相继出台一系列措施，放宽限制，完善外资在日投资环境。如 1997 年修订《商法》简化企业并购手续，修订《反垄断法》解除对设立纯粹控股公司的禁令；1999 年修改《商法》，引入股票交换制度；2003 年公布《产业复兴法》修正案允许实施三方合并和现金合并等③。这些举措放宽了对并购的限制，为外资并购日本企业创造了机会，为外资提供了更广阔的舞台，改善了日本的投资环境。

总之，日本投资环境得到一定的改善，对外资吸引力有所增强。据日本贸易振兴机构调查表明，有超过 40％的企业感受到了日本投资环境的改善。改善原因依次为法人税改革、放宽限制、入国管理的改革和行政手续的改革④。尤其是降低法人税税率以及放宽限制的举措，间接提高了企业竞争

---

① 日本经济产业省．对日投资成功事例报告 [EB/OL]．http：//www. meti. go. jp/policy/investment/pdf/tokuteibunya. pdf.

② 世界经济论坛．2012—2013 全球竞争力报告 [EB/OL]．http：//www3. weforum. org/docs/WEF _ NR _ GCR _ Asia _ 2012 - 13 _ CN. pdf.

③ 刘艳君，郑艳丽，杨茜．日本引进外国直接投资的现状及其原因分析 [J]．日本问题研究，2007（1）：33 - 37.

④ JETRO．日本投资报告 Invest Japan [EB/OL]．2016https：//www. jetro. go. jp/ext _ images/ _ Invest/pdf/refe/jetro _ invest _ japan _ report _ 201701jp. pdf.

力，扩大了市场，得到众多在日投资企业的认可。

（二）不利因素

受日本投资环境中的多种因素影响，日本市场被公认为世界上最难打入的市场之一。除文化、政治等情因素外，日本投资环境的劣势主要有以下方面：

第一，行政手续复杂，认可制度严格。外商反映申请设立公司所需时间冗长、缴交资料过多。该阻碍因素在 2015 年日本贸易振兴会的调查中排首位，在之后的 2016 年调查中下降至第 4 位①。可见该状况已得到一定改善，日本政府致力于将日本打造成世界上最容易做生意的国家而做出的种种措施已见初步成效。目前除了部分限制性行业（如农林水产业、矿业、国防产业等）外，外商在日设立一般公司，汇款投资后再向日本银行备案即可，已较前大大简化，但对农业投资仍需事先申报。另外政府对化学品、医药用品、食品等三行业的审批仍较严格。

第二，确保人才不易。在 2016 年的调查中，难以确保人才成为外商对日投资的首要课题。国际人才匮乏、专业人才严重不足以及雇用流动性的不足是造成确保人才难的主要原因。

第三，商务外语水平低。商务外语水平低下成为继人才问题之后的第二大障碍。其中具有商务水平的多语言人才严重不足是最主要原因，另外，规章制度的多语言化和行政手续的多语言化也是一个重要课题。

第四，商务成本过高。在日本设立企业的基本费用是欧美的 4 倍左右，同时人工成本以及各项租金、通信费等相关费用也较其他国家高昂。因此，投资及运营成本较高就成为了历年来外商对日投资的重要不利因素②。尤其是 2015 年以来日元持续升值，与上述国际人才缺乏相关，造成人工费用和招聘人才费用增高也是原因之一。

第五，其他因素。日本市场的特殊性，频繁的汇率变动、资金筹集困难

---

① JETRO. 日本投资报告 Invest Japan［EB/OL］. 2016https：//www. jetro. go. jp/ext _ images/ _ Invest/pdf/refe/jetro _ invest _ japan _ report _ 201701jp. pdf.

② 中国国际贸易促进委员会. 日本投资环境及相关政策［EB/OL］. http：//aaa. ccpit. org/Category7/Asset/2007/Jul/25/onlineeditimages/file71185327718075. pdf.

等因素也都制约着外资进入日本。日本特有的商业惯例、消费者和用户企业对产品质量的苛刻要求等文化因素也都不同程度地影响着外商对日本的投资①。

五、日本引进外商投资政策的变迁

(一) 限制外商投资的时代

战后初期，日本经济基础十分薄弱。为了保护脆弱的国内产业不被外国企业威胁，日本实行极度封闭、保守的政策，严格限制引入外资。《日本外汇及外贸管理法》《外国投资法》等法律明确规定，对外国投资实行"原则禁止，例外自由"的原则，拒绝非生产性外资流入。即使引进外国生产性投资，也以获得国际收支平衡和外国先进技术为宗旨。一切不能对创汇作出贡献的产业部门均由国内资本经营，一切无助于引进、吸收外国技术的外资项目均不予批准②。只有能够促进经济复兴的优质外资才被允许引进，这个时期属于严格甄选外资的阶段。

(二) 资本的自由化时代

20 世纪 60 年代以后，日本经济呈现复苏，尤其是 1964 年加入经济合作开发机构（OECD）之后，更是试图通过贸易与资本自由化重新与国际经济社会接轨，资本自由化的呼声越来越高。但为了防止外国企业对日本本土企业造成威胁，日本采取的政策是分段、渐进地推进资本自由化。根据部门是否具备同外资企业竞争的综合竞争力，使受冲击较小的部门最先开放。同时，在资产所有权、组织和经营决策中规定了日方的控制地位③。在引进外资方式上，以吸收外债为主，既弥补了国内资金不足，缓解了企业自有资金少、国际收支逆差、外汇短缺等困难，又防止了外资对本国企业的控制。进入 70 年代之后，由于经济得到全面恢复和高速发展，日本外资政策虽有所放

---

① 中国国际贸易促进委员会. 日本投资环境及相关政策 [EB/OL]. http：//aaa. ccpit. org/Category7/Asset/2007/Jul/25/onlineeditimages/file71185327718075. pdf.

② 田野，赵媛. 日本引进外资政策的调整及启示 [J]. 日本研究，2002 (1)：13 - 17.

③ 曹更生，杨民. 四类利用外资政策的国际比较 [J]. 当代经济，2006 (5)：64 - 65.

松，外资流入的规模不断增加，但日本政府并未改变对外国投资的规制导向，特别是对产业准入的规制力度依然较大。例如，农林水产、矿产、石油、皮革与皮革制造、零售等行业限制外资进入，原子能、公用事业、电力天然气、银行、飞机制造等行业禁止外资进入。

（三）消极引进外资时代

1980年12月日本修改外汇及外贸管理法，规定在事先申请的前提下，原则上所有行业的外国企业对日直接投资都实行开放。同时，为了促进外国企业对日投资，日本开发银行（现日本政策投资银行）于1984年开始对外国对日投资实行低息融资制度，日本贸易振兴会（JETRO）也提供信息服务等支持政策。

20世纪80年代后期的对日投资自由化实质是随着日本贸易顺差增大，日本政府迫于欧美国家的压力而实施的无奈之举。这个时期随着日元的增值，日本制造企业不断增加海外投资，这就造成内外投资差异极大，因此日本与欧美国家之间的贸易摩擦也在不断升级。在这种情况下，为了减少投资摩擦，促进投资的相互交流，1990年6月日本政府发表《关于开放直接投资政策的声明》，明确了积极引入外资的方针。同时简化外汇法手续，提供日本市场信息，对外国企业实行金融支援，确保贸易透明性等改善贸易环境的方针政策不断出台。这可谓是日本政府促进对日直接投资的最初一步。不可否认的是，这些政策是迫于外国压力，为了避免贸易摩擦而采取的对应措施。战后日本外资政策见表9-1。

表9-1　日本战后外资政策概况

年份	政策内容
1950	制定了《外资法》原则上禁止外国资本家的对日直接投资，被政府判断为优良投资的例外
1964	加盟OECD被要求对日直接投资实施自由化政策
1967	第1次资本自由化
1969	第2次自由化
1970	第3次自由化
1971	第4次自由化

（续）

年份	政策内容
1973	第 5 次自由化原则上对内直接投资实行自由化政策（5 种产业例外，农业也包括其中）
1975	零售业自由化，农林水产业例外
1980	修改外汇法，农林水产业仍属限制范围，须事先申报。实施外国贸易管理法，废止外资法
1992	修改《外汇及外国贸易管理法》，放宽对日投资限制；实行《促进进口和对日投资法》，对特定投资者实行优惠税制和债务担保
1997	修改《外汇及外国贸易管理法》，更名为《外汇及外国贸易法》
1998	再次改订外汇法（通信、广播电视行业改为事后报告制）

（四）积极主动引进外资时代

20 世纪 90 年代随着泡沫经济的破灭，日本政府为了增加地域经济活力进行产业革新，开始积极调整外资政策，扩大利用外资规模。在此期间日本实行了四项促进外国企业对日投资的政策。即修改《外汇及外贸管理法》，进一步放宽了对外国企业对日投资的限制；进一步扩充了日本开发银行的低息融资制度和日本贸易振兴会的信息服务业务；实行《促进进口和对日投资法》，面向外国企业对日投资实行优惠税制和债务担保；设立对日投资支援服务株式会社（FIND），面向外国企业对日投资提供支持与服务。

1994 年 3 月日本出台了《对外经济改革纲要》，根据该纲要，同年 7 月日本组成了由内阁总理大臣任议长，由各有关阁僚参加的对日投资会议，下设专门委员会，由政府二十多个部门的官员、外资企业人士组成，并多次举行会议，专门负责研究如何扩大外商对日投资的问题。1995 年 6 月日本发表《对日投资会议声明》，表明欢迎外国对日本投资的态度，又于 1996 年 4 月发表《对日投资会议关于企业购并的声明》，积极建设企业并购环境，随后 1999 年发表《为了促进对日投资的 7 点提议》，明确表示日本政府积极促进对日投资。

1995 年 11 月日本根据《促进进口和对日投资法》，对优惠税制和债务担保制度进行了扩充，并将该法的实行期限延长 10 年至 2006 年。同时，进一步扩充日本开发银行的低息融资制度和日本贸易振兴会的信息服务业务。至此，日本吸引外商投资的政策框架基本确定。

随后的 1997 年，日本政府将《外汇及外国贸易管理法》修改并更名为《外汇及外国贸易法》，规定外国企业对矿业（原油、天然气、核燃料除外）的投资由事先申请改为事后报告，并简化了申报手续和变更手续，为外国投资者提供了极大方便。

（五）明确提出引进外商投资目标时代

2003 年小泉前首相在当时的施政方针演说中提出，小泉政权会大力推出吸引外资政策，5 年内达到对内投资存量翻倍的目标。2003 年"对日投资促进民间论坛"将扩大对日投资比作"第三次开国"，对日投资会议（会议主席为内阁首相）发表了"对日投资计划"，具体提出引资的五个重点政策：进行广泛内外宣传；推动跨国兼并重组；简化引资手续；扩充外国技术人员研究人员的在留资格，完善留学生在日就业和生活环境；完善国家和地方招商引资体系[1]。

继而 2006 年成立的对日直接投资加速课题小组又提出到 2010 年实现对日直接投资存量对 GDP 比率翻倍，即达到 5％的目标[2]。其间，直接投资存量实现翻倍，但是对 GDP 比率翻倍的目标未能实现。2010 年 6 月民主党政权下的内阁会议决定了"新成长战略"，提出了"在今后 10 年间，使流入日本的人才、商品、资金倍增"[3]。

同样，安倍政府也提出了对日投资新目标。为了使日本成为世界上企业活动最方便的国家，安倍政府在 2013 年 6 月的日本再兴战略中提出了以下两个目标，即 2020 年达到 35 兆日元，和对 GDP 比率比 2012 年时翻倍。为此，政府随之推出了一系列举措：通过实施产业竞争力强化法、实施国际战略特区法、实施亚洲据点化推进法、实施医药法、再生医疗系法等来实现既定目标[4]。

---

① 刘勇，雷平．日韩两国利用外资与自主创新模式及我的发展思考［J］．中国软科学，2008（11）：26‐33.

② 日本内阁府．对日直接投资の现状とその促进に向けた取组等について［EB/OL］．http：//www5. cao. go. jp/keizai-shimon/kaigi/special/investment/01/haifu ‐ 04. pdf.

③ 日本经济新闻［N］．2010‐6‐19.

④ JETRO. 日本投资报告 Invest Japan［EB/OL］．https：//www. jetro. go. jp/ext ‐ images/ ‐ Invest/pdf/refe/jetro ‐ invest ‐ japan ‐ report ‐ 201701jp. pdf.

（六）以地方为主体积极引进外资

现在，不仅日本中央政府为了充分吸引外资推出了很多举措，地方政府、自治体也为吸引外资作出了极大努力。日本许多地方政府根据相关条例和制度，单独制定一些优惠政策来吸引外资。通过减免事业税、房地产购置税等税收优惠，提供土地和建筑，融资贷款制度等措施鼓励投资。一些政府还专门设立了面向外资企业的融资制度和补贴制度。例如作为国家战略特区之一的新潟市针对外企设有促进外商投资补助金；对于外资在新潟市设立企业的登记费用和租借费用进行补助；设置外国人创业促进事业，对有意在新潟市创业的外国人在留资格认定放宽条件等①。

日本吸引外资政策今后的趋势将是以地方为主体，积极引进外资。目前在日本全国各地都已制定了对日投资吸引政策，日本的引进外资政策进入了一个新的时代（表 9-2）。

表 9-2　近年来日本政府促进对日直接投资的主要举措

年份	措　施	内容概要
1990	发表关于开放直接投资政策的声明	提出简化外汇法手续以及提供日本市场信息等支援方式
1994	设置对日投资会议	由内阁总理大臣任议长，由各有关阁僚参加，下设专门委员会，专门负责研究如何扩大外商对日投资
1995	发表对日投资会议声明	表明欢迎外国对日本投资的态度，并发表促进对日投资的举措
1996	发表对日投资会议关于企业购并（M&A）的声明	发表声明，整备跨国并购的企业环境
1999	发表促进对日投资的 7 项提案	除了整备企业投资环境之外，还对提供学校、医疗信息等生活方面的问题提出建议
2003	成立促进对日投资项目	设定 5 年达到对日直接投资存量翻倍目标。提出简化行政手续、整备事业环境、整备雇用生活环境、整备地方政府及中央政府环境以及对内外公布信息等 5 个重要方面

① JETRO. 日本投资报告 Invest Japan ［EB/OL］. https：//www. jetro. go. jp/ext＿images/＿Invest/pdf/refe/jetro＿invest＿japan＿report＿201701jp. pdf.

（续）

年份	措　施	内容概要
2006	成立加速对日直接投资项目	设定 5 年内实现对日直接投资存量占 GDP 比重翻倍目标
2008	设置对日投资有识者会议	以内阁总理大臣政务官为议长，讨论对日直接投资增长缓慢的原因，并就促进直接投资提出具体措施
2008	发表从根本上扩大对日直接投资的 5 项提案，改组对日直接加速项目	将扩大对内直接投资的具体实施方法分为 5 个项目，并根据项目内容改组项目
2010	决定新成长战略	设定让流入日本的人才、物品、金钱翻倍的目标
2011	设置以亚洲为据点，对日投资促进会议	以内阁总理大臣政务官为议长，制定提高日本事业环境的制度改革项目
2011	确定以亚洲为据点，对日投资促进项目	提出到 2020 年为止，增加高附加值据点、将外资企业雇用人数翻倍、以及对日直接投资存量翻倍等目标
2012	制定亚洲据点化推进法	为了吸引国际企业在日本设置研究开发据点，对符合条件的企业实行一系列优惠政策
2013	制定日本再兴战略计划	明确提出 2020 年对日直接投资存量达 35 兆日元的目标
2014	修订日本再兴战略计划	明确记载驻外公馆与 JETRO 合作，地方自治体的招商引资支援
2015	召开对日直接推进会议发布日本再兴战略 2015 修订版	提出《外国企业招商引资到日本的 5 项承诺》着手解决外国人期望较高的提高公共无线 LAN 多便利性、充实海外子弟教育环境、克服日常生活中的语言障碍等课题加强信息对外发布，促进重点项目发展
2016	召开对日直接投资推进会议，发布日本再兴战略 2016 修订版	提出促进对日直接投资的一揽子政策强化 JETRO 体制，加强支援服务

六、日本吸引外商投资的支持政策

日本主要通过放宽行政规制、优惠税收、低息融资、提供信息，以及其他几个方面来支持对外招商引资。

日本政府在各个领域大力推进手续的简化、审批制度的改革与快速化、审查时间的缩短、市场的整备等限制改革，通过这些改革带来了市场扩大与开放以及投资环境的改善。

（一）行业行政规制

20 世纪 90 年代之后，日本政府逐渐认识到外国投资在本国经济复苏和发展中的重要作用，进而对封闭、保守的引资政策展开全方位的调整。

1991 年 4 月日本修改了《外汇及外贸管理法》，1992 年 1 月开始实行。该法规的修订简化了外国企业对日投资手续。随后日本又制定《放宽规制 3 年计划》，对过于严苛的规制政策进行改革。另一方面扩大了外资准入产业领域，日本原来禁止或限制外资进入的一些产业部门，如银行、保险、电信等，在 90 年代也准许外国企业进入。

1992 年前所有外国对日直接投资均需事前申请，修改后的《外汇及外贸管理法》第 2 条规定，除有碍国家安全和国际上允许保留限制的行业外，外国企业对日投资手续均改为事后报告即可。涉及国家安全的领域主要包括航空、武器、原子、宇宙、火药、电力、煤气、供热、下水道、铁道、旅客运输、通信、广播、警备、生物制剂。国际上允许设限的行业主要指经合组织保留的设限领域，包括农林水产、石油、皮革、航空运输、海运和投资信托。

1997 年 5 月日本再次修改《外汇及外贸管理法》，并更名为《外汇及外贸法》，1998 年 4 月实行。该法规定，外国对日本矿业（原油、天然气、核原料除外）的投资，由事前申请改为事后报告。公司或支店变更事业目的，如不属于事前申请行业，不需申请和报告。如属于事前申请行业，在业务开始前 3 个月内向大藏大臣或主管大臣提出。有关部门收到申请后，如无特殊问题，必须在 2 个星期内予以批准。如需审查，有关部门将举行审议进行研究，并可以要求投资者改变投资内容或中止投资，审查期限最长可延长至 5 个月。事后报告在业务开始后 15 天内通过日本银行提交有关政府部门。无论是事先申请还是事后报告，外国企业均可通过日本国内的代理人进行。但是农业依然属于事先申请范畴。

（二）财政税收政策

财政税收制度中，日本通过下调法人税、对特定对日投资事业者实行优惠税收政策等举措来支持外资引进。

自 2012 年 12 月安倍政权以来，日本政府积极通过外国企业的招商来扩大对内直接投资。"安倍经济学"通过大胆的货币政策（第 1 支利箭）消除通货紧缩心态，通过机动的财政政策（第 2 支利箭）创出需求，通过放宽限制等推动刺激民间投资的成长战略（第 3 支利箭），以打造"全世界最容易做生意的国家"为目标，推进法人税的降低[①]。

1. 下调法人税实际税率

2015 年度税制改革中，实现了法人税实际税率的下调。标准税率从 2013 年的 37.00％下调至 2014 年度的 34.62％，2015 年度的 32.11％，2016 年度的 29.97％，并在 2016 年度的税制改革大纲中决定 2018 年度下调至 29.74％。该税率的调整是以政府的《经济财政运营与改革的基本方针 2014》为基础制定的。"在强化日本的地理性竞争力的同时，提高日本企业的竞争力，作为其中一环，要以将法人税实际税率下调至不逊色于国际水平的水准为目标，着手开展以成长为重点的法人税改革。为此，目标在几年内要将法人税实际税率下调至 20％～30％之间"[②]。对于认为"日本商务成本很高"的外国企业而言，此法人税实际税率的下调意味着商务成本的降低，或可推动国内企业的设备投资与工资上涨，并有促进对日投资的效果。

日本的实际税率在主要国家中仅次于美国加利福尼亚州的 40.75％与法国的 33.33％，而高于德国 29.72％、英国 20％等欧洲国家，且高于中国 25％、韩国 24.2％、新加坡 17％等亚洲国家（图 9-7）。日本下调法人税实际税率也是为了适应全球的趋势，来促进外商投资。

2. 面向特定对日投资事业者实行优惠税收政策

日本于 1992 年 7 月开始实行《促进进口和对日投资法》。该法规定，为促进外国对日投资，对于满足一定条件的外国企业和外资企业（特定对日投

---

① JETRO. 日本投资报告 Invest Japan ［EB/OL］. https：//www.jetro.go.jp/ext_images/_In-vest/pdf/refe/jetro_invest_japan_report_sc201608.pdf.

② JETRO. 日本投资报告 Invest Japan ［EB/OL］. https：//www.jetro.go.jp/ext_images/_In-vest/pdf/refe/jetro_invest_japan_report_201701jp.pdf.

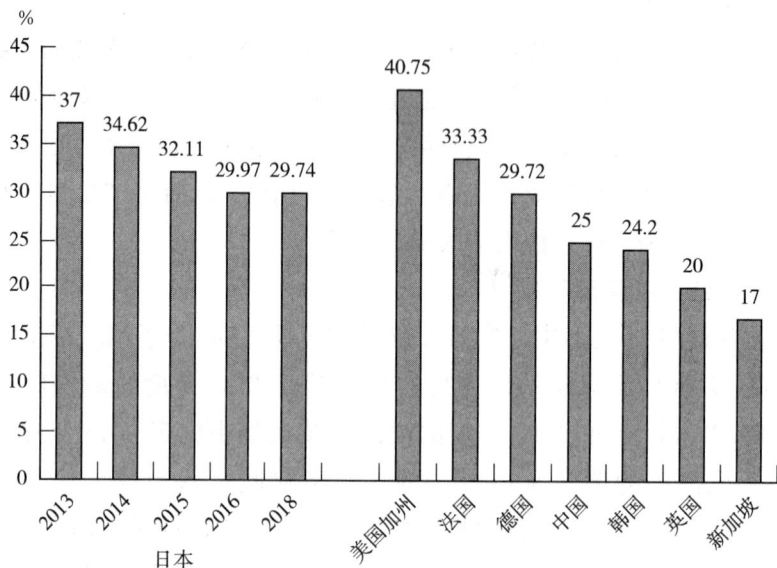

图 9-7　日本法人税实际税率的国际比较

资料来源：JETRO，日本投资报告 Invest Japan，2016。

资事业者）实行优惠税制和债务担保①。

　　优惠对象包括外国企业在日开设的支店、营业所，以及外资比率超过 1/3 的日本法人。1995 年 4 月实行优惠税制和债务担保的行业扩大。1995 年 11 月日本政府决定将《促进进口和对日投资法》的实行期限延长 10 年，至 2006 年。1996 年 4 月扩充了有关支持措施。

　　其中，特定对日投资事业者的认定手续即外国企业和外资企业要使用《促进进口和对日投资法》的优惠政策和债务担保等支持措施，须被认定为特定对日投资事业者。

　　外国企业在日开设的支店、营业所，以及外资比率超过 1/3 的日本法人，可提出认定申请。支店、营业所或子公司从设立到申请支持措施时的期间不能超过 8 年，对象行业限于厚生省、农林水产省、运输省、通商产业省省令所规定的制造业、零售业、服务业等 151 个行业。

　　① 驻日使馆经商处．日本吸引外资的主要政策措施及我国对日投资情况分析［EB/OL］．http：//www.cqvip.com/Read/Read.aspx？id＝7018900.

根据《促进进口和对日投资法》第 2 条第 6 款的规定，涉及通产省业务的特定投资事业者，须由通产大臣认定，1998 年 6 月 1 日之后，由各地通商产业局认定。各省对企业提出的申请和有关文件进行分析，判断是否符合条件，如符合，由主管大臣发放认定书。

认定书的有效期限最长为一年，如果希望继续使用支持措施，需重新申请。

其中优惠税制（延长税款缴纳期限）则根据《促进进口和对日投资法》的规定，获准优惠的外国企业各年度所欠税款最长可以延长 5 年缴纳。如果属于特定对日投资事业者，从设立之日起，其 5 年内发生的所欠税款可以延长 7 年缴纳。税收优惠适用范围包括制造业、批发业、零售业、服务业等 151 个行业。但是农业并不包括在内。

除了中央政府之外，日本不少地方政府对投资在其域内的外资企业，也提供各种优惠措施。一是减免税，各都道府县和市町村对域内外资企业迁址或新设、增设生产设备实行减免税，道府县的减免税措施包括不动产所得税、事业税、固定资产税等，市町村对于 1 年内在一定地区开始建设工厂的企业，免除特别土地保有税。二是财政补贴，全国共有 37 个都道府县建立了外资企业补贴制度，如北海道最高补贴额为 32 亿日元。

3. 关税政策

除了少数特殊商品或者特殊支付方式外，日本政府对企业从事加工贸易没有限制，而且给予享受关税优惠的待遇。

日本的《关税法》规定：对外加工装配业务需要的原辅材料、零配件等的进口，申请保税工厂的许可以后，可以享受海关的免税优惠待遇；对外加工装配业务进口的原料，只要符合日本《关税税法确定》的第十七条（复出口免税规定）、第十七条第二款（复出口减税规定）、第十九条（制造出口货物的原材料等的减税、免税或退税规定）、第十九条第二款（用已课税原材料等生产的制品出口后免税或退税规定）的各类货物，均给予免征关税出口，或经申请许可工厂可获得适用关税的减免、退税的待遇[1]。

---

[1] 中国国际贸易促进会. 日本投资环境和相关政策［EB/OL］. http://aaa.ccpit.org/Category7/Asset/2007/Jul/25/onlineeditimages/file711185327718075.pdf.

(三) 金融政策

为支持外国企业在日投资发展，日本设立了低息融资制度和贷款担保制度。1999 年 10 月日本开发银行和北海道东北开发公库合并组成日本政策投资银行，面向所有行业的外资提供低息贷款。只要外资超过 1/3 (以前要求超过 1/2)，外国投资企业均可以向该银行申请低息贷款。如果属于首次投资，贷款利率更低。

外资企业向一般商业银行贷款，则可以获得完善产业基础金，和信用保证协会的担保。原则上每个企业担保限额最高可达 10 亿日元。担保比率最高可达 95%。

第一，日本政策投资银行的低息融资制度。为支持外资企业在日稳定经营，构筑业务基础和扩大业务范围，日本设立了由政府金融机构即日本政策投资银行对外资企业提供低息融资的制度。日本政策投资银行于 1997 年 11 月出台了《开拓 21 世纪紧急经济对策》，扩充了超低息融资的对象范围。如果是首次正式对日投资，不论任何行业均可使用超低息融资制度。

促进对日投资的融资制度的融资对象包括外国企业、外资比率超过 1/3 的日本企业以及向外资企业租赁设施、设备的企业取得土地、建筑物、设备所需的资金以及相关的非设备资金。如属首次正式对日投资，实行超低息融资：可以优化日本产业结构、有利于创造新产业，并且是 2 次以上投资的，实行低息融资。对于不属于上述投资、但属于 2 次以上投资的，实行较低息融资，融资比率为 50%。

对国内外资金合作的融资即外国企业和日本企业进行资金合作，外资比率如果超过 1/3，且使用日本企业的经营资源进行经营，其所需的资金可使用低息融资。对于外资企业接受日本企业转让的业务，所需资金也可使用低息融资，融资比率为 50%。

对有关事业场所的融资即对满足一定条件、供外资企业使用的共同事业场所，实行低息融资。融资比率为 40%。

对相关基础设施的融资即对满足一定条件、有利于对日投资的相关基础设施，如国际学校等，实行低息融资，融资比率为 50%。

第二，完善产业基础基金的债务担保。特定对日投资事业者如从银行借入业务资金，可以通过完善业务基础基金进行债务担保，但必须接受完善产业基础基金的金融审查，而且只对设备资金（指该事业者所需的设施建设资金和购进附属设备所需资金）、周转金（批准期限内用于维持一般业务所需的资金）担保。原则上每个企业担保上限为 10 亿日元，担保比率在贷款金额的 95％以内。担保期间为：设备资金的担保期间原则上为 10 年以内，周转金原则上为 5 年以内。如需再担保，则需有实力的法人（如母公司）进行再担保。

第三，信用保证协会的信用担保。日本中小企业如果和特定对日投资事业者有一定金额以上的交易，如商品和劳务交易，或者向特定对日投资事业者出资，包括租赁设备等，经市町村长认定，该中小企业借入必要业务资金时，可获得信用保证协会的信用担保。获得信用保证协会的担保后，可利用的贷款额度为 2.35 亿日元以内（组合为 4.35 亿日元）；如无信用保证协会的担保，贷款额度为 3 500 万日元以内；如无信用保证协会的担保，又无其他担保人时，其从业人员在 20 人以下（商业和服务业在 5 人以下）的企业和个人，可利用的贷款额度为 750 万日元以内①。

此外日本很多地方政府对外资企业也制定了倾斜性的融资政策。外资企业在一定地区设立工厂和研究所等，地方政府对其所需的设备资金、周转金进行融资，帮助解决资金困难。如广岛、熊本、冲绳等县对外资企业设有特别融资制度，贷款条件很低；秋田、富山、爱媛、长崎、宫崎、鹿儿岛等县对外资企业的贷款利息进行补偿，以降低其融资成本。

（四）提供信息服务

在信息服务方面，日本拥有众多机构支持外国企业对日投资。

1. 日本贸易振兴会（JETRO）

日本贸易振兴会是由日本政府出资设立，致力于促进贸易和投资的政府机构。日本贸易振兴会的使命是负责项目的具体实施。作为外国企业对日投资的一站式服务中心，负责外国企业招商推进活动。其业务包括帮助外国企

---

① 驻日使馆经商处. 日本吸引外资的主要政策措施及我国对日投资情况分析 [EB/OL]. http：//www. cqvip. com/Read/Read. aspx? id＝7018900.

业在日寻找合作伙伴，帮助设立事务所，免费提供相关信息等。JETRO 的主要工作和服务包括以下几个方面。

第一，提供信息。日本贸易振兴会编辑、出版各种有关对日投资的资料，主要包括《对日投资新闻》《对日投资手册》《设立事务所指南》《在日设厂手续和成本估算指南》《国内各地区投资环境手册》《对日商业指南》等来介绍日本的商业环境信息。以上信息也可通过日本贸易振兴会的网页浏览。

第二，对外国对日投资提出建议。日本贸易振兴会在世界各地设有大量事务所和投资咨询专家，以及商品开发专家。对拟投资日本的企业应其要求提供信息咨询和建议。在日本国内由对日投资咨询专家和业内专家组成项目研讨委员会，对外国企业对日投资提出建议。必要时还吸收行业外专家参加，就个别产业收集信息。

第三，支持外国企业访日。主要包括：①邀请。通过海外事务所，收集对日商业活动的相关信息，面向对日投资有兴趣的外国企业，举办由专家主持的"个别咨询会"，提供日本的市场和产业信息，对创建商业模式进行支援。同时日本贸易振兴会邀请有意对日投资的外国企业访日，并召开介绍国内各地区投资环境的座谈会，举行外国企业和备选合作伙伴之间的商谈会，免收 10 天以内的参加费用。②个别支持。对外国企业赴日选址、设厂、和备选合作伙伴商谈等，日本贸易振兴会可应其要求，提供个别支持。包括派人随行，外国企业赴日费用自行承担，日本贸易振兴会负责承担其 10 天以内的在日住宿费、交通费、商谈斡旋经费和随行费用。③召集行业外专家参与外国企业对日投资。如外国企业拟对日本的特殊行业进行投资，与之有关的市场及制度信息的搜集、提供建议等工作，主要通过召集行业外的专家来进行。此外，应外国企业要求，在其访问日本期间可帮助斡旋商谈对象和派员随行。

第四，广告宣传活动。日本贸易振兴会为促进外国企业对日投资，经常举行座谈会、研讨会并参加各种展览会等，进行广告活动。通过网络或者大型活动，宣传日本政府的方针、法律制度、市场动向、技术动向，以及介绍在日外资企业的成功事例和经济效果。通过和地方政府及招商引资机构合作，每年向北美和欧洲派遣代表团在主要城市举行研讨会，有对日投资咨询专家和商品开发专家就对日投资进行说明。对地方政府派往国外的招商引资代表团进行支持。此外，还积极参加世界各地的主要展览会和国际会议，大力宣传日本的投资环境。

第五，设立对日投资商业支援中心（IBSC）。针对以考察对日投资为目的来日的外资企业，在日本主要的 6 个城市（东京、横滨、名古屋、大阪、神户、福冈）设立"对日投资商业支援中心（IBSC）"，提供免费的临时办公地点、利用 IBSC 所属职员和专家广泛的信息渠道进行市场调查、成本模拟实验、法人设立以及办理在留资格等行政手续等一系列服务。

除此以外，已经在日本投资的外国企业如果继续向其他地方发展，日本贸易振兴会将向其提供"二次投资支援"，在地方城市开展促进外国企业与日本企业结为商业联盟的活动，提供在日外国企业与日本中小企业、地方政府的商谈支援。同时，日本贸易振兴会还进行"对地方政府的支援"，协助地方政府招商引资活动。例如，充分利用日本贸易振兴会的内外信息渠道，介绍商业机会，同时对地方政府主办的招商引资研讨会以及面向海外的政府顶级官员推介会进行支援等，密切协助和配合地方政府的招商活动。

2. 对日投资支援服务株式会社（FIND）

根据《促进进口和对日投资法》，1993 年 6 月由日本政府（完善产业基础基金）出资 5 亿日元，由 100 家左右的民间大型企业和团体出资 4.45 亿日元，设立了注册资金 9.45 亿日元的对日投资支援服务株式会社（FIND）。对日投资支援服务株式会社的主要业务是对拟进入日本的外国企业或在日本的外资企业扩大业务提供各种支援服务。FIND 的主要工作和服务内容包括以下几个方面。

第一，对拟进入日本的外国企业的支援（开拓市场服务）。对于世界各地拟进入日本的外国企业，对日投资支援服务株式会社可以根据其要求，分步骤地提供各种服务。在日开设生产据点等需要一系列手续，对日投资支援服务株式会社可以帮助其按适当步骤进行，从而节省时间。目前，对日投资支援服务株式会社已经帮助欧美等 250 家外国企业进入了日本。其主要业务包括设立据点的成本计算和制定相关日程进度计划，代办公司设立登记、代办签证、寻找事务所地点和住所、寻找工厂、用地、仓库和店铺，人才支援，市场调查和收集信息，提供低息融资、债务担保等政策信息，商谈预约服务，以及寻找商业伙伴等。

第二，对在日外资企业的支援。对已经在日投资的外资企业扩大业务或进行再投资时，对日投资支援服务株式会社提供的服务主要包括提供信息，举行座谈会、研讨会和交流会，人才支援，帮助其在日本各地开展业务。

第三，对地方政府的支援。外国企业拟对日本国内某地区投资或在日外资企业拟对日本国内某地区进行再投资时，对日投资支援服务株式会社对该地区政府实行的招商引资活动进行支援。

第四，对日本企业的支持。对日投资支援服务株式会社对拟和外国企业进行合作的日本企业进行支援。

第五，调查。对日投资支援服务株式会社对在日外资企业存在的问题、要求等进行调查，以便说明情况或加以改善。同时，调查了解有利于日本市场发展的外国企业情况和有关技术情况。

3. 日本政策投资银行的对日投资促进中心

为促进各国和地区对日投资，日本政策投资银行在本部、国内各支店、海外事务所普遍设立了对日投资促进中心。对有意对日投资的外国企业，提供以下信息：

第一，日本市场信息。包括市场规模、流通销售渠道等信息。

第二，对日投资业务咨询。外国企业在日选址时，向其提供所需的地区情况；介绍各地的办公楼、配送中心、工厂、研究所等。推荐能够帮助外国企业制定可行性研究报告的企业。

第三，介绍日方合作伙伴。对于比较成熟的项目，向外国企业介绍日方合作伙伴（销售合作对象、合资对象等），重点介绍日本政策投资银行的交易伙伴。

此外，对日投资促进中心还和日本贸易振兴会合作提供信息。对日投资促进中心提供的信息均免费，且可信度较高，但不对信息的正确性负责，使用时需自行判断。

4. 地域振兴公团

主要从事以下几方面的工作。

第一，提供选址信息与咨询。地域振兴公团在全国各地从事开发区项目的建设并提供有关信息与咨询。地域振兴公团通过和地方公共团体合作，可以提供其在全国各地从事的开发区项目信息，同时，地域振兴公团还和JETRO共同举办外资企业选址推进座谈会，并单独举办企业用地说明会和商谈会，提供地方投资环境信息，就企业开展业务进行国内商谈和交换意见，为国内外企业选址提供支持。此外，还和JETRO、日本选址中心一起，每年向欧洲和北美等大城市派遣代表团，共同举办促进对日投资研讨会，召集关心对日投资的企业举行座谈会，直接访问有关企业，宣传日本的投资环境等。

第二，建设和转让工业区、研究区、办公区等事业用地。根据国家产业政策，地域振兴公团和地方公共团体合作，在全国各地开发事业用地并转让。

第三，完善用于租赁的工厂、事务所和产业用地等。为促进地区产业活动力，支持国内外企业开拓业务，提高技术，培育风险企业等，地域振兴公团在指定地区开发产业用地和工厂等，备选地点有1 000多处。

（五）其他支持政策

1. 安倍政府的五项吸引外资的措施

为了实现安倍政府2020年年末对日直接投资存量达到35兆日元的目标，日本政府除了上述的各种优惠政策之外，还不断推出新的举措，着力于改善商业环境、提高外国人生活便利性，以及促使日本成为高附加值据点。政府将采取一系列措施，继续推动市场开放，鼓励外国企业进驻，带来新的商业模式和更加多样性的文化，主要包括以下五项内容：

第一，创造更加便利的购物、就医及交通环境。采取措施在零售行业（百货商店、超级市场和便利店）营造多语种语言环境，如设立多语种指示标志、二维码标识等，便利海外来访人员使用母语选购商品。这项措施在2016年春季已在经济产业省网页上公布，正在普及当中。

逐步实现30家医院配备外国语种译员和协调员。这条措施也在19个试点运行单位试作运行。另在国家战略特区内制定可以吸收外国医师的临床研修制度，使得私人诊疗所也可以有医疗翻译。

采取措施在餐馆、公共交通设施创造多语言环境；以及实现手机等通讯设施的多种语言翻译服务。日本已经在2015年10月发布能够翻译多种语言的软件升级版，到 2016 年已有 18 万件下载记录①。

第二，创建更加便捷的局域网和无线网络服务。使外国游客在不与日本通讯运营商签订合同的情况下，仍可获得免费公共无线网服务。如逐步实现火车站、机场和旅店等公共场所为游客提供免费的无线网络服务。从 2015 年 4 月开始，软银公司率先开始提供面对访日外国人的免费 WiFi，NTTBP 以及 Wire and Wireless 也开始提供此项服务。日本政府观光局也在网页上介绍免费 WiFi。

第三，便利外资企业设立商业投资和研发基地。政府将规定所有的跨地区机场在得到提前通知的情况下接受公务机起降。增加移民要务官员和设施数量。简化入境程序，通过引进面部识别技术等方式缩短等待时间。在 2015 年，在 14 个机场增设了 44 个入国审查岗位，并在地方机场配置有关工作人员。从 2016 年 3 月开始，与机场的事先联系期限由两周缩短到一周。

第四，解决国际学生的教育环境和就业问题。确保国际生接受日本教育后能用英语流利沟通。政府还将会着手解决国际生就业难问题，联合大学和经济组织加强与国际学生沟通与交流。对外国人留学生实施一贯制就学就职支援的机构——留学生支援网络已有 2 000 名留学生以及 700 家企业登记在案。而面向留学生的就职说明会也成功举行，并且今后还有同样举措出台。同时放宽对学校用地审查的标准，为国际学校的建立提供方便。此外，政府计划逐步实现在所有的小学配备至少一名语言教师助理。由 JET 项目（The Japan Exchange and Teaching Program）设置的助手已经增加到 4 404 人，并有望在 2019 年达到 6 400 人以上。

第五，建立一个便利大型外资企业与政府协商的机制。日本中央政府和地方政府将共同努力建造一个吸引外国资本投向日本的公共服务网络。针对符合特定标准的外国企业，即在日本直接投资 200 亿日元以上，在日雇用人数超过 500 人，在"日本复兴计划"确定重点领域投资，以及带动新商业模式或前沿特技研发活动的企业提供机制沟通与磋商服务。为促使企业向地方

---

① JETRO. 日本投资报告 Invest Japan［EB/OL］. https：//www.jetro.go.jp/ext_images/_Invest/pdf/refe/jetro_invest_japan_report_201701jp.pdf.

发展，建立地域经济全球循环创造网站，2015 年 8 月开始服务。

2. 对日直接投资的一揽子政策

第一，简化行政手续。为了彻底简化外国企业来日本投资时繁琐的行政手续，政府承诺 2020 年年末之前推出有关的 500 多项法令的多国语言版。截至 2015 年底已公开 508 项法律的外语版本。第二，提供一站式服务。整备东京开业一站式服务中心，接受外国企业有关登记、税务、年金等事务的各种窗口申请及电子申请。另外，申请签证时，除了经营管理签证和企业内转职签证之外，还可以办理技术、人文、国际业务签证。同时可以接受将在留资格延长半年以内的申请。第三，强化国际人才招聘和培养。将高端人才签证申请时的年数限制大大缩短，设置日本版外国人才绿卡的世界最短申请制度。并将逐步改进，争取从 2018 年度开始包括在留资格的线上申请在内的手续简化任务。与此同时，加强对外国留学生的就职支援活动，实施简化具备一定资格留学生的在留资格变更手续，缩短手续时间等优惠措施。2019 年度开始为所有小学配备外语指导助手，从小培养外语人才。

七、日本农业投资支持政策

一直以来，日本是世界上农业保护程度最高的国家，虽然在稳定农业经营方面起到了积极作用，但也造成日本农业经营规模小，缺乏国际竞争力等弊端。同时，日本政府对农业的过度保护使得外资一直难以进入农业领域，农业成为对外资实行"岩磐限制"的典型代表。正是因为农业领域的外资一直被严格限制，所以日本政府即使在农业方面放宽限制，也是采取极为慎重的态度。

近年来，日本在农业政策方面放宽限制的表现主要包括：农业构造改革和国家结构特区农业基地。

（一）农业构造改革

日本政府在各个领域大力推进手续的简化、审批制度的改革与快速化、审查时间的缩短、市场的整备等限制改革。近年来农业领域的改革就是改革重点之一。希望通过促进农业商业化与效率化，实现日本再兴战略中提出的制造强有力的具有国际竞争力的农业，实现农业产业化的目标①。

在农业结构改革中，与外资关系最为密切的措施就是允许股份制企业参与农业种植和经营，推进耕地集约化的举措。为了减少闲置土地，提高生产效率及扩大地方就业，2003年5月，日本政府允许股份公司、餐饮连锁店等普通企业法人在经济结构特区②内租借农地开展种植活动，允许商社从事农资及农产品的经营③，即向普通企业法人放开农耕牧业生产经营。在该特区政策实施前，日本不允许非农业生产法人以外的普通企业进入农业领域。

随着近年日本农村人口老龄化现象逐渐突出，适龄农业劳动力短缺，加之人口流动低迷，许多地方已出现无人耕种的荒废土地。为了有效利用这些无人荒地，振兴地方农业，地方政府制定并提交了普通法人企业进入农业领域的特区计划。农林水产省根据日本《农地法》做出特别规定，允许农业特区向普通企业放开土地经营使用，允许地方公共团体和具有农耕土地经营资格的农业生产法人把农用土地租借给普通企业进行生产经营，或者根据地方实际情况使用农用土地，进行农业多种经营。该项措施打破了日本农业领域一直以来维系的高度封闭和垄断，引入了新的竞争，向农业自由化方向迈出了积极的一步④。

此后，日本政府又于2009年修订了农地法，向全国推广这一模式，并在2015年再次修订农地法，于2016年4月开始实施。2009年农地法的修订，放宽了针对其他行业企业参与农业活动的条件规定。企业对农业生产法人的最高出资比例不超过25%即可，采用租赁农地方式参与农业活动也不再受到限制。可是，企业参与农业活动的壁垒依然森严，企业法人对农地的所有权也仍被严格限制。而2015年的修订则放宽了企业取得农用地的限制

---

① 日本内阁府报告．规制改革实施计划［EB/OL］．http：//www8.cao.go.jp/kisei-kaikaku/suishin/publication/170609/item1.pdf.

② 结构改革特别区域，也叫经济结构特区、构造改革特区，简称特区，是指国家承认其采取不同于全国统一制度的区域。这是伴随着日本原首相小泉对日本社会经济、财政、行政、社会全盘进行的结构改革而产生的特区，是小泉政府实施日本结构改革整体战略的一部分。

③ 中国驻日大使馆经济商务参赞处．日本推进农业机构改革之分析［EB/OL］．http：//jp.mofcom.gov.cn/article/jmxw/.

④ 中国驻日大使馆经济商务参赞处．日本特区政策［EB/OL］．http：//jp.mofcom.gov.cn/article/jmxw/.

条件，将农业生产法人的门槛降低，进一步放开了外部资金进入农业的限制。在 2015 年修订案中，农业生产法人被改名为农地所有合格法人，在法人形态、事业条件、董事决议权和高层经营管理人士四个条件中，放宽了对董事决议权和高层经营管理人士条件的限制①。

放宽限制之后，农地所有合格法人更容易筹措资金，扩大经营规模。同时还可促进一般企业、金融机关以及投资资金对农地所有合格法人进行投资，促进农业劳动者和一般企业之间的合作关系。日本政府希望通过这些举措，吸引投资，促进农业的六次产业化发展。2016 年农地法修订的基本情况见表 9-3。

表 9-3　2016 年农地法修订概要

	修订前	修订后
名称	农业生产法人	农地所有合格法人
董事决议权条件	董事中从事农业工作的人数占四分之三以上 专门从事贸易工作的人数要在四分之一以下（特殊情况可被允许到二分之一），但不可以从事和农业无关的工作	董事中从事农业工作的人超过总人数的二分之一 从事农业工作以外工作的人数不超过二分之一 允许从事和农业无关的工作
高层经营管理人士条件	高层经营管理人士中有一多半是长期从事农业的，并且这一多半当中的大部分从事农业种植活动	其中有一多半是常年从事农业的 并且董事或重要使用人之中有以为以上从事农业种植活动

（二）国家战略特区

与农业构造改革同时进行的是国家战略特区建设。自 2013 年，为了通过重点推进经济社会的改革，强化产业的国际竞争力，同时促进国际性经济活动据点的形成，日本政府规定了以国家战略特区为实施规制改革等的突破口，在此地域集中性地推进各种规制改革的措施。

建立国家战略特区是应地方上的要求，由国家主导进行的。第一批设立了 6 个区域作为特区，2015 年 12 月追加了 4 个地区作为国家战略特区。目

① 日本农林水产省．平成二十七年关于农地法修订的资料［EB/OL］．http：//www.maff.go.jp/j/keiei/koukai/nouchi_seido/nouchi_27kaisei.html.

前，日本共有 10 个国家战略特区，其中新潟县新潟市和兵库县养父市是两个农业重点区域。

新潟县新潟市是大规模农业的改革据点，在这个区域实施的特殊政策包括：与农业生产法人相关的农地法等的特例，与农业委员会与市町村的事物分担相关的特例，在农田区域内建农家饭店的特例，对农业的信用保证制度的适用，农业劳动咨询中心的设置。

而兵库县养父市的特殊政策则包括：与农业委员会与市町村的事物分担相关的特例，与农业生产法人相关的农地法等的特例，对农业的信用保证制度的适用，与历史性建筑相关的酒店业法实施规定的特例，与高龄人士雇用稳定相关的法律特例。

此外，秋田县仙北市是农业医疗交流的改革据点，其优惠政策则包括：与国有林业的经营管理相关的法律的特例，以及与农林生产法人相关的农地法等的特例等。

截至 2016 年 12 月，农林水产方面共有 13 个特例措施，其中 9 个与农业相关[1]。在这些特例措施中下列 5 条尤为重要：

第一，普通企业使用农业用地的特例，即允许具有农耕土地经营资格的农业生产法人把农用土地租借给普通企业进行生产经营。这条措施已经在兵库县养父市得到实施。

第二，为了促进农业法人的多种经营，放宽了具有农耕土地经营资格的农业生产法人的认定条件，将从事农业的董事人数从总人数的四分之一降为一人以上即可。这项规定的相关法令即 2016《农地法》修正案已经获取通过，在全国得到实施。

第三，为了促进农地使用效率，将租赁买卖农地的许可权下放到市町村。新潟县新潟市和兵库县养父市都是试点区域。

第四，为了促进地区农畜牧产品利用，允许在农田区域内建农家饭店。这在新潟县新潟市和爱知县常滑市以及神奈川县也在实验运行当中。

第五，国家战略特别区域农业信用保证制度的适用。在地方自治体负担的前提下，在新潟县新潟市和兵库县养父市以及爱知县常滑市进行试运行。

---

① 石田一喜．農業分野に関する国家戦略特区の取り組み［J］．農林金融，2016（12）：21-37.

简而言之，就是将通过农业委员会和市町村分担工作，促进土地流动化，通过将农业用地租赁合同许可权转移到市町村，以实现有效利用农地；建立适用于农业信用担保体系，使与工商业同时进行的农业的资金筹措更加顺利；同时允许在农田区域内建农家饭店、放宽对农业生产法人的要求，以推进农业的六次产业化。

此外，国家战略特区还将放宽对外国人签证的限制，对家庭和家政人员也将放宽签证。

与上述的经济构造特区相比，国家战略特区在税制和金融上的支援措施更为深入。尽管在财政上的支援措施还不如综合特区那么充实，但是作为经济活动的根据地来实施各种措施也是战略特区的特征之一。由于担忧农业人手不足或者弃耕等原因造成土地荒废，日本政府于 2016 年修订了国际战略特区法，允许在国家战略特区之内，农地所有合格法人之外的企业法人通过地方自治体来获取农地，试用期暂为 5 年。尽管日本农林水产大臣声明，这仅为国际战略特区内的实验措施，并不打算在全国推广，但 2009 年农地法修订时，同样是在国家战略特区内限定的措施，继而推广到全国。由此可见，业外资本进入农业领域又向前推进了一步。

第三节　韩国农业外商投资状况

一、韩国农业发展现状

（一）韩国农业概况

韩国地处北纬 33°~43° 之间，国土面积的三分之二为山地和丘陵，是个农业资源禀赋稀缺的国家。2014 年韩国农用土地面积为 177 万公顷，占国土面积 1 003 万公顷的 17.6%，其中耕地面积为 150 万公顷，仅占国土面积的 14.9%，是世界人均耕地面积最少的国家之一[①]。其中三分之二的耕田为水田，主要是种植水稻。2011 年韩国稻田面积约为 75.4 万公顷，占耕地面积的 50.3%。随着城市化和工业化的发展，韩国的耕地面积持续减少，粮食自

---

① 何安华，陈洁. 韩国保障粮食供给的战略及政策措施 [J]. 世界农业，2014（11）：53-58.

给率在下降。韩国人均耕地面积仅为 0.04 公顷，远低于欧美发达国家[①]。

韩国是传统的农业国家，第二次世界大战后韩国农业产值占整个国家GDP 的 50% 左右。从 20 世纪 60 年代起，韩国开始了以工业为中心的经济飞速发展，随着工业化和城市化的快速推进，产业结构也逐渐从以农业为中心转为以工业为主，农业在韩国经济中的比重迅速下滑。2005 年农业在韩国 GDP 的比重已经下降到了 2.9%。而 2014 年韩国的国内生产总值为14 014 亿美元，人均 GDP 2.82 万美元，其中农林水产业产值为 301 亿美元，仅占 2.1%。

从农业人口来看，1970 年韩国农业中的就业人数（包括农林渔）超过整个就业人口的一半，到 1997 年已减少到 11%。随着城市化趋势加强，韩国农业人口比例明显下降，2005 年，农业人口已经降至总人口的 7.6%，平均每年下降 5.2%。据韩国统计厅公布的《2016 年农林渔业调查结果》显示，截至 2016 年 12 月 1 日，韩国农户数为 106.8 万户，比 2015 年减少了1.9%，大约 2 万户。预计截至 2019 年，农户数将跌破 100 万户大关。2016年韩国农业人口为 249.6 万人，比 2015 年下降了 2.8%，农业人口在总人口5 062 万人中所占的比重为 4.9%，首次跌破 5% 大关。同时农户户主年龄达到 70 岁以上的人口达到 42.1 万人，占整体农户数的 39.4%；60 多岁的人群达到 33.9 万人（31.7%），排在第二位。除去 60 多岁和 70 多岁的人群，其余年龄层的人数均比上一年有所减少[②]。统计数据显示，农业人口年龄比例失调是由于年龄超过 40 岁的人口不能在新产业找到工作，而转为从事农业所致。这也使得韩国农业人口平均年龄增高和农村中青壮年人口流失，造成韩国劳动力结构竞争力下降[③]。

（二）韩国的主要农业类型

韩国农业是韩国经济的基础产业，由种植业、畜牧业、林业和渔业组成。

---

① 韩国农村经济研究院. 韩国三农 [M]. 潘伟光，郑靖吉，译. 北京：中国农业出版社，2013：16 - 17.

② 韩国中央日报中文网. http：//cn. joins. com，2017 - 04 - 15.

③ OECD. Evaluation of Agricultural Policy Reforms in Korea [EB/OL]. https：//www. oecd. org/tad/agricultural-policies/40383978. pdf.

1. 种植业

种植业在韩国农林水产业中占大部分比重，其中粮食作物的面积占种植面积的71%，主要为水稻。韩国80%的农业人口参与稻米生产，54%的耕地为稻田。虽然随着经济的发展，韩国人的饮食习惯开始发生变化，大米的消费量呈下降趋势，但大米仍然是韩国人最重要的农产品。除大米外，韩国主要的粮食作物还有大麦、大豆、玉米和小麦。但由于获利较小，农户转产很多，致使产量逐年下降。而且这些作物在韩国主要是用作加工，用于口粮的只占很小的比重。韩国的粮食产量除大米供大于求外，其他粮食作物的自给率都非常低，需要大量进口。玉米、小麦和大豆的自给率更是分别低至1%、0.8%和8%，几乎完全依赖进口[①]。主要蔬菜及水果随着塑料大棚的普及，生产发展很迅速，基本上可以满足国内市场的需求。

20世纪80年代以来，随着韩国农业结构的调整，粮食作物的面积有减少的趋势，高附加值作物、蔬菜和水果的面积在种植业中的比重增加，高经济附加值的作物，如高丽参和芝麻占韩国农业生产的1.6%[②]。

2. 畜牧业

韩国畜牧业主要包括肉牛、奶牛、猪、鸡禽。其收入占农业总收入的比重仅次于水稻生产。随着国民收入的不断提高，对畜产品的需求稳定增加，韩国畜牧业收入占整个农业收入的比重增大，农户的养畜规模也在逐步扩大。2005年以来，韩国畜牧业产值开始超过大米。2009年韩国畜牧业主要产品的比重分别为：猪肉33.2%，牛肉24.8%，鸡肉12.3%，牛奶10.5%，蛋类8.2%[③]。但除了牛奶和鸡蛋基本可以保证自给外，牛肉、猪肉和鸡肉每年都需要进口来满足国内市场的需求。

3. 林业

韩国的森林面积647.6万公顷，约占陆地面积的65%。按所有权划分，可分为国有林、公有林和私有林。国有林面积154.3万公顷，占森林总面积的24.2%，平均蓄积量为148.5立方米/公顷，占国有林面积占林地面积的24%，由韩国国家林业局管理；公有林48.8万公顷，占森林总面积7.7%，

---

①　韩国农村经济研究院. 韩国三农［M］. 潘伟光，郑靖吉，译. 北京：中国农业出版社，2013：66-83.

②③　徐瑶，温健. 韩国农业发展和政策调整方向［J］. 商情，2011（8）：128.

平均蓄积量为 123.4 立方米/公顷，为地方政府和组织所有；私有林 433.8 万公顷，占森林总面积 68.1%，蓄积量为 5.11 亿立方米，占森林总蓄积量的 64%，平均蓄积量为 117.7 立方米/公顷[①]。但韩国木材自给率很低，大部分木材工业原料主要依靠进口。

2012 年韩国从事林业的农户为 97 941 户，其中完全靠林业为生的林业专业户占 6.6%，以第二职业形式从事林业的林业兼业户占 93.4%。在从事林业的主要行业中，以果树栽培业最多；其次为山野菜、药用作物栽培业，园林、盆栽、野生花卉栽培业，蘑菇栽培业等。在采摘业中，山野菜和松茸采摘业所占的比重较大。2012 年林业产业总产值为 136 517 亿韩元，占国内生产总值的 1.1%。

4. 渔业

韩国三面环海，水产资源丰富，是世界水产大国之一。韩国渔业主要包括沿岸渔业（不足 8 吨渔船的渔业），近海渔业（8 吨以上渔船的渔业），远洋渔业和养殖渔业以及内陆渔业。韩国是世界第四大渔业出口国。水产品也是韩国的主要食品之一。

根据韩国海洋水产开发院（KMI）报告，2016 年韩国沿海近海渔业产量 92.3 万吨，同比减少 12.7%，为 1972 年（95.627 6 万吨）以来最低值。具体来看，从事近海渔业生产的渔船平均单产从 1972 年的 370.3 吨减至 2016 年的 251.6 吨。同期，从事沿海渔业生产的渔船单产也从 10.1 吨减至 6.2 吨。虽然近几十年以来渔业技术得到高度发展，但渔船单产反而呈现下滑趋势。韩国海域的渔业资源蕴藏量仅为 1972 年的 62%[②]。

（三）韩国农业发展特点

1. 小规模适度经营

韩国农业以小规模适度经营为主，家庭农场是农业的重要基础形态。这主要是由于控制土地出售和转让的规定，限制最大农场规模以及土地作为家庭财产的作用等因素造成的。随着农业人口的转移和减少，家庭农场

---

① 徐瑶，温健. 韩国农业发展和政策调整方向［J］. 商情，2011（8）：128.
② 韩国渔业产量 40 年来最低［EB/OL］. http://www.guancha.cn/Neighbors/2017_02_06_392802.shtml.

数量出现了下降趋势。农户由 1970 年的 248.3 万户下降至 2016 年的 106.8 万户，农户的平均经营规模总体上趋于提高。但是由于总体耕地面积呈下降趋势，农业生产以小规模农户为主的经营格局在一定时间内会持续[①]。同时，以种植水稻为主的农户经营逐渐向蔬菜、水果、花卉等经济作物及畜牧业发展。

近年来，韩国农场的专业化程度特别是在畜牧业和温室蔬菜生产部门有所提高，但韩国农场中仍有相当大的部分是兼业型，并且呈增加趋势。

2. 享受高保护高补贴

韩国农业资源稀少，因此很多农产品都必须从国外进口才能满足需求。为了保护国内农业的发展，韩国政府采取高关税政策，对农产品实行高保护政策，农业扶持和补贴力度大。韩国的农产品关税设置，不仅平均税率高且存在关税高峰，关税结构也较复杂，关税配额使用范围广。同时大米及其加工品至今尚未关税化。

2014 年韩国全部商品最惠国简单平均实施税率 13.3%。其中，非农产品（包括工业品和水产品）平均实施税率 6.8%，农产品平均实施税率 52.7%。农产品非零关税税目占全部农产品税目的 94.4%，其中 1/10 的农产品关税超过 100%，尤其是蔬菜和水果等中国具有出口优势的农产品的最高关税为 887%（表 9-4）。韩国税率超过 50% 的产品全部是农产品，分别占农产品和全部税目总数的 9% 和 1.6%[②]。

表 9-4 韩国分类产品关税水平

单位：%

产品	最惠国简单平均实施税率	零关税数目占比	最高税率
非农产品	6.8	16.8	<50
农产品	52.7	5.6	887
畜产品	21.7	3.0	89

---

① 谢颜，李文明. 韩国、波兰农业现代化发展模式比较研究与借鉴 [J]. 世界农业，2014（11）：130-133.

② 刘艺卓，李婷，邓妙嫦. 中韩自由贸易区建设对中国农产品贸易的影响分析 [J]. 世界农业，2015（8）：110-113.

（续）

产品	最惠国简单平均实施税率	零关税数目占比	最高税率
乳制品	66.0	0	176
水果、蔬菜及花卉	58.7	0.2	887
咖啡和茶	53.9	0	514
谷物及其制品	153.6	0.2	800
油籽和油脂	40.7	3.6	630
糖及糖果	15.7	0	243
饮料和烟草	32.2	0	270
棉花	0.0	100	0
其他农产品	20.4	21.6	754

同时韩国是世界上对国内农业支持最多的国家之一，政府通过各种途径对农业实施价格扶持和补贴。目前韩国农民收入中有 50% 来源于各级政府的直接补贴和间接补贴[①]。

从 20 世纪 50 年代末开始，韩国在经过近 10 年工业化发展后，初步具备了补贴支持农业的经济基础。为解决食物供给，尤其大米的自给问题，政府从 1968 年开始连续 4 年大幅度提高大米收购价格，并采取与日本同样的方式"高价收购、低价销售"双重购销价格政策促进粮食产量增加，购销差价由政府财政承担。同时，政府对购置农业机械的农户给予低息贷款补贴，对化肥、杀虫剂等投入品采取政府购买、低价销售的方式予以差价补贴。

这种购销价格"倒挂"使得韩国国内国际价格严重脱轨，同时巨额的补贴负担迫使政府做出相应调整，一方面减少政府收购量，另一方面改用销售投标机制来确定市场销价，进行差价补贴，把部分补贴成本转嫁给消费者。

不仅大米，猪肉、牛肉、牛奶等也是价格支持的重点产品。1995 年韩国农产品名义保护系数平均为 3.44，国内生产者获得的支持价格比国际市场高出 244%。其中，大豆的国内生产者价格是国际平均水平的 8.34 倍，大米的价差尽管有所下降，但仍然达到 7.9 倍。作为价格支持的核心，

---

① 谢颜，李文明. 韩国、波兰农业现代化发展模式比较研究与借鉴 [J]. 世界农业，2014 (11)：130－133.

2007—2009 年政府平均每年用于稻米的价格支持达 4.92×10^4 亿韩元（100韩元约合 0.58 元人民币，2011），占全部产品价格支持的 26.4%。猪肉、牛肉、牛奶是价格支持的三项重要产品，为此开销达 3.37×10^4 亿韩元，占到整个市场价格支持的 17.9%[1]。

此外，伴随着价格支持低效率以及对农业竞争力、农业结构调整等消极影响的显现，20 世纪 90 年代后期，韩国开始实施直接补贴政策。例如，1997 年的经营转让直接补贴制度（即提前退休农民的直接补贴计划）、1999年的亲环境农业直接补贴、2001 年的稻田直接补贴等。为履行 WTO 有关综合支持量（AMS）削减承诺，2004 年韩国政府制定了《农业农村综合对策》，强调农业多功能作用，加强直接补贴的力度，包括实施稳定农户所得直接补贴以及农业结构调整直接补贴等。

此外，为实现农业的可持续发展，韩国政府重视亲环境农业发展，对农户实施亲环境畜牧业、条件不利地区、景观保全等维护农业公益功能的给予直接补贴。在不断加强对农业生产的补贴和扶持力度的同时，既保证本国农业免受外部冲击，又保护生态环境不受破坏。韩国政府制定实施了《亲环境农业育成法》，减少化肥和农药的使用，其具体内容为：包括了亲环境育成计划的建立、亲环境农产物的分类及认证制度，政府向参与政府的亲环境畜产发展计划的农户补偿，以弥补其因参与亲环境政策而导致的收入减少或支援由此引起的费用。相关政策的实施调动了农民积极性，推进了无公害农业生产的普及[2]。

二、对韩外商投资的现状及特点

（一）对韩外商投资的现状

1997 年金融危机之前，韩国基于保护国内产业的目的，对韩外商投资做出了种种限制，韩国的对内投资一直处于世界较低水平。

在经历了 1997 年金融危机后，韩国政府意识到吸引外资的重要性，对

---

[1]　朱满德，刘超. 工业化进程中农业补贴政策调整：日本与韩国的经验 [J]. 世界农业，2011（3）：4-8.

[2]　金恩斌. 韩国农业政策的演变及启示 [J]. 经济导刊，2010（11）：8-9.

外资政策进行了大幅调整，对外商在韩投资实行了全面自由化和鼓励政策。此后韩国吸引的直接投资不断增加，尤其是近年，韩国政府着重改善投资环境，强化吸引外商投资。据韩国产业部分析，韩国吸引外资突破200亿美元大关，得益于韩国政府积极推行招商引资政策。从2003年开始，韩国政府积极推出各种吸引投资的举措，加强相关法令的修正，放宽规制范围，进一步改善投资环境。继韩欧、韩美、韩中FTA生效，为了更好地吸引外资企业，韩国政府注力于开发利用FTA环境开发与出口联动的项目，重点引进对韩国内经济波及效果较大的项目，能够满足不断扩大的观光和物流需要的海外企业更是重中之重。除此之外，韩国政府还大力促进从持有信息通信技术、能源方面技术先进的国家引进投资。

由于韩国和美国以及欧盟签署FTA生效等诱因，2012年的对韩投资比上年增长19.1%，达到了162.86亿美元。随后，虽然受到日元贬值的影响，2013年的对韩投资仅为146亿美元，比2012年减少了10.7%，但之后2014年的外资申报规模比前一年增加30.6%，达到了190.3亿美元，2015年、2016年更是继续保持增长趋势，分别达到了209.103 1亿美元和212.99亿美元，连续两年超过了200亿美元，并连创历史新高（图9-8）。

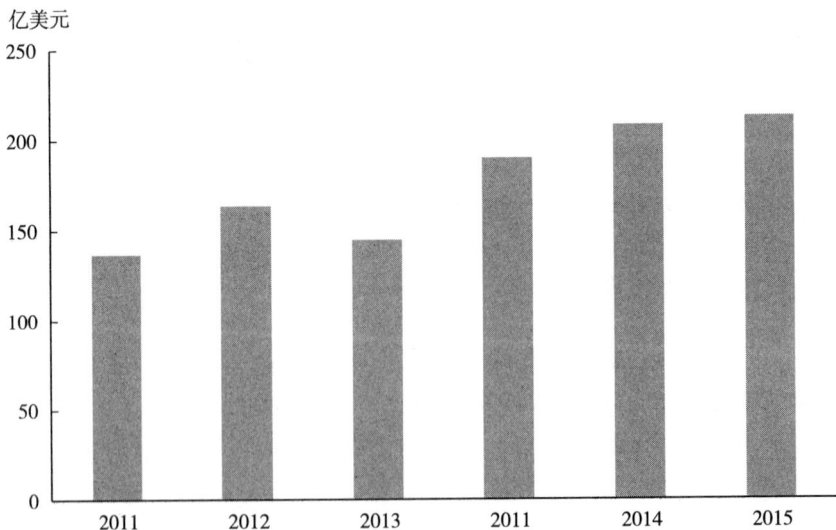

图9-8 对韩投资总额变化

资料来源：韩国贸易协会，http：//www.kita.org。

（二）对韩外商投资的特点

从投资区域来看，近年来对韩投资中，欧盟的投资额上升，美洲下降，亚洲和大洋洲的投资明显增加。

2016 年欧盟对韩投资 74 亿美元，增至上一年的三倍。而亚洲方面，尤其是中韩自贸协定（FTA）签订以后，中国为利用韩国的品牌、技术等优势，加大了对韩投资，中国对韩投资增长幅度明显（图 9-9）。2015 年中国对韩直接投资额为 19.7 亿美元，同比增长 7.6%，2016 年投资额达 20.5 亿美元，同比增 3.6%，连续增长三年，累计投资超 100 亿[1]。同时中国对韩投资也发生了结构性变化，以往的投资多集中在金融、房地产行业，现在则主要集中在信息技术、物流领域、观光周边产业等技术及服务行业，影视、网络游戏、农业、可再生资源等成为新的吸金点[2]。2016 年美国对韩投资

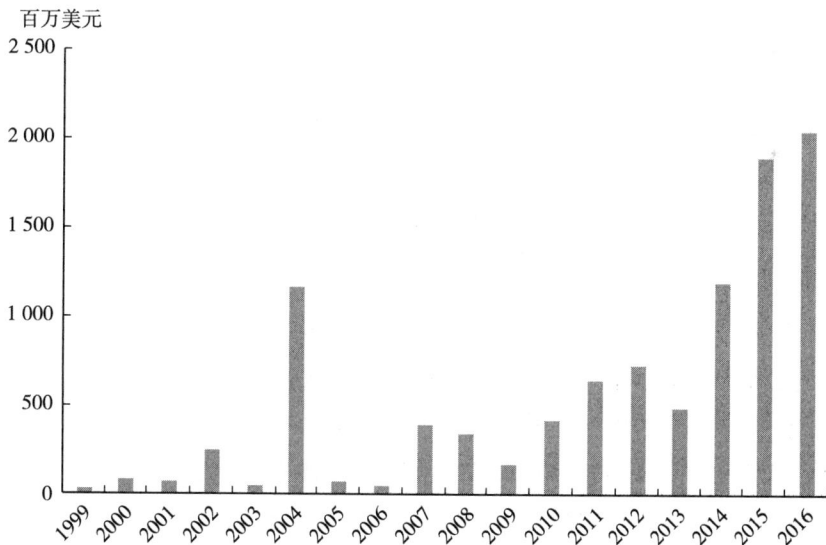

图 9-9　中国对韩直接投资变化

资料来源：韩国产业通商资源部，http：//www.motie.go.kr。

---

[1]　商务部经贸新闻［EB/OL］．http：//www.mofcom.gov.cn/article/i/jyjl/j/201701/2017010249-5599.shtml.

[2]　韩将对中企出台租金减免和资金支持优惠［EB/OL］．http：//epaper.southcn.com/nfdaily/html/2016-09/29/content_7585914.htm.

38.8 亿美元，同比下降 29.3%。日本对韩投资从 2013 年开始连续四年减少，2016 年减至 12.5 亿美元（图 9-10），其主要原因是由于韩元升值造成人工费持续上升，劳资交涉困难以及韩国对产业的限制等损害了外国企业投资兴趣。

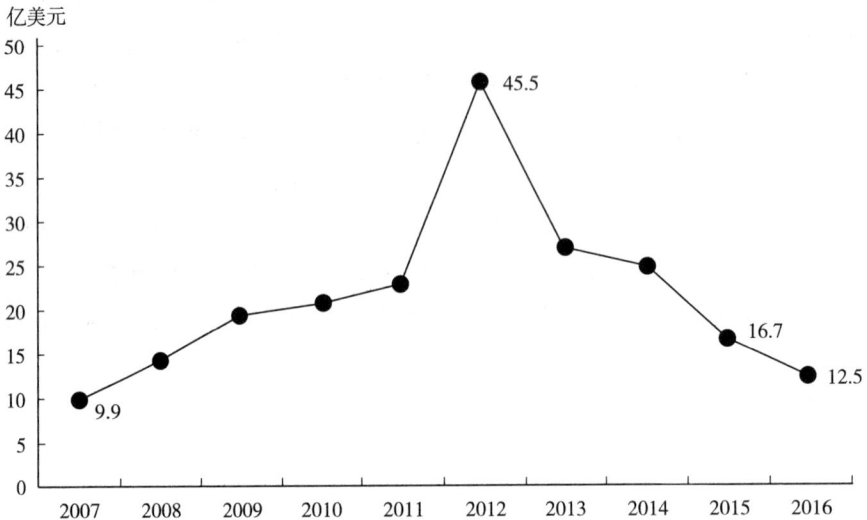

图 9-10　日本对韩直接投资变化

资料来源：韩国产业通商资源部，http://www.motie.go.kr。

　　从产业方面来看，金融保险业、通信业、房地产等现代服务业成为韩国带动外资增长的主力军（表 9-5）。制造业和服务业的引进外资金额都有所增长。制造业是韩国引进外资的重要组成部分，2016 年韩国制造业吸收合同外资 51.3 亿美元，同比增 12.4%。韩国非制造业的引进外资近年来有了大幅的增加，服务业和绿地投资被称为拉动合同利用外资增长的两驾马车。韩国服务业从 2011 年开始连续 6 年保持增加趋势，外资总额增长到 155.2 亿美元，同比增长 5.3%，达历年最高水平。韩国以绿地投资方式吸收合同外资金额 150.2 亿美元，同比增长 6.5%，而并购方式吸收合同外资 62.7 亿美元，同比减少 7.8%。韩国面向农业方面投入的外资，由于受到政策及政局影响大，除了渔业有所增长之外，农业、畜牧业和林业外商投资都有所减少。

表 9 - 5　韩国各产业外商投资金额变化

单位：千美元

年份	农林牧业	渔业	矿业	制造业	服务业	电煤水等行业*
2007	239	392	2 560	2 692 345	7 613 064	207 023
2008	281	200	455	3 007 319	8 387 873	315 744
2009	613	40	15 188	3 724 864	7 594 587	148 847
2010	2 650	190	1 144	6 660 186	6 302 180	106 704
2011	179	140	1 020	787 218	1 199 423	17 360
2012	232	189	3 816	6 097 387	9 601 438	582 843
2013	510	3 347	2 373	4 647 887	9 848 049	46 178
2014	4 757	149	10 727	7 645 803	11 188 089	150 558
2015	4 586	1 052	381	4 564 793	14 730 617	1 608 851

注：* 指电力、煤气、自来水以及建设行业等。

资料来源：韩国产业通商资源部，http：//www.motie.go.kr。

三、韩国外商投资环境

韩国外商投资环境的吸引力包括软环境和硬环境两个方面。从投资软环境看，近年来韩国的经济发展态势较好，市场消费潜力较大，政府积极鼓励利用外资，并出台了一系列有利于外商投资的政策与措施；从投资硬环境看，韩国地理位置优越，交通运输便捷，通信设施世界一流。

近年来，韩经济保持持续增长势头。据韩国银行统计，2014 年韩国 GDP 为 1.4 万亿美元，位居世界第 13 位；人均 GDP 为 28 754 美元，位居世界第 29 位。

世界经济论坛《2014—2015 年全球竞争力报告》显示，韩国在全球最具竞争力的 144 个国家和地区中，排第 26 位。韩国在世界银行《2015 年经商环境报告》对全球 189 个国家和地区的营商便利度排名中列第 5 位。

大韩贸易投资振兴公社发布的《2016 主要国家投资环境比较调查报告》，就韩国与全球 32 个主要国家，包括 17 个发达国家与 15 个发展国家的投资环境进行了比较。报告将影响直接投资的要素分为三方面，即市场环境（人口、所得、市场规模）、经营环境（税率、法人限制、劳动生产性）、投资政策（补助金、行政）进行比较。报告显示，韩国市场环境与经营环境处于良好状态。韩国人均购买力平价 GDP 为 3.652 万美元，与法国的 3.987 4 万美元以及日本的 3.806 8 万美元比肩，意味着韩国人的购买力较强。对投资者来说是吸引投资的一个重要条件。另外韩国近年 GDP 增长率也较高，2012—2015 的实际 GDP 增长率为 2.36%，与 GDP 增长率停滞不前的先进国家相比具有优势。地域统合性虽然不如欧盟国家，但通过积极签订 FTA 等条约，在发展中国家里属于投资环境较好的国家。

韩国经营环境的优势更为明显。韩国在世界银行的企业活动评价中得到 83.88 的高分（满分 100），在 33 个国家当中仅次于新加坡（87.34），超过了美国（82.15）和日本（74.72）及中国（62.83）。这也归功于建立法人和取得建筑许可等企业活动时，行政手续上的快速对应能力以及较低的企业实际税率。企业负担的实际税率（税金在企业总利润中所占比重）为 33.2%，无论是与发达国家还是发展中国家比，都属于偏低的水准，这也是吸引外商投资的一大因素。

但是，韩国市场同样存在不少负面因素。作为投资市场，韩国在投资政策方面还有很大不足。虽然韩国近年来积极签署投资协定与贸易协定，但还为数不多。与韩国签署两国投资协定的国家有 85 个，在发展中国家中仅次于中国的 110 个国家，但与发达国家相比，仍属较低水平。韩国对投资的限制也在 33 个国家当中处于第 10 位；对外资的补助金吸引力仅为 5.71，与美国（7.03）和英国（7.02）相比仍有较大差距。

除此之外，瑞士国际经营开发研究院研究表明，韩国的政策透明度仅为 3.25 分（满分 10 分），继巴西、墨西哥、土耳其与俄罗斯之后，列倒数第 5 位。在知识产权保护方面，韩国虽然优于发展中国家，但是与其他发达国家仍存在一定差距。

目前韩国市场在质和量两个方面都属于发达国家水平，但人口较少和人口增长率低则是减分因素①。

---

① 韩高效率低税率吸引外资 政府透明度不足成绊脚石［EB/OL］. http：//www.chuguo.cn/travel/240880.xhtml.

四、韩国农业引进外商投资政策的变迁

韩国的农业政策开始与日本相似，都属于受限制的产业，但是乌拉圭回合之后，韩国的农业开始大幅转向，走向开放。特别是金大中政权奠定了农业产地培养和促进农产品输出的基调，卢武铉政权更是坚决推进自由贸易政策，缔结了美韩 FTA，李明博政权为了促进市场竞争，放宽农业准入限制，在农业方面吸引大量外资等，各个政权对待农业投资的态度各不相同。韩国农业引进外商投资政策可分为以下几个阶段：

（一）严格限制时代

韩国独立初期尚是一个贫穷的农业国，物资匮乏、粮食供应紧张、失业和通货膨胀严重。从 20 世纪 50 年代开始，韩国开始大力振兴本国经济。其中，鼓励外资进入就是韩国发展本国农业，提高农业生产效率，加速本国农业现代化的手段之一[①]。这个时期韩国非常注重在农业技术领域引进外资，尤其是农业灌溉技术，但这个时期的外资进入主要指的是接受国际援助。即使有直接投资，也接受了严格限制。当时，韩国政府在技术转移、当地化比率、出口要求、股权形式、资本收益等方面均有限制性规定[②]。

（二）规范外资引用时代

20 世纪 60 年代开始，韩国政府提出"出口第一主义"的口号，开始实行出口主导型经济的战略，政府引进外资的数量、产业、引资政策发生较大的变化[③]。这个时期，韩国大量利用外资发展水产养殖和远洋捕捞渔业，促使韩国渔业在这一时期发展迅速。同时，韩国政府加大了对农业的投入，同时不断修订完善外资法，来规范外资引进和使用。

韩国政府意识到国际援助无法满足农业发展以及农业现代化的要求，在

① 张雯丽，翟雪玲，曹慧. 巴西、韩国、印度农业林用外资实践及启示 [J]. 国际经济合作，2013（5）：42 - 46.

② 曹更生，杨民. 四类利用外资政策的国际比较 [J]. 当代经济，2006（5）：64 - 65.

③ 刘勇，雷平. 日韩两国利用外资与自主创新模式 [J]. 中国软科学，2008（11）：26 - 33.

国内资本对农业投资紧缩的情况下，引进外资是必然的选择。因此 1960 年韩国政府为克服经济困难，促进经济发展，公布了第一个《外资引进促进法》，开始引进外资，并确立了政策优惠，其中农业是这一时期产业投向的重点，但是外资来源还是以国外贷款为主。1966 年韩国又颁布了《外资引进法》，开始积极鼓励外商直接投资，也规定了外商直接投资优惠政策和措施，对韩国农业引进外资起到了关键性的作用[①]。

(三) 放管结合时代

从 20 世纪 70 年代开始，韩国政府对农业利用外资逐步放开。为了改变农业利用外资以国外贷款为主的格局，优化农业外资结构，韩国出台了对外商投资企业免税的优惠政策，鼓励外国直接投资进入农业领域。但到了 70 年代末期，为了防止外商直接投资形成垄断，废除了一部分对外商投资的优惠政策。

(四) 大力鼓励外商直接投资时代

到 20 世纪 80 年代，随着自由贸易化政策的推行，韩国政府进一步放宽了对外商投资的限制，简化了外商投资的审批程序。1993 年为了适应乌拉圭回合关贸总协定谈判以及"韩国经济国际化"发展的需要，同时也为了引进国外先进技术，加速韩国产业结构调整，韩国政府发表了《开放外国人投资五年计划》，再一次放宽了对外商投资的限制。尤其是亚洲金融危机发生后，韩国开始认识到吸引外商直接投资是克服危机的有效手段。为了增加就业，发展经济，韩采取积极的招商引资政策。同时为了适应经济国际化趋势，并与世界主要国家立法接轨，韩国于 1997 年修订了《外资引进法》（法律第 4814 号），改名为《外国人投资及外资引进法》（法律第 5256 号）。1998 年，韩国废除旧的《外国人投资管理法》，制定实施了新的《外国人投资促进法》及细则，大幅放宽了投资领域限制，允许外购企业对韩国企业进行并购，对外商在韩直接投资实行全面自由化和鼓励政策。2010 年 4 月，为进一步鼓励和方便外商投资，韩国又颁布了新修订的《外国人投资促进

法》，并于 10 月颁布新修订的《外国人投资促进法施行令》。

在农业方面，韩国政府自 1993 年 7 月 1 日起放开国内养蜂业、养蚕业、狩猎娱乐及相关服务业、森林野生材料采集；1994 年 1 月 1 日起外商可以投资马、羊饲养业，以及园艺服务、林业及原木采伐服务；1995 年 1 月 1 日开始，放宽水果及蔬菜生产限制；1996 年 1 月 1 日起外商可以投资专业园艺生产培育，饮料、调味作物生产，其他种类畜禽养殖；从 1997 年 1 月 1 日起外商可以对奶牛场、养猪场等行业进行投资①。

在阶段性放开国内农业投资领域的同时，为推动各地引进外资，发展有地方特色的产业，韩国政府在管理体制上也逐步扩大地方对外商投资的管理权限。对与地方投资有关的许可申请，韩国政府逐渐委托给地方自治团体办理。

但是在韩国政府放开外商投资农业领域，下放外资管理权限的同时，国内部分重要的农业领域仍对外资保持高度限制。目前，韩国政府限制外商投资的农业领域包括：谷物及其他粮食作物栽培业中的水稻和大麦栽培，肉牛饲养业、近海捕捞、海上渔场、内河捕捞等设置 50% 的外商投资限制②。

近年来，韩国引进外资政策开始逐步全面向提高招商引资的质量转变，不仅制定了一系列极为优惠的鼓励政策，同时还着重于提高对外商服务质量。制定明确的招商引资战略，引导外资投向重点产业的同时，放宽制定外国人投资区的条件，改善包括外国人生活环境在内的整体投资环境，进一步加大对吸引外资的支援力度，鼓励外商向高新技术及关联产业投资。

五、韩国对农业外商投资的管理

（一）韩国外商投资的限制与禁止

韩国政府对于外国投资的准入管理采取负面清单的形式，分为禁止类和限制类两种，清单由产业部以公告形式公布。依据的基本法律包括《外国人

①　李剑，王好．国外农业利用外资的经验借鉴［J］．世界农业，2014（2）：122-125+148.
②　张雯丽，翟雪玲，曹慧．巴西、韩国、印度农业林用外资实践及启示［J］．国际经济合作，2013（5）：42-46.

投资促进法》及其实施令、实施规定《外国人投资及引进技术相关规定》《外国人投资等相关租税减免规定》等。其他法令包括《外汇交易法》《自由经济区域的制定及运行相关法》等。

根据《外商投资促进法》规定，韩国的标准产业分类 1 145 个行业中，公共行政、外务、国防等涉及公共性的 60 多个行业列在外商投资对象之外，即影响国家安全或者公共秩序的领域，不利于国民健康的领域以及违反其国内法律的领域，都禁止外商投资①。其中与农业有关的主要是农林水产行政行业（表 9 - 6）。

而限制类领域的产业虽然原则上禁止外国人投资，但如果在允许范围内或者不超过股权限制的上限，是可以得到许可的。除上述 60 多个行业之外，剩余 1 000 多个产业当中有 29 个属于被限制领域。韩国政府对这些领域投资采取许可方式，而且设置了股权比例限制。主要的限制领域包括农业、畜牧业、渔业、出版发行、运输、输电和配电、广播通信等领域。其中与农业相关的行业限制见表 9 - 6。

表 9 - 6　韩国限制外商投资行业中与农业相关的部门

行业标准产业分类	外商投资比率限制
谷物及其他粮食作物种植业（01110）	除水稻及大麦种植外给予许可
肉牛饲养业（01212）	
沿海及近海渔业（03112）	外商投资比例低于 50% 时给予许可
肉类批发业（46312）	

资料来源：中国贸促会网页，http：//www. ccpit. or。

同时规定，外国人不得同时对禁止行业和限制行业的企业进行投资，如对两个以上限制行业进行投资，则最高股比不得超过投资比例较低行业的投资比例限制。

（二）韩国外资管理相关部门及主要功能

韩国政府对外商在韩投资实行全面自由化和鼓励政策，主要外商投资立

---

① 商务部国际贸易经济合作研究院．对外投资合作国别指南韩国［EB/OL］．http：//fec. mofcom. gov. cn/article/gbdqzn/upload/hanguo. pdf.

法包括《外国人投资促进法》《外国人投资促进法施行令》《外国人投资及技术引进规定》《外国人投资税收特别法》《外国人投资税收减免规定》《外国人投资土地法》等。

在制度方面，为了最大限度减少对外商投资的管理事项，简化登记审批制度，简化投资手续。韩国在大韩贸易投资振兴公社（KOTRA）设立投资支援中心（KISC），向外国投资者提供一站式服务[①]。扩大在税收方面的优惠力度，实行提供包括补助金等方式在内的投资支援制度。这些制度的着眼点在于把此前已限制、管理为主的投资管理模式转换为以促进、支援为主的外商投资管理模式。

1. 产业通商资源部

韩国主管外国投资业务的政府部门是产业通商资源部，主要负责相关政策、法规制定、数据发布等涉及外国投资的有关工作。为了更好地实行对外国投资家的综合支援，隶属于产业通商资源部的大韩贸易投资振兴公社[②]，设置了专门负责引进外资的专业机构在韩投资中心（Invest Korea），负责具体的投资备案及前置审批手续等。

而在引进外资体系当中，有最终决定权的是外国人投资委员会，由产业通商资源部长官（部长）任委员长，由企划财政部、未来创造科技部等12个部门的次官（副部长）以及各市道政府负责人（首尔市为副市长）以及其他相关部委的次官和大韩贸易投资振兴公社社长组成，负责讨论决定吸引外资的基本政策和减免税等相关鼓励政策，协调各部门出台改善投资环境政策、指定外国人投资地区等特殊经济区等。下设"外国人投资事务委员会"，由产业通商资源部次官、其他部委的高级公务员和各市道的副负责人以及专家、在韩投资中心负责人和外国投资监察官组成，负责具体政策执行工作[③]。韩国外资引进的组织结构见图9-11。

此外，韩国知识经济部负责引进外国直接投资，汇总外资管理措施和政

---

① KISC于1998年4月开始业务，2003年改名为Invest Korea，并且进行了改编和扩大。

② 大韩贸易投资振兴公社成立于1962年，使韩国政府为了促进进出口贸易和投资而设立的非营利性的贸易投资促进机构。受产业通商资源部监督指导，经费由国家财政预算拨给。

③ 商务部国际贸易经济合作研究院．对外投资合作国别指南韩国［EB/OL］．http：//fec．mofcom．gov．cn/article/gbdqzn/upload/hanguo．pdf．

```
┌─────────────────────────────┐
│      外国人投资委员会           │
│ （委员长：产业通商资源部部长）   │
└─────────────────────────────┘
              │
┌─────────────────────────────┐
│     外国人投资事务委员会         │
│ （委员长：产业通商资源部次官）   │
└─────────────────────────────┘
              │
   ┌──────────┼──────────────────┐
┌────────┐ ┌──────────────┐ ┌────────────┐
│外交部等 │ │  产业资源部   │ │ 财政经济部等 │
└────────┘ │（总管外商投资业务）│ └────────────┘
           └──────────────┘
                │
           ┌──────────────┐
           │  在韩投资中心  │
           │（Invest Korea）│
           └──────────────┘
```

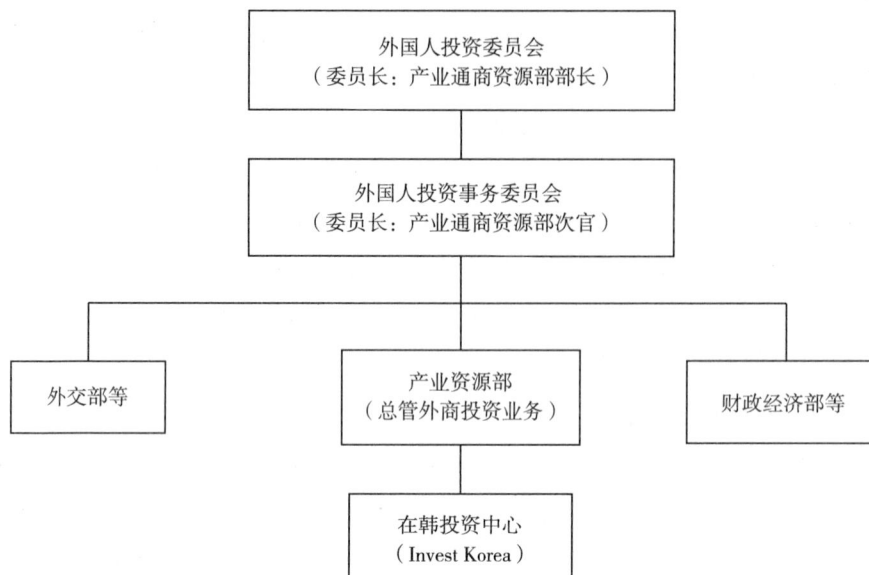

图 9-11　韩国外资引进组织结构图

策，定期在《外商投资综合公告》上公布；企划财政部负责韩国对外直接投资。韩国知识经济部、企划财政部等各部和机构的代表，以及相关地方及市政府首脑组成外国直接投资委员会，负责有关外国直接投资的所有重大政策决策。韩国贸易投资促进机构是促进和便利外国直接投资的官方投资促进机构，对协助外国投资者完成必要的行政程序、投资计划，以及法律和税收事务提供服务

2. 在韩投资中心（Invest Korea，IK）

在韩投资中心（Invest Korea）是根据外国人投资促进法，于 2003 年由大韩贸易投资振兴公社（KOTRA）设置的专门负责吸引外资的机构。其前身是韩国投资服务中心（KISC），成立于 1998 年。《外商直接投资促进法》出台后，由国际投资领域的专家和相关政府官员以及法律、会计等中介机构的专家组成，为外商提供及时和全面的服务。后改组成现在的在韩投资中心（Invest Korea）。

在韩投资中心的业务范围包括：宣传活动、直接吸引外资活动、专业咨询和代办手续，以及投资方的生活咨询和事后管理等，为吸引外资提供全方

位专业服务。其具体业务包括[①]：

第一，投资咨询阶段。向有意来韩投资的外商提供投资前咨询，包括提供投资步骤、条件、奖励制度等相关信息和资料。比如在韩国设立当地法人的手续，各种优惠制度的相关资料。还提供各领域专业咨询服务，由税务、会计、法律专家提供专业信息。同时，还可联系国土部、环境部等行政部门提供法律、政策咨询。由这些外派公务员、相关领域专家向外商提供有关在韩投资的全面系统的专业信息。其中包括有关单独投资、合作投资、企业并购、不动产投资等各种相关法律制度以及税务、会计、法律、租税等方面的专业咨询。

第二，行政支援阶段。为在韩国设立工厂，准备进入韩国市场的外国企业，配置专门负责的职员，并就选址、设立手续、和自治体方面的交涉、各种行政手续，以及设立后的服务等提供支持。例如进行外商投资申报、注册核查资本货物、进口物品，办理免税咨询、营业者注册等手续，进行资本货物实物出资完毕确认、关税咨询等行政支援。协助申请、延长企业投资（D-8）、同居家属（F-3）等居留签证，外国人注册、居留地变更申报；协助确定投资地点、办理办厂审批手续；为企业提供生活咨询，协助办理审批手续以及为外商企业人士提供劳务、社会保险咨询。

第三，投资手续办理结束后。面向进驻韩国的外资企业投资商及其家属提供生活咨询，开展每日助手、生活专管员等服务。例如提供有关居住、教育、医疗、考取驾照等在韩生活所需信息并提供相关咨询服务；派专人陪同去医院、学校等。并为帮助外商投资企业员工及其家属迅速适应韩国生活，在来韩居住第一年提供涉及所有领域的生活服务。

除此之外，还发行网络杂志《韩国生活指南》（Guide to Living in Korea），提供各种生活信息。

投资外商及其家属可以通过电话、传真、在线、视频电话等方式进行咨询，也可直接来访咨询，一切咨询均为免费。

3. 韩国贸易协会

韩国贸易协会成立于 1946 年，是一个非营利性民间经济团体，1972 年

---

① Invest Korea. 韩国投资指南［EB/OL］. www. investkorea. org/ch/published/publications. do? mode＝download/Investmentguide _ chn _ 20120314%20. pdf.

成为世界贸易重心的正式成员，现有 8.6 万家会员企业，是韩国外贸行业中最大的经济团体。

其服务内容涵盖了与贸易相关的各方面，如受政府委托办理外贸企业登记、发放原产地证书，以及从事海外市场调研、国内外相关法规介绍、各种咨询、贸易与投资中介、协助企业开拓海外市场、协助企业培训贸易人才等①。

此外，该协会设立的综合贸易信息服务系统（www. kotis. net）可提供贸易速报、经济信息速报、贸易实务、汇率动向、产业信息、营销支援信息、国内外经贸统计，其中的国内外经贸统计可提供韩国及美国、日本、中国等主要对象国的贸易和经济统计数据，内容详尽快捷。

在促进贸易通商的同时，韩国贸易协会也通过其庞大的信息网络参与吸收外国人投资业务，承接各类展览会，为外商提供良好的服务。其所属的主要投资促进机构有韩国综合展示场、汉城中心机场总站、韩国贸易情报中心、KH 内外经济、韩美经济协议会和产学协同财团等。目前，该会在国内设有 10 个地方支部，在海外设立了东京、纽约、华盛顿、香港、布鲁塞尔和北京 6 个支部②。

除韩国贸易协会之外，还有大韩商工会议所、全国经济人联合会等民间经贸团体自主开展投资促进活动，或配合政府决策，促进投资。

六、韩国吸引外商投资的支持政策

在进行限制的同时，韩国政府在发展创造型经济和促进经济民主化的目标指引下，积极鼓励利用外资，出台了一系列有利于外商投资的政策与措施。除了采取负面清单的形式来管理外资，更是对拉动效益较大的外资给予税收减免等一系列优惠，提供一条龙服务，设立了各具特色、遍布全国的特殊经济区，实行较为宽松的行政管理。

---

① ② 中国国际贸易促进委员会经济信息部. 韩国吸引外资和对外投资政策［EB/OL］. http：// oldwww. ccpit. org/Contents/Channel _ 1276/2007/0725/54208/content _ 54208. htm.

（一）税收减免

在保证外资企业与韩国内资企业享受同样的税收减免政策的同时，对符合条件的外商直接投资企业实行税收减免。包括 467 种高新技术产业及"创造高附加值、能够对制造业等其他产业的发展提供较大帮助"的 111 种服务业和"外商投资地区"内实行税收减免。自由贸易区内企业所从事的物流业以及关税自由区内的物流业也属于税收减免对象①。具体减免的条件和范围见表 9 - 7。

表 9 - 7　税收减免条件及范围

类　　别	投资条件	法人税、所得税
产业支援服务业、高技术配套产业	非常有助于提高产业国际竞争力，经外国人投资委员会审议，且需建设并经营厂房或经营场所	
根据《外国人投资促进法》相关规定，在外国人投资区域（个别企业型），新万金项目区域，济州尖端科学技术园区、济州投资振兴区域等区域投资的外资企业，经所在园区委员会审议（此前入驻出口自由区的企业视同为外国人投资区域的个别企业型予以减免）	制造业、旅游观光业分别为 3 000 万美元以上；度假疗养业、国际会议中心、青少年培训中心分别为 2 000 万美元以上；物流业和 SOC 分别为 1 000 万美元以上；研发中心 200 万美元以上；公共事业 3 000 万美元以上	7 年减免。前 5 年全免，后 2 年减半
入驻经济自由区的企业，入驻新万金项目地区的企业	制造业、度假疗养业、国际会议中心、青少年培训中心分别为 1 000 万美元以上；物流业、医疗机构分别为 500 万美元以上；研发中心 100 万美元以上	
从事经济自由区开发的企业、从事新万金项目开发的企业	投资 3 000 万美元以上或是外资占比达 50% 以上，总开发投资额达 5 亿美元以上的企业	5 年减免。前 3 年全免，后 2 年减半
从事济州投资振兴区域开发的企业	投资 1 000 万美元以上或是外资占比达 50% 以上，总开发投资额达 1 亿美元以上的企业	

---

①　中国驻韩国大使馆经济商务参赞处：韩国外商投资、所得税、服务业发展 [EB/OL]. http://kr. mofcom. gov. cn.

（续）

类　别	投资条件	法人税、所得税
入驻园区型外国人投资区域的企业	制造业 1 000 万美元以上；物流业 500 万美元以上	
入驻企业城市开发区域的企业	制造业 1 000 万美元以上；物流业 500 万美元以上；研发中心 200 万美元以上	5 年减免。前 3 年全免，后 2 年减半
从事企业城市开发区域开发的企业	投资 3 000 万美元以上或是外资占比达 50% 以上，总开发投资额达 5 亿美元以上的企业	
其他必须减免项目（根据自由贸易区域的相关法律）	制造业 1 000 万美元以上；物流业 500 万美元以上	

　　资料来源：商务部国际贸易经济合作研究院，对外投资合作国别指南　韩国 2016［EB/OL］. http：//fec. mofcom. gov. cn/article/gbdqzn/upload/hanguo. pdf.

　　符合上述条件的外资企业，投资后前 7 年免交法人税、所得税和红利所得税等国税，后 3 年减半（2005 年起改为免 5 减 2）；土地、建筑物的取得税、登记税、财产税、综合土地税等地方税，从运营开始 5 年间 100% 减免，其后 3 年间按 50% 缴纳。地方政府可视具体情况，将上述地税减免期间延长至 15 年。另外，对自由贸易区、关税自由区（现两者已合并）和经济自由区域（包括济州国际自由城市）内的外资企业的税收优惠为免 3 减 2。

　　此外，根据《税收特例限制法》规定，对于外国投资者进行上述减免对象投资项目所需的生产资料，还将给予关税减免。但仅限于直接用于法人税和所得税减免对象项目中的机械、器具、器材、零配件等产业设施及其他原料、备用品，而且仅限于新股发行形式进行投资时，其进口关税、特别消费税及增值税免征。

　　其中，对于个别型外国投资地区的投资者、高科技和产业服务型投资可给予关税、个别消费税和附加税全免的待遇，对于园区型外国投资地区的投资者和其他园区入驻企业和开发企业则仅免除关税。

（二）国有和公有土地租赁费减免

　　韩国的产业用地分为规划成片用地的"规划型"和供企业自行设计建设

的"个别型"。前者的租赁费减免适用于政府或共同团体、企业设立的成片开发的国家产业园区（产业集群）和一般产业园、都市高科技园区、农工工业园以及外国人投资涉及的经济自由区、自由贸易区或园区型和服务型外国人投资区内的外企，后者适用于个别型的外国人投资区[①]。

外商租赁土地的期限为50年，期满后可以再延长50年；外商租赁的土地如为国家所有、公有（指地方政府所有）财产，根据投资规模和行业性质及所处地区，可获得减免50%～100%租金的优惠。外商购买国有土地，可分期20年付款，或享有一年宽限期。除此之外，优惠政策因地而异，入驻条件、吸引行业和其他方面的优惠待遇都可能不同。

（三）现金支持

为鼓励外资设立高科技企业和研发中心，《外国人投资促进法》规定自2004年起实行"CASH GRANT"现金支持制度，即向符合一定条件的投资者以现金返还投资额的制度。其条件为外资比重在30%以上，且符合以下条件之一：

第一，属高科技产业或对提高韩国产业国际竞争力有非常重要意义的支持产业的服务业，且新建或扩建厂房或办公室（非制造业情况）。

第二，部分零部件产业。有益于提高最终产品的附加值，或拥有高精尖技术、其技术波及效果较大，或其创造的附加价值较大的，是产业的基础或与各产业的关联性较大。

第三，有关行业超过一定的长时间雇用的劳动者数量，创造工作岗位较多且新建或扩建厂房或办公室（非制造业情况下）。

2010年修改后的《外国人投资促进法》删除了关于外商投资金额在1 000万美元以上才能获得现金支持的条件，并将外商投资研究机构获得现金支持的高学历研究人员雇用规模从10人以上降至5人以上。

根据规定，农林渔业新增雇用的长时间用工人数在200人以上，也可享受现金支持。

---

① 商务部国际贸易经济合作研究院. 对外投资合作国别指南（2016） 韩国［EB/OL］. http：// fec. mofcom. gov. cn/article/gbdqzn/upload/hanguo. pdf.

此外，中央和地方政府根据该外资项目是否位于首都圈（指首尔市及其周边的特定京畿道城市），在土地租金和买地资金、建筑费、研发费等方面的分担比例不同。如系首都圈，中央政府负担30％，如果不是首都圈，中央政府补贴40％；对于雇用补助和教育培训补助，中央和地方政府各负担50％，但技术专业的大学生实习费全部由中央政府资金支持。其用途仅限于工厂设施或土地和建筑物的租赁费、建筑费、研究用的材料购买费、基础设施建设费（电气通信设备的设置费用）和雇用补助、培训补助等。

需要指出的是，上述现金支持可与地方政府给予外资企业的各项补贴重复领取，但同一用途的不可以重复领取，现金支持总额也不能超过地方政府的各项补贴限额总和[①]。

(四) 雇用支持

中央政府为地方政府引进外资的各项工作提供财政援助，包括建立外商投资区、购买土地租赁给外资企业使用、减免外资企业土地使用费、为外资企业提供职业培训补贴等所需的资金。中央政府同意各级地方政府根据实际情况，向外商投资企业提供雇用补贴。

(五) 建立"外商投资地区"制度

依据《外国人投资促进法》规定，"外商投资地区制度"是韩国为吸引大规模外资而制定的，对外商投资者设立工厂的区域进行事后指定的制度。凡符合下列条件的外资企业，如提出申请，其工厂所在区域即可被指定为"外商投资地区"，除享受前述税收优惠和国有公有土地租费全免外，还可在通往企业的道路、自来水、供电等基础设施方面得到财政支持[②]。

第一，设立制造业企业时外商投资额超过5 000万美元，外资比例超过50％，新雇用的正式员工超过1 000人；在国家、地方工业园区内投资超过3 000万美元，新雇用正式员工超过300人。

---

①② 中国驻韩国大使馆经济商务参赞处.韩国外商投资、所得税、服务业发展［EB/OL］. http：//kr. mofcom. gov. cn.

第二，在旅游业（旅游饭店业和水上宾馆业）、国际会议设施业投资超过 2 000 万美元，在综合休养业、综合游园设施业投资超过 3 000 万美元。

第三，在物流业设立新的设施，包括货物综合物流中心、消费品物流配送中心、港湾设施及港区背后腹地投资的物流项目，外资超过 3 000 万美元。

第四，两个以上外商投资企业属同一产业分类或有上下游配套关系，或所在地块属同一国家、地方工业园区或紧邻时。

符合上述任何一项条件的企业，除实行前述的"国税 5 免 2 减、地税 3 免 2 减"的最基本税收优惠政策外，还免除其租赁国有土地的租金和其他个别行政收费，对进入工厂的道路、自来水、供电设施等基础设施给予财政支援，并视情支援兴建医疗、教育、住宅等生活环境设施。

（六）行政支持

韩国政府对企业享受优惠政策条件的规定灵活运用。规定出资方式除现金、机器设备和工业产权外，也包括持有的知识产权、在韩国内的不动产和股份等。如企业符合《外国人投资促进法》规定的外资企业标准，在外商对所投资企业的出资完了之前，就可以进行外商投资企业登记，并享受韩国政府赋予外商投资企业的一系列优惠政策。

除此之外，韩国政府还致力于简化外商投资的申报和有关审批程序，加快政府处理有关业务的速度。

外商在办理投资申报、取得建厂许可等有关手续时须提交的文件比外商投资自由化以前减少一半；政府处理有关审批业务的最长时间缩短至 30 天，超过这一时限视作自动许可。

七、韩国农业投资支持政策

与日本类似，韩国的农业资源稀少，很多农产品都必须从国外进口才能满足需求。为了保护国内农业，韩国一方面对本国农业采取扶植保护的政策；另一方面也对农业市场的外资参与极为敏感，对外开放程度一直较小。农业一直属于对外资限制比较严格的产业。

但是为了吸引大规模的外国投资以及进行都市开发，相对受到限制的农业也会设立特殊试点地区，通过优惠税收来引进外资。亚洲金融危机之后，韩国政府积极推进改革，通过撤销或放宽市场准入限制，大大增加了韩国的自由化。如图 9-12 所示，1997 年和 2016 年韩国各个产业的直接投资的限制指数都有很大程度的降低，农业也包括在内。

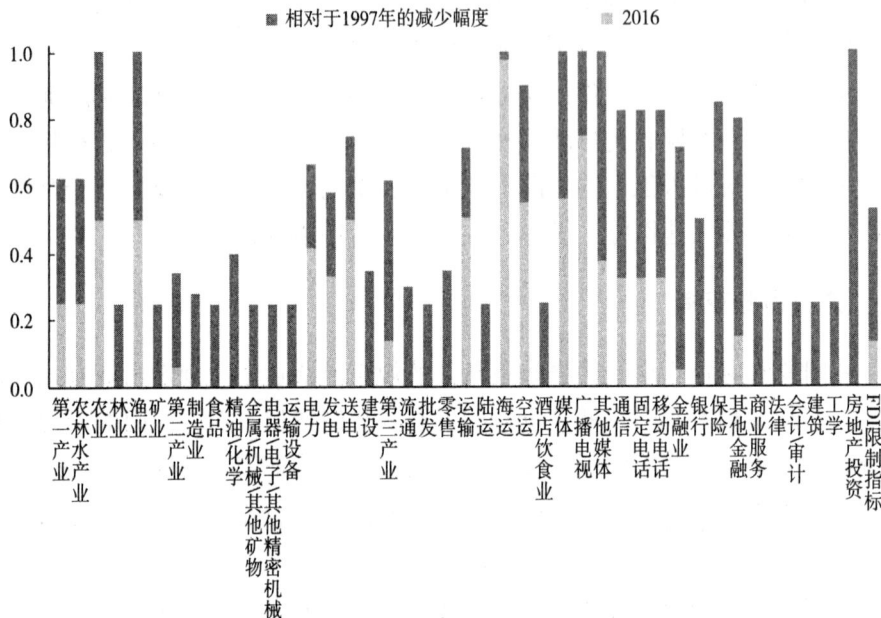

图 9-12 1997 年与 2016 年直接投资限制指数比较

资料来源：OECD FDI Regulatory Restrictiveness Index。

针对农业的其中一项举措就是大力发展国家食品产业园区（FOODPO-LIS）。国家食品产业园致力于农业食品出口与研发，是将食品关联企业、研究所以及相关部门集中在一起建成的大型食品产业基础设施事业，也就是韩国的食品谷。

国家食品产业园是韩国农林畜产食品部投资 5 535 亿韩元设立的，旨在通过奖励大中小企业共同发展和农业增长，带动韩国食品产业的发展。国家食品产业园位于韩国西海全罗北道益山附近，产业园规模达到 350 多万平方米，其中包括 232 万平方米的食品产业园地和 126 万平方米的生活园区，邀请 160 个食品企业和研究所来此投资建所（表 9-8）。预计到 2020 年能够创出 150 亿美元的产值，出口 30 亿美元，雇用 22 000 人，促进地方经济活性化。另外，《食品产业振兴法》第 12 条，还就国家食品产业园的发展方向、建设食品产业园地的支援、企业支援设施的构建、强化企业能力、和农渔业保持密切合作、促进出口及投资等六个方面做了规定（表 9-9）。

表 9-8　食品产业园企业投资协约签约状况

区　分			投资协约			业务合作协约		
	合计	国内	海外	合计	国内	海外	合计	国内	海外
共计	91	52	39	63	43	20	28	9	19
企业	57	39	18	56	39	17	1		1
研究所	11	5	6	7	4	3	4		3
机关/协会	23	8	15				23	8	15

资料来源：韩国国家食品产业园网站。

表 9-9　对进驻产业园的外资企业的支持内容

区　分		主要内容
国税	法人税所得税	三年之内全免，之后两年减半
地方税	所得注册财产税	三年之内全免，之后两年减半
免除关税		免除首次投资的企业运入产业设施及原材料时的关税
免除交通税金		在外国人投资区域内建造产业设施建筑物时的交通税金
无偿租赁土地		减免 50 年的租赁费用（50%～100%），最长可延长至 100 年
产业用地补助金	全罗北道	补助正常租赁费用或分户出售住宅款项的 50% 之内
	益山市	补助正常租赁费用的 50%，正常分户出售住宅款项的 30%
投资补助金	全罗北道	对于 1 000 万美元以上的投资企业，给予投资金额 5% 以内的补助，最多不超过 50 亿韩元
	益山市	对于超过 10 亿韩元的投资企业，给予投资金额 5% 之内的补助，最多不超过 50 亿韩元
其他		雇用及教育训练补助金（50 万韩元/月） 咨询补助金（投资金额的 1% 之内，最大 1 亿韩元） 教育设施、住宅购入（预算范围之内）

资料来源：韩国国家食品产业园网站。

为了吸引企业进入食品产业园，韩国政府对于进入园区的企业和研究所提供了各种优惠政策。

首先是税收方面的优惠。对于进入食品集群的企业，法人税和所得税 5 年内全额免除，之后 2 年减免 50%，取得税、财产税 5 年之内免除。另外，对于大规模投资企业，全罗北道和益山市各自在投资金额的 5% 之内最大 100 亿韩元给予投资补助金。对于一般投资企业，超过 10 亿韩元的部分在投资金额 5% 的范围之内给予最大 50 亿韩元的补助。

另外，作为雇用和教育训练补助金，全罗北道政府还提供每人最多 50 万韩元/月（最长 6 个月，每个企业最多 5 亿韩元）的雇用补助金和每人 10 万到 50 万不等，最长 6 个月，每个企业最多 5 亿韩元的教育训练补助金。此外，全罗北道和益山市还设有勤劳补助金、建筑物建设费、设施运转资金等全方位的优惠。

截至 2013 年，与韩国食品产业园签订投资协约的外国企业与研究所达 20 家，包括日本、中国、丹麦以及澳大利亚的美国的企业。签订业务合作协约的为 19 家，包括荷兰、中国、欧盟、瑞典以及意大利、美国、印尼、马来西亚等国家的企业

第四节　小　　结

东北亚国家（日韩）注重农业、农村可持续发展，积极采取多角度多层面支持政策，为外商投资创造了良好的投资环境，大力促进本国农业发展。尽管如此，农业投资具有投资巨大、风险性高的特点，在投资过程中要深入洞悉被投资国特点，研判相关法规政策，以便能够最大力度地保障投资利益。

日本对于外商投资制定了众多优惠政策。但客观地讲，日本的优惠政策，尤其是农业方面的促进外商投资措施，基本属于放宽原有的限制条件，与实际的优惠政策还存在一定的差距，投资时需要特别注意。而且日本地区差异比较大，不同地区对于行业投资可能有不同的规定，非特殊经济区域与特殊经济区域之间的规定也有较大差异，投资决定前一定要做好事前调研分析等工作，评估投资的可行性

韩国尽管法律上对外资参与当地农业或林业投资合作没有特别限制，对

外资获得林地所有权和承包经营权也没有特别限制，但实际上韩国仍然存在一定的投资壁垒，外国企业和外国人在韩国利用、开发土地也会受到一定限制。韩国政府对外资的优惠政策，包括税收及土地价格等，仅限于高技术产业及入驻保税区、出口加工区和经济自由区等特定区域的企业，且设定门槛，如单个生产型企业投资额的最低标准以及雇用当地员工的人数等，这都需要进行深入研究，不能一拥而上。此外，韩国政府在环保方面的法律法规和要求非常严格，在韩投资开展合作时应该注重环境保护行为，及时识别和防范环境风险，以免触犯韩国相关法律，造成纠纷。

第十章　北美地区农业外商投资及政策

第一节　北美洲地区农业投资概况

北美洲位于西半球北部，东临大西洋，西临太平洋，北临北冰洋，南以巴拿马运河为界与南美洲相分，东北面隔丹麦海峡与欧洲相望，地理位置优越。总面积 2 422.8 万平方千米（包括附近岛屿），约占世界陆地总面积的16.2%，是世界第三大洲。大陆海岸线长约 6 万千米。西部的北段、北部和东部海岸比较曲折，多岛屿和峡湾；南半部海岸较平直。

北美洲地形分为三大南北纵列带：西部是高大的山系，中部是广阔的平原，东部是低缓的高地。全洲约 20% 左右是海拔 200 米以下的平原，约22% 是海拔 200～500 米的平原和丘陵，约 58% 是海拔 500 米以上的高原和山地。北美洲的外流区域约占全洲面积的 88%，其中属大西洋流域的面积约占全洲的 48%，属太平洋流域的约占 20%。除圣劳伦斯河外，所有大河都发源于落基山脉。内流区域（包括无流区）约占全洲面积的 12%，主要分布在美国西部大盆地及格陵兰岛。北美洲最大的河流是密西西比河，按长度为世界第四大河。

北美洲地跨热带、温带、寒带，气候复杂多样，以温带大陆性气候和亚寒带针叶林气候为主。北美洲北部位于北极圈内，为冰雪世界。南部加勒比海受赤道暖流之益，但有热带飓风侵袭。大陆中部广大地区位于北温带，气候宜于作物生长和人类生存。北美洲最冷月（1 月）平均气温低于 0℃的地区，约占全洲面积的 3/4，夏季全洲普遍增温，最热月（7 月，沿海多为 8月）除格陵兰岛外气温在 0～32℃之间，其中 20℃以上的地区约占全洲面积一半以上，30℃以上的地区面积较小。

北美洲是世界经济第二发达的大洲，其中美国是世界上经济最发达国家，对全球经济发展和政治都有重要影响。北美洲大部分面积属于发达国家，人类发展指数和经济发展水平都比较高。从农业方面看，北美洲拥有世界上著名的农业区——中部平原，中部平原盛产玉米、小麦、水稻、棉花、大豆、烟草，其大豆、玉米和小麦产量在世界农业中占重要地位。中美洲、西印度群岛诸国和地区主要生产甘蔗、香蕉、咖啡、可可等热带作物。美国和加拿大农业极为发达，农业生产专门化、商品化和机械化程度都很高。两国政府向来重视美国农业的发展，通过不断调整农业法案，加大对农业的支持和补贴力度。同时，国家对农业基础设施进行长期大量的投资，健全的法律体系，鼓励国外资金进入，在税收、投资准入等方面都给予很大优惠，这为外国投资者提供了公平、公正和非歧视性的待遇。

　　本章共包括四节，第一节总体概括了北美地区农业投资；第二节和第三节分别介绍了美国农业外商投资和加拿大农业外商投资现状，包括美国和加拿大农业投资环境和潜力、美国和加拿大农业外商投资政策两方面；第四节对北美地区农业投资进行总结，并指出北美国家投资需要特别注意的一些问题。

第二节　美国农业外商投资

一、美国农业投资环境和潜力

　　美国位于北美洲中部，领土还包括北美洲西北部的阿拉斯加和太平洋中部的夏威夷群岛等，东临大西洋，西濒太平洋，北接加拿大，南靠墨西哥及墨西哥湾。总面积 983.15 万平方千米，居世界第四位，海岸线长 22 680千米。

　　美国本土的地形特征是东西两侧高，中间低，没有东西走向的山脉。本土大体上可以分为三个地形区。东部为阿巴拉契亚山脉和大西洋沿岸低地，阿巴拉契亚山脉长约 3 000 千米，其最高峰为密契尔山，海拔 2 037 米，它与大西洋海岸间有狭窄的山麓高原和沿海低下的平原，被称为大西洋沿岸低地，该低地沿海一带多沙嘴、泻湖、沼泽地，美国最大的半岛佛罗里达半岛就位于此。美国西部属科迪勒拉山系，它贯穿北美洲西部，在美国境内宽1 700千米，该山系由东部的落基山脉、西部的喀斯喀特山脉、内华达山脉和太平洋沿岸的海岸山脉组成。美国中部大平原位于东部的阿巴拉契亚山和西部的落基山之间，北起五大湖沿岸，南接墨西哥湾沿岸平原，从北到南贯穿整个美国中部，约占美国全部国土面积1/2，大致可分为两部分：东部平原，海拔一般在500米以下，仅西南部较高，为低高原形态。

美国是世界上农业最发达的国家，也是世界上耕地面积最大的国家。主要农产品包括小麦、玉米、大豆、牛和牛犊、乳制品、鸡等。从产销方面来看，2014年美国粮食总产量达4.43亿吨，占全球总产量的比重达16%，其优势作物品种玉米和大豆产量全球占比均超过1/3。同时，美国也是世界上最大的农产品出口国，其农产品出口量占世界农产品出口总量的1/6左右，2014年美国农产品出口达到1 525亿美元，2015/2016年度美国传统农作物出口总量达到1.3亿吨，占全球出口总量的25.7%；大豆出口量5 280万吨，全球占比40%；玉米出口量1.19亿吨，全球占比41%。

（一）资源禀赋

耕地资源。据世界银行资料，美国国土面积983.15万平方千米，可耕地面积15 460万公顷，占国土面积的16.9%，是世界上耕地面积最大的国家。美国中部大平原面积比例较大，约占美国全部国土面积的1/2，地势平坦开阔、土壤肥沃，有利于农业机械化耕作和大规模经营；而西部地区以高原山地为主，海拔较高，热量不足，降水较少，适宜发展以牧牛为主的畜牧业。

森林资源。美国森林资源丰富，森林面积310万平方千米，占土地面积的33.9%，主要分布在东部地区；主要树种有美洲松、黄松、白松和橡树类；林地所有制形式有国家所有、州所有、部族所有、社区所有及私人所有5种。美国目前有林业激励、农业保护、工作激励和土地储备4种联邦补助项目，并且取得了良好效果。美国十分重视"非木材"森林经营，以充分发挥森林的非木材效益。在森林经营方面，美国强调"森林生态系统经营"的理念，重视森林生态效益和社会效益。

渔业资源。美国是世界著名渔业大国之一，其200海里内渔业资源量占世界资源量的20%，但其捕捞量只占世界捕捞量的5%。美国发展渔业的自然条件优越，海岸线漫长，大陆架面积辽阔，尤其是地处太平洋东北部和大西洋西北部，这两大海区是世界主要渔场。美国具有中纬度地区充足的光热条件，土地资源和水资源的绝对量和相对量都很大，这些优异的自然条件使美国的渔业具有广阔的发展前景。

气候资源。美国本土位于北温带，介于北纬 25°～49°之间，大部分地区属温带和亚热带，气候和降水比较适宜，降水与地下水均十分丰富，有利于工农业生产的发展，可谓得天独厚。仅佛罗里达半岛南端属热带；阿拉斯加州位于北纬 60°～70°之间，属北极圈内的寒冷气候区；夏威夷州位于北回归线以南，属热带。

水利资源。美国河流大都为南北走向，主要水系为：墨西哥湾水系，由密西西比河及格兰德河等河流构成，流域面积占美国本土面积的三分之二；太平洋水系，包括科罗拉多河、哥伦比亚河、萨克拉门托河等；大西洋水系，包括波托马克河以及哈德逊河等；白令海水系，由阿拉斯加州的育空河及其他诸河构成；北冰洋水系，包括阿拉斯加州注入北冰洋的河流。美国水资源总量为 2.95 万亿立方米，人均水资源量接近 12 000 立方米，是水资源较为丰富的国家之一。

人力资源。美国农业资源结构的特征是人少地多，劳动力供给短缺。根据劳工部劳工统计局的统计，截至 2016 年 11 月，美国的劳动力人口为 1.594 亿，"适合工作人口"[①] 为 2.545 亿，劳动参与率为 62.6%。

（二）基础设施

美国的大型灌溉设施都是由联邦和州政府投资兴建，中小型灌溉设施由农场主个人或联合投资，农业部也给予一定的资助。国家对农业基础设施长期大量的投资形成了发达健全的交通和水利设施，为农业的高效运转提供了前提条件。2008 年奥巴马政府通过《恢复法案》，2009—2010 年资助启动了 7 个农村发展重点项目，期中宽带启动贷款支持 35.3 亿美元、社区设施贷款支持 14 亿美元、水喝废物处置贷款支持 32.7 亿美元。据统计，对农业基础设施建设的投资约占美国农业投资总额的 50%，并且投资数额呈持续快

---

① "适合工作人口"指年满 16 岁及以上、居住在美国 50 个州及首都华盛顿特区的公民，但这部分人中不包括现役军人及在监狱服刑的罪犯、精神病院病人、住在护理院的人等。

速上升趋势。美国《2014 年农业法》确定联邦政府在 2014—2023 财政年度对农业直接投入支出为 9 560 亿美元，这将意味着年均农业基础设施投资在 956 亿美元左右[①]。

（三）制度环境

美国政府向来重视美国农业的发展，依法治农是美国农业发展的根本。美国农业支持政策每隔 5 年必须重新评估并以国会法案的形式重新审定。自 1933 年美国国会通过《农业调整法》以来，经过 70 多年的发展和完善，已在农产品价格、环保、农户收入、税收优惠、金融保险扶持等方面形成了一套较为完整和复杂的政策支持体系[②]。

美国政府对农业的扶持措施主要体现在以下几个方面：一是补贴农业。第二次世界大战以后，美国历届联邦政府不仅继承罗斯福政府的农业干预传统，而且加大了对农业的支持和补贴力度。二是扶持出口。美国政府推行了一系列农产品出口支持政策，包括出口信用担保计划以及市场开放计划等。三是金融支持。健全的农村金融体系包括政策性金融、合作性金融和商业性金融以及农业保险。四是保险保障。农业保险分为三个层次：第一个层次是保费补贴，即政府为农民买保险；第二层次是鼓励和支持私人保险机构举办农业保险；第三层次是政府设立联邦农作物保险公司，负责农作物保险的推广和教育费用，以及为私人保险公司举办的农作物保险提供再保险的服务。

二、美国农业吸引外商投资政策

（一）土地政策

法律规定：美国联邦政府土地管理局所持有的土地不出售给外国企业或外国人。依照美国各州土地法，半数以上都限制外国人拥有美国政府和农业土地，但具体限制因各州条件而不同。外国人只需向政府缴足税金，进行注册登记即可购买美国私人拥有的土地。在不动产方面，美国政府限制外国人

---

① 张洁. 美国农业基础设施融资问题及启示 [J]. 世界农业，2016 (1)：167-172.
② 吴建坤. 美国农业的现状特点与经验启示 [J]. 江苏农村经济，2012 (7)：32-35.

对联邦不动产有直接所有权,但许多州对外国人购买不动产都没有限制或仅要求履行报告的制度。怀俄明州对外资的相关限制性规定中明确指出非美国公民或本州居民不准购买土地。

(二)税收政策

1. 国内税

美国现行税制是以所得税为主体税种,辅以其他税种构成的。主要税种有个人所得税、公司所得税、社会保障税、销售税、财产税、遗产与赠与税等。美国税收由联邦政府、州政府和地方政府征收:联邦政府主要征收联邦所得税、财产税及赠与税。联邦政府的总税收中,个人所得税约占 1/3,社会保险税约占 1/3、公司所得税约占 1/6,其他税收包括遗产税、关税等。州政府及地方政府征收州所得税、特许规费、消费税、使用税及财产税等。

美国的联邦、州、地方三级政府根据权责划分,对税收实行彻底的分税制。联邦与州分别立法,地方税收由州决定。三级税收分开各自进行征管。这种分税制于美国建国初期已开始形成。联邦一级税收的基本法律是 1939年制定的《国内收入法典》,1954 年、1986 年分别作了修订。

从主要税种税率来看,与在美农业投资相关的税种包括:个人所得税、企业所得税以及销售税等。

第一,个人所得税。美国个人所得税分为联邦个人所得税、州个人所得税和地方个人所得税,其中以联邦个人所得税为主。个人所得税的纳税人包括:美国公民、居民和非居民。美国公民是指出生在美国的人和加入美国国籍的人。美国居民指非美国公民,但根据《美国移民法》拥有法律认可的永久居住权(如获得绿卡)的人。不符合美国公民和居民身份的为非居民。个人所得税的课税对象是美国公民和居民来源于全球的所得,非美国居民来源于美境内的所得。

第二,公司所得税。美国公司所得税是对美国公司的国内外所得、外国公司来源于美国境内所得征税的税种。公司所得税分联邦、州地方两级征收。一家在美国运营的公司除了要申报联邦政府所得税,还要在企业注册地、经营地所在州申报所得税。美国联邦、州及地方政府要求公司每年年末汇总申报缴纳公司所得税或特许权税,每个季度预缴税费,年末税务核算则多退少补。每年年末的所得税申报不仅申报所得税核算明细，还需要申报大量公司信息。政府一般准许公司六个月的所得税申报宽限期，但税款缴纳截止日不可递延。公司所得税以美国公司和外国公司作为纳税人。美国税法规定，凡是根据各州法律成立并向各州政府注册的公司，不论其设在美国境内或境外，也不论其股权属谁，均为美国公司。凡是根据外国法律而成立，并向外国政府注册的公司，不论其设在美国境内或境外，即使股权的全部或部分属于美国，都是外国公司。美国公司所得税的课税对象是美国公司来源于美国境内外的所得（即全球所得）和外国公司来源于美国境内的所得，主要包括经营收入、资本利得、股息、租金、特许权使用费、劳务收入和其他收入等。

第三，销售税。销售税是美国各州和地方政府对商品、劳务按其销售价格的一定百分比课征的一种税。美国没有联邦层面统一的销售税。目前，全美绝大多数州都设置了销售税，销售税已成为州政府主要财政收入来源。美国地方的县、郡政府也征收销售税。美国销售税包括：普通销售税和零售销售税。

普通销售税以从事工商经营的个人、企业为纳税人，以出售商品的销售收入或劳务收入作为课税对象，采用比例税率。普通销售税以商品或劳务流转的全过程为征税环节，实行从生产到消费每流转一次，就征收一次税的原则。在美国开征普通销售税的州之间差异及变化较大。普通销售税的免税范围包括种子、化肥、保险费等。

零售销售税是对商品零售环节的零售额所征收的一种税。美国税法规定，零售业者可以在商品售价之外标明应纳税额，作为商品的卖价。虽然税法规定零售业者是纳税人，但实际上税负还是由消费者负担。零售销售税实行差别比例税率，各州规定不尽相同，最高税率超过9%。

第四，其他税收。在美国，50个州、哥伦比亚特区和地方政府的税务机关可独立行使征税职能，可征收特许权税、许可税、印花税、遗产税、财产税等。这需要结合投资所在地的具体情况，详细考察，这里不再赘述。

2. 关税政策

1980年7月1日起，美国按成交价征税。自1990年来以来，美国开始使用《协调制度》或HS制度下的关税税则，从而代替了原来的《美国税则》，协调制税则是国际通用的关税税则，它改善了进口统计的分类，也可满足海关的使用要求。美国关税总体处于较低水平，零关税商品占比57.6%。根据世界银行2015年8月的统计，美国签署的关税协定共有25件，算术平均以后的关税水平为2.74%，加权平均以后的关税水平为1.32%，最高关税水平为350%。

3. 投资税收优惠政策

在税收问题上，美联邦政府对外资没有特别的优惠鼓励规定。但根据美国收入来源原则却常向内陆投资提供优惠。例如，从美国银行、储贷机构和保险公司获得的收入和股票与证券交易所得与美商业无关可以免税。美政府为了履行双边条约的义务，在红利和利息的预扣所得方面也提供减免的优惠。联邦政府对落后地区实行税收优惠，主要是鼓励外资流向这些地区，帮助这些落后地区增加就业与收入。

怀俄明州对投资所得免征个人所得税和公司所得税，也不征收存货税。该州销售税率仅4%，比邻近的犹他州、爱达荷州及加州都低。对在该州转运的货物和销往外州的货物也不予征税。西弗吉尼亚州无特别规范外国人投资的法令，但制定有奖励投资的措施，包括在下列方面给予优惠：第一，超级税收抵免，依据投资金额及雇员人数可减免税额最高达投资总额的90%；第二，小企业减税，凡符合有关部门小企业规定，依其创造就业机会的多少享受相应的税收减免优惠；第三，投资鼓励减税，凡符合西弗吉尼亚州资本公司优惠条件的可享受投资额50%的税收减免；第四，除上述税收减免外，为鼓励投资，州政府还制定有提供低息商业贷款、弹性职业训练方案及协助改良建地等。弗吉尼亚州没有专门规范外国投资的法令，但制定有鼓励措施，包括对贫穷地区投资可享受营利事业所得税减免；在企业区内投资的厂商可享受营利事业所得税、销售税方面的减免；雇用残障或18到22岁青年员工可享受联邦所得税减免。

（三）投资政策

1. 投资者国民待遇

联合国贸发会议（UNCTAD）发布的《年度全球投资报告》显示，2010年全球跨境投资1.24万亿美元，同比增长5%。美国仍然是全球第一大引资国，2015年，美国吸收外国直接投资（FDI）流量为2 139亿美元，较 2014 年大幅增长 62.3%；吸收 FDI 存量为 31 150 亿美元，同比增长 7.4%，占 GDP 的比例达 17.4%①。

2. 投资主管部门

外资委员会是重要的外资管理部门之一，它最初成立于 1975 年，是依据美国总统的行政命令设立的主要负责监控和评估外国投资对美国的影响。2007 年的法规中对于外资委员会的组成成员列明了九个部门，具体包括财务部、国务院、商务部、国防部、司法部、国土安全部、能源部、劳动部以及国家情报局。西弗吉尼亚州政府经济发展厅（West Virginia Development Office）投资申请程序依据投资行业的不同，需向该州不同的主管单位申请许可。投资机构提供的服务范围较广，如中小企业局（SMA）向中小企业免费提供最广泛的信息服务和资源服务，对小企业实施诸多扶持政策，提供资金贷款、职业培训与咨询帮助。

3. 投资法律法规

美国的法律层次比较复杂，在美国的外国投资者从事经营活动及兴办企业，一般要受到三个不同层次的法律和政府规章的约束，即受联邦政府、州政府和市县等地方政府三级法规的制约。这三个层次的法律、法规都比较复杂，有时还可见相互抵触之处。这些法规中虽然有的是出自地方政府机关，但主要出自联邦政府及州政府，并加以实施。州法通常是关于各州企业实行的一般法律规则，至于对州际间的商业活动及对外贸易进行调整，则属联邦政府的权限，联邦政府有权规范商业活动的大部分领域及州以外广泛的商业活动范围。在美国，并没有制定专门的外商投资企业法律法规。美国对外国投资的规范均体现在它对国内企业设立的法律法规中。如《联邦通讯法》就规定了有关外国资本进入美国的限制，《联邦航空运输法》则规定了外国资本进入美国的限制，等等。

4. 投资行业规定

美国在外国直接投资领域长期奉行自由政策，基本不设限制，近 20 年来投资管理制度基本没有发生变化。但在航空、通信、原子能、金融、海运等相对敏感行业中，存在一些具体的国民待遇和市场准入限制规定。目前美

---

① 陈晶．2016 年美国投资环境分析［J］．进出口经理人，2016（8）：38-40.

国对能源、矿产、渔业等方面的外国投资设有限制，如《1954 年原子能法》《1920 年矿产租赁法》等。弗吉尼亚州无特别禁止投资的产业，但动物用药等部分产业须经特别许可。在该州设立公司，除须申请税籍外，部分产业另须经环保等单位审核。可向该州经济发展厅了解详细规定，并取得必要的协助。目前弗吉尼亚州在使馆登记在案的中国公司有 6 家，包括中国电信、中远集装箱等，雇用当地员工 75 名，投资金额 145 万美元。这些中国公司包括电信、海运、贸易以及汽车零配件等行业。

美国对外国在美的投资设有不少限制，归结起来，主要有以下几个方面：①通信。美国有关法律规定，禁止外国经营或控制的公司获得从事通信传输的许可，同时严格限制外国企业在通信领域（电话、电报、电台、电视）里的投资。②航空。美国限制外国为飞机营运目的进行的直接投资。飞机注册只限于：美国公司；合伙公司，但合伙人不能是法人团体的；在美国成立的公司，但公司总裁必须是美国公司，公司董事会成员及高级职员合起来有 2/3 是美国公民并且其股本中有 75％由美国公民所有或控制；获得美移民局"A"number status 的侨民以及非美国公司拥有的公司，但 60％的飞行时间要用于美国境内两地之间的飞行。③秘密政府合同。美国国防部限制外国与美国政府的秘密合同或其他公司参与此类项目。④沿海和内河航运。美国只限美国公司从事沿海和内河航运。在美国境内的航运船只必须是美国制造，在美国注册并由美国公司所有。⑤水电。只有美国公司或国内公司的合伙公司才能在可通航的河流从事水电开发，但不禁止外国控制的美国国内公司从事此类开发。不许可外国公司或外国控制的公司拥有使用或生产原子能的设施。⑥土地。依照法律，美政府土地管理局所持有的土地不出售给外国人。一半以上的州都限制外国人拥有美国的土地（只限农业土地），但限制程度不同。⑦不动产。美政府限制外国人对不动产拥有直接所有权，但不少州对外国人购买不动产都没有限制或要求履行报告的制度。

5. 投资方式

企业在深入、细致计算"战略""经济"两本账、做出赴美投资决策后，面临的首要问题是选择何种投资方式。对外直接投资主要包括两种方式：①绿地投资（Greenfield Investment），又称"创建投资"，指跨国公司等投资主体在东道国境内依照东道国的法律设置的部分或全部资产所有权归外国投资者所有的企业，外国投资者可选择独资或合资设立新企业。②跨国兼并（Merger）、收购（Acquisition），又简称"并购"，指外国投资者为了达到特定经营目标，通过一定渠道和支付手段，将另一国企业全部或部分资产或股份收购下来，从而对被收购企业的经营管理实施实际或完全的控制行为。

6. 外资企业的利润及汇出

外资在美国获得的利润在照常纳税后，对税后利润汇出没有限制。除此之外，美国联邦政府和州政府对外资提供不同形式的奖励，还提供各种融资、技术、企业策划、劳工培训和研究开发的辅导措施。

(四) 融资政策

1. 外汇管理

美国货币名称为美元，可自由兑换。美国对外资企业的利润汇出等一般没有限制，但少数国家例外，如规定对越南、朝鲜、古巴、伊朗、伊拉克等国家的支付要受管制。

2. 银行机构

在美国庞大的金融体系中，商业银行是最重要的中坚力量。其他专业化机构：储蓄银行、储蓄贷款协会、投资银行、融资公司、信贷代理商、租赁公司、保险公司和风险投资公司也是重要的融资来源①。怀俄明州对外资的相关限制性规定明确指出，禁止外国人通过新设或收购的方式设立州特许商业银行；不颁发外国银行分支机构或代理机构的营业执照。

3. 融资条件

美国所有的贷款组织都要求借款人在申请贷款时提交一份详细的经营计划报告。经营计划报告应提供关于公司经营业务的解释和切实有效的担保及体现资金流量预测分析的还款计划，还应提交经过审计的财务报表。

(五) 劳工政策

1. 劳动力供求

2017 年 5 月 5 日，美国劳工部发布了 4 月非农就业情况报告，数据显示

---

① 孙承. 外资在美国的优惠政策和融资方式 [J]. 经济视角，1997 (11)：44 - 46.

4月非农就业人数增加了21.1万人，失业率基本没有变化，保持在4.4%。新增就业最突出的部门是休闲、医疗、卫生保健、社会援助、金融活动和采矿业。目前美国失业人数为710万人，失业率下降了0.6%，失业人数下降了85.4万人，其中长期失业人数为160万（连续27周失业），占总失业人数的22.5%，长期失业人数下降了43.3万人。

据美国劳工部统计，截至2017年3月的12个月，美国27个州的非农就业率显著提高，同一时期，只有两个州的非农就业率有所下降，分别是阿拉斯加（减少6900人）和怀俄明（减少6100人），而其他21个州和哥伦比亚特区就业率基本保持不变。全年新增就业最大的三个州分别是加州（增加34.64万人），德州（增加24.90万人）和佛罗里达（增加24.61万人）[①]。

2. 劳动就业规定

美国对于企业在员工就业、企业应承担的社会责任等方面的规定较多，有关劳动方面的立法如下：《公平劳动标准法案》，美国关于工资、工时的立法体现在历年来联邦国会与各州议会通过的多部单行法中，其中最重要的是1938年通过的《公平劳动标准法案》。1963年的《平等工资法案》要求：如果男、女雇员在同等的工作条件下工作，并且技术水平、付出的努力和承担的责任相当，那么雇主应当向他们支付同等的工资。除了以上两部立法外，联邦的其他立法也对工资和工时作出了相关规定。这些法律主要涉及在政府征购合同和联邦赞助的工程项目中工作的雇员的工资、工时方面的问题，其中最重要的有：《沃尔什—希利法案》《戴维斯—佩根法案》《科普兰（Copeland）法案》《合同工作时间与安全标准法案》以及1965年的《服务契约法案》。

3. 薪金

据美国劳工部资料显示，2017年第一季度，1.107亿名全职工人周薪865美元，较上年同期（830美元）增长了4.2%。其中，全职工作的女性周薪为765美元，为男性（950美元）的80.5%。

4. 劳动时间

工时限制与加班费规定美国法律中除规定每周标准工作时间为40小时

---

① 资料来源：美国劳工部网站。

外，对加班时间（相当于我国《劳动法》中的延长工作时间）的上限没有硬性的规定。但对哪些活动属于"工作"，应算入工作时间，则有比较详细的规定，例如，并非只有雇主要求的工作才是上班，雇主允许的工作也是工作时间。

5. 外籍人员工作的规定

所有外籍劳务均需向美国土安全部海关与边境保护局申请入境许可。完成全部手续后，外籍劳务即可赴美工作，但必须服务于特定雇主。一旦更换雇主，应重新履行全套申请手续。

（六）农业保险和投资保险政策

美国农业保险是一种以联邦农作物保险公司、私营保险公司、保险代理人和保险查勘人为主体的多元化保险体系。联邦农作物保险公司主要负责规则制定、风险控制及监督稽查等，并不直接参与保险业务的经营；私营保险公司则在联邦农作物保险公司指导和监督下承担农作物保险业务；保险代理人和保险查勘人，可分为独立人员和私营保险公司的雇员，他们负责农作物保险业务的具体工作。

美国是农业强国，农业保险经历了 70 多年的发展历程，目前已经建立起了较为完善的农业保险体系。2015 年，美国联邦农作物保险计划已经覆盖 1.15 亿公顷的农地（超过美国农地总面积的 90%）；农业保险涵盖农作物品种超过 120 种，包括了 62 000 项县级农作物保险计划；有 17 家私营保险公司参与联邦农作物保险计划。2015 年这些公司共签发超过 1 200 万份保险单，保险金额达到 1 020 亿美元[①]。

怀俄明州对外资的相关限制性规定中对保险业有如下规定：政府（无论美国或外国）拥有或控制的保险公司不得在本州内营业或从事再保险业务；外国保险公司，除非已获得在其他州的营业执照，不得在本州设立分支机构或分公司，其分支机构不准为美国联邦项目合同提供担保；外国保险公司董事会成员须半数以上的美国公民；组建农业共同担保公司的会员须本州居

---

① 刘妮雅，杨伟坤．美国农业保险发展历史、新政及其经验借鉴 [J]．世界农业，2016（12）：100‐105．

民；7 名或 7 名以上美国公民，其中大多数需为本州居民可以申请成立利益
互助会；25 名或以上的本州居民可组建互惠保险公司；对从事保险经纪业
务的非本州居民征收更高的费用①。

（七）中美双边投资保护协定

1. 双边投资保护协定

2008 年 6 月，第四次中美战略经济对话在美国马里兰州安纳波利斯举
行，正式宣布启动中美之间关于双边投资保护协定的谈判（BIT）。2013 年，
首次确定以负面清单和准入前国民待遇为基础，重新启动中美 BIT 谈判。
2014 年，双方就谈判达成时间表，商定争取 2014 年年底就双边投资协定文
本的核心问题和主要条款达成一致意见，2015 年年初正式启动关于负面清
单内容的协商与谈判。

2. 双边税收协定

1984 年 4 月 30 日，中美两国签署了《中华人民共和国政府和美利坚合
众国政府关于对所得避免双重征税和防止偷漏税协定》。

3. 其他协定

1942 年 6 月 2 日签署《中美租借协定》；1946 年 12 月 20 日签署《中美
航空运输协定》；1979 年 1 月 31 日签署《中美科技合作协定》；1979 年 7 月
1 日签署《中美贸易关系协定》；1999 年 4 月 10 日签署《中美农业合作协
议》；2003 年 12 月 8 日签署《中华人民共和国政府和美利坚合众国政府海
运协定》；2015 年 9 月 25 日签署《中华人民共和国商务部和美国国际发展
署关于中美发展合作及建立交流沟通机制谅解备忘录》。

第三节　加拿大农业外商投资

一、加拿大农业投资环境和潜力

加拿大位于北美洲北半部，约在北纬 41°～83°、西经 52°～141°之间。

---

① 以上未标记出处的政策内容，均来自中华人民共和国驻美国大使馆经济商务参赞处。

东临大西洋，西濒太平洋，西北部邻美国阿拉斯加州，南接美国本土，北靠北冰洋达北极圈。面积998万平方千米，居世界第二位，其中陆地面积909万平方千米。海岸线约长24万多千米。

加拿大地貌呈西高东低状，地形大致可分为六个部分：一是东南部山区，位于圣劳伦斯河的东南侧，系美国东部阿巴拉契亚山脉向东北的延伸部分，为低山和丘陵地带。二是圣劳伦斯河流域低地及大湖区。大湖区是加拿大地盾南端的一个半岛，面积约14万平方千米。该地区土地肥沃，气候温和，雨水充足，生长期长，是重要的农业区。三是加拿大地盾。地盾是一个马蹄型的岩石地区，东部延伸至拉布拉多，南至金斯顿市，并向西北折转，直抵北冰洋。四是西中部大平原区，位于大熊湖、阿萨巴斯卡湖一线以西直至西部的科迪勒拉山麓，习惯上叫大平原。该地区南部曾是草原，如今是全国主要产粮区。北部林木茂盛，河川纵横，气候寒冷，不宜农作。最北部靠近北极，是冻土带。五是西部的科迪勒拉山区，包括东侧落基山脉、西侧喀斯喀特山脉和海岸山脉以及两列山脉之间的高原三部分，是加拿大最高的地区，许多山峰在海拔4 000米以上。西沿太平洋的落基山脉，最高峰洛根峰海拔5 951米。六是北极地区。该地区地处北极圈内，主要是群岛，大小岛屿数以千计，连同其间的水域总面积达160万平方千米，是世界上最大的群岛。

加拿大北部地区处在高纬度，冬季寒冷漫长，人迹罕至。南部绝大多数地区四季分明，春季雨水较多，白天平均气温逐日上升，但晚上仍然较冷。夏季通常始于7月，加拿大南部地区夏季气候温暖，白天气温通常超过20℃，有时甚至会达到30℃，从9月底到10月，枫叶开始变色，景色宜人，夏秋两季是加拿大最好的季节。在冬季，加拿大大部分地区都被冰雪覆盖，气温通常在0℃以下，一些北部地区最低可达－60℃。

农业和农业食品业是加拿大经济重要的组成部分，加拿大的农作物及其食品主要有：小麦、大麦、燕麦、大豆、油菜籽、红肉类（牛肉、猪肉和羊肉）、水果、蔬菜、烟草、饮料、酒类等。加各省生产的农产品不尽相同，不列颠哥伦比亚省主产水果、蔬菜和花卉；西部草原省主产红肉类和谷物；安大略省和魁北克省主产红肉类和乳制品；大西洋省（新不伦瑞克、诺娃斯科舍、纽芬兰和爱德华王子岛）主产马铃薯和乳制品。加国内仅消费该国农产品的二分之一，其余全部用于出口。加的农业食品流通体系是一个复杂的综合链，包括农产品生产与加工、食品饮料烟草（FBT）加工、食品零售/批发、食品服务及进出口贸易，是加及全球经济不可或缺的组成部分。

（一）资源情况

1. 森林资源

加拿大可耕地面积约占全国土地面积的 16%，其中已耕地面积约 6 800 万公顷，占国土面积的 7%，人均耕地面积为 2.14 公顷。加拿大森林面积 4 亿多公顷，居世界第三，仅次于俄罗斯、巴西。人均森林面积为 7.25 公顷。森林及绿化覆盖率约 40%，占世界森林覆盖面积的 10%。约 2.4 亿公顷为可用木材林，其中 67% 为针叶林（软木），16% 为混合林，11% 为阔叶林。加拿大拥有世界 42% 的获可持续管理认证的森林；30% 的世界北部森林；25% 的世界温带雨林；25% 的世界湿地。加拿大 94% 的森林为公有，其中 90% 由省区管辖，2% 为联邦管辖，余下的 6% 为私有。加拿大是世界主要软木、新闻纸和木浆出口大国，第五大木板、印刷纸和书写纸出口国。2016 年林产品出口约为 354 亿加元。木材、纸浆等林业产品也是加拿大对华出口量最大的产品之一，2016 年加对华木材、木浆等出口额 48 亿加元，占加对华货物贸易出口总额的 24%。

2. 渔业资源

加拿大外接太平洋、大西洋、北冰洋，内拥五大湖，海岸线长达 24.4 万千米，占世界海岸线的 25%。淡水面积 75 万平方千米，占世界淡水储量的 20%。加拿大渔业年均产值超过 50 亿加元，80% 以上的水产品用于出口，2014 年出口的海产总值达 49 亿加元，是世界第七大渔产品出口国，其中 63% 销往美国。同时，中国超越欧盟成为加拿大海产第二大出口市场，出口额达 5.08 亿加元，出口最多的品种是龙虾、蟹、虾和三文鱼等。

大西洋渔业约占渔业总量的 80%，主要产品有龙虾、螃蟹、虾和扇贝；太平洋渔业占 16%，主要产品有鲑鱼、蛤、底层鱼类、鲱鱼和鲱鱼子。淡水渔业占 4%，主要产品有梭鱼、黄鲈、鲑鱼、白斑狗鱼、湖鳟鱼等。加拿大渔业年均产值约 50 亿加元，80% 以上的水产品用于出口，是世界第七大渔产品出口国，其中 62% 销往美国。

3. 矿产资源

加拿大矿产资源丰富，矿产品种 60 多种，采矿业发达，是世界第三矿业大国。碳酸钾、钴、铀、镍、铜、锌、铝、石棉、钻石、镉、钛精矿、盐、铂族金属、钼、石膏等金属和矿物产量均居世界前列。加拿大约有 300 个金属、非金属和煤矿，3 000 多个采石场和砂石坑道，50 多个有色金属冶炼厂和炼钢厂。矿产品对加拿大的经济贡献率大，矿产品占加铁路和其他陆路货物运输量的 60%，为 34 万多人提供就业，并提供相当多的附加就业，如矿物勘探、生产加工、环保服务、运输、设备保养等。

4. 气候资源

加拿大东部气温稍低，南部气候适中，西部气候温和湿润，北部为寒带苔原气候。中西部最高气温达 40℃以上，北部最低气温达到−60℃。

5. 水利资源

加拿大国土面积中有 89 万平方千米为淡水，可持续性淡水资源占世界的 7%。加拿大主要河流有：圣劳伦斯河、马更些河、育空河、哥伦比亚河、纳尔逊河和渥太华河等，其中马更些河是加拿大第一长河，全长 4 241 千米，仅次于密西西比河，为北冰洋水系。圣劳伦斯河为五大湖和大西洋之间的航运通道，全长 1 287 千米，为加拿大径流量最大的河流，仅次于密西西比河。

6. 动植物资源

加拿大植物种类多样，是由于其地形多样造成的。加拿大共有植物 3 000 余种，在北极地区最北部有低矮植被，多为苔藓和地衣，中部和南部的植物依次有低矮灌木、丛生莎草、草本植物等。在加拿大北方林区或寒温带针叶林区有各种耐寒物种，云杉、冷杉、松树、落叶松、杨树、桦树、白云衫，以及许多高大灌木和草本植物。在加拿大所属太平洋沿岸有黄衫、铁杉、黄柏，灌木的种类有沙龙白蛛树、美莓、越橘等，草本植物有香苗、蔷薇、浆果鹃、花山茱萸等。海岸边生长着各种耐碱的植被，如沙丘草、野豌豆、乌饭树、白蛛树等。草原植被多为耐寒的多年生草本植物，不同土质适宜的植物也不同，如针茅、短芒豪猪草、北冰草、须芒草、灯芯草、盐茅、碱茅、野大麦等。东部温带植被分布着大量的落叶、阔叶树种。干燥的地方主要有黑栎、红栎、白栎，还有山核桃、铁木山毛榉、多脂松和红花楸等。

加拿大的动物种群数目相当可观，主要分布在北部边境，但是属于加拿大特有的动物却很少，除温哥华岛上的土拨鼠等少数动物外，其他动物品种与美国的动物几乎完全相同。加拿大的北极动物分水陆两类，北极陆地动物与北温带的动物区别不大，只是种类较小，主要有北极熊、北极狐、驯鹿等。在永久性的冻土区以北几乎没有爬行动物和冬眠哺乳动物。水生动物主要有鲸鱼、海豹。加拿大在北极以南的陆栖动物主要有狗、山猫、马、山羊、浣熊、黑熊、美洲狮、美洲野猫、狼、狐、黑獾、美洲野牛、驼鹿、豪猪、海豹、海狗、白鲸等。加拿大的鸟类大多是外地迁徙的鸟，每年来加拿大迁徙的鸟有数百种。

7. 人力资源

加拿大 2016 年人口普查显示，人口总数为 35 151 728 人，比上一次 2011 年开展的人口普查统计结果数量增加了 5％，增加了 170 万人。加拿大人口增长主要依靠新移民，尤其是在增加的 170 万人口中有三分之二都属于新移民。加拿大人口增长缓慢，2015 年人口增长率只有 0.95％，2014 年为 1.04％。2015 年 10 月到 2016 年 1 月之间，共有 35 400 名国际移民迁入加拿大，而加拿大本国人口增加了 27 400 人。地广人稀，人口密度分布不均是加拿大人口的一大特征，目前加拿大平均每平方千米领土只有 3.9 人，三分之二的加拿大人生活在加西部与加东部美加边境地带，这一比例达到了 66％，而靠近北极的地区是加拿大领土面积最大的地带，当地人口比例仅为 4％。

（二）基础设施

加拿大交通运输发达，水、陆、空运输均十分便利，人均交通线占有量居世界前列。拥有公路总里程约 100 万千米，其中高速公路 3.8 万千米，加拿大公路运输通过快捷的边境线与美国公路网紧密连接。加拿大铁路运营里程 4.8 万余千米，与美国铁路各主要集散中心相连。三大铁路公司：主要从事货运的国家铁路公司（CN）、太平洋铁路公司（CP）和从事客运的维亚铁路公司（VIA Rail），此外还有几家地方铁路公司。加拿大国际机场系统（Natinal Airport System）拥有 26 个机场，包括 10 个主要的国际机场。加拿大全境有 300 多个港口，归属 18 个港务局。航道与三大洋（太平洋、大西洋和北冰洋）、五大湖区及圣劳伦斯河连接，年总吞吐量约 4 亿吨。主要港口为温哥华港（年吞吐量超过 1 亿吨）、蒙特利尔港（年吞吐量约 3 000 万吨）、新斯科舍省的哈利法克斯港（年吞吐量超过 1 000 万吨）。加拿大重视对农业基础设施的建设，自 1960 年以来，逐渐加大对农村基础设施如学校、医院、公路、铁路的投入。

（三）制度环境

加拿大联邦和各省政府对农业及农业食品的发展十分重视，制定了许多政策、措施，并且每年投入大量资金以保证农民的正常收入，促进农业的稳定发展。联邦政府支持农业的资金主要包括以下方面：支付农业保险项目、科研与检验、农业发展及与贸易有关的项目、运作资金、库存和运输。各省政府对农业的资金支持项目与联邦政府类似。

加拿大政府对农业的扶持措施主要体现在以下方面：一是农业保险项目。主要有加拿大农业收入稳定项目、农作物保险项目、加拿大农民收入方案和预支农民方案等。加拿大政府旨在通过这些项目保证稳定农民收入，保护农民利益。二是农业科学研究。加拿大在农业科研资金投入方面一直处于世界领先地位。加联邦农业和农业食品部、各省农业厅以及大专院校都积极参与科研项目，其中，农业和农业食品部下属的科研局发挥了重要作用。它拥有 6 个直属研究所，约 50 个研究机构，在全国各省还设有研究分支。三是减免农业税。加拿大政府十分重视调动农民生产的积极性，制定长远规划，多年来不断减免农民的各种赋税。

二、加拿大农业吸引外商投资政策

（一）土地政策

1. 耕地与林地

加拿大森林面积 4 亿多公顷，居世界第三，仅次于俄罗斯、巴西。人均森林面积为 7.25 公顷。加拿大可耕地面积约占全国土地面积的 16%，其中已耕地面积约 6 800 万公顷，占国土面积的 7%，人均耕地面积为 2.14 公顷。加拿大人少地多，机械化程度高，34.6 万农民不足全国人口的 2.8%，而人均年产量高达 80 吨。目前加拿大从事农业的家庭已由当初占全国家庭总数的 60％降到 3％～4％，同时，农场的数目不断减少，而产量却持续增长。

土地在加拿大可以自由买卖。2010 年萨省的农地平均值是 1 英亩 523 加元（1 英亩＝0.405 公顷，1 加元＝6.1025 元人民币），而同期，阿尔伯塔省的农地是 1 英亩 1 509 加元，曼尼托巴省是 1 英亩 896 加元。萨省 36 952 个农场，每个农场有 1 668 英亩农地。萨省农地从 1972 年到 2003 年平均每年回报率是 9.4％[1]。

从房产价格来看，这里以房屋租金为例。在加拿大不同地区，各种类型的公寓租金也不同。多伦多、温哥华和卡加利市的租金一般较高，2016 年 6 月在温哥华租一室一厅的租金中位数为 1 740 加元，两室一厅则是 2 750 加元。多伦多两室一厅公寓的租金中位数为 1 720 加元。卡尔加里一室一厅的租金达到 1 110 加元，两卧室的公寓租金为 1 341 加元。其他市都基本低于这三市的租金[2]。

2. 土地投资政策

从加拿大的土地法来看，根据加拿大《联邦土地及不动产转让法》规定，联邦政府有权处置国有土地，如港口、公共土地等，但须经法定程序批准生效。其他土地征用及开发主要是省政府的权力，安大略省《土地规划法》规定，省政府有权控制土地规划、征用、开发并可授权下一级政府负责执行。但魁北克省《土地使用开发与规划法》规定，每个市政府有责任管理本市所辖土地。

从外资企业获得土地的有关规定来看，根据加拿大联邦《公民法》及《公司法》，非加拿大居民或企业也可以购买、拥有及出售土地及房地产。但同时赋予各省权力对外国人及企业购买土地及不动产进行限制。根据安大略省《外国侨民房地产法》给予外国人购买、拥有及出售土地及房地产的权利，但是外国公司必须在获得许可证后才可进行买卖。根据魁北克省《非居民购置农场土地法》，未经"魁北克省农用土地保护委员会"批准，外国人

---

① 《在加拿大当地主》，南方周末，2013 年 8 月 1 日财富版。
② 资料来源：房屋出租网站 Padmapper 发布 2016 年 6 月全加房屋租金报告。

及企业不得购买农用土地。获得使用权的办法主要通过租赁，主要由各省法律规定。安大略省《房客保护法》规定，出租房和租赁房双方权利义务根据商定的合同执行，但在 12 个月内不可以增加租金。魁北克省《民法典》和《住房管理法》规定与安大略省类似，但规定租赁合同到期后，出租方可以任意提高租金，只要符合约定。

（二）税收政策

1. 税收制度和主要税率

从税收体系和制度来看，加拿大实行联邦、省和地方三级课税制度，联邦和省各有相对独立的税收立法权，地方的税收立法权由省赋予。由于实行非中央集权制，各省税收政策具有灵活性，各省的税种、征收方式、均衡税负等都有一定的自主权，但省级税收立法权不得有悖于联邦税收立法权。

从税种来看，加拿大现行的主要税种有个人所得税及附加税、公司所得税及附加税、社会保障税、商品与劳务税、消费税、关税、特别倾销税、资源税、土地和财产税、资本税等。联邦一级税收以个人所得税为主，辅之以社会保障税和商品与劳务税；省级税收以个人所得税和商品与劳务税为主，辅之以社会保障税；地方税以财产税为主（表 10 - 1）。

表 10 - 1　加拿大各级政府对应的主要税种

政　府	主要税种
联邦政府	联邦所得税、统一销售税（HST），2010 年 7 月 1 日，安大略省、卑诗省和新斯科舍省采用统一销售税取代目前联邦货品及服务税（GST）及省零售营业税（PST）双轨并行方式，税项由联邦统一征收、货品及服务税（GST）关税、汽油及气体燃料专利税
省及地区政府	省/地区所得税、省零售营业税（PST，艾尔伯塔省、西北地区及育空地区除外）、采矿税、天然资源专利税、资产税（艾尔伯塔省、爱德华王子岛、西北地区及育空地区除外）
市政府	物业税、商业税、所得税。任何人如有加拿大关系，或于一年内在加拿大住满 183 天或以上者，不论是否为加拿大公民，均被视为加拿大居民，因此需要按其全年的全部收入纳税。非居民则按其在加拿大赚取的工资或工农业收入缴税。加拿大税务局在所有省份收取联邦及省区税（魁北克省除外）。个人的最高联邦税率，包括附加税是 31.32%（魁北克省除外）。省/地区所得税是联邦税的一部分

资料来源：中华人民共和国驻加拿大大使馆经济商务参赞处。

　　从税率来看，加拿大居民必须根据其在世界各国所获得的收入缴纳所得税。非加拿大居民只要有来自加拿大的以下收入或收益，都要在加拿大纳税。加拿大个人所得税"应税收入"分为四类：即薪酬收入、生意收入、投资收入和资本收益。联邦个人所得税实行超额累进税率，纳税人收入愈高，税率也愈高。非居民在加拿大所获得的大部分被动性（投资性）收入，包括利息、红利、租金、使用权费，只要是由加拿大居民所支付或预付给非居民的款项，都要扣除25％的所得税。在加拿大的非居民有可能根据本人居住国与加拿大之间所签订的有关税务条约减少或免除应缴纳的所得税。有些条约可以将应缴纳所得税的税率降到5％、10％或15％，而且对在加拿大建立"永久性机构"（如分公司）的企业获得的营业利润征收的所得税限定在一定的范围内。通常情况下，非加拿大居民实体通过其在加拿大的分公司开展商业活动，和加拿大居民实体拥有的在加拿大从事商业活动的子公司在缴纳所得税方面的差别不是很大。

　　从商品和劳务税（即GST）来看，加拿大商品和劳务税分为联邦商品与劳务税和省商品与劳务税。加拿大于1991年起对大部分货物与服务的销售征收7％的联邦商品与劳务税，2006年起下降为6％。各省均对零售货物及劳务征收商品与劳务税，从6％到12％不等。

　　从消费税来看，加拿大对汽油、柴油、卷烟、酒、珠宝、空调及重型车等征收特别消费税。但基本食物、医疗服务、托儿教学、住宅租金、金融服务、再售房屋、保险、处方药物等项目可免征消费税。

　　对大部分在商业经营中因购买货物而交纳商品与服务税的人来说，可通过退税机制抵消此项税款的支出。某些省份对出售个人有形资产和提供某些服务征收销售税。计算所得税时，省销售税一般不予抵扣，也没有退税。购买、出售股票和其他金融证券，及其他金融产品均免除GST和省级销售税。2010年7月1日，加拿大安大略省、卑诗省和新斯科舍省实行统一销售税（HST）取代目前联邦货品及服务税（GST）及省零售营业税（PST）双轨并行方式，未来税项由联邦统一征收；安大略省HST税率为13％，卑诗省为12％，新斯科舍省为15％。股票交易所得在加拿大无需缴纳印花税。

2. 关税政策

　　加拿大对进口商品所征关税的税率取决于关税待遇与税则分类。关税待遇由商品的原产地决定，税则分类则依据其用途、功能及内容按协调分类系统实施。根据北美自由贸易协定（NAFTA，由美国、加拿大和墨西哥三国签署）允许原产地为美国的产品以及大多数原产地为墨西哥的产品免税进入加拿大。美国和墨西哥的本国产品必须具备 NAFTA 协定国的产地证明，方能享受免税待遇。最惠国（MFN）关税税则适用于 WTO 成员的产品。普遍优惠税则（低于前者）适用于 WTO 成员中的原产地为某些发展中国家的产品。英联邦优惠制（BPT）适用于所有英联邦的成员国。加拿大签署的国际贸易协定还规定了其他一些关税优惠的税率（简称 BPT）。此外，英国的优惠关税税则适用于从某些英联邦成员国进口的货品（但英国因参加了欧共体而被排除在外）。在许多情况下，它比最惠国关税的税则更为优惠。

商品在未进口前可向边境服务局（CBSA）申请获得预先审定手续，这样可确定其原产地的产品是否可以享受某种关税等级规定的特许关税待遇，或是否有资格按某一加拿大国际贸易协定获得优惠税率。至于对来自不同国家的产品征收何种关税，则主要看加拿大对产品原产地实施何种关税待遇。

加拿大对大多数进口产品的关税税率实行从价税率，即按产品价值的百分比征税。对于有些产品则按重量征税，即从量税，有时也对产品征收混合税。加拿大《海关法》制定有一整套规则来确定进口商品的关税价值，并依照适用的关税税率测算关税额。其方法以 WTO 的估值规则为基准。按照《海关法》，关税估算的首要依据为商品的成交价格（即根据海关法规定调整后的，已支付过或者应支付的，向加拿大出口的商品在出口前与之相关联交易的成交价格）。如果不能采用成交价格，《海关法》另外规定了变通办法计算。

3. 税收优惠政策

加拿大的企业税收优惠通常是将正常的企业税率调低，有时甚至可将税率调低 70%，以促进企业的发展。加拿大联邦政府为企业提供的最重要的一项税收优惠是"实行小型企业税率"，即降低小型企业的联邦公司所得税税率。"制造及生产行业的税收优惠"是加拿大企业得以享受的另一项税收优惠。其主要目的是扶助加拿大制造及生产企业，创造就业机会。如果一家公司能够同时获得"制造及生产行业税收优惠"及"小型企业税收优惠"，就可以将联邦公司所得税率再降低 8%。这样，联邦及省共同征收的公司税率只有 13%～20%。加拿大的国内外企业只要符合条件，均可享受减税优惠。为鼓励企业对厂房和机器设备进行投资，加拿大政府特别设立了"投资税抵免"。只要企业的投资支出是用于生产产品，该企业即可在应纳所得税中直接减除相应比例的税款。如果企业效益较差，利润较低，应缴纳的公司所得不够抵消其应享受的投资抵免税额时，企业可将此抵免税额保留七年，在此期间内，当企业有足够的利润时，仍可使用此抵免额。与许多国家一样，加拿大也设有折旧抵免。一般机器、厂房及其他生产设备（土地除外），都可以获得折旧抵免税收优惠。加拿大政府鼓励更多的企业将投资用于高科技研究和开发，并允许这些企业将研发费用从税前扣除，以减轻企业的税收负担。

（三）投资政策

1. 投资者国民待遇

加拿大认可外资对经济增长的重要作用，鼓励外商投资，对外商投资者实行国民待遇的标准，但加拿大也是国际经济合作和发展组织内为数不多的对投资进行审批的国家，对外资的审查、监管和控制涉及其他方方面面，要求外商投资对加拿大有"纯利益"。[①]《加拿大投资法》《关于投资的国家安全审查条例》等法律政策，既保护了外商投资者在加的合法权益，也保证了加拿大本国的利益不受损害。

2. 投资主管部门及相关法规

加拿大外国投资审查的主管机构经过了一系列演变和发展，先后经历了外国投资审查局和加拿大投资局。自 1994 年起加拿大的外国投资转由加拿大外交国际贸易部和工业部主管，现在主管机构为国际贸易部和工业部，负责外国投资法的修订、审核及实施，并为投资者提供服务。

长期以来，加拿大重视外资法律制度建设，先后于 1973 年、1985 年颁布《外国投资审查法》（Foreign Investment Review Act）、《加拿大投资法》（Investment Canada Act，ICA），之后在 2003 年、2008 年、2009 年、2012 年、2013 年、2014 年、2015 年和 2017 年对《加拿大投资法》进行修订。

---

① 张霖夏. 加拿大外商直接投资法律及对外政策研究——兼论对中国投资法的借鉴意义 [D]. 长春：吉林大学，2011.

加拿大通过外资准入普遍审查手段对外商投资进行有效规制，根据《加拿大投资法》第 11 条的规定，非加拿大人的投资如果是在加拿大建立新企业，只需向管理当局上报备案即可。一般而言，投资者无需再进一步呈报资料。除非该企业属于被保护产业，否则此项投资无需经过审核或批准。

ICA 确定了"净利益"标准，确保投资有利于加拿大国家经济发展。项目评估时考虑的因素主要包括：该投资对加拿大经济活动及性质是否有影响，包括对就业、原料加工、本国设备、零部件及服务效率增加，以及扩大出口、提高加拿大的国际市场竞争力是否有益；加拿大国民是否能够在新企业或新企业所属的产业中得到充分参与及就业机会；该投资是否能提升生产力及效率，促进科技发展及产品创新，并使产品多元化；该投资对相关产业的竞争情况有何影响，是否与全国工业、经济及文化政策兼容。投资申请如果不是"对加拿大有利"的投资项目，申请人可向主管当局申明理由，说明未来的营运计划及目标，并提出保证，以取得投资许可。主管当局日后可能对以此方式获得许可的投资进行复审，以确定投资人是否履行了当初的承诺。

为了保障本国国家安全，加拿大于 2005 年 7 月出台 ICA 修正案（简称 C‑59），于 2009 年 9 月出台《关于投资的国家安全审查条例》，该条例也会随《加拿大投资法》的更新而改进。该条例建立了外资并购国家安全审查制度，该审查制度建立在外资准入审查基础之上。条例详细列明了负责具体审查的调查机构，规定负责调查的部长可向调查机构披露并探讨外资并购审查的特定信息，以便更好地促进外资并购国家安全审查。工业部部长负责审查一般性并购投资活动，文化遗产部部长负责涉及文化企业的投资。法规并未明确制定审查标准，只是笼统规定应当审查该投资是否损害国家安全。

3. 外资并购的国家安全审查

加拿大外商投资审查的对象是非加拿大人在加的新建投资和对加国企业的并购，加拿大对外国人的确定采取国籍法，但是对于企业的界定，采用的则是"营业地法"。ICA 对外资并购国家安全审查规定了具体的审查对象。ICA 规定外资并购国家安全审查适用于非加拿大人进行的或计划进行的下列投资：①建立一个新加拿大企业；② 通过法律规定的方式取得加拿大企业的控制权；③收购或是建立在加拿大开展全部或者部分业务的实体，如果该实体在加拿大有营业场所，在加拿大有雇用或自雇同营业有关的个人或数个人，或是在加拿大有营业资产。

4. 外资并购国家安全审查标准

"审查标准"和"国家安全"的确定是国家安全审查制度的核心。加拿大对此并未给出详细界定，只是笼统规定工业部长应当审查投资是否损害国家安全。根据 ICA 的行文，推测工业部有关"国家安全"的审查很大程度上会参考净利益的六大评定因素，第一，投资对加拿大经济活动的水平和性质的影响，包括对就业、能源、加工和出口的影响；第二，加拿大人对加拿大企业或新加拿大企业参与的程度和重要性，以及对加拿大企业或新加拿大企业所属或将所属的产业的参与的程度和重要性；第三，投资对加拿大生产率、产业效率、技术开发、产品革新、产品品种的影响；第四，投资对加拿大产业内部竞争的影响；第五，投资同民族工业、经济及文化政策的一致性如何，并考查政府所发布的工业、经济及文化政策目标或可能受投资重大影响的省的有关立法；第六，投资对加拿大在世界市场竞争能力的贡献。

5. 投资行业规定

为了防止外资对国内部分产业和经济发展造成冲击和损害，甚至影响到国家的主权和根本利益，加拿大对外国投资进入其敏感经济领域制定了一些限制措施。这些敏感领域主要包括铀的生产、金融服务、交通服务以及文化产业。《投资法》的特别条款以及加拿大联邦和省其他有关法律法规对特殊产业的外资比例设定了额外的限制（表 10-2）。

表 10-2　加拿大政府关于一些主要产业的投资限额规定

行　业	具体规定
银行业	大型银行（资产达到或超过 50 亿加元），不论国籍任何个人不得收购超过 20％的投票股权或超过 30％ 的非股票股权。任何个人持有中小银行（资产 10 亿加元以下）股份的，需要事先得到财政部的批准
大众传播业	外国持股人不得拥有加拿大任何大众传播企业 46.7％的股份（包括 20％的直接投资和由控股公司拥有的余下 80％股份的 1/3 即 26.7％的间接投资）
渔业	外商持股超过 49％以上的渔业加工企业，不能获得商业捕鱼执照
铀矿业	外商在铀矿开采和加工企业中所占股份不得超过 49％，但如果确能证明企业在加拿大人的有效控制之下则可例外

（续）

行　业	具体规定
交通运输业	外商在加航空运输业公司的持股不得超过 25％。海运业必须由悬挂加拿大国旗的船只承担，但并不禁止货轮实际归外国船东所有
通讯业	除固定卫星服务及海底光缆外，其他所有基于设施的电信服务供应商控股不得超过 46.7％（包括 20％ 的直接投资和由控股公司拥有的余下 80％股份的 1/3——即 26.7％的间接投资）。还要求基本电信设施需由加拿大人控制，因此规定董事会至少有 80％的成员是加拿大籍。外商如果投资于租用别人设施以从事"增值电讯"和"增强电讯"服务（如电子数据传输或租用线路从事长途电话服务）的公司，则不受上述控股比例的限制
保险业	加拿大《保险公司法》规定，任何个人不论国籍，在收购加拿大联邦控制的保险公司超过 10％的股份时必须获得财政部的批准
其他领域	其他受联邦和省级法律法规约束的外国投资领域包括石油、天然气、农牧、图书发行和销售、航空、渔业、酒类销售、采矿、典藏机构、工程、验光行业、医药以及证券交易等行业

资料来源：中华人民共和国驻加拿大大使馆经济商务参赞处。

6. 投资方式及出资额度限制

外国企业（包括中国公司）在加拿大投资的主要形式有公司代表处、有限公司、合资公司等。

关于直接投资的审核门槛主要包括两种情况，一是 WTO 成员投资（敏感经济领域除外）。从 2015 年 4 月 24 日起，WTO 成员的非国有企业直接并购加拿大公司所涉金额在 6 亿加元以上的，需要经过加政府审核；所涉金额在 6 亿加元以下的，不需要接受审核，只需向加政府备案。2017 年 6 月 22 日，将 WTO 私有部门的投资者的审核门槛定为净利润达到 10 亿加元。[①] 二是非 WTO 成员投资以及敏感领域的直接投资在 500 万加元以上的需要经过政府审核；500 万加元以下的只需向政府备案。

关于间接投资的审核门槛，WTO 成员投资（敏感经济领域除外）不需要审核。非 WTO 成员投资以及敏感领域间接投资在 5 000 万加元以上的需经政府审核，除非间接并购的资产代表所涉及企业 50％以上的总资产。

不需经政府审核的投资，需要在交易完成或者新企业设立之前或之后 30 天内向政府备案。需经政府审核的投资在向工业部提交申请后，工业部

---

① ANNUAL REPORT of Investment Canada Act 2016 - 17。

将在 75 天内做出批准或不批准的决定。具体审核要点包括以下六方面：外国投资者在加拿大的雇员计划，投资者对加拿大经理和董事会的计划，投资对加拿大生产率、技术发展和创新方面的影响，投资对加拿大国内竞争的影响，与加拿大联邦和省级经济和文化政策的兼容情况，投资对加拿大在全球经济中竞争力的影响。

此外，2007 年加拿大工业部颁布的《加拿大投资指南》中就国有企业投资指南部分，在上述六项评定标准基础上，还规定了几项详细的审查标准。所谓国有企业，指直接或间接被外国政府所有或控制的企业。在审查国有企业对加拿大取得控制权是否对加拿大具有净利益时，工业部应对国有企业的治理、商业定位和报告结构进行考量，此项调查包括非加拿大人是否符合加拿大公司治理标准（包括如关于透明度和披露的承诺、董事会独立成员、独立审计委员会和股东的公平对待等）、遵守加拿大法律和惯例。调查还将包括一国政府对非加拿大企业的所有或控制的方式和程度。此外，还评估国有企业收购加拿大本土企业后，被收购企业是否能继续在出口、加工、加籍人参与企业管理对创新和研发的支持度，为维持全球竞争地位所应适度保持的资本支出等方面开展商业运作。2012 年 12 月，在批准中海油对尼克森的收购申请后，加拿大政府对《加拿大投资法》中关于审核外国国有企业在加拿大投资的指导规则做出修订，总体上是严格审批标准。具体如下：扩大对国有企业的认定范围，凡受外国政府控制和影响的企业均可认定为国企；严格限制外国国有企业对加拿大油砂企业的控制性收购，除特殊情况外，不予批准；密切监控外国国有企业在加拿大投资，尤其是获得企业控制权的投资，包括批准前的审查和批准后的运营和执行情况等；2017 年对 WTO 成员国有企业的审核门槛为 3.79 亿美元，根据加拿大国内生产总值的变化，这一标准也在变化，具体计算审核门槛的公式：（当前按市价计算的名义 GDP/上一年度名义 GDP）×上一年度确定的审核门槛金额。

（四）融资政策

1. 外汇管理

加拿大的货币单位是加元，加元为可自由兑换货币。在加拿大的任何金融机构、兑换点，加元与美元、欧元等国际主要货币可随时相互兑换。加拿大没有专门的外汇管理机构，也没有外汇管制。在加拿大注册的外国企业可以在当地银行开设外汇账户，用于进出口结算。外汇的进出一般无需申报，也无需缴纳特别税金。加拿大海关规定，携带现金出入境需要申报，每人最多可携带相当于 1 万加元的外币入境。在加拿大工作的外国人，其合法税后收入可全部汇出国外。

2. 银行机构

加拿大银行（Bank of Canada）是加拿大的中央银行，根据 1934 年加拿大中央银行法案而成立，旨在促进经济和维护加拿大的财政稳定。主要商业银行包括：加拿大皇家银行、加拿大帝国商业银行、蒙特利尔银行等。

加拿大皇家银行（Royal Bank of Canada），成立于 1869 年，现为加拿大最大的商业银行，是加拿大市值最高、资产最大的银行，也是北美领先的多元化金融服务公司之一。加拿大皇家银行在全球拥有约 7 万名员工，在 30 多个国家设有分支机构，为 1 400 多万客户提供各类金融服务。加拿大帝国商业银行（Canadian Imperial Bank of Commerce），由加拿大商业银行（1867 年成立）与加拿大帝国银行（1875 年成立）于 1961 年合并而成，为加第二大银行。蒙特利尔银行（Bank of Montreal），成立于 1817 年，是加拿大最早的商业银行，现为加第三大银行。丰业银行（Scotia Bank），是北美著名的金融机构之一。Scotia Bank 集团在 48 个国家拥有 4.4 万名员工，通过由 1 800 多家分公司和事务所组成的网络提供各种服务。加拿大国民银行（National Bank of Canada），始建于 1859 年，目前是加拿大主要宪章特许银行之一，也是魁北克省领先的银行，其代表机构、分行及众多联盟遍布并活跃于世界各地。道明银行（The Toronto-Dominion Bank），与旗下附属公司统称道明银行财务集团（TD Bank Financial Group）。集团业务遍布全球主要金融中心，客户超过 1 400 万名。道明银行财务集团被评为全球首屈一指的网上财务机构，共有超过 450 万名网上客户。

另外，加拿大还有 70 多家外资银行。中国银行加拿大分行总部设在多伦多，其下设二级分支机构有多伦多中区分行、温哥华分行、士嘉堡分行和万锦分行。

3. 融资条件

加拿大由于地广人稀，早期经济主要以农、林、渔、矿业为主，对资金的需求又有高度的季节性，因而银行制度与美国迥然不同，属于英国式，拥有高度集中的庞大分行系统。目前主要银行的分行遍布全国各地，为民众提供各式各样的金融服务。加拿大拥有发达的金融市场，银行制度健全。联邦政府亦提供一系列融资选择及税务奖励措施，以鼓励外国直接投资。加拿大的融资制度分为负债融资（debt financing）、发行股票集资（equity financing）以及政府融资（government financing）。在商业贷款方面，主要是根据拟贷款企业的行业类别、风险程度，以及该公司的财务报表情形等条件来决定贷款利率，外资企业与当地企业基本享受同等待遇。以加拿大帝国商业银行为例，对企业的借贷及信用透支分类较细，包括小型商业透支服务、商业捷达信贷（一种借贷种类）、商业借贷/信用透支、循环信用透支、分期贷款（固定或浮动）、农务贷款以及设备贷款等多项服务。

对外资公司参与当地证券交易的规定主要如下：第一，接受国际财务报告会计/审计准则以及美国一般公认会计准则。第二，董事会和管理层必须要有足够和相关的北美上市公司经验，董事不要求加拿大籍。第三，必须有一个如何拥有足够的股东和股票分布的计划来支持其在多交所的上市。300名超过最低持股量的股东。对加拿大股东没有要求。第四，不要求在加拿大设办公室但是建议有联系人在加拿大，以方便股东和证券分析师的咨询。第五，采矿披露国家标准文件 43 - 101（NI 43 - 101）接受 JORC、SAMREC 和国际资源和储量标准。报告应包括所有重大矿区。推荐工作项目应该与18 个月的资源和用途预测一致。第六，一般情况下对于新成员需要有保荐人，除非该公司符合以下条件：盈利的，或由多伦多证券交易所的经纪商完成招股或融资，或在其他市场完成充分的尽职调查。Nomad 要求不适用于加拿大。TSX 与中国的上交所、深交所都有技术合作。目前在主板和风险板上市的公司中有近 20 家业务与中国市场有主要联系，有的已在风险板上市，有的已从风险板转到主板挂牌。

（五）劳工政策

1. 劳动就业规定

加拿大人口较少，2016 年人口普查显示为 3 500 万左右，比上一次 2011 年开展的人口普查统计结果数量增加了 5%。2016 年，加拿大共有 590 万名 65 岁以上人口，人数略高于全国 580 万名 14 岁以下儿童，在人口普查的历史上，第一次出现老年人多于儿童的统计结果。加拿大社会老龄化正在加剧，为补充劳动力市场的需求，加拿大鼓励移民，每年吸收 20 多万移民，从 2011 年到 2016 年增加的 170 万的人口中有三分之二都属于新移民。

加拿大的《劳工法》是由各省在不同政党领导之下制定的，虽有所差异，但基本原则大致相同。若雇主未遵守《劳工法》，会被追讨赔偿。在此情况下，违约雇主很难逃脱处罚。即使曾经与雇员订下合约，但如果合约违法，仍然是无效的。《劳工法》通过制定薪金、工作时间和假期方面的基本标准来保障劳工的基本权益。

关于劳动时间和假期。法律规定雇员每日工作时间不得超过 8 小时，每周不超过 40 小时。超时工作须多付一半的时薪。每天工作时间若超过 11 小时或每周 48 小时，或需在公众假期上班，则要支付双倍的时薪。雇主若要求雇员上班，即使工作不足 4 小时，也须按每日最少 4 小时给付薪金。如果连续工作 5 小时，员工至少要有半小时不带薪的休息时间。法律规定每年有 9 天公众假期，员工在假日期间无需上班而薪金照付。员工在工作满一年之后每年可获得两周带薪假期；工作满五年的员工可获得三周带薪假期。此外，女性员工怀孕者，可获得 18 周停薪留职的分娩假期，雇主不可因此而解雇怀孕的女性员工。

关于劳动力的辞退和赔偿。《劳工法》规定，雇主无故解雇员工时，须支付合理的遣散费。工龄为 3 个月至未满 1 年者应付 1 周工资；工龄为 1 年至未满 3 年者，应付 2 周工资；工龄满 3 年者应付 3 周工资。以此类推，每年工龄加 1 周，遣散费最高相当于 8 周工资。

关于工资水平。法律规定按小时计算薪金，最低时薪为 7～10 加元/小时（每省标准不同）。雇主有责任登记和保存员工的工作记录，包括工作时间、薪金、每次扣除的收入税、退休金、失业保险金等。这些纪录在每次发薪时交给员工一份。即使员工停职，雇主仍须将其工作记录保留七年，以备政府审计查验。工程师是最普遍的高薪职业，另外高薪职业还包括教育、医疗等。近年来，随着科技的高速发展，在加拿大许多城市地区，信息技术专业人士也变得更加受欢迎。

2. 外籍人员工作的规定

关于临时外籍劳工的规定，加拿大联邦政府主导制定"临时外籍劳工计划"，是加拿大引进外籍劳工方面最主要的政策措施。各省配合联邦政府共同实施"临时外籍劳工计划"，而没有各自单独引进外籍劳务的计划。加拿大临时劳务许可，是在雇主面临劳工短缺而加拿大本地工人又无法满足该需求的情况下颁发的，临时外籍劳务许可不是建立在配额基础之上，原则上和实际操作中，临时外籍劳务许可没有上限。联邦政府与各省/地区建立有联席制度，在一些外籍劳工较多的省份如阿尔伯塔省和不列颠哥伦比亚省还设立了"临时外籍劳工办事处"，负责具体事务性工作。90%的外籍劳工工作岗位由各省/地区负责管理，并确保就业与劳动标准符合省政府规定，联邦政府掌管其余10%的岗位。2008年7月，联邦政府率先与阿尔伯塔省政府签订了有关临时外籍劳工人员的谅解备忘录，就有关外籍劳工信息资源共享、劳工保护以及工作条件等达成一致意见。

联邦和各省政府均强调，无论通过何种形式引进的外籍劳工，其工作薪酬、待遇和条件不得低于本地劳工，如政府发现雇主剥削劳工现象，将取消雇主聘请外籍劳工的资格。"临时外籍劳工计划"的内容与主要规定：雇主可以从任何国家合法雇用符合条件的外籍劳工。"临时外籍劳工计划"的工作许可分为工作许可签证和假期工作签证。假期工作签证是指到加拿大边旅游、边工作的签证，只颁发给来自奥地利、澳大利亚、比利时、芬兰、法国、德国、爱尔兰、荷兰、新西兰、瑞典、斯威士兰、南非、英国、乌克兰、美国等国家18～30岁的旅游者。

关于外籍劳工的具体管理。加拿大负责外国人工作许可管理的部门是联邦人力资源与社会发展部。外国人赴加拿大工作，必须获得申请者所在国家或地区的加拿大使（领）馆办理的工作许可签证。工作许可签证有效期为一年，期满后可延长，最长可以延至两年。申请人还可在工作签证期满后提出移民申请。

雇主在决定聘用临时外籍劳工后，向联邦人力资源与社会发展部提交申请，联邦人力资源与社会发展部对此进行评估，若审核通过，则向雇主发出通过许可通知书。雇主通知外籍劳工申请者到所在国家或地区的加拿大使（领）馆办理工作许可签证。雇主在决定聘用临时外籍劳工后，向联邦人力资源与社会发展部提交"劳动力市场评估"材料（LMO），其内容包括：工作岗位有关情况、是否已在全国性人力银行的网站或主流劳动服务招聘媒体上刊登过不少于 7 天的岗位招聘广告及结果、工会对该岗位聘用外籍劳工的意见、雇用外籍劳工对加拿大经济带来的利益、雇主对替代外籍劳工人员的培训计划、拟聘用外籍劳工的其他相关资料。申请者到所在国家或地区的加拿大使（领）馆办理工作许可签证时需携带的资料包括："劳动力市场评估"通知、雇主聘用函、护照、个人简历、培训证书、资历证明、无犯罪记录等以及一定的申请费用。

（六）保险政策

最主要的保险相关政策是农业收入稳定项目（Canadian Agricultural Income Stabilization，CAIS），本项政策 2003 年 12 月实施，是目前加拿大农业最主要的收入安全和商业风险管理（Business Risk Management，BRM）项目，旨在尽可能在不影响生产和贸易的情况下稳定农民收入，而不是单纯地向其提供补贴。农民、联邦和各省政府按一定比例向此账户存入资金，如果农民当年的利润低于政府所设定的参照值，就可得到政府支付的款项，小幅度的利润减少造成的损失由政府和农民对半分摊，利润降幅越大，政府所摊份额就越大。CAIS 最多可补偿农民当年损失的 60%，其支付资金取决于农民事先所选择的保护水平，最低保护水平为 70%，最高为 100%。由于近年来受疯牛病、干旱、汽油涨价等因素的影响，农民的实际收入有所下降，因此加政府自 2004 年以来提高了支付该项目的资金，每年增长幅度为 3%，为农民减轻经济负担、稳定收入、抵御风险等发挥了重要作用。

农作物保险项目（Crop Insurance Programs，CIP）是另一项重要的农业保险，该项目是为了保护农民免遭由于气候或其他自然灾害如干旱、洪涝、冰雹等带来的损失。该项目也是由农民、联邦和省政府三方共同承担，各省政府具体实施。农民如遭受自然灾害，联邦、省政府联合出资赔偿，目前约 70% 的农民参加了这一保险。2017 年 2 月，联邦农业部长和萨斯喀彻温农业部长公布作物保险计划细节，平均而言，作物保险覆盖率上升至每英亩 217 加元，高于 2016 年每英亩 216 加元。由于覆盖面的增加，每英亩的保费从 2016 年的 7.84 加元小幅上涨至平均每英亩 8.51 加元。

（七）中加双边投资保护协定

为了促进双边投资的健康快速发展，中加双边政府签订了相关投资保护协定，为对外投资创造了很好的条件。这些协定也是农业对外投资需要详细了解的内容。这些协定包括：①双边投资保险协定。1984年1月18日，中加双方签订《中华人民共和国政府和加拿大政府关于投资保险协议》。②双边税收协定。1986年5月12日，中加双方签订《中华人民共和国政府和加拿大政府关于避免双重征税和防止偷税漏税的协定》。③其他协定。1973年10月13日签订《中华人民共和国政府和加拿大政府贸易协定》；1979年10月19日签订《中华人民共和国政府和加拿大政府关于经济合作议定书》；1983年10月5日签订《中华人民共和国政府和加拿大政府关于发展合作的总协定》；2001年2月11日签订《中华人民共和国国家发展计划委员会和加拿大自然资源部关于能源领域合作的谅解备忘录》；2005年9月9日签署《中华人民共和国国家质量监督检验检疫总局和加拿大食品检验署关于食品安全和动植物卫生谅解备忘录》；2005年9月9日签署《中华人民共和国国家质量监督检验检疫总局和加拿大食品检验署关于中国河北和山东鸭梨输往加拿大的植物检疫工作计划》[①]。

第四节　小　　结

北美地区农业投资为其国民经济的发展做出了巨大贡献，美国作为当今世界上最大的发达国家，不仅大量进行对外投资，而且也积极利用外资。它既是当今世界最大的资本输出国，也是世界最具吸引力、最大的投资市场。它不仅在发展初期就曾大量利用外资，直到今天，在美国的外国投资仍在大幅度地持续增长。同样，加拿大也十分重视对外资的引进，积极改善国内的政策环境，吸引外资的进入，成为外资流入的主要国家。综合美国和加拿大经济的发展状况看，外国资本对两国的经济增长起到了积极的作用，这种趋势现在得到了进一步的加强。

---

① 以上未标记出处的政策内容，均来自中华人民共和国驻加拿大大使馆经济商务参赞处。

从美国和加拿大的经验看来，两国政府都实行投资者国民待遇政策，旨在提供给外国投资者一个公正、透明、自由的投资环境和良好的基础设施，以高效优质的政府服务和宽松的投资环境来吸引 FDI。在此基础上，联邦各州（省）又实施有针对性的地方优惠政策，比如投资税收优惠政策等，同时注重促进地方产业群的培育，以引导 FDI 的流向，力求 FDI 的进入能够为国民经济的发展做出更大的贡献。另外，美国和加拿大作为法治国家，FDI 政策基本上以成熟的法律法规体系加以贯彻，做到了有法可依，有法必依，解除了外商投资的后顾之忧。两国都设有与法律配套的专门的外资审核部门，保证审核效率，减少外商不必要的时间成本。除了对外商直接投资设立投资优惠，美国和加拿大积极有利的国内环境，如生态环境、文化环境、社会环境等也为国外投资创造了更好的盈利空间。

尽管以上对美国和加拿大农业投资环境较为乐观，但在对两国进行投资时依然需要持有谨慎态度，客观而又全面的考察投资环境。美国和加拿大国内投资环境良好，经济增长较为稳定，与中国政府的双边关系利好，政府间多双边框架协议和合作机制日趋丰富。但在国际环境多变的今天，要时刻对双边关系保持警惕，关注两国政局的变化。尤其在特朗普上台之后，推崇贸易保护主义，可能会对进入美国的 FDI 造成不利影响。虽然美国和加拿大现有的法律充分保护国外投资者的利益，但对外资进入的审查也是十分严格，在对美国和加拿大进行农业投资前，要充分研读两国相关投资法，既要充分利用法律保护自身合法利益，更要遵循相关法律规定，使自己的投资行为符合相关要求。在获得投资准入后，进行相关的农业生产也要符合国外法律法规要求，如劳工法、环保法等。总而言之，对美加两国进行农业外商投资时，除了关注两国农业投资环境之外，还应在遵守相关法律法规基础上，合理评估政治风险，规避政策风险，最终实现利益共享。

第十一章　南美地区农业外商投资及政策

南美地区是中国重要的农产品进口来源地，特别是中国加入 WTO 之后，南美的巴西、阿根廷和智利日益成为中国重要的农产品贸易伙伴国，近年来也成为中国重要的对外农业投资的区域。

2015 年，中国对南美地区的直接投资呈现上升趋势，但在中国对外投资总量中所占比重仍然较小，且区域分布不均衡，投资主要流入开曼群岛和英属维尔京群岛，对南美洲其他地区投资金额相对较低。投资行业主要包括：租赁和商务服务业、金融业、采矿业、批发和零售业等，农业领域的投资较少。

2015 年，中国流向南美地区的直接投资流量 126.1 亿美元，同比增长 19.6%，略高于对全球投资增速（18.3%），占当年对外直接投资流量的 8.6%。截至 2015 年年末，中国在南美地区的投资存量为 1 263.2 亿美元，占中国对外直接投资存量的 11.5%。由于巴西、阿根廷和智利在南美地区的经济和贸易中占据重要地位，本章主要以此三国为例进行介绍。

第一节　南美地区农业投资环境和潜力

南美洲位于西半球南部，东面是大西洋，西为太平洋。陆地以巴拿马运河为界与北美洲相分，南面隔海与南极洲相望。总面积 1 797 万平方千米（含附近岛屿），占世界陆地总面积的 12%，位列七大洲中的第四位。南美洲海岸线长 28 700 千米，海岸较为平直，少岛屿和海湾。

南美洲大陆地形可分为三个南北向纵列带：西部为狭长的安第斯山，东部为波状起伏的高原，中部为广阔平坦的平原低地。南美洲海拔 300 米以下的平原约占全洲面积的 60%，海拔 300～3 000 米之间的高原、丘陵和山地约占全洲面积的 33%，海拔 3 000 米以上的高原和山地约占全洲面积的 7%。全洲平均海拔 600 米。安第斯山脉由几条平行山岭组成，山体最宽处达 400 千米，全长约 9 000 千米，大部分山岭海拔 3 000 米以上，是世界上最长的山脉，也是世界最高大的山系之一。

南美地区气候温暖湿润，以热带为主，受安第斯山脉影响，西侧是温带海洋性气候，东侧为温带大陆性气候。全洲除山地外，冬季最冷月的平均气温均在 0℃以上，占大陆主要部分的热带地区，平均气温超过 20℃。冬季远比北美洲温暖。西部有呈带状分布的热带沙漠气候和地中海气候，安第斯山脉则为高山气候，在南美洲东南部则有亚热带季风和季风性湿润气候。南美大部分地区夏季最热月平均气温在 26.8℃左右，远不及非洲和澳大利亚大陆的热带地区炎热。南美各地气温年温差较小，不像亚洲、北美洲那样变化剧烈。全洲降水充沛，年降水量在 1 000 毫米以上的地区约占全洲面积的 70%以上。

农业虽然是南美国家国民经济的基础，但受进口替代工业发展模式以及历史原因的影响，南美政府的早期政策制定并没有向农业倾斜，反而出现了不利于农业发展的情况。随着农业与其他部门不协调发展的弊端日益暴露、世界性粮食危机的爆发，南美国家又开始重视并采取有利于农业发展的政策措施。南美国家推出一系列政策来稳定市场、减少进口关税和贸易壁垒，如实施食品分配计划、控制价格、实施有条件的现金转移、对农业投入物和投入配售进行补贴、对生产提供融资、公共部门和私人部门签订协议。

现在，农业在南美各国经济中具有重要意义。种植业中经济作物占据绝对优势。南美洲是可可、向日葵、菠萝、马铃薯、木薯、巴西橡胶树、烟草、金鸡纳树、玉米、番茄、巴拉圭茶、辣椒等栽培植物的原产地。牛、羊的总头数在世界上占重要地位。世界市场绝大部分咖啡、香蕉、蔗糖及大量的棉花、可可、剑麻等都由南美地区国家提供。巴西的咖啡和香蕉产量均居世界第一位；可可、柑橘均占世界总产量的 25%左右，其中巴西的可可产量居世界第三位；巴西剑麻产量居世界第二位，木薯产量居世界第一位，木材居世界产量的前列。东南部阿根廷等国的小麦和牛肉质量好出口量大。各国根据自然条件的特点，发挥比较优势，形成了农业特色产品生产区域。南美洲沿海盛产鳀鱼、沙丁鱼、鳗鱼、鲈鱼、金枪鱼等，秘鲁和智利为世界著名渔业国。南美洲大部分国家中多数人从事农业生产，但粮食生产仍不足自给，大多数国家需进口粮食。从农业资源的角度看，南美地区农业发展潜力巨大。

一、资源情况

（一）耕地资源

南美洲总面积 1 797 万平方千米，约占世界陆地总面积的 12%。南美洲平原面积比例较大，其海拔 300 米以下的平原约占全洲面积的 60%。自北而南有奥里诺科平原、亚马孙平原和拉普拉塔平原。其中亚马孙平原面积约 560 万平方千米，是世界上面积最大的冲积平原，地形平坦开阔，海拔多在 200 米以下，是耕地资源的主要分布区域。除智利外，目前南美洲近 90% 的可耕地处于休耕、轮作或被遗弃状态，有待进一步开发利用。南美三国的耕地面积见表 11-1。

表 11-1 南美地区主要三国耕地面积

国家	总耕地面积 （1 000 公顷）	耕地占拉美 比例（%）	劳均耕地面积 （公顷/人）	劳均耕地 面积排序
巴西	71 930	42.863	6.67	4
阿根廷	38 048	22.673	27.27	1
智利	1 317	0.785	1.37	18

资料来源：农业部对外经济合作中心课题成果，《拉美现代农业发展趋势与启示》。

（二）森林资源

南美森林资源丰富，面积约 92 000 万公顷，占全洲总面积的 50% 以上，约占世界森林总面积的 23%，盛产红木、檀香木、铁树、木棉树、巴西木、香膏木、花梨木等贵重林木。墨西哥、中美洲和加勒比地区各岛屿的森林面积约 70 万平方千米。现今世界最大的、保存最完整的热带雨林区也在南美地区，总面积 550 万平方千米，其中 330 万平方千米在巴西境内，占地区热带雨林面积的 60%。草原面积约 44 000 万公顷，约占全洲总面积的 25%，占世界草原总面积的 14%。

(三) 渔业资源

智利北部沿海和巴西东南部沿海盛产金枪鱼，智利沿海盛产沙丁鱼、鳕和鲸。此外，巴西、阿根廷沿海还盛产鲈、鲻、鳀、鲭、鳕等鱼类。秘鲁沿海、巴西沿海为南美洲两大渔场。

(四) 气候资源

南美洲大部分地区属热带雨林和热带草原气候。气候特点是温暖湿润，以热带为主。全洲降水充沛，除阿根廷以外其他国家年降雨量 1 000 毫米以上，适合发展农业。

(五) 水利资源

南美洲水量丰沛，径流模数为亚洲或北美洲的两倍以上。北部的亚马孙河是世界第一大河，流域面积及径流量均为世界之首。在 20 世纪 80 年代，巴西在巴拉那河上建起的伊泰普水坝，成为本地区最重要的排灌设施。南美地区灌溉潜力较大，但是目前设施灌溉占灌溉的比例较低。由于地广人稀，大多数地区无排灌设施，水利资源灌溉设施有待进一步开发。

(六) 动植物资源

南美地区动植物资源也极为丰富，据统计，亚马孙热带雨林中的动植物品种之多是世界上独一无二的，仅植物品种就多达 8 万～9 万种。生长着许多可供食用、药用和具有经济价值的资源，例如红木、檀香木、桃花心木、香膏木、蛇桑木、肉桂、金鸡纳树和各种椰树、栲胶树等。

(七) 人力资源

南美洲人口密度较低。2006 年南美洲人口 32 500 万，约占世界总人口的 5.6%，但其土地却占世界陆地总面积的 12%，人口密度为 21 人/平方千米。由于人口稀少，该洲具有巨大的农业开发潜力。南美洲人口主要分布在西北部和东部沿海一带大城市，广大的亚马孙平原是世界人口密度最小的地区之一，每平方千米不到一人，适合外国农业人力和资本投资。从劳动力结构来看，南美多数国家属于成年型国家，"人口红利"明显，劳动力素质不断提高。但由于城市化水平较高，农业人口较少，大多数南美国家农业人口趋于减少。据预测巴西2012—2020年农业人口将减少440万人，阿根廷也减少20万～30万人。农业人口减少将必然要求农业大规模机械化替代生产。

二、基础设施

南美地区交通基础设施较好，交通较为便利，有多种方式通达外界，如航空、铁路、公路、水运等。南美地区主要国家和大城市都设有国际机场，比如巴西首都巴西利亚和最大的城市圣保罗，阿根廷首都布宜诺斯艾利斯，委内瑞拉首都加拉加斯，智利首都圣地亚哥等。南美地区很多国家以铁路、公路为主。阿根廷和巴西交通较发达。圭亚那、苏里南、委内瑞拉、乌拉圭、智利等国拥有较稠密的公路网。南美洲公路总长约2 000 000千米，铁路总长约85 000千米。物流业尤其是公路、海运、铁路、航运的迅速发展，使得南美地区网络布局逐步完善，大大促进了农产品的国内以及海外贸易。这些都为农业投资商务活动开展和投资产出品的运输与销售提供了便利条件。

在农业生产基础设施方面，因农业属于南美地区主要国家的基础产业，对促进商品出口、推动国民经济发展、提升财政和人民收入具有重要意义，因此主要国家通过运用财政手段积极支持开展农业生产配套的基础设施建设，表现为投入大量资金开展农田水利灌溉、土地整治、公路、输电网等农村基础设施建设与改造。即便如此，与满足现阶段农业规模化生产及未来农业发展方面仍存较大差距。特别是仓储、粮食转运能力严重滞后于粮食产量增长速度，尤其是新粮食产区仓储能力严重不足。目前粮食依靠公路运输比例高达70%以上，物流成本约占粮食价格的25%～30%，部分抵消了南美粮食成本优势。通往主要粮食产区的公路不足且破损严重，铁路运力及主要运粮港吞吐能力严重不足，粮食销售季节运粮车队堵塞及压港现象十分严重。不完善的基础设施，不仅影响南美农产品物流效率，增加了运输成本，同时也制约了南美潜在农业资源的进一步开发。南美基础设施建设资金短缺，环评、土地等方面限制因素较多，建设进程十分缓慢。

三、制度环境

为鼓励农业生产，南美地区的重点农业国家进行了制度架构和政策创设，为发展农业产业提供强有力的支持。当然这些支持性制度环境以助推农业产业发展为目的，在针对国内农业生产者的同时，对合法的境外投资者给予公平对待。良好和不断健全的制度环境可以增强农业产业对外资的吸引力，利用外资助推国内农业产业发展。

这些制度环境和政策包括：构建完全的市场经济机制和运行环境，减少政府干预，做好服务市场的配套服务；发放农业信贷，不断增加农业信贷的相应额度和信贷比重，不仅国家银行为农业生产者发放大宗贷款，而且明文规定私人银行在信贷总额中必须为农业生产者提供一定比例的贷款；推行农产品最低保证价格政策和农业生产者社会保险政策；推动农业科学和农业教育的发展，通过国家投资兴办农牧业研究机构，从而推动各国农业现代化进程；加大农业发展支持程度来应对粮食危机，如对一部分食品提供价格补贴或实行价格管制，从而实现农业稳定良好发展；增加农业投入，为食品生产提供税收优惠，以鼓励农民扩大粮食生产；完善能源产品和食品的营销体系；扩大政府粮食采购量，价格由政府和粮食生产者商定。

在经济得到发展的同时，南美地区主要农业国家农业现代化进程明显加快。人口的增加、城镇化的推进、国内市场的扩大推动了农业现代化。农业新技术的采用改变了传统农业经营条件，推进了现代新的资本主义经营方式的发展。这些新的经营方式将会促进工业、投资和贸易的发展。农业现代化也扩大了农业耕地面积和农业劳动者的劳动范围，提高了农产品产量，促进了农业经济的发展。而"绿色革命"直接提高了农业集约化和现代化水平。

农产品销路有保障。从销售市场来看，南美国家城市化程度高，居民购买力较强，人口的增加和消费产业大军的出现直接提高了本地区消费农产品的比例，对农产品需求很大。同时，物流业尤其是公路、海运、铁路、航运的建设，使得南美地区网络布局逐步完善，大大促进了农产品的国内以及海外贸易。

四、其他方面

南美是全球农业生产最具发展前景的地区之一，自然资源开发潜力大，但受资金短缺等因素影响，开发并不充分。南美洲水土光热条件较好，基础设施相对完善，无战乱困扰，社会治安相对平稳，农产品商品化程度高，在未来全球农业开发中占有极其重要的地位，由此也成为全球农业资源争夺最激烈的地区。

南美国家利用外资的历史较长。作为农业现代化重要的资金来源，外资始终是南美经济发展的一个重要因素，极大地缓解了南美各国内部农业投资不足的压力。更重要的是给南美各国带来了急需的技术、新的生产方式和营销理念，调整了南美农村落后的经济结构，一定程度上促进了南美农业的发展。

南美国家的市场开放程度不断扩大。根据国际金融公司对世界20多个新兴市场的评估报告，智利、委内瑞拉被评为"相对可自由进入的市场"，而巴西、阿根廷、哥伦比亚和秘鲁等国则被定位"可完全自由进入的市场"。这在其他发展中地区是不多见的[①]。

南南贸易正在成为世界经济的发动机。由于亚洲与南美贸易结构不平衡，双方在金融、农业、基础设施、科技创新等领域的合作前景十分广阔。近年来亚洲与南美洲国家合作机制日益增多，预计到2020年，亚洲与南美间双边自由贸易协定将达到30个。

但目前发达国家的跨国粮商及农业企业对南美地区重点农业国家已进行了较为成熟的投资布局，巴西、阿根廷等主要农产品出口国在农业领域从种植品种到收购标准，从定价权到贸易数量，已经逐步失去话语权，对农场主的收益和国家利益影响巨大。

第二节　南美地区农业外商投资的特点

南美地区地域广阔，森林资源、耕地、牧场和渔业资源非常丰富，农业

---

① 李洁. 中国、巴西、印度三国利用外资政策和绩效比较［J］. 世界经济与政治论坛，2005（6）.

生产基础好，极具发展潜力，以四大粮商为代表的发达国家跨国农业企业集团在南美国家均有大量投资。近年来，巴西、智利和阿根廷等国家经济发展较快，逐渐成为发展中国家的新兴力量。由于本国经济基础较弱，外商投资在南美国家的经济发展中发挥着重要作用。

一、外商农业投资的主要领域

农业外商投资的主要领域包括小麦、水稻、甘蔗、水果、大豆、肉类和家禽等，投资方式包括外商直接投资、管理合同和许可、订单农业等，外资基本覆盖了整个农业产业链条。订单农业是外资在南美地区最主要的经营方式。巴西75%的家禽生产、35%的大豆生产通过订单农业的形式采购或生产。

以巴西为例，巴西农业对外开放程度整体较高。目前，农业领域仅海洋捕捞产业不允许外资进入，农业生产、加工及出口领域都对外资开放。由于巴西农业对外资开放度较高，20世纪70年代以来，外资迅速进入巴西农业生产资料、农作物种植、农产品加工、出口等众多环节。目前，巴西农业机械、化肥、农药、种子等生产要素的生产和供应，粮食作物、经济作物等农产品的大规模生产种植，谷物加工、油脂、奶酪、饮料、烟草制品加工，咖啡、可可、香蕉、甘蔗等经济作物的出口等领域均有外资成分，部分产业如化肥、农机、经济作物出口等被大型跨国企业垄断。

二、外资对农业产业链主要环节形成垄断

外资促进了巴西等南美国家农业发展，但一些大的农业跨国公司对主要农产品（大豆等）的产业链关键环节形成垄断。由于巴西政府在土地和农业产业各环节对外资大举开放，外国投资者通过大规模开发土地，实施规模化经营、机械化作业，显著提升了巴西农业生产效率，增加了农业产出，增强了农产品出口能力。但是，外资进入对巴西农业也造成了一定的不利影响。由于相当一部分农业土地由外国企业掌控，加之农产品出口导向，造成农业生产结构较为单一，对生物多样性造成较大的破坏。产业链条被外资控制，

挤压东道国的农业自主发展空间，农业生产资料由外国企业控制，直接导致农业生产受制于人。农药以及化肥工厂的大量建立给巴西土地造成了严重的污染。

三、中资在南美的投资主要集中在非农领域

虽然中国与南美国家农产品贸易发展很快，但在南美地区的投资则是近年来的事情。同时中国在南美地区的投资主要集中在非农领域。截至 2015 年年末，中国企业对南美国家投资主要集中在 5 个行业领域，依次为租赁和商务服务业（47.7%）、金融业（18.3%）、采矿业（9.6%）、批发和零售业（7.6%）、交通运输/仓储和邮政业（3.6%）。上述 5 个行业投资存量合计为 1 096.4 亿美元，所占比重高达 86.8%。可以看出，农业领域的投资很少。

四、中企对南美农业领域的投资开始起步

近年来，中国企业开始逐步在南美农业领域进行投资。2016 年 5 月，上海鹏欣集团旗下的大康农业以 2 亿美元的价格收购巴西谷物公司（Fiagril Ltda 公司）57.57% 的股权，标志着首例民营企业直接投资巴西农业的项目正式签署。巴西是全世界最大的大豆生产和供应国，供应全世界 45% 的大豆。现在更多的民营资本进入巴西，根据中巴 2015—2021 年的联合合作计划，中巴计划深化农业、畜牧业、食品加工行业的合作；加强对农业、食品加工，以及大豆等粮食的仓储和物流的基础设施建设等方面的投资。大康农业收购巴西谷物公司是中国资本第一次向巴西农业投资，是从最大的消费国到最大的农业产出国的第一次投资，也是中国民间资本，特别是民营的上市公司，在巴西的第一笔投资。

第三节　南美地区农业吸引外商投资政策

农业虽然是南美国家国民经济的基础，但受进口替代工业发展模式以及历史原因的影响，南美国家政府的早期政策制定并没有向农业倾斜，反而出

现了不利于农业发展的情况。随着农业与其他部门不协调发展的弊端日益暴露，世界性粮食危机的爆发，南美国家又开始重视并采取有利于农业发展的政策措施，推出一系列政策来稳定市场、减少进口关税和贸易壁垒，如实施食品分配计划、控制价格、实施有条件的现金转移、对农业投入物和投入配售进行补贴、对生产提供融资、公共部门和私人部门签订协议。

一、土地政策

近年来，为促进本国工业的现代化，开发国土自然资源，解决国内的就业问题，增加政府的财政收入，许多南美洲国家政府积极鼓励外国企业进行投资，给予外国投资者国民待遇，同时中央和地方政府可给予外国投资者税收优惠。但是出于对外资大规模购买或租赁土地的敏感性，一些国家也对土地的租赁限制过多，造成涉农土地市场政策变动大，出现不稳定、不持续等问题。

（一）巴西

巴西是对外资开放土地所有权的国家之一。1971 年，巴西政府颁布法令，允许在巴西的外国居民、被批准在巴西营业的外国法人以及外资占大股的合资企业在巴西获得土地不动产，但必须遵守相关规定，购买的土地必须在巴西国家安全委员会认为不会影响国家安全的地域。此外，对购买的土地面积及使用开发用途等方面都有相关规定，如购买的土地面积不能超过所在市总面积的四分之一；外国自然人购买土地不得超过 50 个"莫都乐"，不论土地是否连接在一起；购买土地在 3～50 个"莫都乐"之间，必须获得巴西土地开垦和土改局（INCRA）的批准等。2009 年以后，巴西政府逐渐对外资利用土地进行了限制。2010 年 8 月，巴西出台了新的政策，主要内容包括：外国人持股比例超过 51% 的公司拥有巴西土地面积不得超过 50 个"莫都乐"（按不同区域，面积介于 250～5 000 公顷），而且这些土地只能用于其公司营业范围内的农业、牧业和工业项目；一家或多家外国公司在一个城市拥有的土地不能超过该市总面积的四分之一。2011 年年初，巴西政府又出新政，禁止外国人、外国企业及外资控股的巴西企业购买或并购拥有土地所有权的巴西企业。新政规定，今后不允许拥有土地的巴西企业将控股权转让给外国人、外国企业或外资控股的巴西企业。

（二）智利

外国投资商在智利成立一家公司，就可以参与智利国家资产局每年举行的公开发售，购买国有土地用于私人项目。智利全境有许多归国家所有但移交给私人管理的地方，称为土地特许经营权。直到 2008 年，智利国有资源部促成了 229 个与国有土地转让或出让相关的项目。租期长短根据具体合同而不同，从 20～50 年不等，如耶奇卡岛，国家转让 50 年期限 6 581 公顷土地的特许经营权。

（三）阿根廷

在阿根廷投资农场开展农业生产，可以在阿根廷购买土地，土地为永久使用权，可以随意买卖，并具有继承权。但是目前阿根廷土地集中现象日益严重，全国可耕地的近一半集中在 4 000 个农牧场主手中。目前阿根廷全国共有约 30 万户农牧业生产者或土地占有者，其中的 4 000 户（约占全国农户总数的 1.3%）占有 7 430 万平方千米国内可耕地，约占全国可耕地面积的 43%。此外，外国投资者也在阿根廷大量购买土地。在过去十几年中，阿根廷土地外国化的势头日益加剧。目前已有 10% 的国土，即 27 万平方千米的土地被外国投资者掌控。土地过分集中和掌控在外国投资者手中的趋势若持续发展，极有可能激化社会矛盾，导致国会和政府出台新的土地政策，改变现有土地政策，从而影响阿国内土地政策的稳定性。而最容易改变的恰恰是限制外国投资者购买土地。

二、劳工政策

（一）巴西

巴西政府制定了严格、细致的劳工法律法规，保障劳工权益。主要包括劳工登记、劳动合同、工作时间、劳工工资、法定的最低工资以特殊保护群体。外国人在当地工作的规定。巴西不鼓励引进外籍劳工。《劳工法》规定，本国劳工在人数和工资收入上分别不得低于企业全部劳工人数和工资总额的2/3。外籍劳工必须有特殊技术专长，并有工作签证才能在巴西企业工作。

（二）智利

相关法规严格限制外来劳工进入，《劳工法》中关于使用外籍员工的比例做出了较为严格的限制性规定：雇员多于 25 人的外国投资企业，外籍员工不得超过总人数的 15%，但智利本国人无法取代的技术人员可不在此计算人数内。雇员少于 25 人的外资企业则不受此限制。智利对于签证管理非常严格，持商务旅游签证者只能进行商务谈判或旅游，不能在当地工作。外籍人员在当地工作，无论时间长短，必须拥有工作签证。工作签证管理最为严格。目前申请智利签证一般要求出具经过公证的邀请函原件，且获得签证时间差距较大，在国内知名度不高、首次来智利考察的企业申请签证相对较难，签证办理时间较长。

（三）阿根廷

阿根廷对于企业在员工就业、企业应承担的社会责任方面的规定较多，劳工制度较为复杂，有关劳动方面的立法如下：阿根廷员工雇用方面的法律，主要包括《劳动合同法》《劳动条例法》《退休及劳保体系法》《劳动风险法》及一些集体性的劳动公约等。阿根廷不对企业雇用外籍员工设限，只要其符合阿根廷有关移民方面法律的规定，具备在阿根廷临时或永久居留的许可；同时还需按规定支付阿根廷社保体系的费用。但如果符合某些特别的法律条件或其国家就此问题同阿根廷签有对等的国际条约，则可在一定期限内免于支付社保。如果雇员年龄在 45 岁以上，或任何年龄的家庭主妇，或年龄小于 25 岁，则缴纳的社保金额可减为一半。

三、投融资政策

（一）巴西

巴西是较早建立外国投资法的国家之一，投资法律体系较为完备。1962年，巴西颁布了第一个外国投资法，以后又陆续颁布了一些法令，对外资法进行修改。巴西管理外国投资的主要法律是《外国资本法》，实施细则是1965 年第 55762 号法令。除《外国资本法》外，巴西与投资有关的法律主要有《外资管理法施行细则》《劳工法》《公司法》《证券法》《工业产权法》《反垄断法》和《环境法》等。为吸引外国投资，巴西政府给予外国投资者国民待遇，并向外国投资者提供多种优惠政策。

第一，以优惠条件提供外国投资者生产所需的土地、厂房、水、电、燃料等基础设施和生产资料。第二，外资企业在巴西境内生产的产品，如果向第三国出口，可向巴西政府申请出口信贷和保险；如果产品增值到一定幅度，可获原产地证，享受巴西与其他国家间的贸易优惠待遇。第三，为外国投资者提供低息贷款。第四，为鼓励开发巴西北部和东北部地区，巴西联邦政府和地方政府对外国投资（必须是合资形式，而且巴西投资要占大股）实施税收减免政策，包括实行免征 10 年企业所得税，从第 11 年起的 5 年内减征 50%；免征或减征进口税及工业制成品税；免征或减征商品流通服务税等地方税。此外，为保障外国投资者的利益，巴西与包括中国在内的 24 个国家签订了避免双重征税的协定。

（二）智利

智利《外国投资法》规定，外商投资方式可以是外国货币、设备、技术或信贷。但现汇投资需超过 500 万美元，以货物或技术等其他方式投资额不小于 25 万美元，信贷方式投资不得超过总投资额的 75%。

《外国投资法》第 9 条规定，投资以及投资项下设立的公司同智利本国投资一样接受智利法律的管辖。投资合同是无限期契约，经合同双方协商，可以修改、增删，但合同要求外国投资人的资金到位时限最迟为 3 年。对矿采项目而言，不得超过 8 年。但是，如果一个矿采投资项目含有前期地质勘探工作，外国投资委员会可以经过全票赞同，特别地延长该期限至 12 年；此外，对于涉及 5 000 万美元以上的工业或非矿采的投资计划的期限也可以同样的延长到 8 年。

此外，外国资本投资基金适用 18.657 号法律。投资人要在智利开展业务，须出示由智利证券和保险监管局出具的报告。撤回投资基金的最低等待期限为 5 年，利润汇回没有时间限制。投资人最初只能持有所投资公司 5%

的股份，最高不得超过 10%。此外，最多 10% 的投资基金可以投资于特定公司的股票，除非该公司的股票得到了智利国家或中央银行的担保。但是，任何条件下，投资基金持有上市公司的股份不得超过 25%。

智利中央银行《外汇法》第 14 章对外国投资、外国提供资本及外国信贷进入智利做出了规定：①须通过一家商业银行向中央银行提出申请；②投资资金只能是外汇；③资本进入智利后，可以提出申请进入官方外汇市场购买外汇，也可以汇出，智利中央银行负责审批；④投资额在 10 万美元以内，或 12 个月内投资少于 10 万美元的不受此限制。

利润汇回规定：①撤资须在投资完成 1 年后进行，只要符合税收规定，投资利润汇出没有时间限制；②汇往海外的资金和利润可由投资者在当地获得授权的外汇交易所自行决定对其有利的货币种类；③撤资金额在投资金额范围以内不需要缴纳任何税收，超出部分须按照税法缴纳税金；④利润汇回则需要缴纳 35% 的利润税。

（三）阿根廷

外资企业在阿根廷享受国民待遇，阿根廷政府对外资管理由生产部下设的国家投资发展署负责国内外投资，主要职责是提供贸易机会并促进外国直接投资。投资发展署还作为专业咨询中心，为投资者提供经济、金融、税务、教育、科技和法律等诸多方面的信息，帮助投资者解决投资项目中可能出现的问题。阿根廷另一与投资有关的机构为联邦投资委员会。阿根廷《宪法》和 1993 年颁布的《第 1853 号法令》规范了外商投资行为。《宪法》规定外国人与阿根廷人在经商、买卖和拥有资产等方面享有同等权利。外国人的产权不可侵犯，但必须依法办理有关手续。《第 1853 号法令》规定，外国企业在阿根廷投资一般无需政府事先批准，外国投资者与本国投资享有同等权利和义务。此外，与投资相关的法律还有《民法典》《商法典》等。这些法规允许外国投资者可以选择合伙、合资、独资、分支机构、特许经营、代理机构或许可等形式进行投资。

农业与食品、农业机械是阿根廷政府鼓励外国投资的领域。在捕鱼方面，为了保护资源，阿根廷每年只向当地公司发放数量有限的许可证，但外国投资者可通过购买当地公司或与其合资的方式进入这一领域。

外国投资者可以采用公司、合伙、合资、独资、分支机构、特许经营、代理机构或许可协议等形式进行投资，通过兼并、购买阿根廷法律承认的任何法人组织或与其合资等形式自由进入市场。本国公司和外国公司在当地市场筹措阿根廷货币或外币资金时一律平等。外国公司还可参与科研开发项目。外国投资者无论其所投入资本的数量和投资领域，均有权将资本及利润随时汇出国外，无须事先批准，进入外汇市场也无任何限制。外资企业可以采取阿根廷法律规定的任何法人形式。外资公司可以同阿根廷国内资本同等条件使用国内的信贷。阿根廷近年来采用了不同的优惠政策鼓励投资，包括启动某个项目费用的削减和税收减免、融资方面的便利。

四、其他政策

巴西颁布了很多具体规范农业生产，保障农民生产积极性的保险、信贷以及规范农产品质量的法律法规，甚至还有现代农业的新产品：有机农业和转基因方面的法律。如巴西农业部 2009 年颁发了《有机农业法》，提出了有机农产品认证相关规定，对有机农业生产制定了环境保护的严格措施。规定了较细的农产品质量要求。同时，提供低息贷款扶持小农户进行绿色农业生产，主要施用有机肥料，不施或少用化肥、农药，在实现农业优质高效的同时，保护农业生态环境。巴西现有 7 100 个单位获得有机食品注册资格，有机农业种植面积达到 27 万公顷。

巴西《农药法》规定农业生产中多数要使用低残留生物农药和有机肥料，同时对农药、化肥施用管理严格，凡进入国内生产使用的农药、化肥均需通过农业部的专门审查、批准。规定所有使用过的农药包装物必须全部回收。

巴西的第 11.105 号法律，即新的《生物安全法》（规范有关转基因生物及其衍生物的法）于 2005 年 3 月 24 日生效。2005 年 11 月 22 日，巴西总统、农业部长、卫生部长、科技部长、环境部长联合签署了第 5.591 号国家法令，出台了《生物安全法实施条例》，该条例从 2005 年 11 月 23 日起生效。《生物安全法》主要包括两项内容：一是允许科学家对人体胚胎细胞进行医学研究。二是规范转基因农产品的种植和销售，其中包括：国家生物安全技术委员会（CTNBio）是唯一负责有关转基因研究的管理机构；供人类或动物用的食品和食品配料必须标识说明转基因成分的含量；转基因产品和衍生产品的商业化需经国家生物安全委员会（CNBS）的批准；设立生物技术和转基因工程科研基金（FIDBio），资金来源于转基因产品销售环节的税收；对转基因农作物的种植和销售的规定更具灵活性①。目前，巴西转基因农作物主要是大豆。全国 89％的大豆都是转基因的。因为，转基因作物的种子按《种子法》规定受知识产权的保护，所以，农民还要向转基因种子公司交纳专利费。

巴西从 2013 年 7 月 23 日起开始执行新的转基因产品的标识法规，新法规的主要内容是：转基因含量超过 1％时，就需在产品上予以标注，不再执行过去的只有产品内的转基因含量超过 4％时才进行标识的规定；标识法规适合于所有包装的、散装的和冷冻的食品（旧法规仅限包装食品）；标识法规还适合于以转基因产品作为饲料的动物源性食品，旧法规没有这方面的规定；对 113 号临时措施提到的"可以销售到 2004 年 1 月 31 日的转基因大豆"，规定其不管转基因的含量多少，都要加以标识注明。新法规的最重要贡献是强调保护消费者的知情权②。

此外，为了防范灾害对农业的损害，巴西大力发展农业保险，分散农民的风险。2003 年 12 月 19 日巴西国会通过法律、2004 年 6 月 29 日政府颁布政令，开始实施农业保险保费补贴计划，该计划的指导方针是：促进农业保险的广泛运用，充分发挥农业保险的收入稳定机制作用，引导农户使用恰当的农业技术，推动农业企业管理的现代化。该计划于 2005 年 11 月中旬开始运作，主要保障七种农业品种。2006 年，保费补贴范围又扩大到所有的农作物、牲畜、水产和林木。另外，政府还采取一系列与农业保险保费补贴相配套的政策措施。农业保险由中央银行独家经营，分备耕、种植、管理、销售四个阶段的投保和"全保险""分段保险"两个险种，保险范围以生产成

① 商务部：《巴西出台生物安全法实施条例》，2005 - 11 - 25；巴西发展、工业及外贸部：《LEI No 11.105》，http：//www.mdic.gov.br，访问时间：2013 年 8 月 15 日。

② 世界经理人网站：《巴西出台转基因产品的标识法》，http：//www.ceconline.com/sales-marketing/mn/8800031876/01，访问时间：2013 年 8 月 20 日。

本为上限。农业生产者可依据不同年份、生产条件和农作选择相应的保险项目①。

第四节 农业外商投资需注意的问题

一、评估政治风险

尽管南美洲主要国家近年来已趋于稳定，但是国际形势发生新的深刻变化，特别是在全球经济和金融危机影响还未消退，逆全球化和贸易保护主义抬头，右翼势力政治话语权增加的情形下，受境外势力鼓动和国内民主思潮波动影响导致的政局动荡（如颜色革命）发生的可能性大大增加。在美国新一届总统执政后，一直作为美国的"后院"的南美地区国家也不可避免的受到直接或间接的影响。美国可以通过加强对这些国家的干涉，如支持反对党，煽动民族情绪等，导致这些国家政局动荡。如果在南美地区国家进行农业投资，必须首先进行政治风险评估。

二、重视经济风险

从农业开发基础条件看，南美地区大部分国家农业基础设施依旧薄弱，土地经营方式落后，生产力水平较低。针对这些国家的农业投资，要从投入、产出、效益着手，委托有资质的专业机构做好做扎实项目的前期可行性研究，选择适合自身实力、特点的项目进行开发，量力而行，尽力降低经济风险。

三、突出环境风险

20 世纪 90 年代以来，世界各国和国际组织均非常重视环境与发展问题及环境与合作问题。1992 年，102 个国家和地区的政府首脑签署了《21 世

---

① 陈晓锋. 巴西农业保险发展经验及其对中国的启示［N］. 中国保险报，2009 - 12 - 23.

纪行动议程》。由于南美洲保存有广袤的原始森林，其中巴西亚马孙河流域森林更被称为地球之肺，因此，在南美洲开发农业项目时，应特别注重遵守当地环保法律，结合当地生态环境制定针对性开发与保护方案，保护当地生态平衡，防止盲目和过度开发，实现经济、社会和环境效益的统一，不能简单将国内的农业项目开发经验和方式复制输出。

四、紧盯政策风险

目前，多数南美洲国家的投资环境良好，经济增长较为稳定，与中国政府的双边关系利好，政府间多双边框架协议和合作机制日趋丰富。但宏观层面的利好与微观项目顺利实施和良好运行之间还存在较大的鸿沟。对南美地区巴西、智力、阿根廷等主要国家进行农业投资，要时刻紧盯这些国家的投资环境和土地政策变化，特别是一些国家土地改革正在深入之中，要警惕对外资歧视性政策的出现。可通过本土化策略和捆绑更多的当地合作伙伴，做好相应预案，尽可能规避政策风险。

五、健全利益共享

南美洲多数国家为发展中国家，由于历史遗留、自然灾害等多种原因，许多国家存在粮食安全问题，如玻利维亚面临着粮食安全威胁。因此，在这些国家进行农业开发，必须考虑取予结合，开发与合作结合，盈利与履行社会责任结合，通过合同确定农业收益的分成方式和比例，实现利益共同、风险共担、成果共享。将满足中国市场需求和服务当地及周边市场需求并重，并且一旦所在国粮食供给出现危机，开发项目还必须考虑与当地政府和国际组织合作开展粮食援助，展现中国企业形象和发展中大国的国际责任。

第十二章 对外农业投资中需 特别关注的问题

对外农业投资是一个系统工程，既涉及到外部环境问题，也涉及到企业内部的各种要素和条件，还要实现外部环境和内部条件的动态协调。理论上而言，外部环境涉及：政治、经济、社会、文化、科技、法律以及自然和生态环境等，而且要特别深入详细地了解各国的"三农"环境（农业、农村和农民）。但是仅仅靠一本书要把这些问题讲清楚、讲透彻，几乎是不可能的，为此，这里选择了几个主要的问题进行简单总结。这些问题也是在以往的对外投资中暴露出来的，需要在今后的企业投资中特别关注的。

这些问题，有些可能看起来简单，但如果一时想不到，可能会导致很大的损失。有句俗话"不怕做不到，就怕想不到"，希望这些提醒能够引起大家的关注。

第一节 土地问题

用地是投资办企业面临的首要问题，而土地也是任何一个国家最宝贵的财富之一，多数国家对土地都有相对严格的规划和规定，有些国家甚至还附加一些各地特别的要求。为此需要走出去的投资者对东道国的土地基本情况及相关政策进行全面了解。

总体而言，与土地相关的内容包括：①土地价格和数量。土地成本是重要的一项固定投资，占企业总成本的较大比例，对土地价格及其发展趋势必须有较详细的了解。同时，各地土地数量差异较大，稀缺程度不同，这些决定了土地获取的难易程度。投资者必须对当前和未来可能的用地数量有充足的考虑。②土地性质，对于不同性质的用地，各地也都有相应的规定，比如耕地、建设用地或科研等其他性质用地。一般而言，加工制造业用地多数是建设用地，而畜牧养殖或种植则是农业用地，需要详细了解各地的具体规定。即使是草地，多数国家对单位面积的载畜量也有明确的严格的要求，企业切不可拿中国本地的标准去衡量他国的情况。比如澳大利亚对草地的载畜量标准比中国要严格得多。③交通、通信、水电、地上建筑的要求等，这些也是用地和选择必须考虑的内容，这里将不再赘述。总之，土地问题事关企业的全局和长远，必须慎重研究。

第二节　劳工标准

人的因素，是企业成败与否的根本。了解各地的劳动力情况，认真研究各地的劳工标准，对处理好与当地工人的关系、尽快融入当地社会具有重要的意义。也只有处理好与当地工人及居民的关系，企业的产品或服务才能得到大家的认可，企业的市场开拓才能够更快。

劳工标准，既有各国的具体规定，又有国际劳工标准的约束。国际劳工标准是由国际劳工组织确定国际劳工权益的最低标准，该标准具有一定的代表性和权威性。国际劳工标准的内容主要包括政治性和经济性劳工标准。政治性劳工标准是关于结社与集体谈判权、禁止强迫劳动、废除童工和禁止就业歧视等反映人权的基本权利标准，也被称为"核心劳工标准"；经济性劳工标准主要是关于劳工的工资水平、工作时间和工作条件等反映与国际贸易经济利益相关的具体标准。

与劳工标准相关的内容主要包括：工资标准（特别是最低工资标准）、节假日的规定、加班的规定、招聘和解雇工人的规定、工作条件等。由于各国经济、社会和文化等方面的差异，劳工标准尚未成为对各国具有约束性的标准，但在许多国际协定或国际规则中已引入有关劳工的规定。

需要特别强调的是在民间层次，出现了社会责任认证体系，最著名的是SA8000认证，针对的是各企业的劳工标准。如果企业达到认证单位制定的标准，则能通过认证。认证是自愿的，但是否通过认证对企业影响很大。另外，还有一些团体、个人以呼吁的方式来宣传劳工标准。

第三节　环境问题

在中国，环保问题是企业能否生存的一条红线，具有一票否决的特点。在其他国家也是如此，特别是发达国家。环境问题，主要涉及到环境污染和生态破坏两大类。如乱砍滥伐引起的森林植被的破坏、过度放牧引起的草原退化、大面积开垦草原引起的沙漠化和土地沙化、工业生产造成大气、水环境恶化等。

具体而言，环境问题主要包括：①陆地污染，如塑料、橡胶、玻璃等，这些可能是来自于企业生产的下脚料。陆地污染还包括土地的荒漠化。②海洋污染，比如农田用的杀虫剂和化肥，工厂排出的污水，矿场流出的酸性溶液等。③空气污染，主要来自工厂、汽车、发电厂等，农业生产中相对较少，相反一些绿色植物的种植反而可以净化空气涵养水源。④水污染，主要是由于化学、物理、生物或者放射性污染等引起，从而影响水的有效利用，危害人体健康或破坏生态环境，造成水质恶化的现象。农业领域的水污染，主要来自于化肥农药或者动物粪便等。

第四节　资源保护

中国企业走出去进行农业投资，往往是基于当地较丰富的农业资源（包括耕地、水资源和生物物种资源等），而维持资源的可持续利用应该成为企业的根本宗旨，否则掠夺性的短视行为是不可能长久下去的。这也要求投资企业绝对不能出现掠夺性的生产或开采，必须注重资源保护。资源包括自然资源和社会资源，自然资源包括阳光、空气、水、土地、森林、草原、动物、矿藏等，社会资源包括人力资源、信息资源以及经过劳动创造的各种物质财富等。

在对外农业投资中，与资源保护相关的内容主要包括：①保护耕地资源，维持可持续的耕地土壤肥力，与当地企业和政府一道做好耕地资源的保护和科学利用；②保护和合理利用水资源，包括生产用水和生活用水，都必须严格遵守当地规定；③森林、草地和生物物种，这些是地球生物链中重要的环节，对这些资源的破坏，将直接关系到企业的生死存亡，切记不可大意；④动物资源，包括猪牛羊马、飞鸟鱼虫等。

第五节　企业社会责任

企业社会责任，是指企业作为一个独立的法人，必须尽到在社会上的力所能及的责任，也就是在创造利润、对股东承担法律责任的同时，还要承担的对员工、消费者、社区和环境的责任，它要求企业必须强调对人的价值的关注，强调对环境、消费者、对社会的贡献。

与对外农业投资相关的企业社会责任，包括：①确保产品货真价实，为社会提供丰富多彩、物美价廉的产品，不断丰富当地居民的生活。②遵守所有的法律、法规，包括环境保护法、消费者权益法和劳动保护法。完成所有的合同义务，带头诚信经营，合法经营，承兑保修允诺。③大力发展绿色企业，增大企业吸纳就业的能力，为环境保护和社会安定尽职尽责。④积极参与慈善活动，很好履行慈善责任。要积极参与扶贫济困、帮助弱势群体，大力发展教育、医疗卫生、社会保障等事业。

第六节　政局稳定

对于企业投资而言，经济是基础、政治是保障，如果没有一个好的政治环境，那么无论是企业发展还是社会进步都会受到很大的影响。因而，执政者的理念、政党更替的频繁与否、老百姓对执政者的认可度，都是进行投资需要考虑的重要内容。

总体而言，在对外农业投资中需要考虑的政局稳定，主要包括以下几点：①政治体制，即国家政权的组织形式及有关制度；②政权的更替频率，交接过程的民主性和透明度；③恐怖活动和社会秩序；④军事冲突或战争内乱；⑤政府的信用等级；⑥政府的对外关系，等等。

世界银行制定有一个有关各国（地区）政府治理的指标项目，连续多年对世界各国（地区）的政府管理进行评价，其中有一项政局稳定性指标（Political Stability & Absence of Violence/Terrorism）。根据该指数 2014 年全球政治稳定排序为（百分比等级排名）：按照稳定性从高到低，最高的前五位为新加坡、瑞士、芬兰、新西兰和中国香港，排在最后的五位为：利比亚、中非共和国、海地、南苏丹和索马里。在数据库中全部 215 个国家中，美国排第 22 位、加拿大排第 11 位，墨西哥排第 82 位，日本和韩国分别排第 7 和 29 位、泰国排第 80 位、菲律宾排第 81 位、印度排第 122 位。当然这一排序仅供参考①。

第七节　社会文化

　　文化是企业生存和发展的土壤，企业必须融入当地的社会文化生活中。企业对外投资中重视社会文化，主要是：①与东道国企业一样对当地履行相应职责，积极主动了解和融入当地社会，并且逐渐加强各国对中国文化的认识，从而更好地了解中国企业的运营方式，得到当地老百姓和各界的认可。②切实考虑当地需求，为社会发展做出一定贡献。不论从事哪种行业的生产和投资，除了生产质优价廉的产品或提供服务外，积极安置相关劳动力就业、按时合法交纳各种税费，为当地经济和社会发展做出力所能及的贡献，是企业能够扎根当地的重要保证。③在生产经营中能做到合理保护资源与环境，承担一定的社会责任，也是企业需要考虑的内容之一。这是能够得到当地政府和广大消费者认可的重要内容。特别是一些国家的劳工标准相对严格，但只要确实从当地实际出发，为当地经济和社会发展做出一定贡献则必然会受到欢迎。

　　当然，在文化交流方面，政府应该承担更多的责任。需要各级政府积极地"走出去"，宣传中国文化和中国特色，同时主动"请进来"，将对方国家文化不断引入中国，相互了解，互相尊重，这样才能在东道国营造一个和谐的社会文化氛围。

第八节　小　　结

　　与国内投资相比，走出去到其他国家投资将面临更多的不确定性，为此

---

① http://databank.worldbank.org/data/reports.aspx? source＝worldwide-governance-indicators.

需要做好科学的规划，既考虑企业外部各方面的环境，又要认真研究企业内部的各种条件，知己知彼，才能百战不殆。简单而言，需要做好以下几方面的工作：

第一，切实做好投资规划，不要贸然进入投资。对于国内企业而言，很多有一种走出去的冲动，但是走出去，远远比在国内投资要复杂得多，必须有充分的考虑，同时有细致的准备。首先，要有详尽的科学的投资规划，在充分了解东道国各方面背景的前提下，经过科学论证，确定拟进入的行业或环节。其次，对自身的生存发展能力、企业的核心竞争力和对新的环境和市场的适应性要有客观的认识，做到知己知彼。

第二，切实考虑当地特点，服务于当地经济和社会发展。不同地方均有各自特殊的一些规定，因而企业必须熟悉当地各方面的规定和特点，包括土地、劳动力、资本、技术、管理等，同时积极服务于当地经济社会发展，让当地也分享到企业发展带来的好处。

第三，积极实施本土化战略，尽快适应当地环境。一方面尽量充分利用当地劳动力和相关资源，为当地社会创造就业、为资源所有者创造收入、为当地市场提供更多产品、带来更多活力。另一方面，必须充分意识到利用当地法律、财务、税务中介服务的必要性，借助高质量的中介服务将会有效提高企业的工作效率。短期来看，成本可能较高，但长期来看安全保障程度高、风险小，企业也更容易得到当地的认可。

第四，逐步形成和强化企业核心竞争力，保证处于竞争的最前列。在全球经济一体化、信息化和现代化发展背景下，企业的竞争日益加剧，企业在走出去投资或贸易时，必须明确自身的竞争力，逐步强化核心竞争力，已具有的特色产品和服务需要进一步发展和完善，还未形成特色的产品或服务，要不断创新，做出特色，力争成为同行业的领军者。

第五，树立良好的企业形象，进一步推进双边互通的文化交流。虽然推动双边文化交流是政府的重要责任，但企业更是重要的直接参与主体之一。树立良好的企业形象，也是一种文化的表现。目前，在"一带一路"的背景下，我国已与诸多国家建立了文化合作交流机制，中国文化在各地的传播已经取得了很大的成就，但与经贸的快速发展而言，还有不少工作需要进一步推动。为此，需要企业和政府共同努力。

　　当然，上述提到的这些内容只是提纲挈领的几个方面，对于农业内部的不同部门、不同环节的投资还会有更多具体的内容和注意事项，希望企业要多研究、多思考、多总结，只有这样才能成为一个具有市场和社会基础、能够稳扎稳打、具备较强竞争力的企业，才能在竞争中立于不败之地。

附录 1 中国历次《外商投资产业指导目录》关于农林牧渔业的鼓励、限制和禁止类条款

年份	政策	具 体 内 容
1997	鼓励政策	荒地、荒山、滩涂开垦、开发（含有军事设施的除外），中低产田改造；糖料、果树、蔬菜、花卉、牧草等农作物优质高产新品种、新技术开发；蔬菜、花卉无土栽培系列化生产；林木营造及林木良种引进；优良种畜种禽、水产苗种繁育（不含我国特有的珍贵优良品种）；名特优水产品养殖；高效、安全的农药原药新品种（杀虫率、杀菌率达 80% 及以上，对人畜、作物等安全）；高浓度化肥（钾肥、磷肥）；农膜生产新技术及新产品开发（纤维膜、光解膜、多功能膜及原料）；动物用抗菌原料药（包括抗生素、化学合成类）；动物用驱虫药、杀虫药、抗球虫药新产品及新剂型；饲料添加剂及饲料蛋白资源开发；粮食、蔬菜、水果、肉食品、水产品的贮藏、保鲜、干燥、加工新技术、新设备；林业化学产品及林区"次、小、薪"材和竹材的综合利用新技术、新产品；综合利用水利枢纽的建设、经营（中方控股或占主导地位）；节水灌溉新技术设备制造；农业机具新技术设备制造；生态环境整治和建设工程
	限制政策	粮食、棉花、油料种子开发生产（中方控股或占主导地位）；珍贵树种原木加工、出口（不允许外商独资）；近海及内陆水域水产捕捞业（不允许外商独资）；中药材种植、养殖（不允许外商独资）
	禁止政策	国家保护的野生动植物资源；我国稀有的珍贵优良品种（包括种植业、畜牧业、水产业的优良基因）；动植物的自然保护区建设；绿茶及特种茶（名茶、黑茶等）加工
2002	鼓励政策	中低产农田改造；蔬菜（含食用菌、西甜瓜）、水果、茶叶无公害栽培技术及产品系列化开发、生产；糖料、果树、花卉、牧草等农作物优质高产新技术、新品种（转基因品种除外）开发、生产；花卉生产与苗圃基地的建设、经营；农作物秸秆还田及综合利用、有机肥料资源的开发生产；中药材种植、养殖（限于合资、合作）；林木（竹）营造及良种培育；天然橡胶、剑麻、咖啡种植；优良种畜禽、水产苗种繁育（不含我国特有的珍贵优良品种）；名特优水产品养殖、深水网箱养殖；防治荒漠化及水土流失的植树种草等生态环境保护工程建设、经营

（续）

年份	政策	具 体 内 容
2002	限制政策	粮食（包括马铃薯）、棉花、油料种子开发生产（中方控股）；珍贵树种原木加工（限于合资、合作）
	禁止政策	我国稀有的珍贵优良品种的养殖、种植（包括种植业、畜牧业、水产业的优良基因）；转基因植物种子生产、开发；我国管辖海域及内陆水域水产品捕捞
2004	鼓励政策	中低产农田改造；蔬菜（含食用菌、西甜瓜）、水果、茶叶无公害栽培技术及产品系列化开发、生产；糖料、果树、花卉、牧草等农作物优质高产新技术、新品种（转基因品种除外）开发、生产；花卉生产与苗圃基地的建设、经营；农作物秸秆还田及综合利用、有机肥料资源的开发生产；中药材种植、养殖（限于合资、合作）；林木（竹）营造及良种培育；天然橡胶、剑麻、咖啡种植；优良畜种禽、水产苗种繁育（不含我国特有的珍贵优良品种）；名特优水产品养殖、深水网箱养殖；防治荒漠化及水土流失的植树种草等；生态环境保护工程建设、经营
	限制政策	粮食（包括马铃薯）、棉花、油料种子开发生产（中方控股）；珍贵树种原木加工（限于合资、合作）
	禁止政策	我国稀有的珍贵优良品种的养殖、种植（包括种植业、畜牧业、水产业的优良基因）；转基因植物种子生产、开发；我国管辖海域及内陆水域水产品捕捞
2007	鼓励政策	中低产农田改造；木本食用油料、调料和工业原料的种植及开发、生产；开发、生产；糖料、果树、牧草等农作物新技术开发、生产；花卉生产与苗圃基地的建设、经营；橡胶、剑麻、咖啡种植；中药材种植、养殖（限于合资、合作）；农作物秸秆还田及综合利用、有机肥料资源的开发生产；林木（竹）营造及良种培育、多倍体树木新品种和转基因树木新品种培育；水产苗种繁育（不含我国特有的珍贵优良品种）；防治荒漠化及水土流失的植树种草等生态环境保护工程建设、经营；水产品养殖、深水网箱养殖、工厂化水产养殖、生态型海洋种养殖
	限制政策	农作物新品种选育和种子开发生产（中方控股）；珍贵树种原木加工（限于合资、合作）；棉花（籽棉）加工
	禁止政策	我国稀有和特有的珍贵优良品种的养殖、种植；转基因植物种子、种畜禽、水产苗种的开发、生产；我国管辖海域及内陆水域水产品捕捞
2011	鼓励政策	木本食用油料、调料和工业原料的种植及开发、生产；绿色、有机蔬菜（含食用菌、西甜瓜）、干鲜果品、茶叶栽培技术开发及产品生产；糖料、果树、牧草等农作物栽培新技术开发及产品生产；花卉生产与苗圃基地的建设、经营；橡胶、油棕、剑麻、咖啡种植；中药材种植、养殖（限于合资、合作）；农作物秸秆还田及综合利用、有机肥料资源的开发生产；林木（竹）营造及良种培育、多倍体树木新品种培育；水产苗种繁育（不含我国特有的珍贵优良品种）；防治荒漠化及水土流失的植树种草等生态环境保护工程建设、经营；水产品养殖、深水网箱养殖、工厂化水产养殖、生态型海洋增养殖

（续）

年份	政策	具体内容
2011	限制政策	农作物新品种选育和种子生产（中方控股）；珍贵树种原木加工（限于合资、合作）；棉花（籽棉）加工
	禁止政策	我国稀有和特有的珍贵优良品种的研发、养殖、种植以及相关繁殖材料的生产（包括种植业、畜牧业、水产业的优良基因）；转基因生物研发和转基因农作物种子、种畜禽、水产苗种生产；我国管辖海域及内陆水域水产品捕捞
2015	鼓励政策	木本食用油料、调料和工业原料的种植及开发、生产；绿色、有机蔬菜（含食用菌、西甜瓜）、干鲜果品、茶叶栽培技术开发及产品生产；糖料、果树、牧草等农作物栽培新技术开发及产品生产；花卉生产与苗圃基地的建设、经营；橡胶、油棕、剑麻、咖啡种植；中药材种植、养殖；农作物秸秆还田及综合利用、有机肥料资源的开发生产；水产苗种繁育（不含我国特有的珍贵优良品种）；防治荒漠化及水土流失的植树种草等生态环境保护工程建设、经营；水产品养殖、深水网箱养殖、工厂化水产养殖、生态型海洋增养殖
	限制政策	农作物新品种选育和种子生产（中方控股）
	禁止政策	我国稀有和特有的珍贵优良品种的研发、养殖、种植以及相关繁殖材料的生产（包括种植业、畜牧业、水产业的优良基因）；农作物、种畜禽、水产苗种转基因品种选育及其转基因种子（苗）生产；我国管辖海域及内陆水域水产品捕捞

注：2013年的修订在《目录（2011年版本）》基础上，只是对目录中电力、新能源、核能、钢铁、机械、轻工、纺织、商务服务业、公共安全与应急产品、消防等行业中部分条款进行了调整，共提出了36条修改意见，不涉及农业领域。

附录 2 中国—东盟投资合作基金申请流程

为便于申请和执行项目，现将相关执行程序归纳如下：

一、项目申请。中国项目申请单位向外交部提交中、英文项目建议书。

二、项目审核。项目建议书先经外交部财政部审核，再交东盟审核，最后提交中国—东盟联合合作委员会会议讨论批准。

三、申报预算。外交部亚洲司正式通知项目申请获得批准后，项目承办单位即可开始实施项目。请在项目正式实施前至少 2 个月，将中文项目建议书、日程和细化预算报外交部亚洲司，以便提交财政部行政政法司审批。

四、项目实施。预算批准后，项目承办单位将英文邀请函、日程、行政事务安排、报名表和预算报外交部亚洲司，由外交部亚洲司经我驻越南使馆转交中国—东盟关系协调国越南。越南外交部将负责转发东盟各国，由各国自行向项目承办单位报名。项目实施有关费用由承办单位先行垫付，实际总额和各分项额度原则上不得超出批准预算。预算分为由东盟支配和中方支配两部分。东盟支配部分为东盟代表国际旅费，往返不得超过 900 美元/人，由东盟秘书处负责。中方支配部分中，东盟代表食宿费用每人每天不超过 110 美元，津贴每人每天 20 美元。

五、项目总结。项目执行完毕后 60 天，请项目承办单位尽快正式函告外交部亚洲司，提供项目总结报告、参加人员名单、项目日程和议程等中英文材料（英文材料由外交部亚洲司转交东盟秘书处备案），同时凭财务决算表（中、英文），财务部批复预算、银行账号（盖单位公章）、原始财务票据（不再退还承办单位）经外交部亚洲司向外交部财务司报账。外交部财务司审核无误后即将有关费用转账项目承办单位。

附录3 相关网站

[1] 联合国贸易与发展会议（UNCTAD），网址：http：//unctad. org/

[2] 世界贸易组织（FAO），网址：http：//www. fao. org

[3] 世界银行（World Bank），网址：http：//www. worldbank. org

[4] 商务部"走出去"公共服务平台，网址：http：//fec. mofcom. gov. cn/

[5] 农业部对外经济合作中心，网址：http：//www. fecc. agri. cn/

[6] 农业部对外贸易促进中心，网址：http：//www. mczx. agri. cn/

[7] 走出去智库（CGGT），网址：http：//www. cggthinktank. com/

[8] 走出去服务港，网址：http：//wx. paigu. com/u/862311/

[9] 中国走出去，网址：http：//www. chinagoabroad. com/zh/

[10] 晨哨网，网址：http：//www. morningwhistle. com/

参 考 文 献

曹标，2016. 东盟国家投资环境分析 [J]. 当代经济管理 (8)：43-48.

陈涛涛，张建平，陈晓，2012. 投资发展路径 (IDP) 理论的发展与评述 [J]. 南开经济研究 (5)：121-135.

陈伟，2014. 中国农业对外直接投资发展阶段及关键因素实证研究 [J]. 农业技术经济 (11)：89-100.

陈迎春，2012. 论中国的中亚战略 [J]. 徐州工程学院学报 (社会科学版)(1)：23-25.

程国强，朱满德，2014. 中国农业实施全球战略的路径选择与政策框架 [J]. 改革 (1)：109-123.

高莉，2016. 我区农业物联网技术将转移阿联酋 [N]. 宁夏日报，2016-3-13 (1).

郭鹏辉，2019. 论中国对外贸易体制改革历程 [J]. 现代商贸工业 (17)：3-4.

国家外汇管理局伊犁中心支局课题组，2004. 对哈萨克斯坦外汇管理制度及中哈边贸结算情况的调查报告 [J]. 对策研究 (9)：54-55.

韩琪，2010. 对中国农业对外投资规模状况的分析与思考 [J]. 国际经济合作 (10)：13-17.

胡月，马志刚，王琦，田志宏，2016. 中国对外农业投资政策演变及体系结构分析 [J]. 世界农业 (9)：11-17.

姜丽芳，2015. 中国对东盟直接投资的研究 [D]. 昆明：云南财经大学.

李湘纯，2015."东盟"吸引外国直接投资的决定因素研究 [D]. 北京：对外经济贸易大学.

刘文军，1996. 东盟投资环境的变化及其对中国的影响 [J]. 对外经济贸易大学学报 (6)：17-20.

孟宪君，张振东，2013. 东盟各国的投资环境分析、比较及对中国的启示 [J]. 商 (3)：52-53.

农业部对外经济合作中心课题组，2015. 创新农业"走出去"金融支持模式研究 [J]. 新金融评论 (4)：128-138.

农业部农业贸易促进中心课题组，2013. 农业贸易政策选择要注意把握的若干问题 [J]. 农业经济问题 (8)：4-9+110.

潘晓燕，2012. 中国对东盟农业的投资问题分析 [A]. 中国软科学研究会. 第七届软科学国际研讨会论文集中国卷 (下).

商务部国际贸易经济合作研究院，商务部投资促进事务局，中国驻阿联酋大使馆经济商务参

赞处．对外投资合作国别（地区）指南各相关国家（2016 年版）　［EB/OL］．http：//
　fec. mofcom. gov. cn/article/gbdqzn/.

宋洪远，等，2012. 扩大农业对外投资加快实施"走出去"战略［J］. 农业经济问题（7）：
　11－19＋110.

宋洪远，张红奎，2014. 我国企业对外农业投资的特征、障碍和对策［J］. 农业经济问题
　（9）：4－10＋110.

孙玉琴，2014. 中国农业对外投资与合作历程回顾与思考［J］. 国际经济合作（10）：42－45.

汪晶晶，2015. 中亚五国农业投资环境组合评价研究［D］. 乌鲁木齐：新疆农业大学.

王柏森，2011. 中国农业对外直接投资的影响因素及策略研究［D］. 武汉：华中农业大学.

王琦，尹燕飞，2017. 农业"走出去"投融资渠道的现状、问题及建议［J］. 世界农业（5）：
　178－181.

王玉燕，2015. 中国海关贸易便利化政策研究［D］. 长沙：湖南师范大学.

王子梦，2015. 中国企业对东盟直接投资的区位研究［D］. 昆明：云南大学.

杨莲娜，2007. 农业贸易政策改革及对中国与欧盟农产品贸易的影响［D］. 北京：中国农业
　科学院.

杨易，陈瑞剑，2012. 对外农业投资合作资金支持政策现状、问题与政策建议［J］. 世界农
　业（6）：33－37.

姚枝仲，李众敏，2011. 中国对外直接投资的发展趋势与政策展望［J］. 国际经济评论（2）：
　127－140.

尹豪，王劲松，杨光，朱晓丽，2015. 民营企业在东盟农业市场的投资行为和特征研究［J］.
　云南财经大学学报（3）：148－154.

张涵崛，2016. 中国农业对外直接投资影响因素分析［D］. 大连：东北财经大学.

张莉琴，2005. 我国农产品的进口关税水平及税率结构安排［J］. 中国农村经济（7）：51－57.

张莎，2013. 中国东盟农业合作：现状、问题及对策［D］. 上海：上海师范大学.

张岩岗，2014. 中国对中亚五国农业行业投资选择研究［D］. 乌鲁木齐：新疆农业大学.

赵迎，2014. 中亚五国农业投资环境评估研究［D］. 乌鲁木齐：新疆农业大学.

中华人民共和国农业部国际合作司，中华人民共和国农业部对外经济合作中心，2016. 中国
　对外农业投资合作分析报告（2015 年度）［M］. 北京：中国农业出版社.

中华人民共和国商务部，中华人民共和国国家统计局，国家外汇管理局，2016.2015 年度中
　国对外直接投资统计公报［M］. 北京：中国统计出版社.